KIRCHEN
MÜNCHEN UND UMGEBUNG
NACH 1945

Birgit-Verena Karnapp

KIRCHEN
München und Umgebung
nach 1945

Koehler & Amelang

Eine Veröffentlichung des Architekturmuseums der
Technischen Universität München

Abbildung auf dem Umschlag: St. Laurentius, München
Foto: Mario Gastinger, München

© 1996 Koehler & Amelang Verlagsgesellschaft mbH,
München / Berlin
Alle Rechte, auch diejenigen der Übersetzung, der
fotomechanischen Wiedergabe und des
auszugsweisen Abdrucks, vorbehalten.
ISBN 3-7338-0202-0

Umschlag: Hagen Nerdinger, München
Gestaltung und Satz: Michael Bauer, Weißenfeld
Lithographie:
Karl Dörfel Reproduktions GmbH, München (Umschlag)
Kodweiß & Fröhlich, München (Farblithographie),
ALPHA Druckereiservice GmbH, Radolfzell
Gesamtherstellung: Druckerei Uhl, Radolfzell

Die Deutsche Bibliothek – CIP-Einheitsaufnahme

Kirchen München und Umgebung nach 1945 /
Birgit-Verena Karnapp. –
München ; Berlin ; Koehler und Amelang, 1996
ISBN 3-7338-0202-0
NE: Karnapp, Birgit-Verena

Inhalt

Vorwort	7
Kirchen in München und Umgebung nach 1945	8
Dokumentation	19
Ortsregister	317
Register der Architekten und Künstler	320
Verzeichnis der Kirchennamen	323
Übersichtspläne	324
Fotonachweis	328

... beschreibe dem Haus Israel den Tempel,
sein Aussehen und seinen Plan...
                      Hesekiel 43,10

Vorwort

In dieser Dokumentation wird erstmals der Versuch unternommen, alle Kirchenbauten der beiden großen christlichen Konfessionen vorzustellen, die in München und Umgebung nach 1945 errichtet wurden. Da das Gebiet des Erzbistums München-Freising weder dem evangelisch-lutherischen Dekanatsbezirk München noch dem Kirchenkreis München entspricht, markieren die Endstationen der Münchner S-Bahn den Bereich. Deshalb wurden auch katholische Kirchen im Bistum Augsburg sowie evangelische Bauten im Dekanatsbezirk Landshut aufgenommen. Aber auch Neubauten knapp außerhalb dieses Kreises sind verzeichnet, wie etwa in Bruckmühl, Feldkirchen-Westerham oder die Autobahnkirche in Windach.
Bei den dokumentierten Bauten handelt es sich um öffentliche Kirchenräume, in denen regelmäßig Gottesdienste stattfinden, sowie um Kapellen der katholischen Orden. Mehrzweckräume konnten nicht berücksichtigt werden. Auch die Aufnahme der zahlreichen Kirchen in sozialen Einrichtungen wie Kliniken oder Altenheimen hätte den Rahmen dieses Buches gesprengt.
Renovierungen oder der Wiederaufbau von im Kriege zerstörten Kirchen wurden in diesem Zusammenhang nicht erfaßt. Verzeichnet sind hingegen Kirchenbauten, deren Umfassungsmauern geändert wurden, und die damit einen völlig neuen Charakter erhielten, wie beispielsweise *St. Clemens* in München, *Zum guten Hirten* in Deisenhofen oder *St. Johann Baptist* und die *Michaelskirche*, beide in Lochham.
Nahezu alle katholischen Bauten haben als Grundeigentümer und Bauherrn die jeweiligen Kirchenstiftungen sowie als Baumaßnahmenträger die Erzdiözese München-Freising (Baureferat) beziehungsweise die Diözese Augsburg (Diözesanbauamt). Im evangelischen Bereich ist der Bauherr und Baumaßnahmenträger der evangelisch-lutherische Dekanatsbezirk München beziehungsweise der Dekanatsbezirk Landshut. Ausnahmen werden im Text erwähnt.
Um die baugeschichtliche Entwicklung zu zeigen, sind die Kirchenbauten chronologisch nach dem Datum ihrer Einweihung aufgeführt. Das Ortsregister verweist auf die Stadtteile oder Ortschaften. Das Register der Architekten und Künstler gibt Aufschluß über deren Tätigkeit bei verschiedenen Bauten.

Zur Erstellung dieser Dokumentation waren umfangreiche Recherchen bei Pfarrämtern, Architekten und den Kirchenbauämtern beider Konfessionen notwendig. So sei an dieser Stelle allen sehr herzlich gedankt, die mit ihrer Hilfe und ihrem Verständnis das Projekt unterstützt und damit zu seinem Zustandekommen beigetragen haben. Mein besonderer Dank gilt Herrn Professor Dr. Winfried Nerdinger vom Architekturmuseum der TU München, der meine Arbeit mit fundiertem Rat und verständnisvoller Hilfe förderte.
Schließlich möchte ich mich sehr herzlich bei dem Erzbischöflichen Finanzdirektor, Herrn Domkapitular Prälat Dr. theol. Friedrich Fahr, und bei Herrn Oberkirchenrat Dr. jur. Werner Hofmann, dem Leiter des Landeskirchenamtes der Evangelisch-Lutherischen Kirche in Bayern, bedanken, die durch Druckkostenzuschüsse die Publikation des Buches in dieser Form ermöglichten.

München, im Juni 1995

Kirchen in München und Umgebung nach 1945

Die vorliegende Publikation dokumentiert die erstaunlich große Zahl der nach 1945 in München und Umgebung entstandenen katholischen und evangelischen Kirchenbauten. Damit wird zugleich die sich wandelnde Stellung und Bedeutung des Kirchenbaues der Nachkriegszeit deutlich.
Als Baugattung gehört der Kirchenbau in den Bereich Hochbau, wie Verwaltungs-, Kultur-, Wohn-, Büro- oder Verkehrsbauten. Von diesen rein profanen Zweckbauten unterscheidet er sich jedoch grundsätzlich. Die Grundlage eines jeden Kirchenbaues ist die Theologie des Christentums. Der Kirchenraum ist der Ort der Gottesverehrung und der Zusammenkunft der Gemeinde. Damit ist der gottesdienstliche Raum Ort der Liturgie und Ort der inneren Einkehr des einzelnen. Mit dem Kirchengebäude soll also ein Raum entstehen, in dem Gott und Mensch beziehungsweise die Gemeinde sich begegnen. Diesem Zweck haben Architektur und Ausstattung zu dienen. Da aber jeder Kirchenbau ein zeitbedingter Programmbau ist, muß auf die Gemeinde sowie auf das jeweilige theologische und liturgische Programm und deren Schwerpunkte Rücksicht genommen werden.
Der Bau einer Kirche gilt als Krönung alles Bauens, denn der Kirchenraum soll allein durch seine Gestalt und Kraft, basierend auf *theologischen und liturgischen* Grundlagen, die sakrale Bestimmung zum Ausdruck bringen. Damit wird er zur schwersten, aber auch größten Bauaufgabe, denn auf keinem anderen Gebiet der Architektur tritt die »geistige Situation der Zeit« deutlicher zutage als beim Sakralbau.
Sakralräume müssen mehr sein als nur Stätten irgendeiner Zusammenkunft, als Versammlungs- oder Mehrzweckräume, die der Unterhaltung oder der Bildung dienen. Der Kirchenraum soll Ort und Ausdruck einer besonderen »heiligen« Versammlung sein. Damit muß der »von Menschenhand gebaute und gestaltete Raum gleichsam über sich selbst hinausweisen und die darin Versammelten hinausheben über die Enge des Alltags«.[1] Es bedarf also einer der »Würde der Kirche« entsprechenden Architektur.
Die Kirche als Institution spielt in der Gesellschaft bis in die heutige Zeit hinein eine wichtige Rolle. Die christliche Tradition findet letztlich ihren Ausdruck auch in der Architektur der Kirchengebäude. Gleichzeitig werden im sich wandelnden modernen Kirchenbau die sich verändernden Bedürfnisse der Gesellschaft (der kirchlichen Gemeinschaft) und die religiöse Entwicklung deutlich. Deshalb fordert der Architekt Hans Busso von Busse im Kirchenbau »immer die Auseinandersetzung mit den geistigen Strömungen der Zeit und den in sie hineinwirkenden historischen Begebenheiten«.[2]
Trotz dieser äußerst schwierigen Bauaufgabe ist in den nahezu fünfzig Jahren zwischen 1947 und 1994 eine im Vergleich mit anderen Zeiten große Anzahl von neuen Kirchenbauten entstanden. Waren schon in den Jahren des Nationalsozialismus zwischen 1933 und 1939 in ganz Bayern, entgegen allen bisherigen Meinungen, rund 300 Sakralbauten[3] errichtet worden, so nahm die Zahl nach dem Zweiten Weltkrieg nochmals stark zu. Hervorgerufen wurde diese umfangreiche Bautätigkeit durch den Flüchtlingsstrom der Nachkriegszeit, den explosiven Bevölkerungszuwachs der Region München sowie durch die Verlagerung der Betriebe vom Stadtinneren an den Stadtrand, die zu ausgedehnten neuen Siedlungsgebieten in den Außenbezirken, an der Stadtgrenze sowie in der Region führten. Aber auch der zunehmende Wohlstand durch das »Wirtschaftswunder« ermöglichte bis in die 70er Jahre einen vermehrten Kirchenbau. Vergleicht man die Zahl der Kirchenneubauten allein innerhalb des Stadtgebietes mit der Anzahl der Sakralbauten, die zwischen 1900 und 1940 errichtet wurden, so stehen 52 katholische und evangelische Pfarrkirchen 111 Neubauten nach 1945 gegenüber.[4]
Von den 246 in dieser Dokumentation vorgestellten Bauten im Bereich München und Umgebung wurden die meisten im Zuge des allgemeinen Baubooms bis zum Anfang der 70er Jahre errichtet, denn der Kirchenbau gehörte zu den führenden Bauaufgaben der 50er und 60er Jahre.[5]
Die 72 Neubauten der 50er Jahre verteilen sich folgendermaßen: 1950 (4), 1951 (2), 1952 (4), 1953 (9), 1954 (4), 1955 (9), 1956 (12), 1957 (8), 1958 (14), 1959 (6).
84 Bauten entstanden in den 60er Jahren: 1960 (8), 1961 (6), 1962 (10), 1963 (8), 1964 (19), 1965 (6), 1966 (9), 1967 (8), 1968 (6), 1969 (4).
1971 und 1972 wurden nochmals elf beziehungsweise zehn Neubauten eingeweiht. Mit der allgemeinen Rezession im Baugewerbe ging auch die Anzahl der Kirchenneubauten zurück: in den Jahren 1973 und 1974 waren es fünf, 1975 sieben, 1981 sechs, 1985 wiederum fünf und 1987 vier

Neubauten. In den folgenden Jahren kamen ein bis drei neue Kirchen hinzu. Im Bereich des alten Stadtkerns wurden, mit Ausnahme der *Herzogspitalkirche* und *St. Jakob am Anger*, deren Vorgängerbauten ganz oder teilweise zerstört waren, keine neuen Gotteshäuser errichtet.

Mit der Erschließung der Neubaugebiete und der Entstehung von Trabantensiedlungen sowie den Gemeindeteilungen wurden Kirchenbauten notwendig. Die erste größere Wohnanlage in Bayern nach dem Zweiten Weltkrieg entstand ab 1955 nach dem Bebauungsplan von Sep Ruf: die Parkstadt Bogenhausen. Ruf führte auch den katholischen Kirchenbau in diesem Stadtteil aus, einen damals spektakulären Rundbau. Auch die nachfolgenden Siedlungen in Fürstenried-Ost (1959 bis 1961) und Fürstenried-West (1961 bis 1963), Hasenbergl (1960 bis 1969), Blumenau (1963 bis 1965), Neuaubing (1965 bis 1968), Lerchenauer See (1965 bis 1968), Parkstadt Solln (1965 bis 1969), Neuperlach (1967 bis 1982) und das Olympische Dorf (1968 bis 1972) erhielten sehr bald ihre eigenen Gotteshäuser. In diesen Ballungsgebieten, in denen so viele Menschen verschiedener Konfession auf engstem Raum zusammenleben, sind auch die ersten ökumenischen Kirchenzentren zu finden: im Olympischen Dorf (1974), in der Parkstadt Solln (1975), in Neuperlach (1979) und zuletzt in dem außerhalb der Stadt gelegenen ländlichen Putzbrunn (1993).

Aber nicht nur die Anzahl der Bauten hatte beträchtlich zugenommen, auch das äußere Erscheinungsbild des Kirchenbaues machte in dieser Zeit eine entscheidende Wandlung durch. In mittelalterlichen Städten war die Kirche zumeist der größte Bau. Sie beherrschte das Stadtbild, und noch um die Jahrhundertwende waren Kirchen Wahrzeichen der neuen Stadtviertel, wie etwa Theodor Fischers *Erlöserkirche* in Schwabing. Auch in den 20er und 30er Jahren setzten die Kirchen durch ihre Größe und Gestalt noch städtebauliche Akzente, so die 1925/1926 von Eduard Herbert und Otho Orlando Kurz erbaute Kirche *St. Gabriel* in Bogenhausen, die *Auferstehungskirche* von German Bestelmeyer im Westend 1930/1931 oder *Maria Königin des Friedens*, 1935 bis 1937, von Robert Vorhoelzer in Giesing.

Im Gegensatz zu diesen Gotteshäusern heben sich die neuen Kirchen nur noch selten von der umliegenden Bebauung als Dominante ab. Die Kirche ist kein auf einem Platz freistehender Baukörper mehr, sondern nimmt als Kristallisationspunkt einer größeren oder kleineren Gruppe von Einzelbauten nur noch einen Teil des Gemeinde- und Seelsorgezentrums ein. Sie paßt sich eher der Umgebung ein, nimmt Wohnbauformen an. Sie ist auch nicht mehr ausschließlich nach Osten ausgerichtet. Die Fassade mit dem Eingang wird nicht mehr im herkömmlichen Sinne besonders hervorgehoben, wie es noch bei den oben erwähnten Kirchenbauten üblich war. Bei den jüngsten Neubauten hingegen, bei der *Hoffnungskirche*, *St. Elisabeth* oder *St. Maximilian Kolbe*, ist festzustellen, daß die in den Komplex des Gemeindezentrums integrierte Kirche architektonisch wieder als Hauptbau in den Vordergrund tritt.

Bereits zwischen den beiden Weltkriegen gab es »moderne« Kirchenbauten. Im katholischen Bereich hatten Dominikus Böhm und Rudolf Schwarz sowie im evangelischen Kirchenbau Otto Bartning[6] und Theodor Fischer den vom Geist der Reformation geprägten ringförmigen Zusammenschluß von Gemeinde und Prediger entwickelt und teilweise verwirklicht. In diesem Zusammenhang ist für den Münchner Raum die 1924 bis 1926 von Fischer errichtete *Waldkirche* in Planegg von besonderer Bedeutung: ein Oktogon mit dem Altarbereich in der räumlichen Mitte, um den die Bankreihen amphitheatralisch ansteigen. Aber diese Kirche blieb als singulärer Bau zunächst ohne Nachfolge. Die von German Bestelmeyer geschaffenen achteckigen protestantischen Kirchenbauten in Ellingen, 1925/1926, und Prien, 1927, sowie die *Erlöserkirche* in Bamberg, ein Zehneck, 1930 bis 1934, waren in ihren Raumkonzeptionen noch reine Wegkirchen (Longitudinalbauten).

Nach der ersten Phase der Instandsetzung und des Wiederaufbaus der im Kriege zerstörten oder beschädigten Kirchen entstanden erst in den 50er Jahren im Zeichen des beginnenden Wirtschaftswunders neue Kirchenbauten. Die Architekten knüpften mit den ersten Neubauten an die Grundrißformen der Vorkriegszeit an: es waren einfache, langrechteckige Kirchenbauten, größtenteils mit einem ausgeschiedenen Chorraum, der im katholischen Kirchenraum überhöht und durch die Kommunionbank, eine Restform des ehemaligen Lettners, vom Hauptraum abgegrenzt wurde. Auch die traditionelle Chorturmkirche, ein Bautypus, der bereits in der Romanik und Gotik bei Pfarrkirchen

Hermann Leitenstorfer, St. Pius X., Pöcking, 1957

weit verbreitet war, wurde bei vier Bauten wieder aufgegriffen: *St. Josef* in Eichenried (1953), *St. Klara* in München-Zamdorf (1956), *St. Lantpert* in Freimann und *St. Michael* in Germerswang (beide 1958).
Die beiden ersten Neubauten standen noch in enger Verbindung mit der vorausgegangenen Zeit des Nationalsozialismus und des Krieges. Die Ausstattung der 1947 geweihten Kirche *St. Johannes Evangelist* in Lochham war allein dem großen Einsatz der Gemeinde und den guten Beziehungen des damaligen Pfarrers zur amerikanischen Besatzungsmacht zu verdanken. Er besorgte rotbraunen Marmor für die Prinzipalstücke der Innenausstattung aus dem ehemaligen »Braunen Haus« in der Münchner Briennerstraße, der Parteizentrale der NSDAP. Ein weiteres Beispiel, das eng mit der jüngsten Vergangenheit verbunden war, ist die malerisch auf dem Dorffriedhof in Höhenrain gelegene *Herz-Jesu-Kirche*, deren Mauern aus dem Trümmerschutt der Münchner Häuser entstanden.
Aus der folgenden baugeschichtlichen Entwicklung sind zwei Bauten besonders hervorzuheben, die das bis dahin übliche Schema der Zweiteilung des Kirchenraumes in Altar- und Gemeinderaum nochmals deutlich zeigen, aber schon neue Wege andeuteten. Es handelt sich um die 1957 geweihte Kirche *St. Pius X.* von Hermann Leitenstorfer in Pöcking und um die ein Jahr später errichtete Kirche *St. Ulrich* von Georg Werner in Söcking. Im ersten Bau ist der ausgeschiedene Altarraum als Oktogon mit hohem Turm an ein dreischiffiges Langhaus angefügt. Diese Anlage sollte sichtlich dem Vorbild der frühchristlichen Basiliken in Rom und Ravenna folgen, denn nicht nur die Betonung des Altarraumes und die durch Arkaden voneinander getrennten Schiffe, sondern auch die bereits vom Architekten entworfene Bemalung der Hochschiffwände erinnert an diese Kirchenbauten.
Auch bei *St. Ulrich* liegt eine deutliche Trennung der beiden Raumteile zugrunde. Das hohe Mittelschiff wird durch zehn Stufen vom Altarbereich getrennt, der in der ganzen Breite des Mittelschiffes weitergeführt ist. Die hier aufgestellte Altarwand beherrscht wie ein mächtiger Bühnenaufbau den Raum. Gewaltige Buchstaben mit eingestellten Jesus-Darstellungen geben den Anfang des Johannes-Evangeliums wieder. Parallel zur Ausrichtung der streng rechteckig angelegten Wegkirche entstanden seit dem Anfang der 50er Jahre mit den Bemühungen um eine Durchdringung von Altar- und Gemeinderaum veränderte Grundrißformen. Vorreiter waren evangelische Kirchen, für die keine eigenen Bauvorschriften vorlagen.
Bereits seit dem Ersten Weltkrieg gab es in der evangelischen Kirche eine Liturgische Bewegung[7], die in den Reformbestrebungen des 19. Jahrhunderts wurzelte. Eine Erneuerung des Gottesdienstes, der einseitig auf Lehre und Predigt ausgerichtet gewesen war, und der Kirchenmusik wurde angestrebt. Es waren vor allem der »Berneuchener Kreis« und die »Alpirsbacher Bewegung«, die diese Gedanken förderten. Diese Bestrebungen fanden auch im Kirchenbau ihren sichtbaren Ausdruck. In der evangelischen Kirche lag die Betonung auf dem »Einheitsraum«, in dem die Versammlung um das Wort und das Abendmahl den Grundriß bestimmte. Dieser Wunsch nach dem Einheitsraum hatte eine lange Tradition und war bereits in der »Reformatio Exclusiarum Hassiae« 1526 niedergelegt worden, in der es heißt: »An sämtliche Gläubige ergeht die Mahnung zum öffentlichen Gebet und Vorlesen. Desgleichen sollen sie sich zum Mahl des Herrn fleißig einfinden. Übrigens sollen diese Handlungen von nun an nicht mehr im Chor, sondern in der Mitte der Kirche vorgenommen werden, auf daß alle beiderlei Geschlechts lernen einträchtig und einmütig singen und zugleich Gottes Namen verherrlichen.«[8]
Während das Eisenacher Regulativ 1861 die längsgerichtete mittelalterliche Kirche zum Vorbild des evangelischen Kirchenbaues erhob, wurde dann 1891 im »Wiesbadener Programm« wieder ausdrücklich betont[9]: Die Feier des Abendmahls soll sich nicht in einem abgesonderten Raum, sondern inmitten der Gemeinde vollziehen. Die Kanzel aber war »dem Altar gleichwertig« zu behandeln.
Nach dem Zweiten Weltkrieg begann man, sich nun mehr und mehr auf den eigenständigen Kirchenbau der Reformationszeit mit seinen zentral ausgerichteten Räumen zu besinnen. So entwarf Gustav Gsaenger die zweite protestantische Kirche, die *Friedenskirche,* in Dachau mit einem eiförmigen Grundriß, in dem Altar- und Gemeindebereich ineinander übergehen und nur durch wenige Stufen unterschieden sind. Ähnlich ist die Raumeinteilung bei der 1955 vollendeten Kirche *St. Philippus* in Markt Schwaben, deren Innenraum sich über einem achteckigen Grundriß

erhebt. Der Altarbereich liegt auch hier nur um wenige Stufen über dem Gemeinderaum.
Gleichzeitig mit *Notre Dame du Haut* bei Ronchamp von Le Corbusier, einem der bedeutendsten und einflußreichsten Kirchenbauten des 20. Jahrhunderts, entstand die 1955 eingeweihte *Matthäus-Kirche* von Gustav Gsaenger. Mit diesem Sakralbau, der evangelischen Bischofskirche in München, kam eine plastische Bewegung in die Architektur des Münchner Kirchenbaus. Beim Umschreiten der *Matthäus-Kirche* zeigt jede Seite eine anders gekurvte Wand. Über einem nieren-, herz- oder birnenförmigen Grundriß erhebt sich ein zum Altarraum hin ansteigendes Dach, das Kirche und Nebenräume überspannt und zum Sendlinger-Tor-Platz mit einer hohen Wand und seitlichem Turm ein markantes Zeichen setzt.
Auch im katholischen Kirchenbau zeichnete sich die Hinwendung zum Einheitsraum ab. Mit der 1949/1950 von Friedrich F. Haindl erbauten Hauskapelle der Redemptoristen und der drei Jahre später vollendeten Kirche *Zu den hl. zwölf Aposteln* von Sep Ruf entstanden Kirchenräume mit einem rechteckigen Grundriß im Gemeindeteil, der in einen um nur wenige Stufen erhöhten, runden Chorabschluß übergeht. Dieser Raumgedanke und die Erweiterung des Altarbereiches auf die gesamte Breite des Gemeinderaumes wurden fortgesetzt in den Kirchen *St. Konrad von Parzham* (1956), *St. Agnes* (1957), *Fronleichnam* (1957), *Allerheiligen* (1957) oder *Maria Immaculata* in Greifenberg (1959). Den ersten Anstoß zu einer Durchdringung beziehungsweise Verschmelzung der getrennten Raumteile gab in München für den katholischen Bereich Siegfried Östreicher mit dem T-förmigen Grundriß der 1952/1953 entstandenen Kapelle der Kommunität *Venio* OSB. Der Altar steht auf einer weit in den Raum vorgezogenen Zunge und wird erstmals von Gemeinde und Kommunität auf drei Seiten umgeben. Es ist auch der erste katholische Gottesdienstraum in München, in dem sich der Tabernakel nicht mehr auf dem Zelebrationsaltar befindet, sondern in der Seitenwand eingelassen ist.
Seit 1955 zeichnete sich ein großer Umbruch mit entscheidenden Neuerungen ab, zu dem Hansjakob Lill wesentlich beitrug. Hansjakob Lill, einer der bedeutendsten Architekten des katholischen Kirchenbaues in Süddeutschland, stellte bei seinem ersten Kirchenbau in München, *Zu den heiligen Engeln* (1955), den bis dahin ausgesonderten Altarraum direkt in den rechteckigen Gemeinderaum hinein. Damit war die Möglichkeit gegeben, hinter dem Altar ein »Praesidium« für die Liturgen zu schaffen und die Messe versus populum zu zelebrieren, wie es später nach der Umsetzung des Tabernakels auch durchgeführt wurde. Bei den folgenden Kirchenbauten *St. Willibald* (1958) und *St. Helena* (1964) entwickelte er die vor dem Krieg fast gänzlich aufgegebene querhausartige Erweiterung zu einer Kreuzform, die die Möglichkeit gab, auch hier die Gemeinde von mehreren Seiten um den Altar zu gruppieren. Die Zentralisierung in der Grundrißkonzeption steigerte Lill zu einer zentralen Raumlösung bei *St. Nikolaus* am Hasenbergl (1963), wo er die Kreuzarme in Apsiden enden ließ und den Altar, erstmals in München, in die räumliche Mitte stellte. Bereits beim Eucharistischen Weltkongreß 1960 in München hatte er auf der Theresienwiese den großen Altar auf einer erhöhten Insel zentral aufgestellt, so daß er im Kreis von allen Gläubigen umgeben werden konnte. Ein frei aufgehängter Baldachin, eine Vorform der Olympiadächer, schwebte über der Altarinsel. Mit dieser Altaranordnung hatte Lill für den Kirchenbau neue Impulse ausgelöst.
Einen Monat nach der Einweihung der Kirche *Zu den heiligen Engeln* wurde *St. Laurentius* in Gern, ein weiterer, für die moderne Entwicklung wegweisender Bau konsekriert. In der Architektur dieses Sakralraumes kommen theologisch-liturgische Strömungen zum Tragen, die sich schon seit der Jahrhundertwende angebahnt hatten. Bereits zu Beginn des 20. Jahrhunderts war in Belgien eine »Liturgische Bewegung«[10] entstanden, die, unterstützt von Papst Pius X., aufgegriffen von den Benediktinern in Beuron und Maria Laach und von der katholischen Jugendbewegung, eine »tätige Teilnahme des Volkes an der Liturgie« (Participatio actuosa) forderte. Auf Burg Rothenfels, dem Schulungsheim und Zentrum der katholischen Jugendbewegung »Quickborn«, wurde bereits 1922 die Messe *versus populum*, dem Volke zugewandt, gefeiert. Zu den Architekten dieser Bewegung gehörten Dominikus Böhm und Rudolf Schwarz, der 1928 die »Idealkapelle« auf Burg Rothenfels ohne jegliche künstlerische Ausgestaltung schuf.[11] Der geistige Führer war der Theologe Romano Guardini, der zusammen mit Heinrich Kahlefeld und dem ersten Pfarrer der Gemeinde, dem späte-

Gustav Gsaenger, St. Matthäus, München, 1955

ren Regionalbischof von München, Ernst Tewes, entscheidend bei dem Bau von *St. Laurentius* mitwirkte. Der Konvertit Emil Steffann aus Mehlem setzte zusammen mit Siegfried Östreicher diese Gedanken in einen Kirchenbau aus dem Geiste der franziskanischen Askese um. Die klare architektonische Gliederung des Raumes mit dem »Altar als Zentrum und Mahltisch der Gemeinde« an entscheidender Stelle förderte die »dynamische Erweckung der Liturgie«.[12] Die »Circumstatio« wurde hier erstmals verwirklicht, indem die Gemeinde auf drei Seiten den weit in die Mitte des Raumes vorgezogenen Altar umgeben kann. Die vierte Seite schließt mit dem Priestersitz und den Sedilien in der Konche den Kreis um den Altar. Zudem wurde in dieser Kirche die räumliche Trennung von Gemeinderaum und Sakramentskapelle vollzogen. Der Tabernakel befindet sich in der Sakramentskapelle, die im Bereich des Eingangs liegt und vom Hauptraum durch Arkaden getrennt ist. Der Taufstein war zunächst beim Eingang aufgestellt und wurde dann in den Gemeinderaum gerückt. Um die Bedeutung der Taufe zu betonen, regte Bischof Tewes eine eigene Taufkapelle an, die 1961 durch Emil Steffann an die Ostseite der Sakramentskapelle angebaut wurde. Die dem Kirchenraum in der Nähe des Eingangs angefügte Taufkapelle wurde beispielhaft für weitere Kirchenbauten. Diese Anordnung sollte vermutlich an das in altchristlicher und mittelalterlicher Zeit meist westlich von einer Bischofskirche errichtete, selbständige Baptisterium erinnern. Dem Beispiel von *St. Laurentius* mit ausgesonderter Taufkapelle folgten *St. Ulrich* in Söcking (1957/1958), *St. Willibald* (1958), *Maria Immaculata* in Greifenberg (1958/1959), *Herz Jesu* in Goldach (1959/1960), *St. Karl Borromäus* in Fürstenried-Ost (1963/1964), *St. Matthias* in Fürstenried-West (1965) oder *St. Vinzenz* in Erding-Klettham (1964 bis 1966).

Neben *St. Laurentius* gehört Sep Rufs Kirchenbau *St. Johann von Capistran* in München-Bogenhausen zu den immer wieder zitierten Sakralbauten.

Wenige Tage vor der Eröffnung des Eucharistischen Weltkongresses 1960 wurde mit dieser Kirche der erste nahezu reine Zentralbau in München eingeweiht. *St. Johann von Capistran* ist eines der bedeutendsten Beispiele für eine kreisförmige Anlage und zählt zu den herausragenden Sakralbauten der Nachkriegszeit in Süddeutschland. Der Grundriß besteht aus zwei exzentrischen Kreisen mit verschiedenen Durchmessern. Eine kreisrunde Lichtkuppel im Zentrum des äußeren Kreises erhellt den Altar, der leicht aus der räumlichen Mitte gerückt ist. Auch hier ist der Kreis der »Circumstatio« durch die Sedilien und den Priestersitz geschlossen. Auf der Achse von Mittelgang und Altar sind die Tabernakelstele und der Taufstein angeordnet. Ganz im Gegensatz zur äußersten Schlichtheit von *St. Laurentius* entstand hier eine »Künstlerkirche«, »der letzte problematische Versuch eines Gesamtkunstwerkes im Kirchenbau«.[13]

Ab den 50er Jahren tritt eine ökumenische Annäherung der Konfessionen auch im Kirchenbau zutage, die in dieser Weise nicht voraussehbar war. Gefördert wurde sie nicht zuletzt von den Evangelischen Kirchenbautagungen, die seit 1946 in regelmäßigen Abständen stattfinden. Das Zentralthema war und bleibt weiterhin: Wie müssen die Räume gestaltet sein, in denen sich die Menschen zum Gottesdienst versammeln können? Darüber hinaus war der Wunsch nach aktiver Teilnahme der Gemeinde am Gottesdienst bereits in beiden Konfessionen entstanden und auch schon praktiziert worden, denn während des Nationalsozialismus und des Zweiten Weltkrieges, als viele Theologen eingezogen worden waren, mußte durch den verstärkten Einsatz von Laien die Gemeinde schon aktiv bei der Gestaltung des Gottesdienstes mithelfen. Diese Aktivitäten konnten nicht mehr rückgängig gemacht werden, da sich inzwischen ein neues Gemeindebewußtsein entwickelt hatte, das in gewissem Rahmen auch in der Architektur des Kirchenbaues seinen Ausdruck fand.

Neben den inhaltlichen Wandlungen im Kirchenbau hatte die sich entfaltende Bautechnik zu neuen Gestaltungsmöglichkeiten geführt. Da der Beton in fast allen Formen gegossen werden kann, stand seiner differenzierten Verwendung nichts im Wege. Bedeutende Änderungen ergab der Schalenbau, die dünne Flächenkonstruktion in Stahlbeton, die Alexander von Branca bei der *Herz-Jesu-Kirche* in der Buttermelcherstraße 1955 erstmals in München eingesetzt hat. In der Folgezeit entstanden zahlreiche Kirchenbauten aus einer Stahlbetonskelettkonstruktion, zum Teil in reinem Sichtbeton, wie zum Beispiel 1966 das Alfred-Delp-Haus mit *Kapelle der Jesuiten*, 1967 *St. Mauritius*, 1969 die Werktagskirche *St. Benedikt* in der Benediktinerabtei *St. Bonifaz*, 1971 *St. Christoph* und *St. Willibald* in Oberschleißheim oder 1972 *St. Elisabeth* in Planegg.

Entscheidend für den Kirchenbau waren aber die neuen Leitlinien des Konzils. Die Liturgische Bewegung mündete auf katholischer Seite in die Reformen des II. Vaticanums, das in der »Konstitution über die heilige Liturgie« (1963) die Anregungen der vorangegangenen Zeit aufnahm. Die für die Erneuerung des Gottesdienstes festgelegten praktisch-theologischen Grundsätze finden sich zusammengefaßt im 5. Kapitel der »Allgemeinen Einführung in das Römische Meßbuch« von 1969, in dem »Gestaltung und Ausstattung« der Meßfeier geregelt sind.[14] Im Sinne des als vorrangig empfundenen allgemeinen Priestertums konnte nun auf den ausgesonderten Chorraum und die hohe Altarbühne verzichtet und der gesamte Raum als Chor verstanden werden.

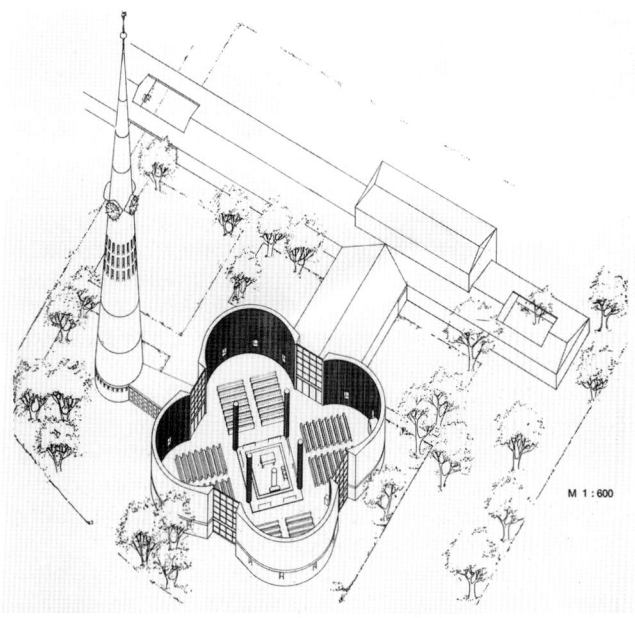

Hansjakob Lill, St. Nikolaus, München, 1963

Josef Wiedemann, Maria am Wege, Windach, 1971

Der Tabernakel mußte nicht mehr auf dem Zelebrationsaltar stehen und kam in eine eigene Kapelle, zumeist in die Werktagskapelle, oder auf eine Stele innerhalb des Altarraumes, oder er wurde in der Wand eingelassen. Der Ambo setzte sich gegenüber der Kanzel durch, ebenso der Sitz des »Vorstehers« der Liturgie. Hinzu kam die Beseitigung von Chorschranken, Altaraufbauten und Nebenaltären sowie eine neue Sitzordnung für die Gemeinde.[15] Sedilien, Sitze für Zelebranten und Ministri (Meßdiener), wurden aufgestellt.
Damit war eine freiere Gestaltung des Kirchenraumes möglich. Das Prinzip der streng rechteckigen Wegkirche wurde zwar nicht ganz aufgegeben, aber die Grundrisse der Kirchen beider Konfessionen zeigen immer häufiger verschiedene regelmäßige oder unregelmäßige Formen. Im katholischen Bereich hatte Friedrich F. Haindl 1959 der Kirche *Maria Immaculata* den Grundriß eines unregelmäßigen Achtecks gegeben und *St. Bernhard* den eines Fünfecks (weitere Beispiele in der Dokumentation).
Die Form des architektonischen Zentralraumes wurde 1969 von Theodor Henzler bei der *Christuskirche* in Glonn verwendet, und dann besonders aufgegriffen von Josef Wiedemann 1971 bei *Maria am Wege* in Windach sowie 1979 bei *St. Ignatius* in München, die alle drei einen zwölfeckigen Grundriß haben. Fortgeführt wurde der Zentralraum-Gedanke bis in die letzten Jahre durch Bauten wie die *Jesajakirche* (1985), *St. Peter* in Heimstetten (1991) oder *St. Maximilian Kolbe* und *St. Elisabeth*, die sich beide 1995 noch im Bau befinden. Kreisrunde Kirchenräume hatte nach Sep Ruf auch Carl Theodor Horn in kleineren Ausmaßen 1971 mit der Kapelle im Roncalli-Kolleg oder 1975 der Hauskapelle im Schloß Fürstenried und der Sakramentskapelle von *St. Wilhelm* in Oberschleißheim geschaffen.
Eine Verbindung von einem Quadrat der Außenmauern und einem Kreis durch eingestellte Pfeiler zeigen im Grundriß die 1962 geweihte *Nazarethkirche* in Bogenhausen, die 1964 entstandene Kirche *Zur heiligen Dreifaltigkeit* in Nymphenburg oder *St. Matthias* in Neuried von 1965.
Zusammenfassend können folgende Charakteristika für den Kirchenbau nach 1960 festgestellt werden:

1. Die Grundrisse der neuen Kirchen entstanden über einem Kreis, Kreuz, Quadrat, Achteck etc., der zentral orientierte Raum, in dem der Altar zur Mitte des Raumes gerückt wurde, dominierte.
- Im evangelischen Bereich hatte Otto Bartning bereits 1918 eine Diagonallösung im quadratischen Raum angestrebt,[16] die von Olaf Andreas Gulbransson, dem wegweisenden, aber früh verstorbenen evangelischen Kirchenarchitekten nach dem Krieg, immer wieder aufgegriffen wurde. Ein Beispiel hierfür ist Gulbranssons *Auferstehungskirche* in Neufahrn von 1961. Die diagonale Ausrichtung weist direkt auf den Altar als das geistliche Zentrum des Raumes. Dieses wird noch betont durch die hohen, schmalen Fensterschlitze in der Wandfläche hinter dem Altar.[17]

2. Die veränderten Grundrißformen mit dem neuen liturgischen Zentrum brachten auch neue Gestaltungsmöglichkeiten:
- Der um wenige Stufen erhöhte oder ebenerdige Altarbereich erfuhr besondere Aufmerksamkeit, und damit eng verbunden war die Anordnung und Zuordnung von Altar, Tabernakel, Ambo, Taufstein, den sogenannten Prinzipalstücken.[18]
- Auch Form und Stellung des Altars machten Wandlungen durch.[19] Der Altar als Zentrum der feiernden Gemeinde wurde in deren Nähe gerückt. Seine Gestalt wurde variabel, mit langrechteckiger, quadratischer oder runder Mensa, als Tisch oder stereometrischer Körper.
- Die Kanzel, als Predigtstelle früher mit einem Schalldeckel[20] versehen und deutlich sichtbar und erhöht, entwickelte sich sowohl in der evangelischen als auch katholischen Kirche zum »Ambo«. Mit dem Begriff »Ambo« wurde eine Bezeichnung des in den altchristlichen und frühmittelalterlichen Basiliken aufgestellten steinernen Lesepultes mit einer mehrstufigen Anlage aufgegriffen. Durch die Wiederbelebung der Wortverkündigung in der erneuerten Liturgie hatte der Ambo zwar seine Bedeutung als wichtigster Ort neben dem Altar zurückgewonnen, aber seine Form war auf ein Lesepult reduziert worden.
- Die eigenständige Taufkapelle blieb zunächst weitgehend auf den katholischen Bereich beschränkt, während in der evangelischen Kirche der Taufstein möglichst in der Nähe des Altars aufgestellt wurde, um die enge Beziehung von Taufe und Abendmahl zu verdeutlichen. Diese Verbundenheit der beiden Sakramente kommt besonders

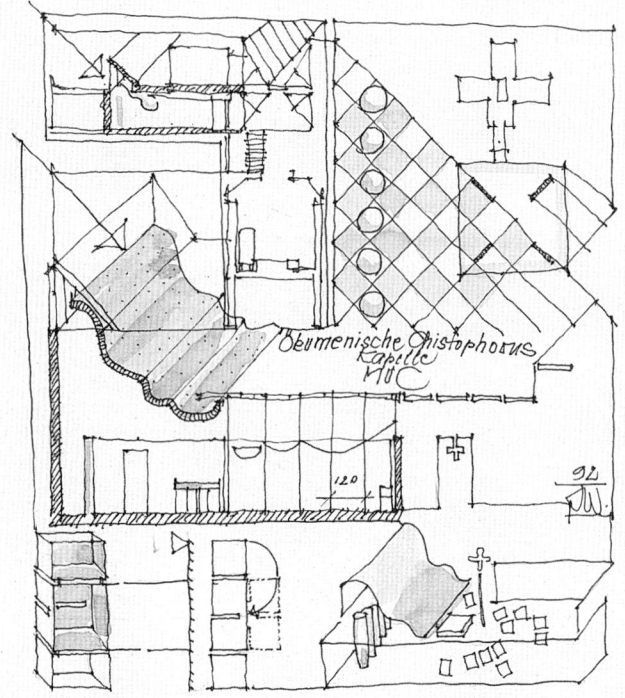

Hans Busso von Busse, Christophorus-Kapelle, Flughafen München, 1992

deutlich zum Ausdruck in der Einsenkung der Taufschale in die Altarmensa bei der Neugestaltung des Altarraumes der *Olympiakirche* im Olympischen Dorf. Auch in der katholischen Kirche wurde der Taufbrunnen oder die Taufschale in den letzten Jahren immer häufiger in die Nähe des Zelebrationsaltares gestellt, »damit die Taufhandlung von allen Anwesenden besser gesehen werden kann«.[21]

3. Das Zentrum des Kirchenraumes ist und bleibt der gesamte Altarbereich mit der Betonung des Altars als liturgischer Mittelpunkt. Diesen künstlerisch hervorzuheben, blieb bei jedem Kirchenneubau die Hauptaufgabe von Architekt und Künstler:
- Die Wand hinter dem Zelebrationsaltar wurde in verschiedener Weise betont, entweder durch eine monumentale Mauer, Reliefs, Mosaiken und Fresken oder Wandteppiche. In den letzten Jahren kamen immer häufiger Tafelbilder in die Kirchenräume, die an das Retabel mittelalterlicher Altäre erinnern. Auch Apsiden und Nischen sind in den neueren Kirchen wieder zu finden. Sie dienen aber

nicht mehr als Aufstellungsort für den Zelebrationsaltar, sondern allein der Betonung des sakralen Zentrums, wozu auch der Baldachin mehrmals in verschiedenen Formen verwendet wurde.
- Der Altarbereich wird durch Lichtkuppeln und Lichtschächte direkt beleuchtet oder durch bis zum Boden geführte Fensterwände, die entweder die Verbindung zur gestalteten Natur herstellen oder als undurchsichtige Farbglasfenster zur Sammlung und Meditation anregen sollen. Fensterschlitze (*St. Benedikt* in Ebenhausen, *St. Lantpert* in Freising oder *Hoffnungskirche* in München) geben den Altarwänden durch das gezielt geleitete Licht Plastizität.
- Bei den Bemühungen um die Betonung des sakralen Raumes wurden auch fremde Elemente in den christlichen Kirchenbau einbezogen. Theodor Henzler hat zum Beispiel bei den Kirchenbauten in Garching, eingeschränkt auch in Glonn und der *Jesajakirche* Meditationsgärten angelegt, die an japanische Gartenanlagen bei einem Shinto-Schrein erinnern. Und wenn er in der *Jesajakirche* eine »mandalaförmige« Altarinsel in den Kirchenraum stellt, so bedient er sich auch hier eines Elementes, das nicht aus dem Formenschatz der christlichen Kunst kommt.
- Eine weitere Möglichkeit, den Kirchenraum besonders hervorzuheben, zeigen einige kubische Bauten. Hier wurde der Raumeindruck entscheidend mitbestimmt durch die Decke, die sich über einem Lichtband von den Betonwänden abhebt und darüber zu schweben scheint, wie zum Beispiel in *St. Andreas* in Eching (1970), *St. Christoph* in München (1971) oder in der *Erlöserkirche* in Eglharting (1973).

Erwähnt werden soll, daß die architektonisch ablesbare Öffnung der Sakralbauten auch mit einer Öffnung der Kirche zur Welt korrespondiert. Gibt es schon seit der Jahrhundertwende in der evangelischen Kirche in unterschiedlichster Weise Gemeindezentren, so sind diese nun auch seit den 60er Jahren bei den Bauten der katholischen Kirchen nachzuweisen.

Die durch das II. Vaticanum bestätigten Möglichkeiten einer neuen und variablen Grundrißentwicklung führten auch zu ganz unterschiedlicher Architektur. Damit entwickelte sich der Kirchenbau beider Konfessionen für die Architekten zu einem Feld der Bewährung, auf dem sie zu höchsten Leistungen angeregt wurden. So wurde der Kirchenbau besonders in der ersten Zeit nach dem Krieg zum Gegenstück der massenhaft hergestellten Zweckarchitektur.

Die vorliegende Dokumentation liefert einen Überblick über fünfzig Jahre Bautätigkeit im Sakralbau. Sie bleibt aber naturgemäß nur ein Zwischenbericht, da die Entwicklung des christlichen Gottesdienstes und das damit zusammenhängende Verständnis von Liturgie nie abgeschlossen sein werden. Es ist anzunehmen, daß die Anzahl der Kirchenbauten zurückgehen wird, da der Bedarf an Neubauten gedeckt ist und durch die Zunahme der ausländischen Bevölkerung eher andere Religionen die Errichtung von Kultbauten fordern. Aber auch in Zukunft wird der christliche Kirchenbau immer wieder neue Impulse bekommen.

1 Johannes Fellerer, Warum überhaupt noch Kirchenbau?, in: Kirchenbau in der Diskussion, Ausstellung der Deutschen Gesellschaft für christliche Kunst aus Anlaß ihres 80jährigen Bestehens, München 1973, S. 214
2 Hans Busso von Busse, Wahrnehmungen, Stuttgart 1990, S. 17
3 Birgit-Verena Karnapp, Sakralbauten; in: Bauen im Nationalsozialismus. Bayern 1933-1945, Hrsg. Winfried Nerdinger, München 1993, S. 302-329
4 Nach Norbert Lieb und Heinz Jürgen Sauermost, Münchens Kirchen, München 1973, S. 293-297
5 Hans Ramisch und Peter B. Steiner, Katholische Kirchen in München, München 1984, S. 36
6 Otto Bartnings Sternkirche 1922, ein auf einem 16-Eck basierender Zentralraum und die Stahlstützen-Kirche auf der Pressa 1928, als Melanchthonkirche in Essen wieder aufgestellt; Dominikus Böhm, Entwurf für eine christozentrische Zentralkirche in Südamerika, 1922
7 Theologische Realenzyklopädie, Bd. 21, Berlin-New York 1991, S. 402ff.; Evangelisches Kirchenlexikon Bd. 3, Göttingen 1992, Sp. 161ff.
8 Zitat nach Willy-Weyres und Otto Bartning, Kirchen. Handbuch für den Kirchenbau, München 1959, S. 239
9 Gerhard Langmaack, Evangelischer Kirchenbau im 19. und 20. Jahrhundert, Kassel 1971, S. 276
10 Theologische Realenzyklopädie, S. 401ff., 404-406; Evangelisches Kirchenlexikon, Sp. 163f.
11 Fabrizio Brentini, Bauen für die Kirche. Katholischer Kirchenbau des 20. Jahrhunderts in der Schweiz, Luzern 1994, S. 3
12 Hugo Schnell, Der Kirchenbau im 20. Jahrhundert in Deutschland, München-Zürich 1973, S. 96
13 Hans Ramisch und Peter B. Steiner, Katholische Kirchen, S. 37
14 Allgemeine Einführung in das Römische Meßbuch, Bonn 1985 (Dokumente zur Meßfeier. Arbeitshilfen der Deutschen Bischofskonferenz, 41)

15 Handbuch der Kirchengeschichte. Hrsg. H. Jedin. VI,2 (Taschenbuch-Ausgabe) Freiburg 1985, S. 314
16 Barbara Kahle, Deutsche Kirchenbaukunst des 20. Jahrhunderts, Darmstadt 1990, S. 116f.
17 vgl. hierzu weitere Kirchenbauten von O. A. Gulbransson, in: Barbara Kahle, S. 110-115
18 vgl. hierzu: Thomas Egloff, Liturgische Anforderungen an den historischen Kirchenraum nach den Grundsätzen des Zweiten Vatikanischen Konzils, in: Liturgie und Denkmalpflege. Über den verträglichen Umgang mit katholischen und protestantischen Kirchenräumen, Zürich 1994 (Veröffentlichung des Instituts für Denkmalpflege der ETH Zürich, Bd. 14), S. 15-20
19 siehe Th. Egloff, S. 18
20 Der Schalldeckel konnte sowieso bald entfallen, da die Kirchenräume immer kleiner und auch mit Lautsprecheranlagen ausgestattet wurden.
21 Siehe Th. Egloff, S. 16f.

Dokumentation

Soweit Baubeschreibungen und technische Angaben von Architekten vorlagen, wurden sie in den Text eingearbeitet. Die übrigen Angaben beruhen auf den Unterlagen, die der Autorin von Pfarrämtern oder Kirchenbauämtern zugänglich gemacht wurden. Den Grundrissen liegen Pläne der Architekten, der Pfarrämter, der Kirchenbauämter, des Architekturmuseums der TU München oder aus der Literatur zugrunde. Die Grundrisse sind genordet, sofern die Beschriftung es zuließ. Anschriften beziehen sich zumeist auf das Pfarramt. Liegt dieses nicht neben dem Kirchenbau, so wird es gesondert aufgeführt. Die Literaturhinweise erheben keinen Anspruch auf Vollständigkeit, sie sollen dem interessierten Leser als Anregung dienen. Wohnorte werden bei Architekten und Künstlern nur angegeben, wenn sie außerhalb von Bayern liegen.

Erläuterungen einiger Begriffe aus dem Text

Ambo	Lesepult; im modernen Kirchenbau Ersatz für die Kanzel
Antependium	eine dem Altarunterbau vorgehängte, schmückende Verkleidung
Apsis	halbrunde oder vieleckig gebrochene Nische als Abschluß des Chores
Campanile	freistehender Glockenturm
Chor	Ort für Altar, Tabernakel, Ambo und Sedilien (s.a. Presbyterium)
Mensa	Altarplatte
Prinzipalia	die wichtigsten, zu den sakramentalen Handlungen benötigten räumlichen Ausstattungsstücke: Altar, Taufe, Kanzel (Ambo)
Presbyterium	der für die Geistlichkeit bestimmte Teil des Kirchenraumes
Retabel	Aufsatz auf rückwärtigem Teil der Mensa
Schola	Ort für den liturgischen Sängerchor
Sedilien	Sitze für Zelebranten und Ministri (Meßdiener)
Stele	freistehender Pfeiler
Tombak	Schmiedebronze

Abgekürzt zitierte Literatur

Bild u. Gleichnis	Ausstellungs-Katalog »Bild und Gleichnis« München-Zürich 1958
Evang. Kirchen	Evangelische Kirchen in Bayern. Neubau und Wiederaufbau seit 1945, Hrsg. Evang.-Luth. Landeskirchenrat, München 1959
Hartig-Schnell	Michael Hartig und Hugo Schnell, München, München (1960)
München	München 1950/1960, Bearb. Franz Heule, München (1961)
Diskussion	Kirchenbau in der Diskussion. Ausstellungs-Katalog der Deutschen Gesellschaft für christliche Kunst, München 1973
Schnell	Hugo Schnell, Der Kirchenbau des 20. Jahrhunderts in Deutschland, München-Zürich 1973
Lieb-Sauermost	Norbert Lieb und Heinz Jürgen Sauermost, Münchens Kirchen, München 1973
Ramisch-Steiner	Katholische Kirchen in München, Hrsg. Hans Ramisch und Peter B. Steiner, München 1984
München	München und seine Bauten nach 1912, Herausgegeben vom Bayerischen Architekten- und Ingenieur-Verband e.V., München 1984
Kirche heute	Ausstellungs-Katalog »Kirche heute. Architektur und Gerät«, Hrsg. Hans Wichmann, München 1984
Ludwig	Ausstellungs-Katalog »Johannes Ludwig. Bauten, Projekte, Möbel«, München 1984
Architekturführer	Architekturführer Bayern, Hrsg. Bund Deutscher Architekten Bayern, München 1985
Altmann	Lothar Altmann, Kirchen entlang der Würm, München-Zürich 1989 (3. Aufl.)
Kahle	Barbara Kahle, Deutsche Kirchenbaukunst des 20. Jahrhunderts, Darmstadt 1990
Biller-Rasp	Josef H. Biller und Hans-Peter Rasp, München. Kunst- und Kultur-Lexikon, München 1994
Wiedemann	Ausstellungs-Katalog »Josef Wiedemann. Bauten und Projekte«, München 1994 (2. erw. Aufl.)
SZ	Süddeutsche Zeitung

Abgekürzt zitierte Institutionen

Arch. Mus. TUM	Architekturmuseum der Technischen Universität München
AEM, Baureferat	Archiv des Erzbistums München, Baureferat
Landeskirchenamt	Technisches Referat der Evang.-Luth. Landeskirche, München
Kirchenbauamt	Bauamt der Evang.-Luth. Gesamtkirchengemeinde München

St. Johannes Evangelist (kath.)
Leibl-Straße 5
82166 Lochham
Grundsteinlegung: 3.9.1946
Weihe: 15.6.1947
Architekt: Anton Weber

führung in den Händen von Gemeindegliedern, sondern vor allem die Innenausstattung des Kirchenraumes. Dank der guten Beziehungen des damaligen Pfarrers zur amerikanischen Besatzungsmacht konnten geschliffene und polierte Marmorteile aus der Einrichtung des zerstörten »Braunen Hauses« in der Münchner Briennerstraße für den Altar mit zweistufiger Altarinsel, Kommunionbank und Kanzel übernommen werden. Bei der Renovierung 1979/1980 wurde der Altarraum der neuen einem Beicht- und Gesprächsraum umgestaltet worden. Holzwände trennen den Kirchenraum von den rückwärtigen Bereichen, über denen die Empore liegt, die ebenfalls mit einer Holzbrüstung versehen ist. Eine flache Holzdecke schließt den Raum nach oben hin ab. Der Bau besteht aus einem außen und innen weiß verputzten Mauerwerk.

Altar, Tabernakel, Altarleuchter, Ambo, Osterleuchter, Apostelleuchter, Vortragekreuz, Kreuzweg (roter Steinguß, teilweise vergoldet):
Christine Stadler

Qu.: Pfarramt;
Lit.: St. Johannes Evangelist Lochham. Chronik zum 40. Kirchweihjubiläum, Lochham 1987; Ramisch-Steiner S. 123; Altmann S. 44

St. Johannes Evangelist war der erste katholische Kirchenbau im Münchner Raum nach dem Zweiten Weltkrieg. Heute bilden Kirche, Pfarrheim, Pfarrhaus und Kindergarten eine Gebäudegruppe in der Grünanlage. Die Kirche selbst ist ein schlichter Saalbau über rechteckigem Grundriß mit eingezogenem Chor und geradem Chorabschluß, Satteldach und Giebeltürmchen. Kurz nach Kriegsende lagen nicht nur die Materialbeschaffung und Bauaus- Liturgie entsprechend verändert, dabei fanden alle vorhandenen Marmorteile wieder Verwendung. Bereits 1975 war der Taufstein aus der Taufkapelle neben dem Eingang in das vordere Kirchenschiff versetzt und dieser Raum zu

St. Vinzenz (kath.)
Birkerstraße 21
80636 München-Neuhausen
Grundsteinlegung: 24.8.1949
Weihe: 14.5.1950
Architekt: Franz Sommersberger

1924 wurde eine Notkirche geweiht, 1928 ein Pfarrhaus errichtet und 1935 war schon Baumaterial für einen massiven Kirchenbau gesammelt, der aber aufgrund der politischen Verhältnisse nicht zur Ausführung kam. Die Notkirche wurde 1945 zerstört, an ihrer Stelle eine Holzbaracke aufgestellt, die nach der Errichtung des Kirchenbaues bis 1956 als Kindergarten diente. Der weiträumige, langrechteckige Neubau hat im Mittelschiff eine gewölbte, holzverkleidete Decke, die beiden schmalen Seitenschiffe haben flache Holzdecken. Holzpfeiler trennen die Schiffe voneinander. Der eingezogene Altarraum ist um sechs Stufen erhöht und wird von einem großen Holzkruzifix beherrscht. Im Gemeinderaum teilen ein breiter Mittelgang und ein Quergang mit Seiteneingängen die Bankreihen in vier Blöcke. Unter der hölzernen Empore befinden sich Beichtstühle, Kreuzkapelle und der Aufgang zur Orgelempore.

Kreuz: Siegfried Moroder
Altar: Karl Oppenrieder

Lit.: Hartig-Schnell S. 87; Ramisch-Steiner S. 234

Herz-Jesu (kath.)
Kirchanger 6
82335 Höhenrain-Berg 4
Grundsteinlegung: 4.9.1949
Weihe: 9.7.1950
Architekt: Hansjakob Lill

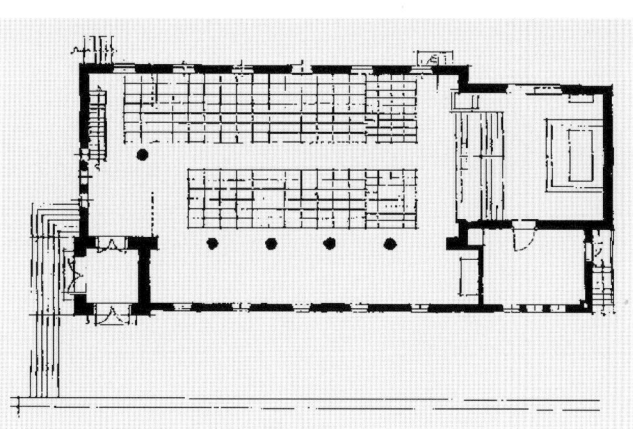

Am Rande des Ortes liegt inmitten des Friedhofs an einer Anhöhe der Kirchenbau. Das Turmuntergeschoß dient als Vorraum zur Kirche, einem schlichten, rechteckigen Bau mit angefügtem niedrigen Seitenschiff auf der Südseite. Der Raumeindruck wird bestimmt durch den um sechs Stufen erhöhten, eingezogenen Chor, der über das Mittelschiff hoch hinausragt und durch das große Nordfenster und kleine Fenster auf der Südseite besonders viel Licht erhält. Seine Rückwand trägt das den Raum beherrschende Wandbild mit den Darstellungen des Herz-Jesu-Festes nach Johannes 19, 31-37 (Sie werden auf den schauen, den sie durchbohrt haben) und Matthäus 11, 25-30 (Kommt alle zu mir, die ihr geplagt und beladen seid). An dieser Wand steht auch der um weitere drei Stufen erhöhte Sakramentsaltar. Flache Holzbalkendecken überspannen Mittelschiff und Chor. Rundbogenfenster auf drei Seiten geben dem Raum helles Licht. Der Taufstein am Eingang erinnert an mittelalterliche Fabelwesen. Die Kreuzwegstationen sind zu einer großen Plastik zusammengefügt. Taufstein und Kreuzweg kamen erst 1965 in die Kirche. Bei diesem Kirchenbau, dem dritten Neubau nach dem Zweiten Weltkrieg, wurden Trümmerziegel aus dem zerbombten München wieder verwendet. Das Mauerwerk ist innen und außen weiß verputzt.

Wandgemälde:
Franz Loibl
Tabernakel:
Ludwig Burger
Taufstein, Kreuzweg,
Rosenkranz-Geheimnisse
am Kirchenportal:
Georg Probst

Qu.: Pfarramt

St. Redemptor (kath.)
Kaulbachstraße 47
80539 München-Schwabing
Baubeginn 10.10.1949
Weihe: 8.12.1950
Architekt: Friedrich F. Haindl

Die 1931 von Franz X. Huf erbaute Hauskapelle der Redemptoristen wurde 1944 bei einem Bombenangriff zerstört. Mit dem Wiederaufbau des Konventgebäudes, das auch das Provinzialat beherbergt, entstand die neue Klosterkirche. Der Neubau ist ein dem Gesamtbau des Klosters eingefügter Längsraum von ca. 19 x 6 m. Er reicht durch zwei Stockwerke, hat einen einstufig erhöhten Altarraum mit freistehendem Altar aus Bronze und ist auf der Nordseite mit vier schmalen, rundbogigen Doppelfenstern ausgestattet. Der Raum mündet hinter dem Altar in einer halbkreisförmigen, vom Boden bis zur Decke reichenden Fensterwand. 1966 erhielt dieser Bereich durch Max Faller seine heutige Gestalt mit seitlich angeordnetem Ambo, ebenfalls aus Bronze und dem Vortragekreuz aus versilberter Bronze. Auf der Nordseite ist eine Nische der Orgel vorbehalten. Auf dieser Langseite trennen Rundstützen die niedrige Sakramentskapelle mit dem Tabernakel vom Hauptraum. Über dem Eingang liegt das Oratorium des Konvents. Der neben dem Eingang aufgestellte Beichtstuhl wurde 1991 in eine eigene Beichtkammer verlegt. Eine flache Decke überspannt in 6 m Höhe das Kirchenschiff. Der Zugang erfolgt über den Eingangshof oder über das Foyer im Innern des Hauses. Das Gebäude ist ein Ziegelbau, die Stützen in der Presbyteriumswand sind Eisenbetonrippen. Eigentümer und Baumaßnahmenträger: Orden der Redemptoristen.

Tabernakel: Schwester Siegried Theimann
Altar, Ambo, Vortragekreuz, versilberter Bronzerahmen für Marienikone, Sedilien: Max Faller

Qu.: Ordensarchiv;
Lit.: Baumeister 49.1952, S. 26; Das Münster 6. Jg. 1953, S. 136; Ramisch-Steiner S. 213

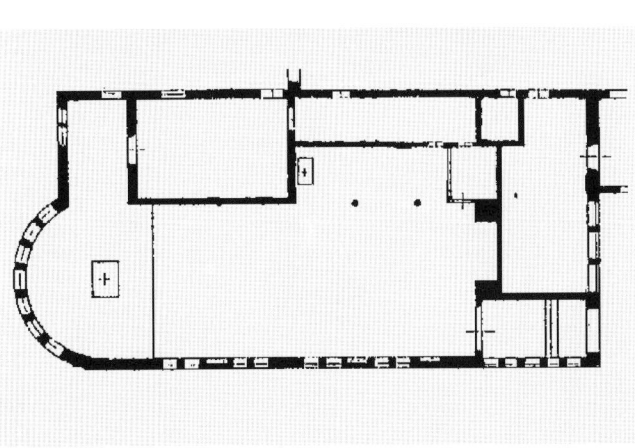

Herz Jesu (kath.)
Lachnerstraße 8
80639 München-Neuhausen
Grundsteinlegung: 10.10.1948
Weihe: 3.6.1951
Architekt: Friedrich F. Haindl

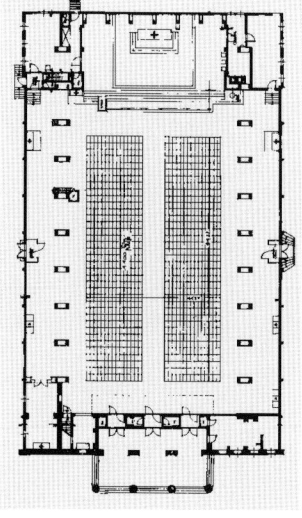

Der 1890 geweihte Vorgängerbau war eine Holzhalle, die 1944 abbrannte. Auf demselben Bauplatz entstand mit gleichen Ausmaßen die im Eingabeplan als »Notkirche« bezeichnete neue Pfarrkirche.
In der Nacht vom 25./26. November 1994 brannte die Kirche völlig aus. Ihre Innenraummaße betrugen 59 x 34 m und sie hatte 1200 Sitzplätze. Der längsgerichtete Raum wurde durch zwanzig massive Holzständerpfeiler in ein breites Mittelschiff mit zwei schmalen, niedrigen Seitenschiffen geteilt. Die Konstruktion des Baues bestand aus den abgebauten und zunächst eingelagerten Holzpfeilern des einstigen Obersalzberg-Kinos (»Theaterhalle«), die auf ein Meter hohe Betonpfeiler aufgesetzt waren, um die nötige Raumhöhe zu erreichen (Auskunft von Architekt F. Haindl). In der Nordwand des eingezogenen Presbyteriums wurden die rohen hölzernen Windstreben der ehemaligen Bühne mit Leichtbetonsteinen vermauert, verputzt und zu sechs hohen Rundbogennischen gestaltet. Neun Stufen führten zum Presbyterium mit Altar, Tabernakel, Ambo und Taufbecken. Das Hochaltargemälde war eine Kopie des Passionsaltars der Bamberger Franziskanerkirche (1429) im Bayerischen Nationalmuseum. Über dem Altar hing das den Raum beherrschende Kruzifix. Seit 1968 trugen Farbglasfenster entscheidend zum geschlossenen Raumeindruck bei. Sie zeigten auf der Westseite Darstellungen aus dem Alten, auf der Ostseite aus dem Neu-

en Testament. In diesem Kirchenraum befanden sich neben alten Kunstwerken eine große Anzahl von Werken zeitgenössischer Künstler, wie sie keine andere Kirche Münchens aufzuweisen hat. Eine Holzdecke mit kaschierten Bindern überspannte den Innenraum. Der rückwärtige Teil der Kirche mit Empore und dem viersäuligen Eingangsbereich an der Südfront war eine Stahlbetonkonstruktion.

17 Buntglasfenster: Richard Seewald Passionsaltar, Gemälde »Jüngstes Gericht«, 1979, Altar-Polyptychon unter Jonas-Fenster, 1979, Gemälde an der Emporenbrüstung: Karl Köhler Ewig-Licht-Ampel, Osterleuchter: Erhard Hößle Ambo, 1965, Kruzifix (Holz), um 1960: Karl Knappe Tabernakel, 1972: August Hartle Flügelaltar: August Bresgen Hängekreuz, Portaltüren: Franz Mikorey

Qu.: Pfarramt, Architekt; Lit.: Baumeister 45. 1948, S. 468 f.; Hartig-Schnell S. 86; Reinhard Müller-Mehlis, München-Herz Jesu, München-Zürich 1981; Ramisch-Steiner S. 109 f.; Biller-Rasp S. 164

St. Korbinian (kath.)
Bezirksstraße 25
85716 Unterschleißheim-Lohhof
Grundsteinlegung: 24.6.1951
Weihe: 28.10.1951
Architekt: Josef Maria Kronenbitter

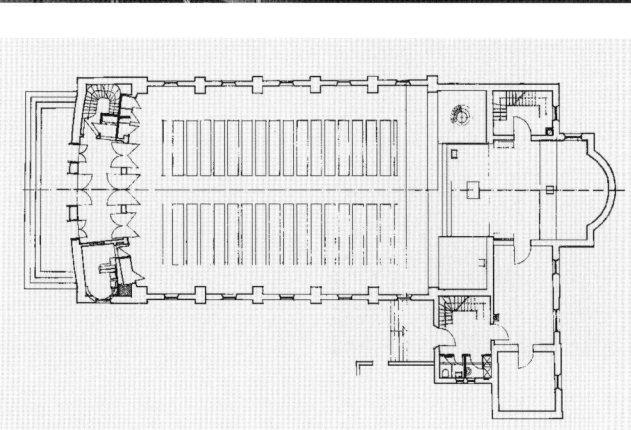

Die 1929 gegründete Siedlung Unterschleißheim-Lohhof ist die nördlichste Gemeinde im Landkreis München. Die hier erbaute schlichte Hallenkiche von 44 x 17 m und 11 m Höhe kann etwa 1500 Personen fassen. Das Langhaus von fünf Achsen wird durch Wandpfeiler gegliedert und hat über dem Eingang eine Empore. Große Fenster geben dem Raum helles Licht. Der eingezogene Altarraum ist durch einen Chorbogen vom Gemeinderaum getrennt. Der langrechteckige Raum, der nochmals durch zwei hohe Fenster erhellt wird, schließt mit einer runden Apsis, die 1984 bei der Umgestaltung des Altarraumes durch Michael Pongratz ein Gemälde mit der Darstellung der Wiederkunft Christi erhielt. Heute steht der Altar um fünf Stufen erhöht. Der Altarblock wird auf allen vier Seiten von Ornamenten geziert, die die Kreise des Lebens symbolisieren, die zum Zentrum, zum Tode hin immer regelmäßiger werden. Den Raum überwölbt eine braune Holzdecke. Der Bau besteht aus Ziegelmauerwerk, das innen weiß und außen weiß und gelb verputzt ist. Ein niedriger Zwischentrakt, in dem der Zugang zur Unterkirche liegt, verbindet Kirche und Turm. Auf dem Kirchplatz steht auf einem Rundpfeiler eine Statue des hl. Korbinian.

Altar, Tabernakel, Taufbecken, Lesepult, Osterleuchter: Christine Stadler
Wandgemälde: Edzard Seeger

Qu.: Pfarramt; Lit.: Ramisch-Steiner S. 136 f.

Christi Himmelfahrt (evang.-luth.)
Saarstraße 2
85354 Freising
Grundsteinlegung: 9.9.1951
Weihe: 22.5.1952
Architekten: J. Ott und Fritz Zeitler

Nach der Zerstörung der 1864 eingeweihten Stadtpfarrkiche fand sieben Jahre lang der evangelische Gottesdienst in der Gottesackerkirche der katholischen Gemeinde von St. Georg statt. Der Kirchenneubau entstand auf dem alten Platz, aber von der Hauptstraße zurückversetzt. Auf einen Kirchturm wurde aus finanziellen Gründen verzichtet. Die drei Glocken aus dem Jahr 1922 kamen in den Glockenstuhl der neuen Kirche. Der längsgerichtete Kirchenraum, eine hohe, schmucklose Halle mit seitlicher und rückwärtiger Empore, hat 750 Sitzplätze. Eine flache Holzdecke überspannt den Raum. Der eingezogene Altarraum ist um vier und der Altar nochmals um zwei Stufen erhöht. Ein Chorbogen trennt ihn vom Gemeinderaum. In diesem Bereich sind auch Kanzel und Taufbecken aufgestellt. Altar und Kanzel sind gemauert und weiß verputz, die Mensa des Altars besteht aus einer Marmorplatte. Die Stirnwand hinter dem Altar wird durch ein Gemälde aus dem 16. Jahrhundert, eine Kreuzabnahme Christi von Jörg Breu (Leihgabe der Bayerischen Staatsgemäldesammlungen, München), hervorgehoben.

Lit.: Kirche u. Kunst Nr. 1, 1955, S. 11 f.; Festschrift 125 Jahre evangelische Kirche in Freising, Freising 1989

Heilige Dreifaltigkeit (kath.)
Pullacher Straße 23
82049 Großhesselohe
Grundsteinlegung: 4.11.1951
Weihe: 13.7.1952
Architekt: Georg Berlinger

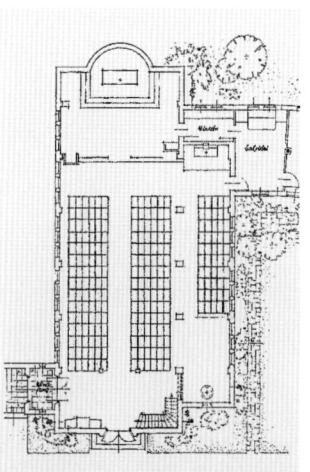

Der schlichte, rechteckige Bau mit Giebeltürmchen und seitlichem Vorbau hat die Grundrißmaße 25 x 14 m. Dem längsgerichteten Innenraum mit Ostapsis ist im Süden ein niedriges Seitenschiff, die Sakramentskapelle, angebaut. Beide Räume werden von einer flachen, gegliederten Holzdecke überspannt. Die Brüstung der hölzernen Orgelempore ist in gleicher Weise wie die Decke gestaltet. Der Gemeinderaum geht über in den um eine Stufe erhöhten Altarraum. Der Altar steht nochmals um drei Stufen höher vor der runden Apsis mit den Sedilien. Hochliegende Fenster auf der Nordseite und in der Sakramentskapelle geben dem Raum viel Licht. Zwei Kunstwerke setzen Akzente in diesem Kirchenraum: das Fresko in der Apsis, das Christus, den Kyrios, den Allherrscher, darstellt, und das Mosaik in der Nische hinter dem Sakramentsaltar mit dem Himmlischen Jerusalem. Die Kirche ist ein Mauerwerksbau, innen und außen weiß verputzt. Nach Süden schließen Pfarrheim und Pfarrhaus an.

Fresko: Albert Burkart
Mosaik: Josef Dering

Qu.: Pfarramt, Architekt;
Lit.: Bild u. Gleichnis, o. S.;
Ramisch-Steiner S. 79

Zum kostbaren Blut Christi (kath.)
Möschenfeldstraße 26
85591 Vaterstetten
Grundsteinlegung: 2.12.1951
Weihe: 31.8.1952
Architekt: Franz Xaver Huf

Der Kirchenraum, eine fünfachsige Halle mit geraden Wandabschlüssen, eingezogenem Chor mit Chorbogen und rückwärtiger Empore, wird von einer flachen Decke überspannt. Der Chor liegt um fünf Stufen erhöht und nimmt seit der Umgestaltung 1970 den auf drei Seiten mit Symbolen geschmückten Volksaltar aus Manchinger Marmor auf. Der Raum wird beherrscht von dem großen Hängekruzifix an der Rückwand des Chores. Die Kreuzwegstationen entlang der Langhauswände sind Tonreliefs in Emaillefassung. Der Kirchenbau besteht aus innen und außen verputztem Mauerwerk, ebenso der neben dem Chor angefügte Turm mit Zwiebelhaube.

*Altar, Ambo, Tabernakel, Altarleuchter, Kreuzweg: Klaus Backmund
Kruzifix, Schutzmantelmadonna, Statue des hl. Josef: Matthäus Bayer*

Qu.: Pfarramt; Lit.: Ramisch-Steiner S. 138

St. Koloman (kath.)
Kirchenstraße 1
85737 Fischerhäuser (Pfarramt: Ismaning)
Grundsteinlegung: 4.5.1952
Weihe: 14.9.1952
Architekt: Friedrich F. Haindl

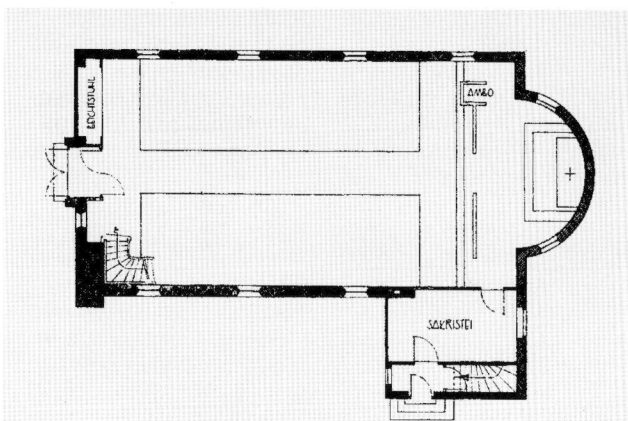

In einer kleinen Ansiedlung zwischen den Staatsgütern Petershof, Karlshof und Zwillingshof entstand der bescheidene Kirchenbau. Auf einem Grundriß von ca. 16,5 x 8 m steht das Langhaus mit vier Achsen, rückwärtiger Empore und eingezogenem, um eine Stufe erhöhtem, halbkreisförmigem Chor, an dessen Südseite die Sakristei anschließt. Der Altar ist gemauert. Dunkelrote Steinplatten, wandparallel verlegt, bedecken den Fußboden; eine flache Holzdecke überspannt den Raum. Die Rundbogenfenster bestehen aus Antikglas in Rechteckverbleiung. Im Chor hängt ein Wandteppich mit der Darstellung der Emmausszene. Der Eingangsseite ist ein Turm mit zwei Glocken angefügt. Die Westseiten des Langhauses und der Sakristei wurden nachträglich mit Holzschindeln beschlagen.

Tabernakel, Leuchter (beide Bronze), Ambo (Bronze auf Holzstreben), 1974: Wolfgang Gebauer
Kreuzwegstationen (Keramik), 1958: Peter Gitzinger
Wandteppich: Karl Gries; Ausführung: Münchener Gobelinmanufaktur

Qu.: Pfarramt, Architekt; Lit.: Baumeister 52. 1955, S. 824; Ramisch-Steiner S. 134

Kapelle der Kommunität Venio OSB (kath.)
Döllingerstraße 32
80639 München-Nymphenburg
Grundsteinlegung: 13.9.1952
Weihe: 15.2.1953
Architekt: Siegfried Östreicher

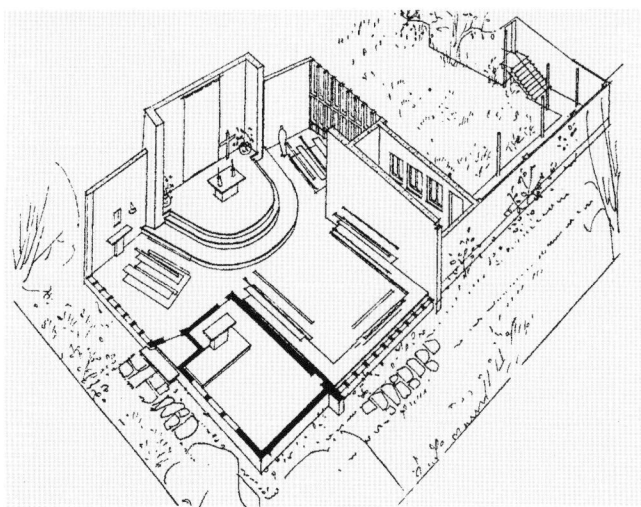

Die Aufgabe des Architekten war es, eine Kirche für die Schwestern der Kommunität Venio OSB in Verbindung mit einer kleinen Gemeindekirche zu schaffen. Die Gemeindeglieder, die am Sonntag an der Liturgiefeier teilnehmen, sollten den Schwesternchor nicht stören, aber dennoch eine gute Verbindung zur Feier am Altar haben. So entstand im Garten der Kommunität Venio über einem T-förmigen Grundriß eine Kapelle, in deren Seitenflügeln sich die Bänke der Schwestern befinden, während das Langhaus für die Gemeinde bestimmt ist. Der Altarbereich ist um drei Stufen erhöht und greift wie eine Zunge in den Raum hinein. Der aus einer braungrauen Muschelkalkplatte auf einem weißgeschlämmten Ziegelsockel gebildete Altar ist von der Wand abgerückt und steht damit frei zur Feier der missa versus populum, die hier erstmals in einer öffentlich zugänglichen Kirche in Bayern praktiziert wurde. Der in Silber gearbeitete Tabernakel wurde nicht mehr im Zelebrationsaltar aufbewahrt, sondern in die Wand des linken Seitenflügels eingelassen, ein damals noch unüblicher Vorgang. Der Raum steigt zum Altar hin an und erreicht hier seine größte Höhe. Durch Fensterwände auf drei Seiten und Oberlichter in den T-Armen erhält der Innenraum viel Licht. »Der oftmals besprochene Raum vereint vorbildhaft liturgische Durchdringung mit konzentrierter Einheitsraum-Verspannung. In der traditionell geführten Münchener Erzdiözese war in einer Klosterkirche ein erster Durchbruch für den erneuerten Gottesdienst erfolgt« (Schnell). Die Wände sind aus Ziegelmauerwerk, weiß geschlämmt, der Fußboden ist mit hellgrauen und sandfarbenen Solnhofer Platten belegt. Der T-förmige Grundriß wird durch Nebenräume beinahe zu einem Quadrat ergänzt. Auf der linken Seite liegt die Sakristei und rechts der Stationsraum (Kapitelsaal). Von diesem Saal führt ein Verbindungsgang zum Wohngebäude der Kommunität.
Eigentümer und Baumaßnahmenträger: Kommunität Venio OSB

Tabernakel (Silber):
August Hartle

Qu.: Klosterarchiv, Architekt; Lit.: Siegfried Östreicher, Die Veniokapelle in München-Nymphenburg; in: Das Münster 7. 1954, S. 376-82; Baumeister 1956, S. 861; Schnell S. 93, 129; Willy Weyres und Otto Bartning, Handbuch für den Kirchenbau, München 1959, S. 199; Kahle S. 102 f.

St. Anna (kath.)
Krenmoosstraße 7
85757 Karlsfeld
Grundsteinlegung: 20.7.1952
Weihe: 26.4.1953
Architekt: Friedrich F. Haindl

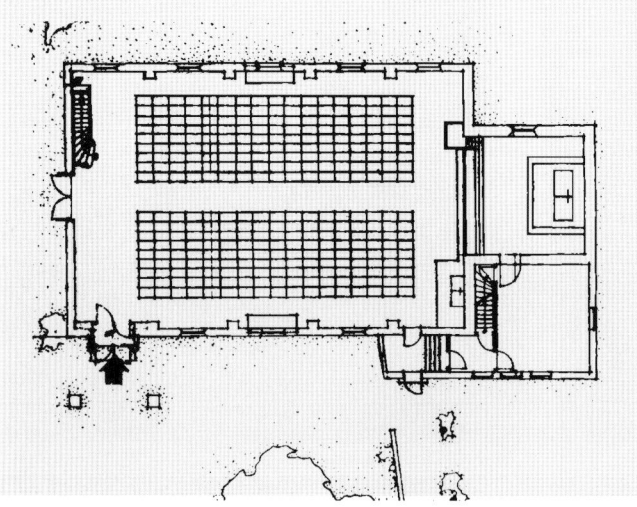

Der 1939 von der Gemeinde gestellte Antrag, eine im Norden Münchens abgerissene Notkirche wieder aufzubauen, wurde 1941 von den Nationalsozialisten abgelehnt.
Als nach dem Zweiten Weltkrieg Tausende von Flüchtlingen in den leerstehenden Baracken des ehemaligen BMW-Arbeiterlagers (heute Gerberau) unterkamen, wurde 1949 hier die erste Flüchtlingsnotkirche Bayerns aufgestellt. 1952/1953 entstand der Kirchenneubau, eine gedrungene Chorturmanlage mit einem Kirchenraum von 30 x 14,5 m und einer Höhe von 7,5 m, der für 300 Sitz- und 400 Stehplätze konzipiert war. Der fünfachsigen Halle ist eine stark eingezogene Apsis mit Chorbogen angefügt, die den um fünf Stufen erhöhten Altarraum aufnimmt. Darüber erhebt sich der 34 m hohe Turm mit kleiner Zwiebel. Nach einem gewaltigen Sturm erhielt die Gemeinde 1956 zahlreiche entwurzelte Bäume für eine Bestuhlung geschenkt. Mit der Neugestaltung der Altarwand, dem Patrozinium entsprechend eine Darstellung der hl. Anna Selbdritt, mit der Aufstellung des Taufbrunnens und den Mosaiken des Auferstandenen und der Maria sowie dem Kreuzweg war die Umgestaltung des Innenraumes 1961 abgeschlossen. Das direkt neben der Kirche erbaute Pfarrhaus konnte im Juli 1954 bezogen werden.
Der Verbindungsbau zwischen Kirche und Pfarrhaus, der die Pfarrbücherei aufnahm, wurde 1956 fertiggestellt. Die Innenaufnahme zeigt eine Ikonendarstellung auf einem Tuch, das das Mosaik des Hochaltars verhüllt. Das Gebäude ist ein außen und innen weiß verputzter Ziegelbau mit flacher Holzdecke.

Mosaiken:
Gottfried Albert,
Sinzing/Rhein
Tabernakel:
Roland Friedrichsen
Sgraffito-Kreuzweg, 1960:
Benedikt Gröner
Auferstandene (Wand hinter Taufstein):
Michael Weingartner

Qu.: Pfarramt; Lit.: Festschrift zum 25jährigen Jubiläum der Kath. Pfarrei St. Anna Karlsfeld im April 1978; Ramisch-Steiner S. 56; Altmann S. 63

Heilig Kreuz (kath.)
Kirchenleite 23
82057 Icking
Grundsteinlegung: nicht bekannt
Weihe: 4.10.1953
Architekt: J. Mayer-Lauingen

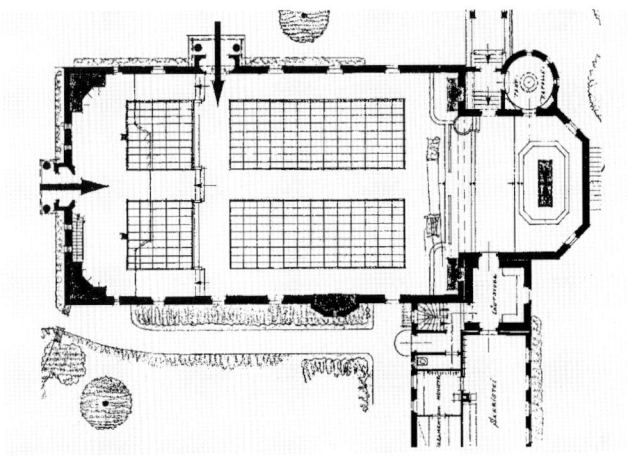

Nach einem Wettbewerb 1950 entstand der Kirchenneubau mit Pfarrhaus und Pfarrbüro. Über langrechteckigem Grundriß erhebt sich der geostete, fünfachsige Kirchenraum mit eingezogenem, polygonalem Altarraum, rückwärtiger Empore, Rundbogenfenstern auf beiden Langseiten und einer flachen Holzdecke mit Ornament. Auf dem um drei Stufen erhöhten Altarbereich stehen hintereinander der Zelebrationsaltar und der nochmals um vier Stufen erhöhte Sakramentsaltar, beide aus Ruhpoldinger Marmor. Über dem Tabernakel befindet sich ein großes Kruzifix, das den Raum beherrscht. An der nördlichen Chorbogenwand ist die Kanzel mit den vier Evangelistensymbolen eingebaut. An den Altarraum schließt im Süden der Zwiebelturm mit Sakristei und Nebenraum an, auf der Nordseite führt eine Pergola zum Pfarrhaus mit Büro.

Ambo: Hans Griessmeyer
Hauptaltar, Sakramentsaltar, Apostelkreuze:
nach Entwurf
des Architekten;
Ausführung:
Ludwig Maier
Apostelleuchter, Ewiglichtlampe: nach Entwurf
des Architekten;
Ausführung:
Christian Steinicken

Qu.: EAM Baureferat Nr. 92

Friedenskirche (evang.-luth.)
Uhdestraße 2
85221 Dachau
Grundsteinlegung: 7.12.1952
Weihe: 25.10.1953
Architekt: Gustav Gsaenger

Durch die Ansiedlung von Heimatvertriebenen war die Zahl der Dachauer Protestanten nach 1945 um mehr als das Dreifache gestiegen, und der Betsaal in der Frühlingstraße 8 reichte mit 120 Plätzen bei weitem nicht mehr aus. Der Kirchenvorstand beauftragte G. Gsaenger mit der Planung einer großen Kirche mit Gemeinderäumen und Pfarrhaus. Es entstand ein eigenwilliger Bau. Der Grundriß der Kirche gleicht einem Ei, in dessen Spitze sich der Altarbereich befindet. Die »damals noch seltene Rundform des Kirchenschiffes sollte sowohl die Gemeinschaft der Notleidenden als auch die Gemeinschaft derer, die sich um Altar und Kanzel versammeln«, (40 Jahre Friedenskirche) betonen. Diese Grundkonzeption, Altar und Gemeinde in einem großen Kreis zu integrieren, hatte der Architekt zuvor bei einer kleinen Kirche im Walsertal entwickelt und 1953 bis 1955 bei der Matthäus-Kirche in München fortgesetzt. Da der moorige Untergrund zu unsicher war, wurden die ovalen Grundmauern des Kirchenschiffes und des schweren Turmes auf einen Pfahlrost aus Beton gestellt. Die Wände bestehen aus weiß verputztem Ziegelmauerwerk; eine flache Holzdecke überspannt den Raum.
Der gerichtete Innenraum leitet zu dem um vier Stu-

fen erhöhten Altarbereich mit dem mächtigen Altartisch sowie der großen kubisch geformten Kanzel mit Schalldeckel. Die Kreuzigungsgruppe beherrscht den Raum. Sie wurde nach dem Vorbild des romanischen Kruzifixes in der Kirche von Altenstadt geschaffen und kam 1968 in die Friedenskirche. Auf der Südseite des Schiffes liegt ein großes Fenster, das dem Kirchenraum als entscheidende Lichtquelle dient. Eine halbkreisförmige Empore zieht sich über den rückwärtigen Teil des Kirchenschiffes. Schon der Eingang wird zum Symbol: das vorgezogene Überdach beschützt die Ankommenden. Seitlich neben dem Kirchenbau steht der Turm, der zunächst die Sakristei beherbergte. Bereits 1953/1954 wurde das Pfarrhaus von G. Gsaenger errichtet.

*Innenausstattung:
nach Entwurf des Architekten
Kreuzigungsgruppe:
Andreas Schwarzkopf*

Qu.: Pfarramt, Arch. Mus. TUM; Lit.: 40 Jahre Friedenskirche Dachau, o. O. (1993)

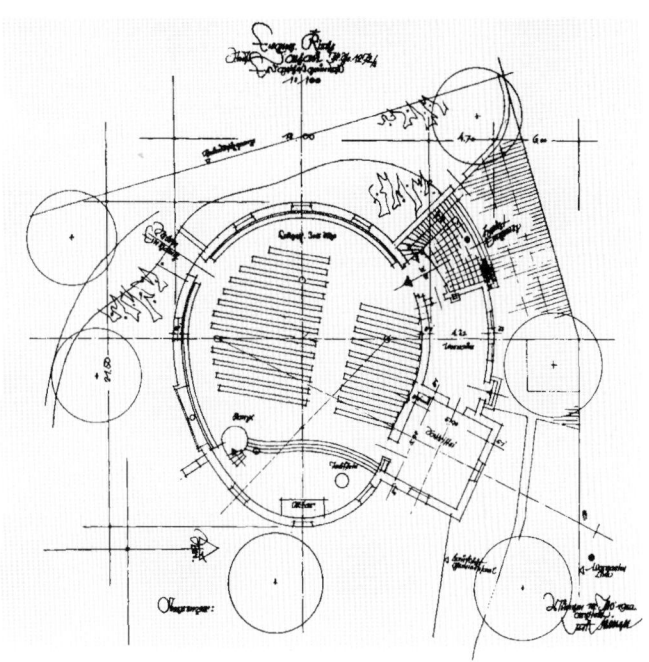

St. Vitus (kath.)
Waldstraße 26
82131 Stockdorf
Grundsteinlegung: 14.6.1953
Weihe: 1.11.1953
Architekt: Hans Heps

Nach den beiden Weltkriegen entwickelte sich Stockdorf zu einer größeren Villenkolonie. Die alte Pfarrkirche St. Vitus aus der Mitte des 19. Jahrhunderts wurde zu klein. 1963/1964 hat man sie zu einer Kriegergedächtnisstätte umgestaltet. Der Neubau jenseits der Würm, am Rande der Siedlung vor dem Wald gelegen, ist ein schlichter rechteckiger Bau von ca. 30 x 18 m, mit steilem Satteldach und zierlichem Giebeltürmchen. Der fünfachsige Saal ist nach Westen auf den eingezogenen Altarraum orientiert, der sich auf der Südseite erweitert, durch große Fenster erhellt wird und Platz für die Schola bietet. Der Kirchenzugang erfolgt über den Vorraum unter dem weit abgeschleppten Dach an der nördlichen Langseite. Der Taufbrunnen mit den Steinreliefs der Taufe Christi, der laut Plan zunächst an anderer Stelle vorgesehen war, steht heute in der Mittelachse unter der Orgelempore. Der um acht Stufen erhöhte Altar besteht aus rötlichem Marmor. Über ihm schwebt der große Hängekruzifixus, der das Zentrum des Kirchenraumes betont. Auf der Ostfassade ist seit 1968 der hl. Veit dargestellt.

*Altartisch,
Apostelleuchter,
Kreuzweg:
Johannes Dumanski
und Hans Kreuz
Tabernakel:
Herbert Porschet
Taufbrunnen, 1987/1988:
Hubert Elsässer
Fassadenmalerei:
Erich Schickling*

Qu.: Pfarramt; Lit.: Altmann S. 32; Ramisch-Steiner S. 235

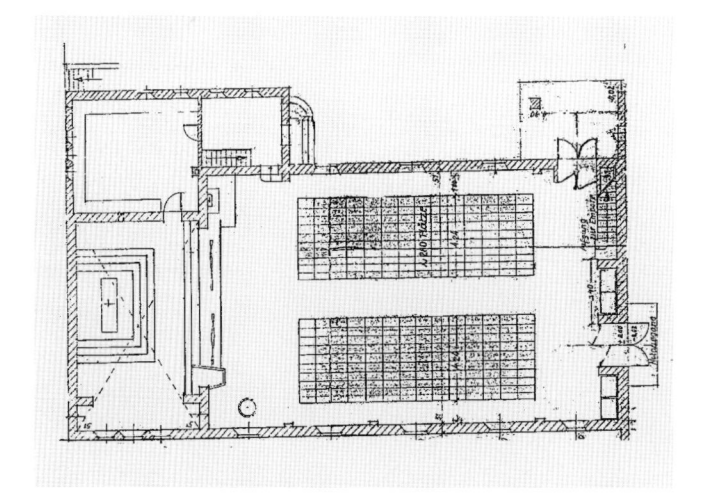

Zu den heiligen zwölf Aposteln (kath.)
Schrobenhausener Straße 1
80686 München-Laim
Grundsteinlegung: 30.11.1952
Weihe: 9.11.1953
Architekt: Sep Ruf

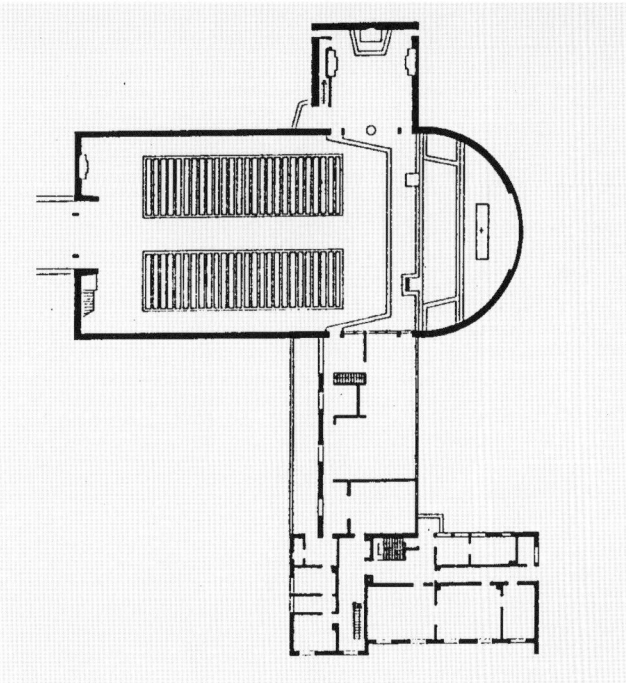

Bereits 1928 war für die neu gebildete Kuratie ›Zu den heiligen zwölf Aposteln‹ die in Untergiesing abgebrochene Notkirche auf einem von der Baufirma Heilmann & Littmann gepachteten Platz an der Lautensackstraße 20 eingeweiht worden. Da das neue Laimer Siedlungsgebiet sich nach Westen ausbreitete und 1936 das Areal der heutigen Kirche gekauft werden konnte, wurde im gleichen Jahr ein Wettbewerb für eine Kirche mit Pfarrhof ausgeschrieben. Den ersten Preis erhielt Eugen Dreisch. Die Ausführung wurde aber von den Nationalsozialisten verhindert, ebenso ein weiterer Vorschlag im folgenden Jahr, die Kirche statt mit den bisher geplanten 600 Sitzplätzen mit 1600 auszustatten, da in nächster Nähe der neue Münchner Hauptbahnhof errichtet und damit ›Zwölf Apostel‹ Bahnhofskirche werden sollte. Erst nach dem Krieg, als die Kuratie 1945 zur Stadtpfarrei erhoben worden war, entstand nach einem weiteren Wettbewerb 1951 der Kirchenneubau als erster Sakralbau des Architekten Sep Ruf. In einer Wohnsiedlung mit mehrgeschossigen Baublöcken steht auf einer großen Grünfläche die Kirche mit dem im Süden über einen niedrigen Zwischenbau angefügten Pfarrhaus. Das Kirchengebäude, ein verputzter langrechteckiger Ziegelbau von 40 x 18 m, schließt im Osten mit einer halbkreisförmigen Apsis in der Breite des

Kirchenraumes. Damit gehen die Bereiche der Gemeinde und des Priesters ineinander über. Der Altarbereich ist nur um zweimal drei flache Stufen erhöht. Die Altarwand zeigt im Innern ein Flachrelief aus rotem Quarzsandstein mit der Darstellung der zwölf Apostel beim letzten Abendmahl und an der Außenwand das Jüngste Gericht. Seit 1963 schließen im Altarraum seitlich an das Relief Fresken in Sgraffitotechnik mit den Darstellungen von Bergpredigt, Wunderbarem Fischzug und Einzug Christi in Jerusalem im Norden und Christus am Ölberg, Gefangennahme und Verurteilung Jesu an der Südseite an. 1971 wurde mit der Umgestaltung des Altarraumes der Altar von der Rückwand in den Raum vorgezogen. Der Altar besteht heute aus einem fünf Tonnen schweren italienischen Nagelfluhblock. Der im Norden angefügte Glockenturm nimmt unter der Orgel- und Sängerempore die Beicht- und Taufkapelle auf und darüber den Glockenstuhl. 1966 wurde der Kindergarten, erbaut nach den Plänen von Michael Pongratz, eröffnet.

Kreuzweg, Kreuzreliquiar, Osterleuchter:
Josef Hamberger
Reliefs: Karl Knappe
Fresko: Jakob Kuffner

Qu.: Pfarramt; Lit.: Baukunst u. Werkform 11.1958, S. 188 f.; Bild u. Gleichnis, o. S.; Hartig-Schnell S. 89; Schnell S. 129; München S. 88; Ramisch-Steiner S. 58; Lothar Altmann, Chronik der Pfarrei ›Zu den hl. zwölf Aposteln‹ in München-Laim (Kopie vom Pfarramt)

St. Josef (kath.)
Münchener Straße 38
85452 Eichenried
Grundsteinlegung: 15.8.1953
Weihe: 22.11.1953
Architekt: Friedrich F. Haindl

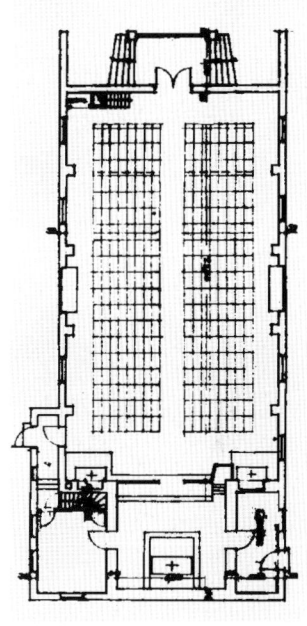

Der katholische Gottesdienst fand zunächst in einer Notkirche statt, die 1953 abgebrochen wurde. Der Neubau ist eine nach Süden ausgerichtete Chorturmkirche. Der gerichtete, langrechteckige Kirchenraum von 29 x 13 m mit eingezogenem, um vier Stufen erhöhtem Altarraum und rückwärtiger Holzempore bietet 300 Sitzplätze. 1954 und 1955 wurden die Marien- und Josephs-Figuren an der Chorwand aufgestellt. 1955 kamen auch die Kreuzwegtafeln in den Kirchenraum. Eine flache Holzdecke mit Malereien (Weinreben und Bibelverse) überspannt den Raum. Der Altarraum wird belichtet durch die hochgelegenen Fenster auf der Ostseite, der Gemeinderaum durch Rundbogenfenster auf beiden Langhausseiten. Eine gemauerte Kanzel steht an den Stufen zum Altarbereich. Ein Satteldach in der Breite der Kirche schützt die Treppenanlage mit dem Eingang. Die Wände des Gebäudes bestehen außen und innen aus verputztem Ziegelmauerwerk.

*Deckenmalerei:
Kunstmaler Raab
Marien- und Josephs-Statuen: Friedrich Hirsch
Kreuzweg:
Richard Walberer*

Qu.: Pfarramt, Architekt

39

St. Andreas (kath.)
Zenettistraße 46
80337 München-Isarvorstadt
Grundsteinlegung: 12.4.1953
Weihe: 29.11.1953
Architekten: Ernst Maria Lang und Hans Bierling

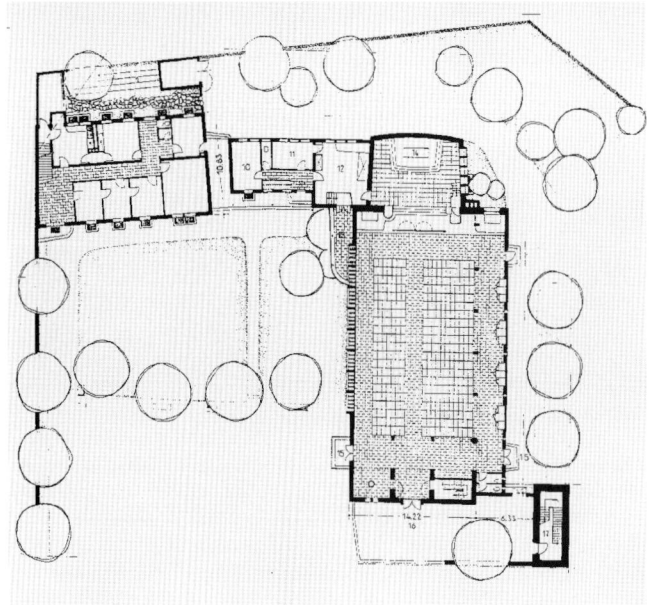

Im sogenannten Schlachthofviertel, einer Vorstadt aus der Gründerzeit Münchens, entstand 1887 die Alhambra, ein Hotel mit angebautem Tanzsaal. 1917 kaufte der Verein für Familienpflege das Gebäude. Der von Richard Berndl zu einer Kirchenhalle umgewandelte Tanzsaal wurde am 23. November 1923 eingeweiht. Nach der Kriegszerstörung im Jahre 1944 errichtete E. M. Lang an dieser Stelle den Kirchenneubau. Durch den zur Straße vorgerückten Campanile entstand eine klare Abgrenzung zum nächsten Wohnhaus sowie ein kleiner Platz vor dem Haupteingang zur Kirche.

Der nach Nordosten orientierte Kirchenraum von ca. 29,5 x 17,5 m mit rückwärtiger Empore und einem im Osten angefügten niedrigen Seitenschiff wird von einem Satteldach überspannt. Den eingezogenen Altarraum begrenzt eine leicht gebogene, mit graugrünem Mainsandstein verkleidete Stirnwand. Die übrigen Wandflächen des Raumes haben glatten Putz. Die Decke besteht aus Betonfertigteilen und Unterzügen aus Beton.

Die Lichtführung im Kirchenraum setzt den von Süden beleuchteten Altarraum gegen das Hauptschiff mit Fensterwand im Norden ab. Das Kruzifix vor der Altarwand beherrscht als Blickpunkt den Kirchenraum. Es ist aus einer flachen Lindenbohle geschnitten, farbig gefaßt und vergoldet. Am runden Kanzelkorb aus

Marmor sind die vier Evangelisten dargestellt. Der übrige künstlerische Schmuck stammt teilweise aus dem Vorgängerbau. Das Bronzeportal am Haupteingang zeigt seit 1964 eine Darstellung des hl. Andreas sowie die Inschrift »St. Andreas bitt für uns – tretet ein in Gottes Heiligtum«. Über dem Portal sind nebeneinander die vier Evangelistensymbole aus Haustein angebracht. 1964/1965 fand im Zuge der Liturgiereform die erste Renovierung mit Umgestaltung des Altarraumes statt, mit Absenkung und Erweiterung des Altarbereiches in den Gemeinderaum; der Marienaltar mit dem Tabernakel vom alten Choraltar wurde Sakramentsaltar; der Seiteneingang wurde neu gestaltet; 1974 und 1989 wurde der Innenraum wiederholt renoviert.

Farbglasfenster: Wilhelm Braun
Kruzifix: Georg Lang
Kanzel: Franz Mikorey
Kreuzweg: Wilfrid Braunmiller

Qu.: Pfarramt; Lit.: Baumeister 52. Jg. 1955, S. 810-815; Bild u. Gleichnis, o. S.; Hartig-Schnell S. 64; Ramisch-Steiner S. 50 f.

St. Michael (kath.)
Anzinger Straße 2
85586 Poing
Grundsteinlegung: 16.5.1954
Weihe: 20.9.1954
Architekt: Friedrich F. Haindl

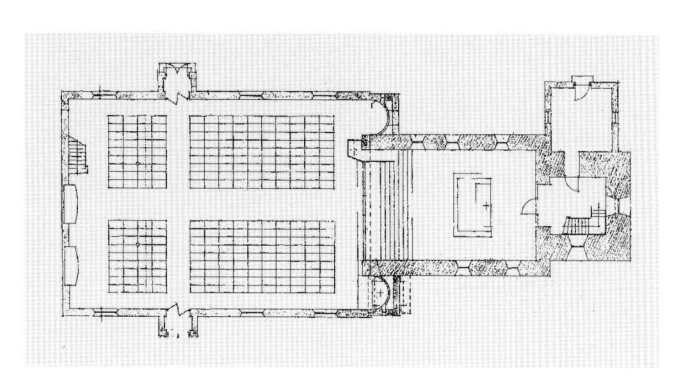

Durch den Zuzug von Heimatvertriebenen war die vermutlich aus dem 13. Jahrhundert stammende Dorfkirche zu klein geworden. Ein Kirchenneubau wurde geplant, aber von dem damaligen Pfarrer verhindert, da die Dorfkirche ihre Funktion behalten sollte. Das Landesamt für Denkmalpflege verfügte, daß der Altbau bestehenbleiben mußte und der Neubau erkennbar sein sollte. Als bei Baubeginn die Westwand der alten Kirche entfernt wurde, fiel der Bau in sich zusammen. Die erneute Bauauflage forderte, daß der Neubau dem alten völlig zu entsprechen habe und dann erst die Erweiterung angefügt werden konnte. Sakristei und Turm blieben erhalten, und aus dem anschließenden Langhaus wurde der neue Altarbereich, den ein großes Kruzifix aus der Entstehungszeit der Kirche schmückt. Im Westen ist der Neubau, das um acht Stufen tiefer liegende, neue Langhaus von ca. 22 x 14 m, angefügt. Der gerichtete Kirchenraum mit rückwärtiger Empore wird durch zwei Eingänge an den Langseiten vom Friedhof her betreten. Zwei kleine runde Apsiden nehmen am Übergang von Altarraum zum Neubau den Tabernakel und eine Pietà auf. Die hochliegenden, in ihrer Form vom alten Langhaus übernommenen Rundbogenfenster und die flache Holzdecke schließen den Raum nach oben hin ab. 1970/1971 wurde die Inneneinrichtung neu gestaltet. Das Gebäude ist ein außen und innen verputzter Ziegelbau mit Holzdachstuhl.

*Tabernakel:
German Larasser;
Ausführung:
Fa. Bergmeister*

Qu.: Pfarramt, Architekt

Johanneskirche (evang.-Luth.)
Adalbert-Stifter-Straße 2
83052 Bruckmühl
Grundsteinlegung: 25.10.1953
Weihe: 10.10.1954
Architekt: Johannes Ludwig

Seit 1920 fanden evangelische Gottesdienste in Bruckmühl statt, zunächst im ehemaligen Expeditionsraum, ab 1927 im Speisesaal der Wolldeckenfabrik und ab 1929 in einem provisorischen Betsaal der Schule. 1952 bildete sich eine Gemeindeinitiative für einen Kirchenneubau. Die Planung schritt rasch voran, so daß bereits 1953/1954 im ersten Bauabschnitt Kirche und Turm errichtet werden konnten.
Der schlichte Kirchenbau mit Satteldach ist im Emporengeschoß durch eine geschlossene Brücke mit dem Turm verbunden. Der gerichtete Kirchenraum mit den Innenmaßen 18 x 9 m wird von einem offenen Dachstuhl aus Holz überdeckt. Hinter dem um drei Stufen erhöhten Altar steht das den Kirchenraum beherrschende große Kreuz. Es wurde nach einem Steinrelief an einer romanischen Kirche, der Abbazia di Pomposa bei Ferrara, angefertigt und trägt im Querbalken neben dem Lamm Gottes die vier Evangelistensymbole. Der Altarraum erhält durch ein Fenstergitter auf der Westseite eine besondere Belichtung. Der schlichte Steinsockel des Taufsteins wird von einer Kupferhaube mit der Darstellung der Taufe Christi und den Buchstaben A(lpha) und O(mega) bekrönt. Die rot und grün gestrichene hölzerne Orgelempore gibt dem Raum einen weiteren Akzent.
Im zweiten Bauabschnitt wurde 1959 bis 1962 der Turm für drei Glocken erhöht und das Pfarr- und Gemeindehaus erbaut, die nun zusammen mit der Kirche eine gehöftartige Gruppe bilden.

Altarkreuz:
Robert Lippl
Taufstein:
Alpheda Puluj-Hohenthal

Qu.: Arch. Mus. TUM; Lit.: Festschrift zum 25jährigen Kirchweihjubiläum der Ev. Johanneskirche Bruckmühl 1954-1879, o. O. (1979); Ludwig S. 68

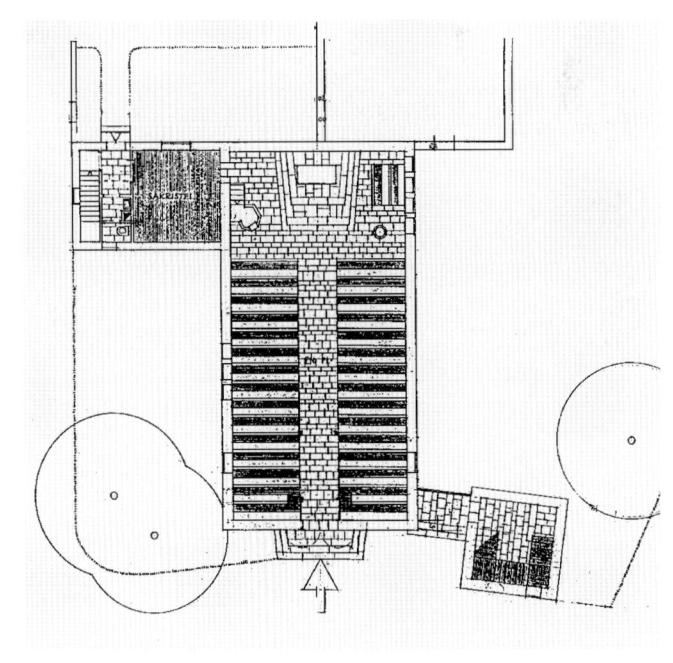

Petrikirche (evang.-luth.)
Martin-Luther-Ring 32
85598 Baldham
Grundsteinlegung: 23.5.1954
Weihe: 12.12.1954
Architekt: Wilhelm Becker

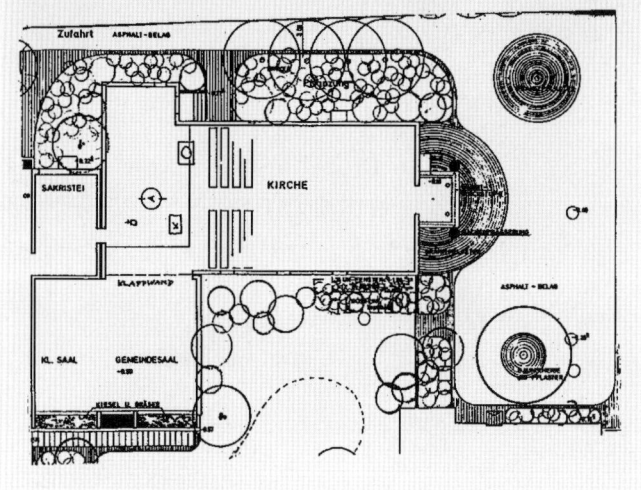

Die Petrikirche ist ein schlichter, rechteckiger Kirchenbau mit steilem Satteldach, Giebeltürmchen und schützendem Vordach. Der Innenraum mit gewölbter Holzdecke hatte zunächst einen eingezogenen, rechteckigen Altarraum. Ein Mittelgang mit zwei seitlichen Bankblöcken leitet zu ihm hin. Seit der Umgestaltung 1974/1975 nimmt der Altarbereich die gesamte Breite des Raumes ein und wird durch eine Nische für Orgel und kleinen Chor seitlich erweitert. Auf der gegenüberliegenden Seite kann durch eine Falttür der Gemeinderaum dem Kirchenraum hinzugefügt werden. Bemerkenswert ist die kreisrunde Mensa des Altartisches, die direkt durch das runde Oberlicht in der Decke beleuchtet wird. Die Kirche besteht aus verputztem, weiß gestrichenem Mauerwerk. 1961 wurde das Pfarrhaus errichtet und 1974/1975 die Anlage mit einem Gemeindezentrum von Georg Metzger erweitert.

Altar, Taufstein, Kanzel, Kreuz: Heiner Schumann

Qu.: Kirchenbauamt, Pfarramt

Philippus-Kirche (evang.-luth.)
Martin-Luther-Straße 22
85570 Markt Schwaben
Grundsteinlegung: 2.12.1953
Weihe: 22.5.1955
Architekt: Alois Knidlberger

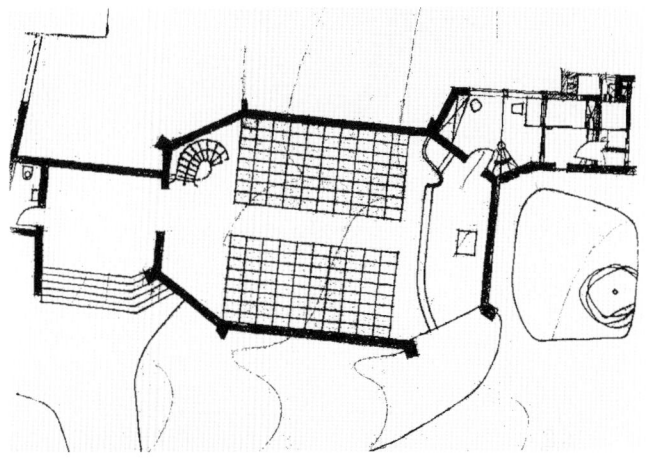

In einer niedrigen Wohnhausbebauung befindet sich am Ende der Straße der quergestellte Kirchenbau mit Gemeindehaus (1976/1977 von Theodor Hugues) und Pfarrhaus. Das hohe, steile Kirchendach bestimmt die Wirkung des Baukörpers und sitzt wie eine schützende Haube auf den Umfassungsmauern. Der Bau besteht aus einer Betonkonstruktion mit innen und außen weiß verputzten Mauerflächen. Auch im Innern ist das hohe, holzverkleidete Dach bestimmend für den weiten Raumeindruck, der durch das große, 1975 eingebaute Farbglasfenster unterstrichen wird. Der Innenraum, über einem langgestreckten, achteckigen Grundriß, wird auf den beiden Schmalseiten durch die um vier Stufen erhöhte Altarinsel und die 1977 für die Orgel eingebaute Empore gegliedert. Ein großes Holzkreuz beherrscht den Altarraum. Die Stellung des Taufsteins wird durch das seitliche Farbglasfenster hervorgehoben. Ein großer Eisenring mit zwölf Kerzenhaltern schwebt über Gemeinde- und Altarraum. Seitlich abgerückt vom Kirchenbau steht der Glockenturm.

*Farbglasfenster, 1975:
Heiner Schumann*

Qu.: Pfarramt, Kirchenbauamt

Herz Jesu (kath.)
Buttermelcherstraße 10
80469 München-Isarvorstadt
Grundsteinlegung: 16.8.1953
Weihe: 5.6.1955
Architekten: Alexander Freiherr von Branca und Herbert Groethuysen

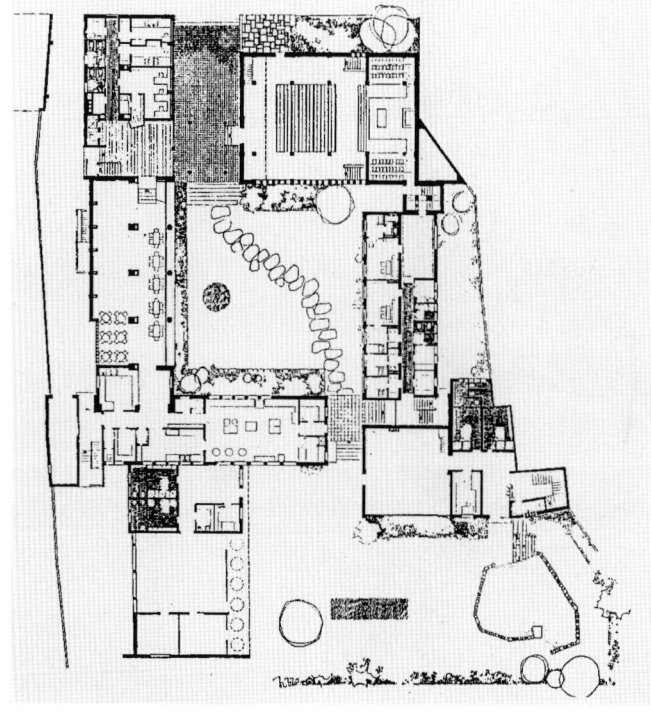

In die Wohnhäuserfront der Buttermelcherstraße eingebaut, erhebt sich mehrere Meter hinter der Baulinie die fensterlose, weiß getünchte Ziegelwand der Kirche. Durch das anschließende Gittertor wird der Klosterhof betreten, um den Kirche und Wohnhaus der Niederbronner Schwestern, Wirtschaftstrakt mit Küche und Schwesternrefektorium sowie Mädchenwohnheim gruppiert sind. Da die Architekten als Vorgabe die Grundfläche der kriegszerstörten Klosteranlage hatten, entstand die neue Klosterkirche über einem relativ schmalen Grundriß als hohe, dreischiffige Halle. Das Mittelschiff überspannt eine mächtige Tonne, die von quer angeordneten, kleineren Tonnen in den beiden Seitenschiffen begleitet wird. Der erhöhte Altarbereich erhält direktes Licht durch die Lamellen der aufgebrochenen Decke.

Der Altar besteht aus einem dunklen Basaltblock. Der Tabernakel ist in Verbindung mit dem Sakramentsaltar unmittelbar hinter dem Zelebrationsaltar in die Rückwand eingelassen, eine Anordnung, die die Liturgiereform des II. Vaticanums bereits vorwegnahm. Diese Wand wird beherrscht von dem Kreuz mit Christusdarstellung in Naturstein. Für die Schwestern wurde seitlich des Altars, durch zwei niedrige Betongitter getrennt, je ein Chor geschaffen. Unter dem Presbyterium befindet sich die aus den Steinen der alten Kirche gemauerte Krypta. Der das Kirchendach nur wenige Meter überragende, von der Straße aus nicht sichtbare Glockenturm stellt die Verbindung zum Schwesternhaus her. Herz Jesu besteht aus einer Stahlbetonkonstruktion mit Ziegelmauerwerk. Die Wirkung des Innenraumes wird bestimmt durch die Altarwand und das Sichtbeton-Gewölbe, in einer damals neuartigen Schalenkonstruktion; das Dach ist eine kupfergedeckte Betonschalenkonstruktion.

Eigentümer, Baumaßnahmenträger: Orden der Niederbronner Schwestern

Altar: Fritz Koenig und Karl Reidel

Tabernakel und Sakramentsaltar: Heinrich Kirchner
Betongitter: Blasius Gerg
Mosaikkreuz: Karl Knappe
Kirchenportale: Herbert Altmann

Qu.: Klosterarchiv; Lit.: Bauen und wohnen 11. 1956, S. 45-48; Das Münster 9. 1956, S. 328-333; Bild u. Gleichnis, o. S.; Willy Weyres und Otto Bartning, Kirchen. Handbuch für den Kirchenbau, München 1959, S. 197; Hartig-Schnell S. 58; München Hochbau S. 93; Schnell S. 93, 129; Zeit im Aufriß. Architektur in Bayern nach 1945, Ausst. Residenz, München 1983, S. 82; München S. 89; Kirche heute S. 32 f.; Ramisch-Steiner S. 110 f.; Architekturführer S. 42

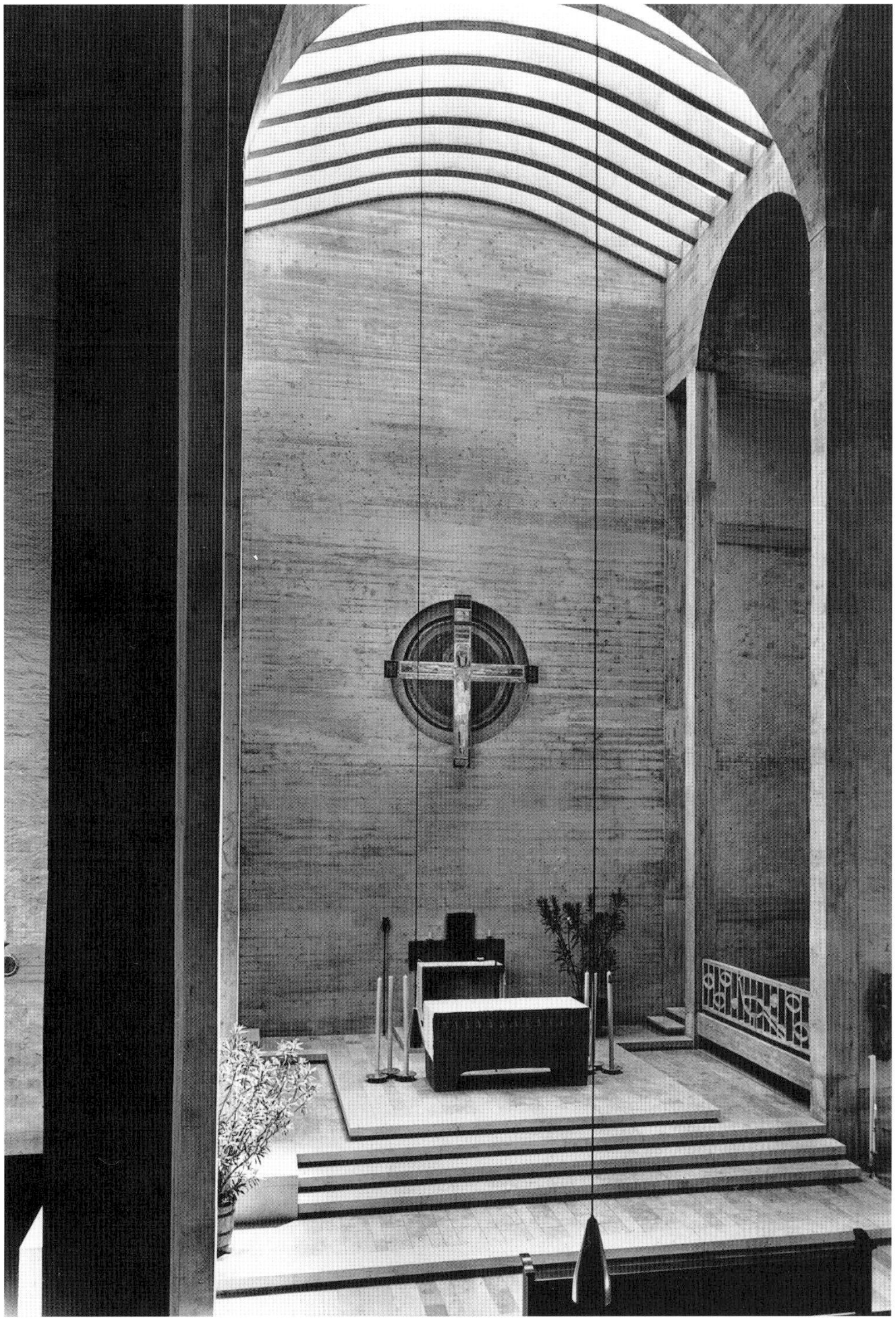

Maria Himmelfahrt (kath.)
Höcherstraße 14
80999 München-Allach
Grundsteinlegung: 21.11.1954
Weihe: 15.8.1955
Architekten: Oswald und Peter Bieber

Bereits 1936 war von Friedrich F. Haindl ein Kirchenbau in Allach projektiert worden, den aber die Nationalsozialisten vereitelten. Erst 1954/1955 entstand ein Neubau mit langrechteckigem Saal von ca. 27 x 16 m und eingezogenem rundem Chorabschluß, der um vier Stufen erhöht liegt. Wandpfeiler geben dem Raum eine rhythmische Gliederung. Im Norden begleitet ein niedriges Seitenschiff den Hauptraum in seiner ganzen Länge. Seit dem Umbau 1977 durch Peter Hartl ist die von Bildhauer Albrecht Steidle geschaffene, um zwei Stufen erhöhte Altarinsel vor der Mittelachse der Südwand zum Mittelpunkt des Raumes geworden. Helle Holzbänke sind in fünf Blöcken in einem Halbkreis um den Altar gruppiert. Das Wandfeld hinter dem Altar erhielt einen 7,50 x 3,80 m großen Wandbehang, der mit kräftigen Farben den ganzen Raum beherrscht. In einer alles überstrahlenden Gloriole ist die thronende Himmelskönigin dargestellt, zu der die Bürger von Allach emporblicken. Die Farben des Wandteppichs sind in den sechs Glasfenstern auf der Südseite wieder aufgenommen, die 1991 gestaltet wurden. Nach Änderung des Eingangsbereiches und Abriß der Westempore befindet sich in der ehemaligen Apsis der neue, turmartige Holzprospekt der Orgel. Der Kirchenbau besteht aus außen und innen verputztem Ziegelmauerwerk. Ein 33 m hoher Turm neben dem Eingang an der Westseite vermittelt zwischen Kirche und Pfarrzentrum.
1980 wurde der Kindergarten von Adolf und Helga Schnierle errichtet.

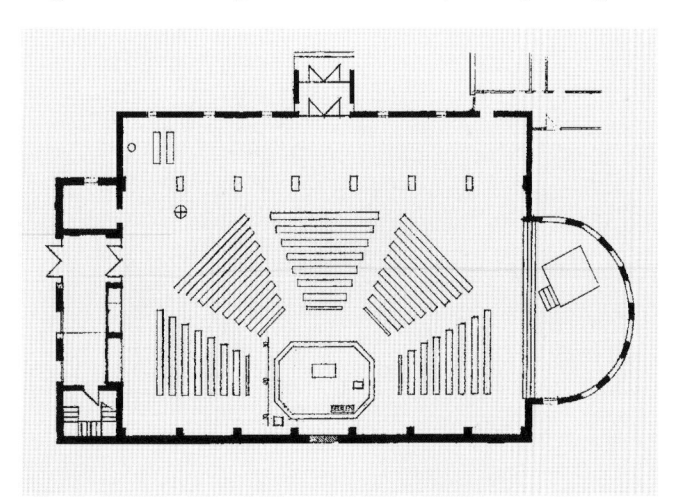

*Altar, Tabernakel, Ambo, Altarleuchter, Weihwasserbecken:
Albrecht Steidle
Wandteppich, 1979:
Dorothea Zech
Glasfenster, 1991:
Gero Koellmann
Taufbecken: Andreas Lang*

Qu.: Pfarramt; Lit.: Hartig-Schnell S. 94; Ramisch-Steiner S. 160; 70 Jahre Pfarrei Allach 1914-1984, München 1984; Altmann S. 62

St. Augustinus (kath.)
Damaschkestraße 20
81825 München-Trudering
Grundsteinlegung: 10.10.1954
Weihe: 28.8.1955
Architekten: Georg Berlinger mit Franz Neuhäusler

1931 wurden im nördlichen Teil des heutigen Grundstücks eine Notkirche und im westlichen das Pfarrhaus, beide von Michael Schormiller, errichtet. 1938 fertigte Hans Döllgast Pläne für einen Kirchenbau an, der aber während des Nationalsozialismus nicht zur Ausführung kam.
Erst 1954/1955 entstand der Kirchenneubau mit einem 45 m langen, 15 m breiten und 15 m hohen Kirchenschiff sowie einem im Osten angefügten 26 m hohen Turm mit sieben Glocken und weit ausladendem Flachdach. Da der Kirchenbau in der Flugschneise des alten Flughafens lag, durfte der Turm keinen Aufbau erhalten. Statt dessen schmückt den Westgiebel ein großes, schmiedeeisernes Kreuz und die Wand des Ostgiebels ein imposantes Betonkreuz.
Der Innenraum ist eine weite Halle mit eingezogenem, um fünf Stufen erhöhtem Altarraum, einem im Süden angebauten, niedrigen Seitenschiff und einer hohen Empore im Westen. Die Altarwand zeigt in Sgraffitotechnik Szenen aus dem Leben des hl. Augustinus. Vor diesen Bildern hängt das den ganzen Kirchenraum beherrschende Triumphkreuz, dessen Kreuzesstamm und Korpus zusammenhängend aus einem großen Eichenstamm gehauen wurden. Mit der Kirchenrenovierung 1972 erhielt der Altar aus Trientiner Marmor seine heutige Gestalt und Stellung. An den Stufen zum Altarraum steht der Ambo aus Bronze, der mit dem Tabernakelpostament, in Bronze und leicht versilbert, eine formale Einheit bildet. Die Besonderheit ist der Kreuzweg, dessen Stationen in Messingblech auf Holztafeln eingemeißelt sind. 1958 kam das Augustinusrelief an der Westfassade hinzu. 1956 wurde die Notkirche abgetragen; 1962/1963 entstand das Pfarrheim, 1965 der Kindergarten und 1971 die Mesnerwohnung, alle von G. Berlinger errichtet.

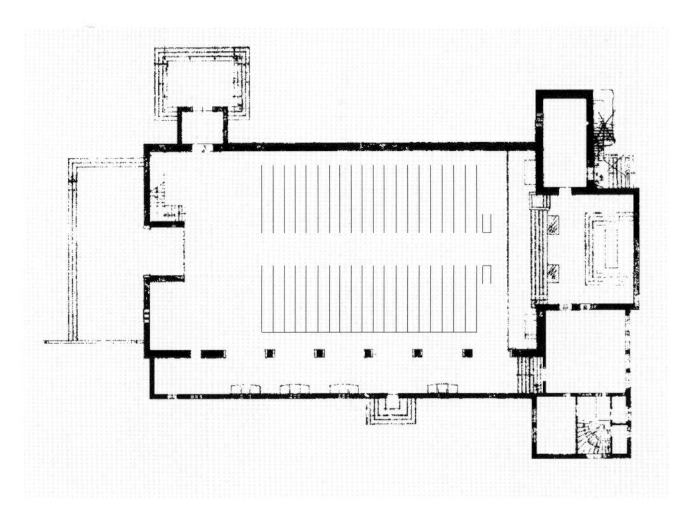

Triumphkreuz, Sgraffito, Tabernakelpostament, Augustinusrelief an Westfassade:
Siegfried Moroder
Tabernakel: Max Oloffs

Qu.: Pfarramt; Lit.: Bild u. Gleichnis, o. S.; Hartig-Schnell S. 78; Anton Geisenhofer, Kirchenführer, München (1973); Ramisch-Steiner S. 60; Festschrift-Chronik 1931-1981 St. Augustinus München-Trudering, München 1981

Zu den heiligen Engeln (kath.)
Weißenseestraße 35
81539 München-Obergiesing
Grundsteinlegung: 17.10.1954
Weihe: 23.10.1955
Architekt: Hansjakob Lill

Im Nationalsozialismus wurde die erste Notkirche an der Simsseestraße erbaut, 1946 die zweite an der Chiemgaustraße mit Pfarrsaal, Kindergarten und kleiner Kuratenwohnung eingeweiht. Auch dieser Kirchenbau entsprach bald nicht mehr den Bedürfnissen der Gemeinde, und es entstand ein Neubau, dessen Kirchenraum als Zentralraum gestaltet wurde, mit einem vom Kirchenschiff abgesetzten, schlanken, 45 m hohen Campanile in Stahlbetonkonstruktion. Beim Eingang im Westen steht unter der Empore der Taufstein, in den auch das Weihwasserbecken eingelassen ist. Die Decke darüber trägt Symbole der sieben Sakramente, in Putzrelief ausgeführt. Über dem Kirchenraum von 24 x 31 m wölbt sich ein Schalenkreuz aus Holz, dessen Vierung baldachinartig von vier schlanken Stahlsäulen getragen wird. In der Vierung hängt hoch über dem Altar das Kruzifix. Der Altarbereich ist um fünf Stufen erhöht. Der Altar besteht aus einer einfachen Mensa auf Steinsäulen. Er ist weit in den Raum vorgerückt und wird auf drei Seiten von der Gemeinde umgeben, so daß hier bereits viele Jahre vor dem II. Vaticanum die ›celebratio versus populum‹ möglich war.
Der Kirchenraum wird im wesentlichen akzentuiert

durch die vier großen Glasfenster (11 x 8 m) an den Enden der Tonnenarme, die bis zum Boden reichen. In weißlichem Opalglas und farbigem Transparentglas ist die Bedeutung der Engel in der Heilsgeschichte dargestellt und damit auch der Name der Kirche gedeutet. Im ebenerdigen Verbindungsbau zum Turm, wo heute der Tabernakel steht, werden die Gottesdienste in kleinen Gruppen gefeiert. Auf der Südseite umschließen Pfarrhof, Gemeindesaal und Kirche einen kleinen Hof.

Glasfenster:
Albert Burkart;
Ausführung: F. Mayer'sche Hofkunstanstalt
Taufstein/Weihwasserbecken: Richard Stammberger
Putzrelief:
Johannes Segieth
Kruzifix:
Roland Friedrichsen
Ambo: Max Faller
Madonnenfigur:
Hubert Elsässer
Tabernakel, Monstranz:
Johann Michael Wilm

Lit.: Das Münster 9. 1956, S. 334-339; 20. 1967, S. 169; 21.1968, S. 418 f.; Bild u. Gleichnis, o. S.; Hartig-Schnell S. 102; Schnell S. 129; München S. 90; Kirchenführer anläßlich des 25. Jahrestages der Weihe der Pfarrkirche, München-Zürich (1980); Ramisch-Steiner S. 84 f.; Kahle S. 102

St. Johannes der Täufer (kath.)
Kirchweg 2
82166 Lochham (Pfarrei: Gräfelfing)
Grundsteinlegung: 24.4.1955
Weihe: 30.10.1955
Architekt: Georg W. Buchner

Der gegen Ende des 15. Jahrhunderts vermutlich als Taufkirche errichtete Bau lag auf einem Friedhof, für den wegen der Hochwassergefahr ein Hügel angeschüttet worden war. 1955 erfuhr die Anlage durch Erweiterung und Umorientierung eine einschneidende Veränderung. Sie wurde um 90 Grad gedreht und der Altar nach Süden ausgerichtet. Aus dem alten Kirchenraum entstand der querschiffartig ausladende Altarraum, dessen polygonale Apsis erhalten blieb. Die ehemalige südliche Langhauswand wurde um eine Rundapsis erweitert, die nördliche für den Anbau des neuen Kirchenschiffes abgerissen. Neun Stufen führen zum Altarraum auf dem ehemaligen Friedhofsniveau. Die Rundbogenfenster des alten Baues wurden beim Neubau übernommen. Eine Holzbalkentonne überwölbt den hellen weiten Raum. An der östlichen Chorwand kragt die Kanzel in den Gemeinderaum. In diesem schlichten Kirchenbau treten die leuchtenden Farbglasfenster mit den christlichen Symbolen in der Apsis besonders hervor. Hier ist nochmals um drei Stufen erhöht der Ort für den Tabernakel. Am Kommuniongitter und an den Eingangstüren sind weitere christliche Symbole in Kunstschmiedearbeiten zu finden. Ein ›expressionistischer‹ Kreuzweg in Betonguß befindet sich an den Langhauswänden. Von der spätgotischen Ausstattung ist nur noch eine gefaßte Muttergottes aus Lindenholz erhalten sowie aus der alten Herz-Jesu-Kirche in Gräfelfing das Kruzifix über dem Eingang und zwei Holztafeln.

*Altar, Tabernakel, Kanzel: nach Entwurf des Architekten
Kreuzweg: Irmgard Diepolder
Farbglasfenster: Max Wendl*

Qu.: Pfarramt, Arch. Mus. TUM; Lit.: Altmann S. 43 f.; Ramisch-Steiner S. 119

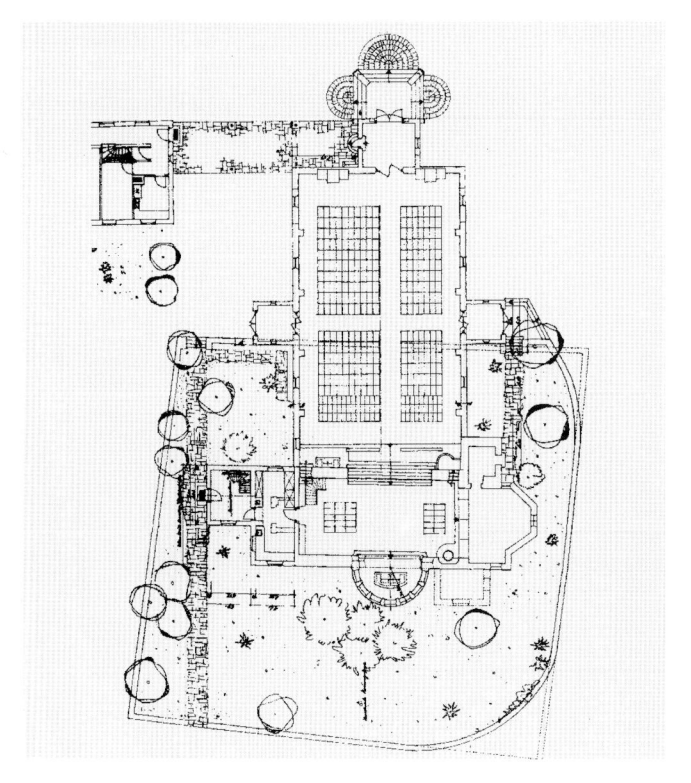

St. Laurentius (kath.)
Nürnberger Straße 54
80637 München-Gern
Grundsteinlegung: 25.6.1955
Weihe: 27.11.1955
Architekten: Emil Steffann, Mehlem, und Siegfried Östreicher

Die Anlage steht auf einer geräumigen Wiesenfläche mit altem Baumbestand an einem öffentlichen Grünstreifen am Ufer des Nymphenburger Kanals. Der Gebäudekomplex besteht aus Kirche, Jugendräumen, Gemeindesaal und Pfarrhaus für das Oratorium des hl. Philipp Neri, das die Gemeinde betreut. Die Kirche liegt in einer Mulde und »wirkt von außen niedrig, gedrungen, in der Erde verwurzelt« (Das Münster, 1956). Vom Innenhof über einen Wandelgang wird durch ein niedriges Rundportal das Querhaus betreten, das die Sakramentskapelle aufnimmt. Über fünf große Rundbögen öffnet sich der hohe, querrechteckige Kirchenraum, dem »etwas vom Geist der franziskanischen Askese zu eigen« ist (Kunst u. Kirche, 1963). Er erweitert sich im Westen zu einer Konche. Der Altar als geistliches Zentrum und räumlicher Mittelpunkt wird – Jahre vor dem II. Vaticanum – auf drei Seiten von der Gemeinde umgeben. Den Kreis schließt die Sitzbank der Liturgen in der Rundung der Apsis. Dieser Kirchenraum ist, nach dem fünf Wochen zuvor eingeweihten Sakralbau ›Zu den heiligen Engeln‹ von Hansjakob Lill, der zweite »in München, in dem sich die Gemeinde rund um den Altar versammelt, in dem die Bereiche Wortgottesdienst und Eucharistie räumlich klar unterschieden sind. Er war wegweisend für die Abkehr vom Schauraum

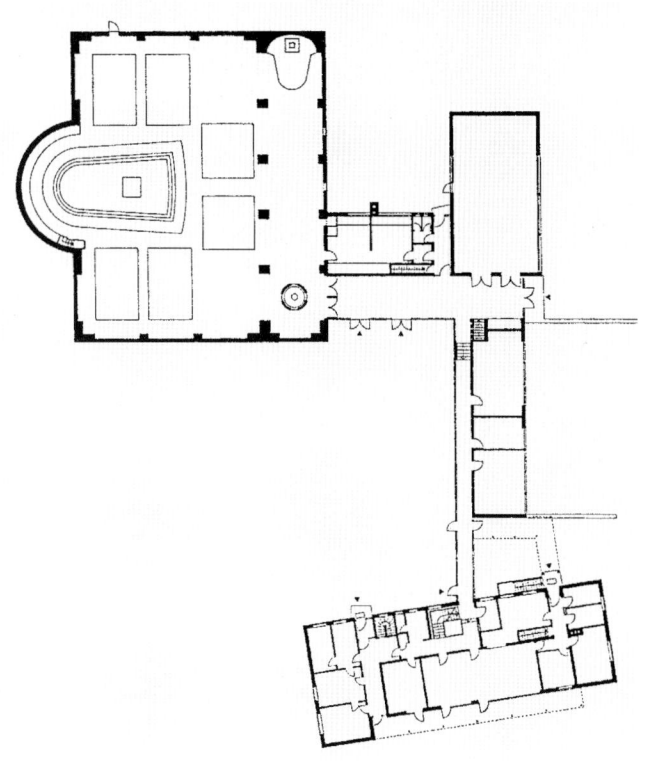

und die Konzentration auf den Altar« (München). Der Priester steht mitten in der Gemeinde auf einer um drei Stufen erhöhten *tribuna* mit dem schlichten Altarblock. Die Sakramentskapelle dient als kleiner Andachtsraum. Auf der Wand hinter dem Tabernakel zeigt ein Mosaik den Lebensbaum. Der Taufstein stand zunächst neben dem Eingang und wurde aus praktischen Gründen weiter in den Kirchenraum gerückt. Um die Bedeutung der Taufe zu steigern, regte Weihbischof Ernst Tewes den Bau einer Taufkapelle an, die 1961/1962 um einige Stufen tiefer im Osten mit gemauertem Gewölbe angefügt wurde. Im Außenbereich entstand durch diesen Anbau ein abgegrenzter Bezirk für den kleinen Friedhof. Hier befindet sich auch das Grab von Romano Guardini.
Das Mauerwerk aller Gebäude besteht aus massiven warmroten Ziegeln, an den Außenwänden hell verfugter Hartbrandstein, in den Innenräumen weiß geschlämmt. Der Dachstuhl der Kirche wurde ohne Stützen mit Holzbindern konstruiert. Als Decke wurden Fichtenbretter im Fischgrätenmuster aufgenagelt und hellblau gestrichen. Die Dächer sind mit schwarzgrauen Schieferplatten gedeckt.

Mosaik Lebensbaum:
Karl Knappe
Tabernakel:
Fritz Schwerdt
Taufbrunnen:
Georg Probst
Taube: Max Faller
Vortragekreuz:
Roland Friedrichsen

Qu.: Pfarramt; Lit.: Baumeister 53. 1956, S. 857; Das Münster 9. 1956, S. 339-342; Richard Biedrzynski, Kirchen unserer Zeit, München 1958, S. 72 f.; Bild u. Gleichnis, o. S.; Willy Weyres und Otto Bartning, Kirche. München 1959, S. 190 f.; Hartig-Schnell S. 86; Kunst u. Kiche 26. 1963, S. 2 ff.; Baumeister 62. 1966, S. 66, 69; Schnell S. 96, 212; München S. 91 f.; Ramisch-Steiner S. 145 f.; Kunst und Kirche 46. 1983, S. 22-26; Kirche heute S. 34 f.; Architekturführer S. 58

St.-Matthäus-Kirche (evang.-luth.)
Nußbaumstraße 1
80336 München-Altstadt
Grundsteinlegung: 8.11.1953
Weihe: 27.11.1955
Architekt: Gustav Gsaenger

Auf Befehl von Gauleiter Adolf Wagner wurde in der Nacht vom 13. auf den 14. Juni 1938 die erste protestantische Kirche Münchens und der älteste größere protestantische Kirchenbau Altbayerns, die Matthäus-Kirche in der Sonnenstraße, abgerissen. Der vom damaligen Kultusminister dem evangelischen Bischof Hans Meiser 1938 versprochene und von German Bestelmeyer bereits geplante Neubau am Sendlinger-Tor-Platz wurde von den Nationalsozialisten vereitelt. Erst nach dem Krieg konnte, am 27.3.1947, auf dem Gelände der Parkanlage Ecke Ziemssen-/Nußbaumstraße eine Barakkenkirche eingeweiht werden. 1951 erging an acht »befähigte evangelische Architekten« eine Wettbewerbsausschreibung. Die Bauausführung wurde G. Gsaenger übertragen. Mit der neuen Bischofskirche begann 1955 der moderne evangelische Kirchenbau in München. Über einem asymmetrischen, stark gekurvten, glockenförmigen Grundriß von ca. 51 x 45 m erhebt sich der Kirchenraum, dessen Dach die freie Bewegung des Grundrisses aufnimmt. Der Raum hat zusammen mit der Empore Platz für etwa 900 Personen. Mit der Öffnung des im Westen angefügten, nierenförmig gekrümmten Gemeindesaals können nochmals 250 Besucher Platz finden. Chor, Kirchenschiff und Empore gehen fließend ineinander über; sechs Säulen tragen die geschwungene Decke, die Kirchenschiff, Gemeindesaal und Nebenräume überspannt. Den um sieben Stufen erhöhten Altarbereich umschließt ein Marmormosaik mit der Darstellung von Golgatha und dem Himmlischen Jerusalem. Der große Kruzifixus über dem Altar beherrscht den Raum. Zwischen den geschlossenen Mauerpartien geben großflächige Fenster auf der Nordseite dem Kirchenraum helles Licht. Im Süden schließt die ›Brauthalle‹ an, die ebenso wie der Gemeindesaal zum Park hin aufgeglast ist. Die hochgeschwungene Chorwand und der im Südosten stehende stereometrisch klare Turmkörper von 52 m Höhe beherrschen den Platz. Das rot verputzte Gebäude besteht aus einer Stahlbetonkonstruktion mit Ziegelausfachungen. In Erfüllung des Versprechens von 1938 hat der Bayerische Staat als Wiedergutmachung den größten Teil der Baukosten übernommen.

Marmormosaik:
Angela Gsaenger
Kruzifix:
Andreas Schwarzkopf

Qu.: Pfarramt, Arch. Mus. TUM; Lit.: Gedenkschrift zum Tag der Einweihung der Sankt-Matthäus-Kirche in München 27. November 1955, München (1955); Bild u. Gleichnis, o. S.; Richard Biedrzynski, Kirchen unserer Zeit, München 1958, S. 71 f.; Evang. Kirchen S. 18 f.; München Hochbau S. 105; Gerhard Langmaack, Evangelischer Kirchenbau im 19. und 20. Jahrhundert, Kassel 1971, S. 78; Schnell S. 170; Lieb-Sauermost S. 263-268; München S. 116 f.; Kahle S. 133 f.; Biller-Rasp S. 226; Gottes Haus in einer großen Stadt. Die St. Matthäuskirche am Sendlinger Tor, o. O., o. J.

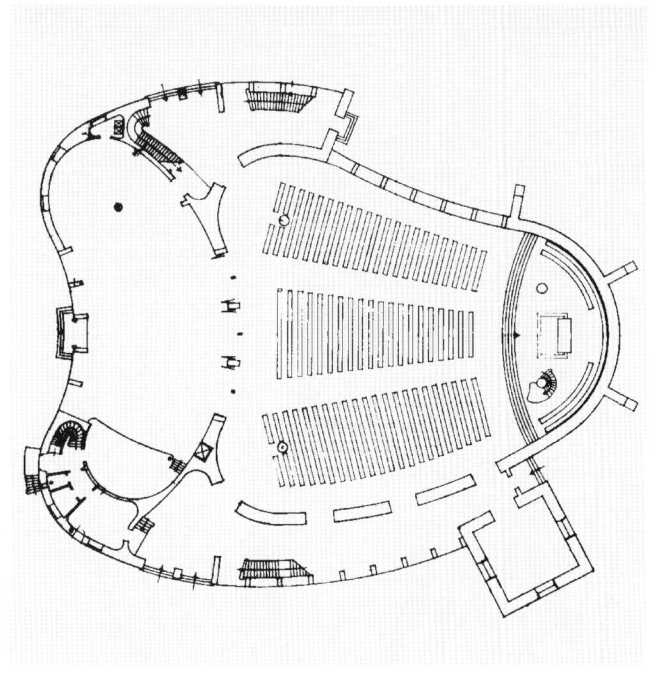

Herzogspitalkirche Mater dolorosa (kath.)
Herzogspitalstraße 8
80331 München-Altstadt
Grundsteinlegung: 12.12.1954
Weihe: 4.12.1955
Architekten: Alexander Freiherr von Branca und Herbert Groethuysen

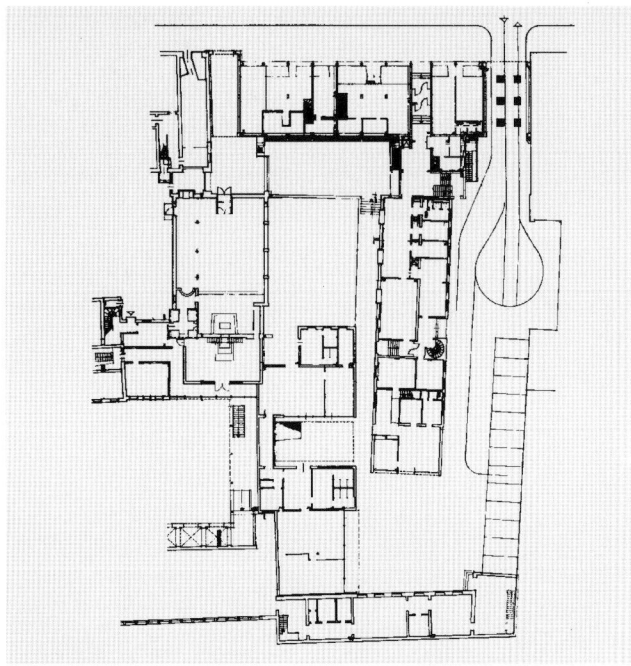

Die 1555 erbaute Spitalkirche St. Elisabeth entwickelte sich zu einer bedeutenden Wallfahrt zur Marienstatue von Tobias Bader. 1944 wurden die reich ausgestattete Kirche und das 1727/1728 errichtete Kloster der Servitinnen zerstört. Der Kirchenneubau, der nicht mehr bis zur Herzogspitalstraße reicht, ist der ›Mater dolorosa‹ geweiht. Ein Eisengitter vor dem Durchgang schließt den Hof von der Fahrstraße ab. Das Gebäude ist eine Stahlbetonskelettkonstruktion mit außen unverputztem und innen getünchtem Mauerwerk.
Im dunkel gehaltenen, rechteckigen Kirchenraum sind Haupt- und niedriges Nebenschiff auf der Westseite durch Betonpfeiler voneinander getrennt. Die gerade abschließende Altarwand wird von einem farbigen Rundfenster durchbrochen, das die Aussetzungsmonstranz trägt, die für den Schwesternchor auf der dahinterliegenden Seite der Kirche ebenso sichtbar ist. Der um zwei Stufen erhöhte Altarbereich nimmt den von der Mauer abgerückten, mit den eucharistischen Symbolen geschmückten Altar auf. Der links vom Altar angeordnete Ambo zeigt die Evangelistensymbole. Auf dieser Seite trennen eine Chorbrüstung aus Beton und ein Mauervorsprung den Bereich für die Schwestern ab. Das Gnadenbild aus der alten Kirche steht in einer Nische über dem Tabernakelaltar im Seitenschiff. Der Kirchenraum wird durch ein hochliegendes Fensterband mit durchbrochenem Betonmuster auf der östlichen Langhausseite belichtet. Hinter der Kirche befindet sich das Klostergebäude; im Osten schließen das Mädchenwohnheim ›Sancta Maria‹ an sowie ein Kinderhort und eine Kinderkrippe. Die Finanzierung der Anlage übernahm als Vertragspartner des Klosters der Caritasverband.

Rundfenster: Karl Knappe
Altar, Ambo: Fritz Koenig
Betonreliefs: Blasius Gerg
Tabernakel:
Heinrich Kirchner

Qu.: Architekt; Lit.:Albert Walter, Herzogspitalkirche München. Kirche und Kloster der Ewigen Anbetung, Martinsried-München o. J.; Bild u. Gleichnis, o. S.; Hartig-Schnell S. 57; München Hochbau S. 95; Ramisch-Steiner S. 80; Biller-Rasp S. 138 f.

St. Joachim (kath.)
Maisinger Platz 22 (Pfarramt: Aidenbachstr. 110)
81379 München-Obersendling
Grundsteinlegung: 15.5.1955
Weihe: 1.7.1956
Architekten: Oskar Hasslauer und Franz Berberich

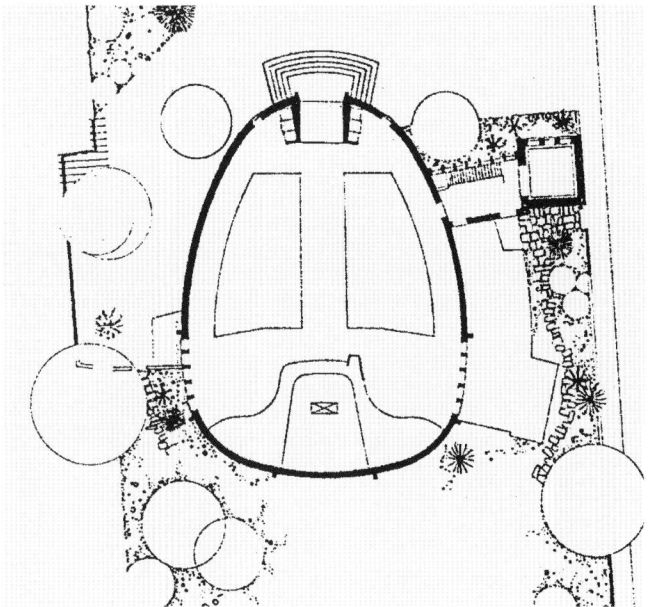

Die 1925/1926 erbaute Notkirche wurde 1944 durch Bomben zerstört. Nach dem Krieg entstanden zunächst Pfarrheim, Kindergarten und Kinderhort, bevor der neue Kirchenbau eingeweiht wurde. In einer Grünanlage, umgeben von einer Siemens-Wohnanlage, steht die Pfarrkirche. Ein Verbindungsgang leitet über zu dem eigenwilligen spitzen Glockenturm.
Der Innenraum über dem eiförmigen Grundriß sollte zunächst – ähnlich der zuvor entstandenen evangelischen Matthäus-Kirche am Sendlinger-Tor-Platz – ein leicht geschwungenes Dach erhalten. Die Gemeinde hingegen forderte ein Kegeldach. Der ehemalige Hauptaltar, ein Werk von Koeck van Aelst aus dem 16. Jahrhundert, befindet sich heute in der Werktagskapelle im Erdgeschoß des Turmes. An seiner Stelle ist ein Altarblock aus grünem Solnhofer Stein auf dem weit in den Kirchenraum hineingreifenden Altarbereich aufgestellt.
Das große Standkreuz mit Korpus hinter dem Altar ist wohl aus dem 18. Jahrhundert. Der seitlich vom Altar in die Wand eingelassene Tabernakel stammt aus der alten Notkirche. Das Hauptgesims begrenzt die Deckenmalerei in der flachen Gewölbeschale mit Darstellungen aus dem Alten und Neuen Testament. Die rückwärtige Emporenplatte ist freitragend gehalten und in einen Torsionsbalken eingespannt. Ein weit vorspringendes Dach schützt den Eingang.

Deckenmalerei:
Karl Manninger
Emailletürgriffe:
Elisabeth Bunge-Wargau

Qu.: Pfarramt; Lit.: Die Kunst und das Schöne Heim H. 12, Sept. 1957; Bild u. Gleichnis, o. S.; Hartig-Schnell S. 98; Ramisch-Steiner S. 115

St. Klara (kath.)
Friedrich-Eckart-Straße 9
81929 München-Zamdorf
Grundsteinlegung: 1955
Weihe: 12.8.1956
Architekt: Raimund Thoma

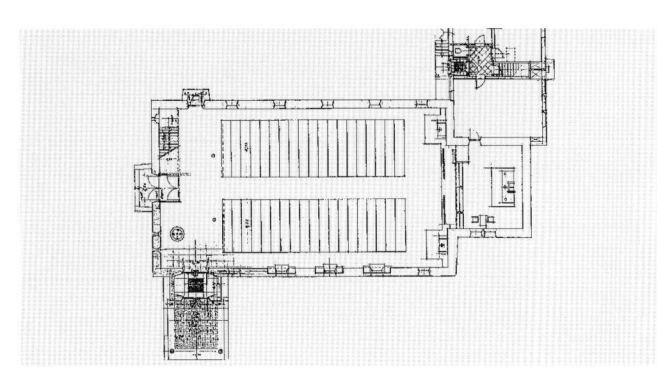

1923 übernahmen die Franziskaner von St. Gabriel die Seelsorge in Zamdorf, 1948 wurde in einem ehemaligen Bauernhaus an der Eggenfeldener Straße 51 (heute ein Mehrfamilienhaus) eine Notkapelle eingerichtet. Mit der Schenkung des Grundstücks durch Magdalena Obermayer konnten 1953 die Planungen für Kirche und Gemeindebauten beginnen. Die Chorturmkirche und ihre Ausstattung sind von franziskanischem Geist geprägt. Im längsgerichteten Kirchenraum trennt der Chorbogen den eingezogenen, um vier Stufen erhöhten Altarbereich vom Hauptschiff. Hochliegende Fenster im Langhaus geben dem Raum dezentes Licht. Mit der großen Fensterrosette im Westen sollen gotische Kathedralen assoziiert werden. Der Wandteppich im Altarraum ist das Schmuckstück in dem schlichten Innenraum. Dargestellt sind die Herrlichkeit des Herrn, Christus, mit einem königlichen Sternenmantel bekleidet und umstrahlt vom goldenen Nimbus, sowie die Klugen Jungfrauen, zu denen auch die hl. Klara gezählt wird. In der Nähe des Eingangs steht der Taufstein, dessen Deckel die aufsteigende Heilig-Geist-Taube zeigt. Der Raum wird von einem hölzernen Dachstuhl überspannt. Das verputzte Mauerwerk ist außen und innen weiß gestrichen. 1961 waren Kindergarten, Pfarrsaal und Pfarrheim fertiggestellt. Nach Abriß dieser Bauten entstand 1991 bis 1994 das größere Pfarrzentrum von Georg und Ingrid Küttinger.

Vortragekreuz, Opferstock: Anton Span
Tabernakel, Wandteppich: Alfred Schoepffe
Ewiges Licht, Kreuzwegstationen:
Franz Brunhuber
Taufstein: Hans Vogl
hl. Klara, hl. Franziskus:
Ferdinand Filler

Qu.: Pfarramt, Arch. Mus. TUM; Lit.: Bild u. Gleichnis, o. S.; Hartig-Schnell S. 78; Ramisch-Steiner S. 133 f.; Festschrift zur Einweihung des Pfarrzentrums St. Klara 1956-1994, München 1994; Kirchenführer o. O., o. J.

Paul-Gerhardt-Kirche (evang.-luth.)
Mathunistraße 25
80686 München-Laim
Grundsteinlegung: 19.5.1955
Weihe: 16.9.1956
Architekten: Johannes Ludwig mit Rudolf Stanglmayr und Peter Weise

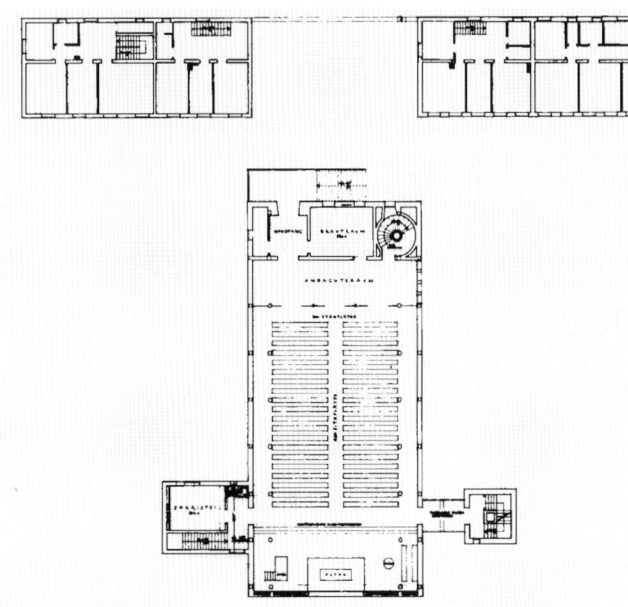

Seit 1913 sind in Laim Bemühungen um einen protestantischen Kirchenbau nachzuweisen. In diesem Jahr hatte Theodor Fischer eine Scheune an der Agnes-Bernauer-Straße zu einer Kirche umgebaut. 1925 zeichnete er Entwürfe für einen größeren Kirchenbau mit achteckigem Altarraum an der Ecke Valpichler-/Riegerhofstraße. Aber erst mit dem Wettbewerb 1953 nahm die Planung konkrete Formen an. Einen der beiden zweiten Preise erhielt J. Ludwig zuerkannt, und nach Umarbeitung wurde sein Entwurf zur Ausführung bestimmt. Auf einem von Baumreihen gesäumten Grundstück entstand das hohe Kirchenschiff im rechten Winkel zu der zweigeschossigen Gebäudezeile mit Mesnerhaus und kirchlichen Dienstwohnungen (1964 und 1966/1967), Kindergarten (1965) sowie Jugend- und Gemeindehaus (1969). Die Häuser sind so angeordnet, daß sie vor der Eingangsseite der Kirche einen geschlossenen Hof bilden. Eine Freitreppe führt zum asymmetrisch gelegenen Kircheneingang. Dem längsgerichteten Kirchenraum von 16 x 35 m ist eine Art Baldachin auf acht sechseckigen Betonpfeilerpaaren eingestellt. Das Licht fällt über die offenen Enden der Baldachintonnen oberhalb der geschlossenen Wand in den Raum. Der Altarbereich hat die Breite des Kirchenschiffes und liegt um drei Stufen erhöht. Das große, in Silber getriebene Kreuz vor der Stirnwand beherrscht den Raum. Das Untergeschoß bietet Platz für den Gemeindesaal mit Nebenräumen und ist vom Park aus zugänglich. Der Turm steht als Campanile frei neben dem Kirchenschiff, ist aber mit diesem durch eine Brücke verbunden. Das Gebäude wurde außen und innen in sichtbarem, 50 cm starkem, massivem Ziegelmauerwerk ausgeführt, in das zur Windversteifung ein Stahlbetonskelett eingezogen ist. Die Deckenkonstruktion besteht aus Stahlbetonbindern, die auf sechskantigen Säulen ruhen und an dem Aussteifungsskelett der Mauern angehängt sind. Die Decke wird aus Tonnengewölben gebildet, die zwischen die Betonbinder gespannt sind. Die Tonnen sind in spanischer Flachziegeltechnik gemauert und weiß geschlämmt. Die innere Verblendung des Mauerwerkes besteht aus hochkant gestellten, zu einem rhythmischen Muster geordneten Mauersteinen.

Triumphkreuz, Altar- und Kanzelrelief:
Robert Lippl
Altarkreuz, Altarleuchter:
Herbert Altmann
Portalrelief: Peter Hartl

Qu.: Arch. Mus. TUM; Lit.: Baumeister 53.1956, H.12, S.848-855; Kirche u. Kunst 1957, H. 2; Bild u. Gleichnis, o. S.; Richard Biedrzynski, Kirchen unserer Zeit, München 1958, S. 73 f.; Evang. Kirchen S. 24 f.; Willy Weyres und Otto Bartning, Kirchen. Handbuch für den Kirchenbau, München 1959, S. 335 ff.; Baukunst u. Werkform, 12.1959, S.122; München Hochbau S. 92; Gerhard Langmaack, Evang. Kirchenbau im 19. und 20. Jahrhundert, Kassel 1971, S. 83; München S. 117 f.; Ludwig S. 69 f.

Zachäuskirche (evang.-luth.)
John-F.-Kennedy-Straße 12
82194 Gröbenzell
Grundsteinlegung: 18.9.1955
Weihe: 23.9.1956
Architekt: Wilhelm Becker

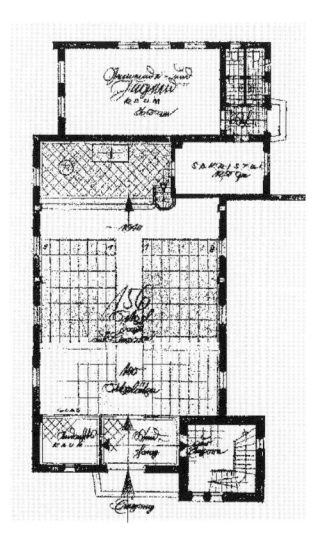

Seit 1941 fanden evangelische Gottesdienste in einem angemieteten Betsaal in der Lerchenstraße statt. Erst 1955/1956 entstand ein Kirchenbau von ca. 10 x 17 m. Ein Windfang mit darüberliegender Empore führt in den Gemeinderaum. Der um drei Stufen erhöhte Altarbereich wurde auf einer Seite eingezogen, so daß ein Raum für die Sakristei entstand. Der rückwärtige Andachtsraum ist heute dem Kirchenraum angeschlossen. Damit ergeben sich ungefähr 180 Sitzplätze. Der Bau besteht aus einer Stahlbetonskelettkonstruktion mit innen und außen weiß verputztem Mauerwerk. Eine gewölbte Holzdecke überspannt den Innenraum. Das Schema dieses Kirchenbaues wurde 1957/1958 bei der Jesus-Christus-Kirche in Germering wiederholt. Der seitlich angebaute Turm, in dem sich die Emporentreppe befindet, steht an der Straße. Das 1983 errichtete Gemeindehaus schließt seitlich an den Kirchenbau an.

Holztafeln der Emporenbrüstung: Walter Habdank

Qu.: Pfarramt, Kirchenbauamt; Lit.: Evang. Kirchen S. 26

Mariä Himmelfahrt (kath.)
Am Heideweg 1
85221 Dachau-Süd
Grundsteinlegung: 10.10.1954
Weihe: 30.9.1956
Architekt: Friedrich F. Haindl

Der nach Osten ausgerichtete Kirchenraum hat einen unregelmäßigen achteckigen Grundriß von ca. 26 x 22 m mit einem angefügten Altarraum. Zwölf eingestellte Rundpfeiler tragen einen gesimsartigen Ringanker, der zur ausgemalten Decke überleitet. Der um neun Stufen erhöhte Altarbereich wird durch Kommunionbänke vom Gemeinderaum getrennt. Der Altarbereich nimmt den Altar aus fränkischem Sandstein auf, und seit 1961 schwebt darüber die drei Meter hohe Marienfigur aus Zirbelholz. Die Mosaiken in den Nischen der Seitenaltäre zeigen die Darstellungen ›Josef, Mann der Arbeit‹ und ›Jesus, Mann der Schmerzen‹. Der vergoldete Tabernakel, der zunächst auf dem Altar stand, ist heute rechts neben der Kommunionbank aufgestellt. Die Kanzel an einem Rundpfeiler mit Kanzelkorb und Schalldeckel sowie die Tütenlampen, die gruppenweise im Kirchenraum angebracht sind, zeigen typische Formen der fünfziger Jahre. Entscheidend zum Raumeindruck tragen die mit stilisierten Blumen bemalte Decke und die Altarwand bei. Der Altarraum wird durch seitliche Fenster mit Betonornamenten erhellt, der Kirchenraum durch eine umlaufende Reihe hochliegender Fenster. Kirchenraum und 45 m hohen Turm verbindet ein Gebäudetrakt, in dem auch ein Seiteneingang liegt. Das Mauerwerk des Gebäudes besteht aus Ziegeln mit ummantelten Stahlbetonverstärkungen, die Dachkonstruktion aus Holz. Alle Flächen sind außen und innen verputzt. Das Mosaik an der Hauptfassade wurde später angebracht.

*Decken- und Altarwandbemalung, Mosaik an südlichem Seitenaltar:
Richard Huber
Mosaik am nördlichen Seitenaltar: Otto Grassl
Mosaik an Außenwand: Stoka
Ausführung der Mosaiken: W. Dieninghoff
Marienfigur: Franz Lorch
Kreuzweg, Taufbecken, Leuchter, Ambo:
Erhard Hößle*

Qu.: Pfarramt, Architekt

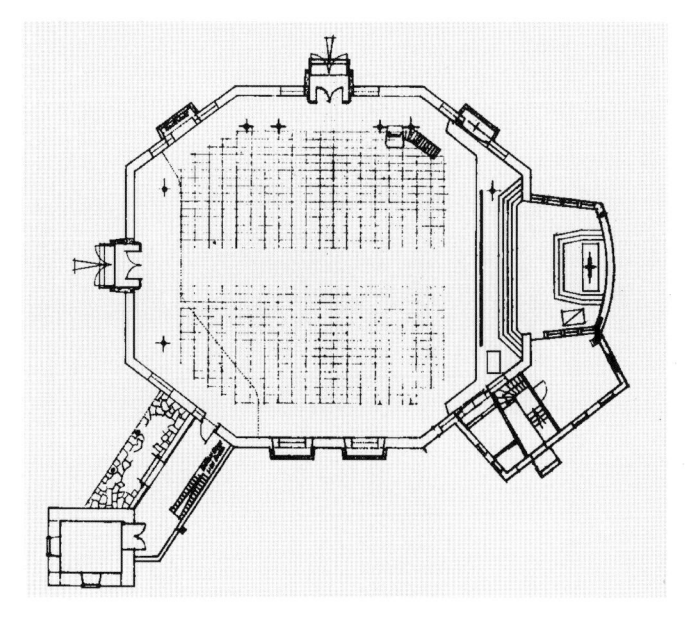

St. Jakob am Anger (kath.)
Unterer Anger 1
80331 München- Altstadt
Grundsteinlegung: 29.9.1955
Weihe: 7.10.1956
Architekt: Friedrich F. Haindl

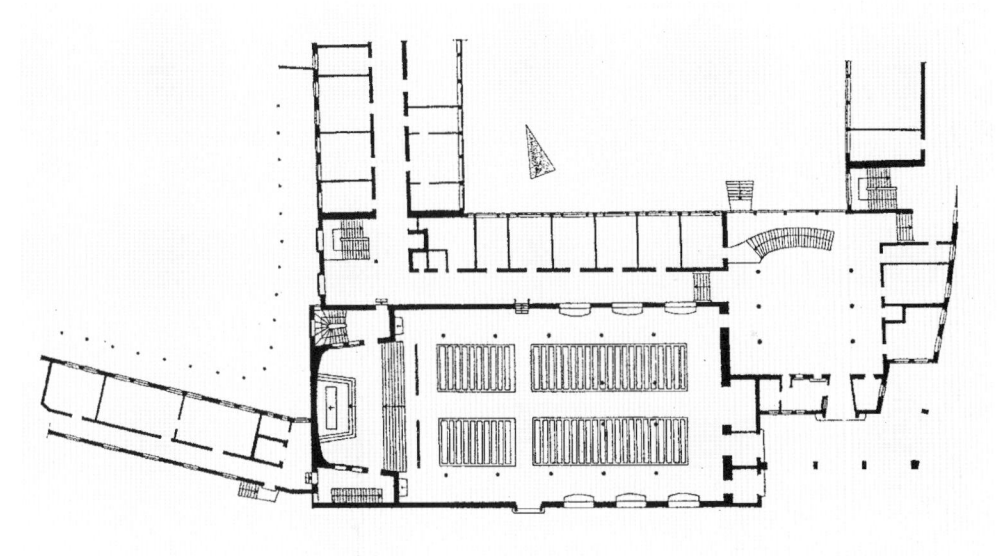

Die Kloster- und Internatskirche der Armen Schulschwestern am Anger war eine der ältesten Kirchen Münchens, die bei der Barockisierung im 18. Jahrhundert von Johann Baptist Zimmermann ausgemalt und stuckiert worden war. Nach Kriegsschäden wurde die Ruine 1954 abgetragen. Als Neubau entstand ein lichter, hallenartiger Kirchenraum mit seitlichen schlanken Säulen, die den umgreifenden Sturz der flachen Decke tragen. Den im Grundriß rechteckigen Innenraum von 41 x 18 m umziehen auf drei Seiten Emporen, im rückwärtigen Oratorium in zwei Geschossen. Das Oratorium ist durch eine Stahlkonstruktion mit versenkbaren Schiebefenstern abgeschlossen. Das eingezogene, um neun Stufen erhöhte Presbyterium schließt auf der Rückseite mit einem breiten Ornamentband, das die Verbindung zwischen Hochaltar und Decke herstellt. Über dem Altar schwebt die aus Holz geschaffene und mit Silberplatten beschlagene Figurengruppe ›Krönung Mariens‹. Diese Darstellung gehört zu dem Zyklus der ›Sieben Freuden Mariens‹, die auf den sechs Deckengemälden gezeigt werden. Im Rankenwerk der Decke sind in der Mittelachse die farbigen und reich geschmückten Bildkreise (von 2,10 m Durchmesser) mit Mariendarstellungen zu sehen. Über Backsteinmauerwerk mit innen weiß verputzten Wänden spannt sich die flache Decke, deren weiß und grau schattierter Grund mit einem Liniennetz durchzogen ist, so daß der Deckenspiegel wie eine Laube wirkt. Unter dem Presbyterium befindet sich die große Krypta.

Eigentümer und Baumaßnahmenträger: Orden der Armen Schulschwestern

Altar, Marienstatue, Leuchter:
Josef Henselmann
Decken- und Wandmalerei: Franz Nagel
Kanzel, Leuchter, Tabernakel, Statue St. Jakobus (Bronze): Anton Rückel

Qu.: Klosterarchiv, Architekt; Lit.: Das Münster 10. 1957, S 208-212; Bild u. Gleichnis, o. S.; Hartig-Schnell S. 57; Informes de la Construcción revista de Informatción técnica Nr. 188, März 1967, S. 27 ff.; München S. 93; Ramisch-Steiner S. 113; Biller-Rasp S. 302

St. Johannes Bosco (kath.)
Otto-Wagner-Str. 9
82110 Germering
Grundsteinlegung: 13.11.1955
Weihe: 14.10.1956
Architekt: Walter Ehm

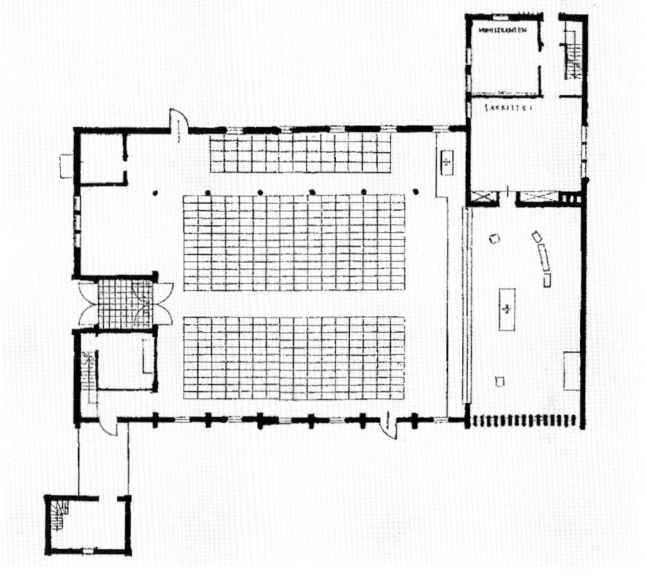

Für die »Siedler südlich der Bahn« und für die Flüchtlinge aus dem Osten entstand 1955/1956 zwischen Wiesen und Getreidefeldern die Pfarrkirche. Auf Wunsch der Pfarrjugend wurde als Pfarrpatron der hl. Johannes Bosco gewählt. Der schlichte Bau, den man in der Gemeinde auch als ›Stall‹ bezeichnete, besteht aus einem längsgerichteten Saal, einem an der Nordseite durch sechs Rundpfeiler abgetrennten Seitenschiff und einer rückwärtigen Empore. Der um vier Stufen erhöhte Altarbereich wird von einem großen hölzernen Kruzifixus beherrscht. Ein Farbglasfenster mit den Eucharistiesymbolen auf der Südseite hebt die Bedeutung dieses Raumteiles hervor. Ein weiteres Farbglasfenster mit dem Dreifaltigkeitssymbol betont die rückwärtige Taufkapelle; das große Westfenster zeigt Motive aus der Apokalypse. 1960 kamen die in Messing gegossenen und geschnittenen figürlichen Kreuzwegstationen an den Langseiten hinzu.

Die Kirche ist ein Betonskelettbau mit außen und innen verputztem Mauerwerk, wobei die Altarwand sich als blanke Ziegelmauer von den übrigen Wänden abhebt. Kirchenraum und Werktagskapelle werden von flachen Holzdecken überspannt. Der an der Straße errichtete Turm ist durch ein Dach mit der Kirche verbunden. Seit 1982 steht vor der Fassade das Standbild des hl. Johannes Bosco, der als Schutzpatron die Verantwortung für zwei ihm anvertraute Knaben übernimmt.

*Altar, Tabernakel, Ambo, Sedilien, Kruzifix:
Siegfried Moroder
Kreuzwegstationen, Farbglasfenster:
Josef Dering;
Ausführung: F. X. Zettler
Muttergottes (Lindenholz):
Schnitzwerkstätte Bergmann*

Qu.: Pfarramt; Lit.: Bild u. Gleichnis, o. S.; Ramisch-Steiner S. 120; Lothar Altmann, St. Johannes Bosco Unterpfaffenhofen, München 1993

Erlöserkirche (evang.-luth.)
Rudolf-Hanauer-Straße 10
82211 Herrsching
Grundsteinlegung: 18.9.1955
Weihe: 28.10.1956
Architekten: Roderich Fick und Catharina Fick-Büscher

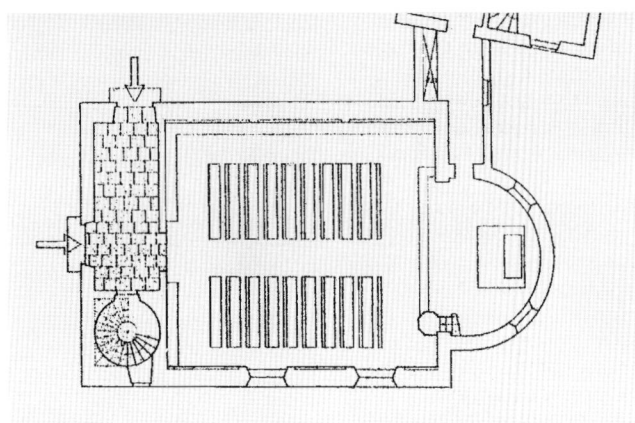

1926 hatte Roderich Fick bereits Pläne zum Umbau des alten Schulhauses an der Leitenhöhe zu einer Kirche mit Turm gezeichnet. 1939 fertigte Max Unglehrt Vorentwürfe zu einer kleinen Kirche an der Rieder Straße an, deren Baugenehmigung unter den damaligen politischen Umständen aber aussichtslos war. Erst ab 1953 entstand die endgültige Planung von R. und C. Fick für einen Kirchenbau mit Gemeindehaus am Kienbach. Auf dem dreieckigen Grundstück wurden die Kirche in West-Ost-Richtung, parallel zum Bach, und das Gemeindehaus parallel zu den Bahnanlagen errichtet. Neben der Hauptfassade steht der 1964/1965 erbaute Campanile, der durch einen Torbogen mit der Kirche verbunden ist. Durch diese Gebäudeanordnung ergaben sich ein großer Vorplatz mit Parkplätzen am Kienbach und ein weiterer Hof vor dem Gemeindehaus. Über eine Vorhalle wird der Kirchenraum betreten, der mit neubarocken Architekturdetails süddeutsche Bautradition assoziieren läßt. Er hat die Maße 16,80 x 10,50 m und eine eingezogene, runde Apsis. Ein gemauertes Tonnengewölbe mit einer Scheitelhöhe von 10,30 m deckt den Gemeinderaum, eine Kalotte die Apsis. Diese ist aus der räumlichen Mittelachse versetzt; den Ausgleich hierzu bildet die seitliche Empore. Die Anordnung des Taufbeckens vor den Stufen des Altars soll die enge Verbindung der beiden Sakramente hervorheben. Der Altar als geistliches Zentrum wird betont durch das moderne Kreuz mit einem spätgotischen Korpus (um 1470), der noch Reste der alten Fassung zeigt. Der Altarblock besteht aus poliertem Theresiensteiner Marmor, Altarstufen und Kanzel sind aus Kelheimer Muschelkalk. Um der Kanzel eine dunklere Farbe zu geben, hat der Künstler sie nachträglich mit Öl eingelassen. Der Schalldeckel über der Kanzel kam erst später durch Hans Döllgast zur Verbesserung der Akustik hinzu. Der Rotmarmor des Taufsteines war einer der letzten Stücke aus dem seither aufgelassenen Steinbruch in Tegernsee. Der Kirchenraum bietet, zusammen mit der Empore, 250 Sitzplätze. Am 1. Dezember 1957 wurde das Gemeindehaus eingeweiht.

Altar, Kanzel, Taufstein, Kreuz, Altarleuchter, Kreuz über Hauptportal: Bernhard Bleeker

Qu.: Pfarramt, Kirchenbauamt; Lit.: Klaus Kraft, 30 Jahre Erlöserkirche Herrsching, München (1986)

Heilig Geist (kath.)
Parkstraße 9
82049 Pullach
Grundsteinlegung: 15.4.1956
Weihe: 28.10.1956
Architekt: Georg W. Buchner

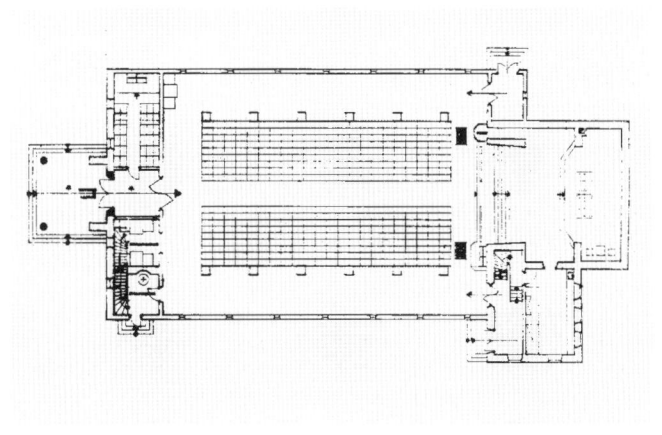

Der Kirchenbau ist eine dreischiffige basilikale Anlage mit betont niedrigen Seitenschiffen, so daß das Mittelschiff wie ein hoher Saal wirkt. Der eingezogene Chor liegt um sechs Stufen erhöht und nimmt den freistehenden Altar auf. Der gerade Chorabschluß trägt ein großes, in Metall getriebenes Kruzifix. Hohe, schmale Fenster erhellen Langhaus und Chorraum. Farbglasfenster in den Seitenschiffen zeigen die Kreuzwegstationen. Eine flache Decke aus Naturholzbalken überspannt Kirchenraum und Chor. In den Balken sind Zeichen und Buchstaben farbig ausgemalt. Ursprünglich befand sich auf der linken Seite vor der Chorwand die Kanzel; seit der Umgestaltung des Altarraumes 1991 steht an dieser Stelle eine spätgotische Muttergottes. Auf der gegenüberliegenden Seite ist der vergoldete und emaillierte Tabernakel in die Wand eingelassen, vor dem heute der Taufstein aufgestellt ist. Dieser romanische, aus Italien stammende Taufstein befand sich zuvor auf Burg Schwaneck. Der Raumeindruck wird durch die lebensgroßen Apostelfiguren aus Holz mitbestimmt, die über den Pfeilern im Langhaus angeordnet sind. Der gedrungene Glockenturm ist seitlich des Altarraumes angefügt.

Altar, Ambo: Blasius Gerg
Triumphkreuz (Kupfer, versilbert), Tabernakel:
Georg Moser
Apostelfiguren:
Rudolf Rotter
Glasfenster:
Paul Coracolla, Berlin

Qu.: AEM Baureferat
Nr. 143, Pfarramt; Lit.:
Ramisch-Steiner S. 99

St. Konrad von Parzham (kath.)
Freienfelsstraße 5
81249 München-Neuaubing
Grundsteinlegung: 14.8.1955
Weihe: 4.11.1956
Architekt: Georg Maria Kronenbitter

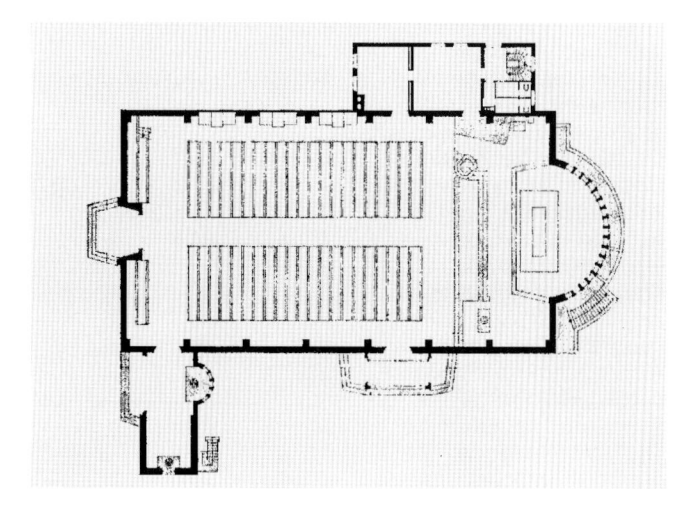

Der erste katholische Kirchenbau in Neuaubing war eine 1921 dem hl. Joachim geweihte Notkirche aus Holz. Mit dem Wachstum der Gemeinde und der 1937 bezogenen Dornier-Siedlung wurde ein Kirchenneubau notwendig, zu dem G. M. Kronenbitter den Auftrag erhielt. Die Ausführung lehnte aber 1938 das nationalsozialistische Regime ab. Erst nach dem Zweiten Weltkrieg, als die Einwohnerzahl weiterhin gestiegen war, konnte der Architekt seine Vorstellung von einem heiligen Bezirk teilweise verwirklichen. Der Turm mit Zwiebelhaube ist an die Straße gerückt und verweist auf den Kirchenbau. Im Erdgeschoß des Turmes liegt die Totenkapelle, die zum Kirchenschiff überleitet. Die Hallenkirche von sechs Achsen und den Maßen 40 x 22 m mündet in ein um fünf Stufen erhöhtes Presbyterium, das mit einer sich nach außen wölbenden farbigen Glaswand abschließt. Diese wird durch 16 eng gesetzte Betonstützen unterbrochen. In der Mitte des Fensters sind die Symbole der Eucharistie dargestellt, die von der ›Geisterwelt‹ der Engel und dem Bereich der Erde mit Menschen, Tieren und Vögeln umgeben werden. Das Fenster soll »formaler und thematischer Ausdruck der Anbetung vor dem Opfer, das sich auf dem Altar vollzieht«, sein (A. Burkart in Festschrift). Christus selbst thront als Pantokrator im Rundfenster auf der Rückwand des Kirchenraumes. Um das enge Zusammenwirken von Chor und Priester zu betonen, sind Orgel und Sängerempore seitlich vom Presbyterium angeordnet. Eine freigespannte Holzdecke schließt den Raum nach oben. Im unterkellerten Presbyterium sind die Jugendräume und der Pfarrsaal untergebracht.

Glasfenster:
Albert Burkart
Tabernakel, Osterleuchter: Wilhelm Breitsameter
Kreuzweg, 1983:
Werner Persy, Trier
Altar, Ambo, Priestersitz, Taufstein: Josef Hoh
Deckel des Taufsteins:
Klaus Backmund

Qu.: Pfarramt; Lit.: Festschrift zur Weihe am 4. November 1956, o. O., o. J.; Bild u. Gleichnis, o. S.; Hartig-Schnell S. 94

St. Gertrud (kath.)
Weyprechtstraße 75
80937 München-Harthof
Grundsteinlegung: 21.5.1955
Weihe: 11.11.1956
Architekt: Otto Weinert

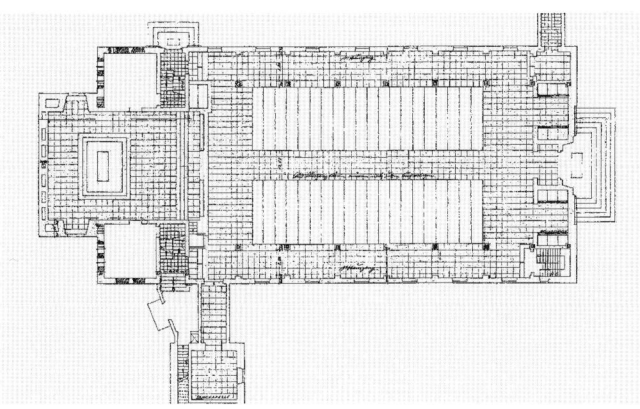

Dem hellen, rechteckigen Saal sind auf beiden Seiten sieben quadratische Pfeiler eingestellt, so daß der Eindruck einer mehrschiffigen Anlage entsteht, was die leichte Grautönung der Pfeiler noch unterstreicht. Den Raum überdeckt eine dunkel gebeizte Sparrenkonstruktion. Der eingezogene Altarraum, der durch hohe seitliche Fenster erhellt wird, wurde 1977/1978 durch eine weißgeschlämmte Mauer vom übrigen Kirchenraum abgetrennt und zu einer Werktagskirche umgestaltet. Über diesem Bereich schwebt das große Metallkreuz von der Altarinsel des Eucharistischen Weltkongresses, der 1960 in München stattgefunden hatte. Seit 1992 zieren je acht Kreuzwegtafeln aus versilbertem Lindenholz die Nord- und Südwand und laden zur Meditation ein. Die Eingangsfassade zeigt ein großes Gemälde mit den 14 Nothelfern ›Die Werke der Barmherzigkeit‹. Der Turm ist durch einen Gang mit der Kirche verbunden.

*Altar, Ambo, Tabernakel, Taufstein, Vortragekreuz: Wilhelm Breitsameter
Kreuzwegtafeln: Josef Blaschke
Malerei an Außenwand: Karl Manninger*

Qu.: Architekt; Lit.: Bild u. Gleichnis, o. S.; Hartig-Schnell S. 83; Ramisch-Steiner S. 105

Versöhnungskirche (evang.-luth.)
Hugo-Wolf-Straße 18
80937 München-Harthof
Grundsteinlegung: 18.9.1956
Weihe: 30.6.1957
Architekt: Franz Gürtner

Die bestehende Siedlung am Harthof wurde 1951/1952 durch die Wohnblöcke an der Weyprecht- und Hugo-Wolf-Straße erweitert, die mit Geldern des Marshallplanes entstanden. Zu den Alteingesessenen kamen Flüchtlinge aus Schlesien, Ostpreußen, dem Sudetengau und weiteren ehemaligen deutschen Gebieten. Ein bescheidener Kirchenbau wurde gewünscht. Über einem trapezähnlichen Grundriß mit einem polygonalen Altarraum im Osten und seitlich angebautem Gemeindesaal, der zum Hauptraum geöffnet werden kann, entstand der Kirchenraum. Seine Höhe wird durch eine Dachbalkenkonstruktion in dem um zwei Stufen erhöhten Altarbereich betont. Der Altar steht vor der Rückwand, die von einem großen Kruzifix geschmückt wird. Der Kirchenraum mit Emporen auf zwei Seiten hat 280 Sitzplätze. Das große Portalfenster verweist auf die Trinität; im Sakristeifenster sind die vier Evangelistensymbole dargestellt. Der Name der Kirche leitet sich ab von der Jahreslosung 1956 »Lasset euch versöhnen mit Gott«, die über dem Eingang steht. Über dem Giebelrand der Hauptfassade erhebt sich der Turm mit drei Glocken. Dieser ist als Betonrahmen in das statische System des Daches einbezogen, da seine Innenstützen zugleich die Empore tragen. Der gesamte Erdaushub erfolgte durch die kostenlose Mithilfe amerikanischer Truppen der Warner- und Henry-Kaserne; da es ein bescheidener Bau werden sollte, wurde der Aushub zum Teil wieder zugeschüttet. In der Teilunterkellerung war zunächst ein Jugendraum eingerichtet, bis das neue Gemeindezentrum bezogen wurde.

Kruzifix, Ornamente auf Bindern, Schrift über Hauptportal:
Reinhold Fritz
Taufstein:
Heiner Schumann
Kirchenfenster:
Franz Gürtner
Sakristeifenster:
Hans Dauscher

Qu.: Pfarramt, Architekt;
Lit.: Kirche u. Kunst Nr. 4, 1958, S. 29 f.

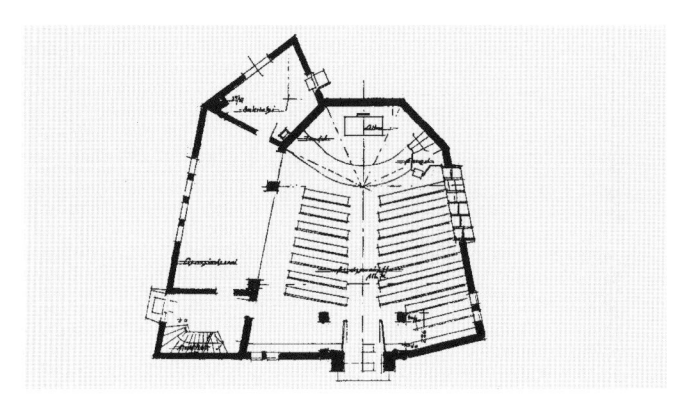

Maria vom Guten Rat (kath.)
Hörwarthstraße 1
80804 München-Schwabing
Grundsteinlegung: 4.11.1956
Weihe: 11.8.1957
Architekt: Josef Wiedemann

1948 holte Kardinal Michael von Faulhaber den bis zur Säkularisation in München ansässigen Orden der Augustiner in den Münchner Raum zurück. 1957 zog in München-Schwabing der Augustinerkonvent ›Maria vom Guten Rat‹ ein und übernahm die gleichnamige Pfarrei. An der Straßenkreuzung, aber durch einen Freiraum abgerückt vom Verkehr, entstand die Pfarr- und Klosterkirche mit dem am Gehsteig errichteten Glockenständer. Der rechteckige Kirchenbau von 37 x 17 m und 14 m Raumhöhe bietet 1000 Besuchern Platz. Der Kirchenraum ist als Wegkirche konzipiert mit der Taufstätte am Eingang. Der breite Mittelgang führt über fünf Stufen zum Altar im Chorraum mit seitlich angeordneten Bänken für den Konvent. Zunächst hing ein einfaches Holzkreuz im Altarbereich. Seit 1960 bestimmt das in Kupfer getriebene, mächtige Hängekreuz mit dem Gnadenstuhl des dreifaltigen Gottes den Raum. Eine Fensterwand auf der Ostseite gibt dem Altar besonders viel Licht, und der Kirchenraum wird durch sieben hochliegende Fenster und eine große Fensterrosette über der Orgelempore gleichmäßig belichtet. Im Nordosten ist eine kleine Kapelle mit flacher Holzdecke angefügt. Die Kreuzwegstationen in Natursteinmosaik kamen 1963 hinzu, ebenso die Marienkonche, die 1964 eingeweiht wurde. Die Konstruktion des Baues besteht aus gemauerten Scheiben als Querwände und 14 m hohen Längswänden, durch Stahlbetondoppelstützen in 4,50-m-Achse ausgesteift, mit Ziegeln ausgefacht, außen sichtbar belassen, innen geschlämmt. Diese Doppelstützen tragen die Hängekonstruktion des offenen Holzdachstuhls. Das unterlüftete Dach ist mit Kupfer gedeckt. Mit der Kirche war der anschließende Konvent der Augustinerchorherren entstanden. 1964/1965 errichtete J. Wiedemann das Pfarrheim.

*Chorwandreliefs:
Robert Lippl
Kreuzwegfries,
Marienkonche: Elisabeth
Hoffmann-Lacher
Hängekreuz:
Herbert Altmann*

Lit.: *Bild u. Gleichnis*, o. S.; Hartig-Schnell S. 79; *Festschrift 25 Jahre Maria vom Guten Rat*, München 1982; München S. 94; Ramisch-Steiner S. 167; Wiedemann S. 4 f.

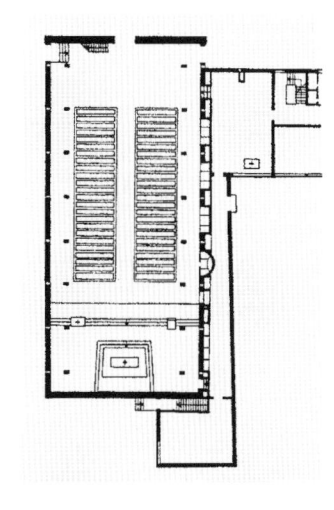

St. Agnes (kath.)
Waldrebenstr. 15
80935 München-Lerchenau
Grundsteinlegung: 10.3.1957
Weihe: 15.9.1957
Architekt: Peter Bieber

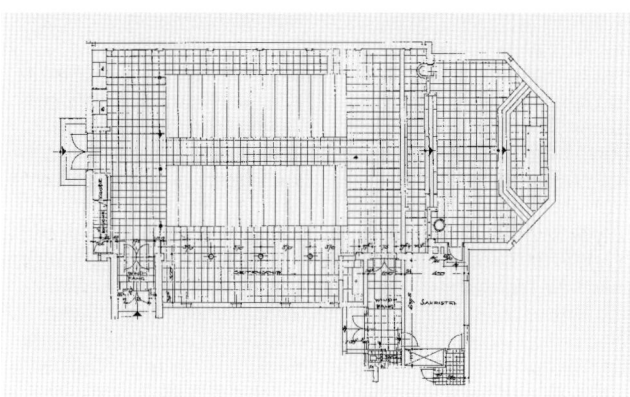

1932 bauten Männer aus der Siedlung Lerchenau nach dem Entwurf von Josef Elsner jun. einen geschenkten Schafstadl zu einer geräumigen Notkirche um. 1936 plante die Gemeinde einen größeren Kirchenbau, der aber durch die Nationalsozialisten verhindert wurde. Erst 1957 entstand die heutige Pfarrkirche. Durch den Eingang im zwanzig Meter hohen Turm betritt man den langrechteckigen, hellen Hallenraum von 35,20 x 14,50 m mit knapp eingezogenem Altarraum und Drei-Achtel-Abschluß sowie einer rückwärtigen Empore und dem im Süden angefügten Seitenschiff. Der Altar steht heute nur noch um vier Stufen erhöht und wird seit 1963 durch ein großes vergoldetes und versilbertes Hängekreuz aus Holz mit der Abendmahlsdarstellung betont. 1972 wurde eine flache Holzdecke eingezogen. 1994 gestaltete das Architekturbüro Peter Pongratz und Guido Sonanini die Kirche um, unter anderem mit neuem Altar, Ambo und Tabernakel. Das niedrige Seitenschiff ist durch drei Rundpfeiler vom Hauptraum getrennt. Hier befindet sich, über dem Altar, eine Schutzmantelmadonna aus Keramik. 1960 wurden Kindergarten und Hort, auch nach den Plänen von Peter Bieber, errichtet. 1966/1967 kam das Pfarrzentrum mit Pfarrsaal, Pfarrbücherei, Caritasstelle, Altenklub, Jugendräumen und Konferenzraum hinzu. 1972 wurde die Unterkirche als Werktagskirche fertiggestellt. Im November 1976 erhielten Kirchturm und Westfassade eine neue Verkleidung mit italienischen Nagelfluhplatten.

Altar, Ambo, Tabernakel, 1994: Hubert Elsässer
Hängekreuz:
Anton Finkenzeller
Kriegerdenkmal an Außenwand, Statue der hl. Agnes: Hermann Schilcher
Statue des hl. Antonius: Josef Hien
Schutzmantelmadonna, Farbglasfenster: Peter Gitzinger;
Ausführung der Farbglasfenster, 1962: F. X. Zettler

Qu.: Pfarramt; Lit.: St. Agnes München-Lerchenau, München (1962); Hartig-Schnell S. 84; Ramisch-Steiner, S. 45

St. Josef der Arbeiter (kath.)
Seminarplatz 1
82515 Wolfratshausen-Waldram
Grundsteinlegung: nicht bekannt
Weihe: 29.9.1957
Architekt: Richard Berthold

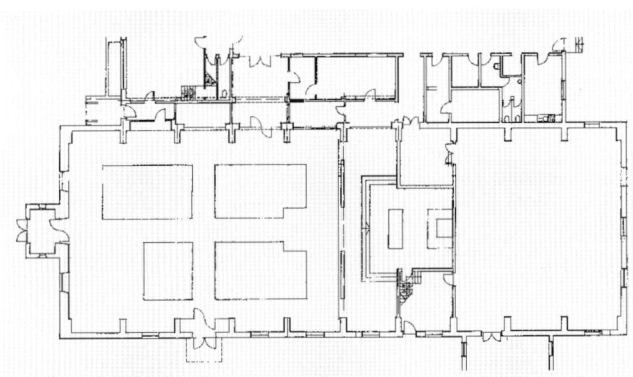

Das heutige Kirchengebäude hat eine lange Vorgeschichte. Im Zweiten Weltkrieg diente es den Zwangsarbeitern der Munitionsfabrik in Geretsried als Speisesaal. Gleich nach dem Krieg zogen Displaced Persons, vor allem osteuropäische Juden, ein, die den Saal als Gebetsraum nutzten. 1957 wurde dieser Raum zur Kirche umgebaut, eine flache Holzdecke eingezogen, Hauptaltar und zwei Seitenaltäre errichtet und die seitlichen Bögen teilweise mit schmiedeeisernen Gittern versehen. Seitdem besteht die Fassadenturmkirche aus einem langrechteckigen Saalraum von sechs Achsen. Wandpfeiler, die unter anderem Nischen für Beichtstühle bilden, gliedern die weite Halle, die in einen eingezogenen, um vier Stufen erhöhten rechteckigen Altarraum mündet. Die Kassettendecke ist farbig bemalt. Das Spätberufenenseminar St. Matthias von Hans Schedl schließt seitlich und rückwärts an den Kirchenraum an; der als Aula bezeichnete Raum dient als Kapelle, so daß in diesem Komplex zwei Sakralräume hintereinander liegen. 1979 errichtete Josef Wiedemann das Pfarrheim und einen Teil des Wohnhauses. 1994 entstand das Pfarrhaus; das Wohnhaus wurde nach den Entwürfen der Architekten Wilfried Claus und Günter Forster erweitert, die auch die neue Pfarrkirche planen.

Qu.: Pfarramt, Architekt W. Claus

Fronleichnam (kath.)
Senftenauerstraße 111
80689 München-Laim
Grundsteinlegung: 28.10.1956
Weihe: 20.10.1957
Architekt: Karl Jantsch

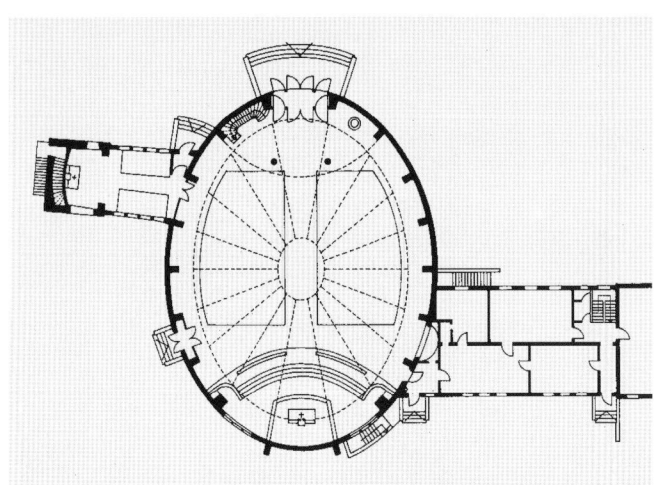

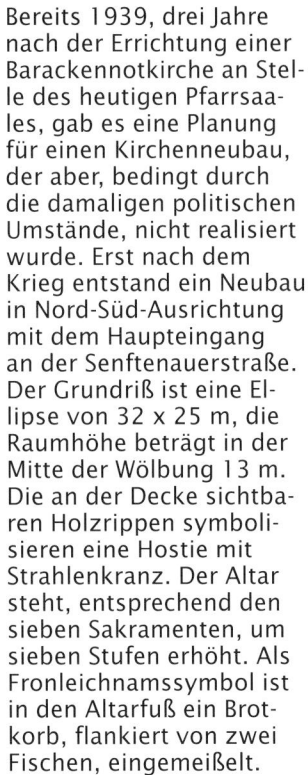

Bereits 1939, drei Jahre nach der Errichtung einer Barackennotkirche an Stelle des heutigen Pfarrsaales, gab es eine Planung für einen Kirchenneubau, der aber, bedingt durch die damaligen politischen Umstände, nicht realisiert wurde. Erst nach dem Krieg entstand ein Neubau in Nord-Süd-Ausrichtung mit dem Haupteingang an der Senftenauerstraße. Der Grundriß ist eine Ellipse von 32 x 25 m, die Raumhöhe beträgt in der Mitte der Wölbung 13 m. Die an der Decke sichtbaren Holzrippen symbolisieren eine Hostie mit Strahlenkranz. Der Altar steht, entsprechend den sieben Sakramenten, um sieben Stufen erhöht. Als Fronleichnamssymbol ist in den Altarfuß ein Brotkorb, flankiert von zwei Fischen, eingemeißelt. Dieses Symbol, in Kupfer gegossen, ist auch außen über dem Hauptportal angebracht. Den goldglänzenden Tabernakel auf dem Altartisch zieren neun Engel mit nach oben gerichteten Flügeln. Über dem Altar schwebt vom Deckenkranz Christus, der als Lebensbaum des Neuen Bundes gezeigt wird. Auf der Rückseite der 4 m hohen Emaillearbeit sind die sieben Sakramente dargestellt. Das schmiedeeiserne Geländer der Kommunionbank gibt Christussymbole und Hostienformen wieder. Die Bestuhlung ist dem elliptischen Grundriß angepaßt und bietet etwa 400 Sitzplätze. Auf der Westseite sind die Werktagskapelle und der 41 m hohe Turm angefügt. In der Werktagskapelle schmückt ein Wandteppich in Batikarbeit mit dem Thema ›Der Neue Bund in meinem Blut‹ die Stirnwand. Das Gebäude ist ein Stahlbetonbau, mit Kupferblech eingedeckt.

*Lebensbaum, Tabernakel, Monstranz, Leuchter, Taufbeckenabdeckung, Kupfersymbole und Türgriffe: Nikolaus Wirth
Schutzmantelmadonna: Hoefer-Purkhold*
*Kreuzweg: Peter Gitzinger
Wandteppich in Werktagskapelle: Lexi Schober
Klinkermosaik über dem Eingang: Hans-Peter Rasp*

Qu.: Pfarramt; Lit.: Bild u. Gleichnis, o. S.; Hartig-Schnell S. 90; 25 Jahre Pfarrkirche Fronleichnam 1957-1982, St. Ottilien 1982

Allerheiligen (kath.)
Ungererstraße 187
80105 München-Freimann
Grundsteinlegung: 9.12.1956
Weihe: 17.11.1957
Architekten: Karl Kergl und Raimund Thoma

1929 wurde eine Notkirche, die Allerseelenkirche, gegenüber der Aussegnungshalle des Nordfriedhofs eingeweiht. Nach dem Zweiten Weltkrieg durfte sie nicht ausgebaut werden; Kardinal Wendel bestimmte den Neubau einer Pfarrkirche weiter nördlich an der Ungererstraße. Es entstand ein längsgerichteter Kirchenraum mit betontem, um fünf Stufen erhöhtem Altarbereich in der Breite des Kirchenschiffes, dem im Osten, durch ein Gitter getrennt, die Taufkapelle angefügt ist. Die ganze Ostwand ist aufgeglast und gibt damit auch dem Altarbereich ein besonders helles Licht. Seitlich des freistehenden Altarblocks sind Ambo und Tabernakel angeordnet. Beherrscht wird der weite Raum von einem großen Kruzifix vor der Altarwand. Die Altarwand selbst wurde 1980 mit einem Wandgemälde geschmückt, das in Pastelltönen auf der rechten Seite die Schar der Erlösten und auf der linken den Auszug der Kinder Israel aus Ägypten durch das Rote Meer zeigt. Die Darstellung ist in einem Halbkreis angeordnet, so daß sie wie ein Rahmen für das Kruzifix wirkt. Das Gebäude besteht aus einer Stahlbetonkonstruktion und wird von einem Satteldach, innen mit Holz verkleidet, überspannt. Der Campanile an der Straße, der nach dem Tode des Architekten von Raimund Thoma angefügt wurde, ist durch einen überdeckten Gang mit dem Kircheneingang verbunden. Zur Taufkapelle führt ein gesonderter Eingang von der Ungererstraße. Im Nordwesten wurde 1993 das Pfarrzentrum mit der Werktagskapelle, einem Rundbau mit verfugtem Ziegelmauerwerk, von Udo Bünnage angebaut.

Tabernakel, Pantokrator an Fassade: Hans Vogl
Triumphkreuz, Madonnenstatue, Kreuzweg:
Jakob Adlhart,
Hallein/Salzburg
Wandgemälde:
Ingeborg Sedlmayr
Ambo (Bronze):
Franz Mikorey
Mosaik: Hermann Kaspar

Qu.: *Pfarramt;* Lit.: *Bild u. Gleichnis, o. S.; München Hochbau S. 102; Hartig-Schnell S. 82; Ramisch-Steiner S. 48; Pfarrgemeinde Allerheiligen, o. O., o. J.*

Michaelskirche (evang.-luth.)
Grusonstraße 21a
80939 München-Freimann (Pfarramt: Samariterkirche)
Grundsteinlegung: 12.5.1957
Weihe: 8.12.1957
Architekt: Wilhelm Becker

Die Michaelskirche ist ein bescheidener, rechteckiger Mauerwerksbau, außen und innen weiß verputzt, von 9 x 16 m mit 126 Sitzplätzen. Ein Windfang aus Holz und Glas schützt den Eingang. Ein Mittelgang führt zu dem um drei Stufen erhöhten Altarbereich, auf dem die Prinzipalstücke nebeneinander angeordnet sind. Altar und Kanzel sind gemauert und weiß verputzt. Die Altarwand trägt einen Wandbehang mit der Darstellung von Christi Himmelfahrt.
Dem Altarraum ist seitlich die Sakristei angefügt. 1973/1974 wurde mit dem Bau des Gemeindehauses durch W. Becker die Altarwand mit einer Faltwand aus Holz versehen, so daß dem Kirchenraum der Gemeindesaal hinzugefügt werden kann. Ein Glockenträger hebt die Eingangsseite mit dem Giebel hervor.

*Wandbehang:
Gerd Jähnke*

Qu.: Pfarramt, Kirchenbauamt; Lit.: Evang. Kirche S. 28

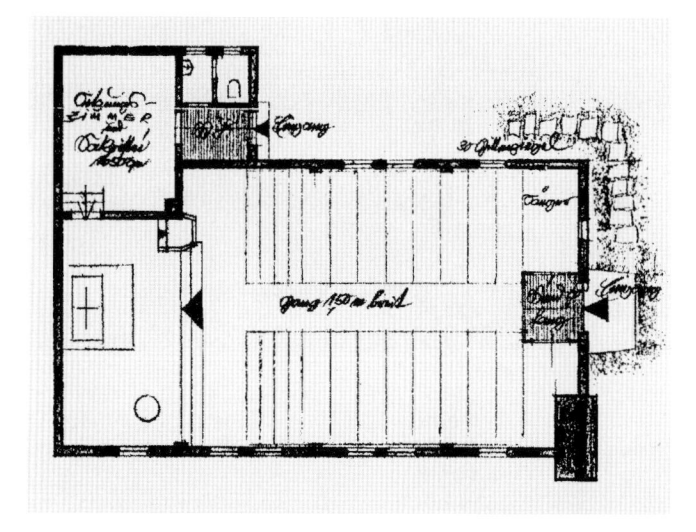

St. Pius X. (kath.)
Kirchenweg 4
82343 Pöcking
Grundsteinlegung: 4.9.1956
Weihe: 15.12.1957
Architekt: Hermann Leitenstorfer

Im Juni 1956 ging ein Aufruf an alle Gemeindeglieder, möglichst zahlreich zum Fällen von Bäumen und Roden zu kommen, um den Platz für den neuen Kirchenbau zu schaffen. Es entstand eine frühchristlichen Kirchen nachempfundene dreischiffige Basilika von 54 x 18 m und 17 m Höhe, deren Chorraum ein Neun-Zehntel-Eck bildet, mit neun eingestellten Säulen und einem Umgang. Über der Kuppel erhebt sich der Glockenturm bis zur Höhe von 40 m. Eine große Fensterrosette über dem Eingang, schmale Rundbogenfenster in Hochschiff und Chor sowie kleinere in den Seitenschiffen geben dem Raum gedämpftes Licht. Mit der Renovierung 1989/1990 wollte Peter Smolka die romanisierenden und konstruktiven Architekturelemente deutlicher hervorheben. Statt weiß sind die Säulen nun sandsteinrot, die Wände in einem gebrochenen Grauweiß und die Kassettendecke im Hauptschiff blau und in den Seitenschiffen rot. Eine Bemalung der Wände im Hauptschiff, wie sie von frühchristlichen Basiliken bekannt ist und wie sie H. Leitenstorfer schon in Skizzen festgehalten hatte, wird wieder geplant. Der neue Altarraum mit Altartisch und Tabernakel setzt einen kräftigen Akzent in dem Raum. Im Übergang vom Mittelschiff zum Chor hängt das große, farbig gefaßte Kruzifix. Der Altarbereich wurde um vier Stufen über das Kirchenniveau angehoben, die Mensa aus rotem Porphyr ruht auf vier Pfeilern aus dem Stein des früheren Hochaltars, die Kanzel aus Naturstein wurde belassen und das Taufbecken in die Mitte des Hauptschiffes gestellt. Im rechten Winkel zum Chorturm entstand 1958 der Pfarrsaal; 1957 war bereits das Pfarrhaus bezogen worden.

Relief über Westportal:
Karl Knappe
Fensterrosette:
F. Meyer'sche Hofkunstanstalt
Madonna:
Ernst Hohenleitner
Kreuzweg:
Karl Manninger
Statuen des Kirchenpatrons, St. Josef, Petrus:
Leopold Hahn

Qu.: Pfarramt, Arch. Mus. TUM

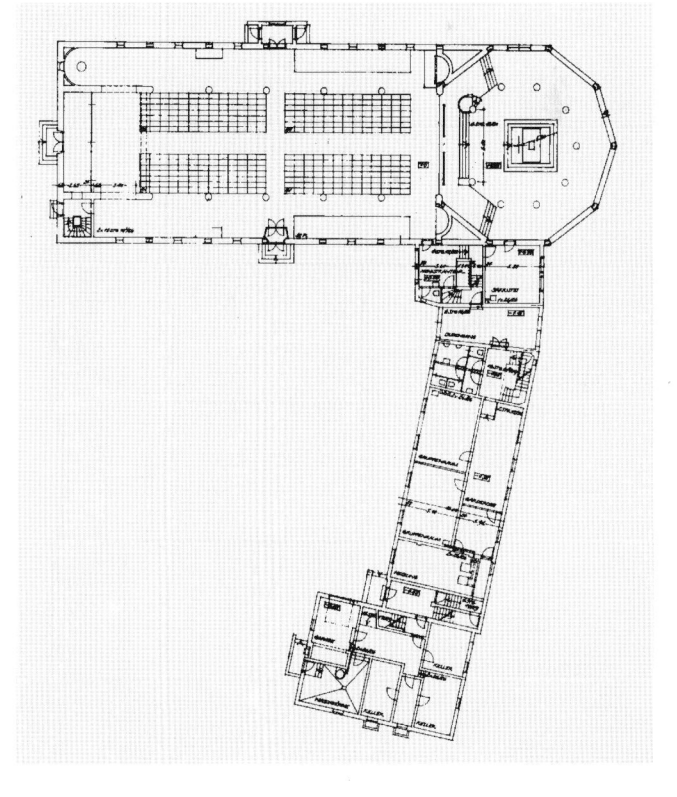

Gethsemanekirche (evang.-luth.)
Ettalstraße 3
81377 München-Mittersendling
Grundsteinlegung: 30.5.1957
Weihe: 30.3.1958
Architekt: Gustav Gsaenger

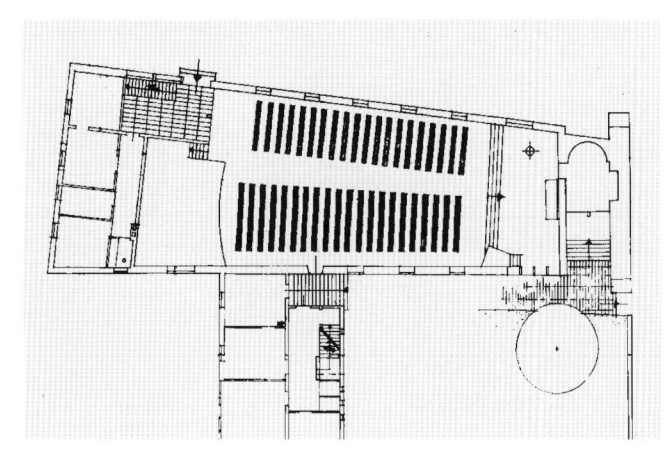

An der Ecke Ettal-/Wessobrunner Straße befindet sich das Gemeindezentrum, das durch eine hohe Glockenmauer, ähnlich einer Stele, gekennzeichnet ist. Eine niedrige Sakristei leitet von der Glockenmauer über zum Kirchenraum. Kirche und anschließendes Gebäude mit Mesnerwohnung und Gemeindesaal erstrecken sich entlang der Wessobrunner Straße nach Westen; nach Süden sind Pfarrbüro und Pfarrwohnung angefügt. Der Haupteingang zu Kirche und Mesnerwohnung liegt an der Wessobrunner Straße und ist durch ein weit vorgezogenes Holzdach betont. Der sich zum Altar hin verjüngende trapezoidförmige Raum mit mittlerer Säulenstellung mißt in der Mittelachse bis zur 10 m breiten Altarwand ca. 33 m. Ein Mittelgang mit seitlichen Bankreihen führt zu dem um vier Stufen erhöhten Altarbereich. Seitlich des Altars sind Taufstein und die an die südliche Außenwand gerückte Kanzel angeordnet. Bemerkenswert in diesem Raum ist das Altarbild, das Christus im Garten Gethsemane darstellt. Hohe, schmale Fenster auf der Südseite erhellen den Altarbereich. Der Kirchenraum wird von der nordwestlichen Ecke her betreten. Ein Podest für Orgel und Chor nahm die südwestliche Ecke ein. Mit den Umbaumaßnahmen 1994/1995 durch Eberhard Wimmer wurde dieser rückwärtige Teil durch eine Glaswand abgetrennt und ein neuer Gemeindesaal eingerichtet sowie als Stahlkonstruktion eine schwebende Empore für die Orgel eingebaut. Das gesamte Bauwerk besteht außen und innen aus Sichtziegelmauerwerk.

Altarbild:
Angela Gsaenger
Altar, Taufe, Kanzel: nach Entwurf des Architekten

Qu.: Pfarramt, Arch. Mus. TUM; Lit.: München Hochbau S. 104; Schnell S. 170

Jesus-Christus-Kirche (evang.-luth.)
Hartstraße 6
82110 Germering
Grundsteinlegung: 16.6.1957
Weihe: 6.4.1958
Architekt: Wilhelm Becker

Seit November 1942 fanden evangelische Gottesdienste in der Schreinerei Fritz Sutor statt. Als nach Kriegsende die Zahl der Protestanten immer größer wurde, verlegte man die Gottesdienste 1948 in den Kantinensaal der Turnhalle. Erst zehn Jahre später konnte die weiterhin wachsende Gemeinde ein eigenes Gotteshaus beziehen. Dieses entsprach in Größe und Gestalt dem 1955/1956 von Wilhelm Becker in Gröbenzell errichteten Kirchenbau. Es besteht aus einer Betonkonstruktion mit außen und innen weiß verputztem Ziegelmauerwerk und einer Betondecke. Der Innenraum erhielt im unteren Bereich der Wände nachträglich eine Holzverkleidung.
Der schlichte Rechteckbau von ca. 18 x 10 m, mit dem Turm neben der Eingangsseite und der im Osten angebauten Sakristei, mit Satteldach und im Innern mit Windfang und Empore, ist für 200 Sitzplätze konzipiert. Der nach Süden orientierte, längsgerichtete Raum hat einen um drei Stufen erhöhten Altarbereich, der die Breite des Schiffes einnimmt. Vor den Stufen, zur Gemeinde gerückt, steht heute der Taufstein. Die Altarwand schmückt ein Wandbehang mit der abstrakten Darstellung ›Christus, Licht der Welt‹. Thema, Farben und Formen des Wandbehanges wurden in den sechs Wandbildern wieder aufgenommen, die Abiturienten des Max-Born-Gymnasiums in Germering gemalt haben. 1966/1967 kamen Pfarrhaus und Räume für Jugend- und Gemeindearbeit hinzu. Den Wettbewerb zur Erweiterung der Anlage gewann 1992 Götz von Ranke; zugleich ist auch eine Umorientierung des Kirchenraumes um 90 Grad und die Verlegung des Kircheneinganges von der Straße auf die Ostseite vorgesehen.

Wandbehang:
Heiner Schumann
Altarkreuz, Altarleuchter (beide Messing):
August Hartle
Taufstein (Kunststein):
Christian Wagner

Qu.: Pfarramt; Lit.: Evang. Kirchen S. 29

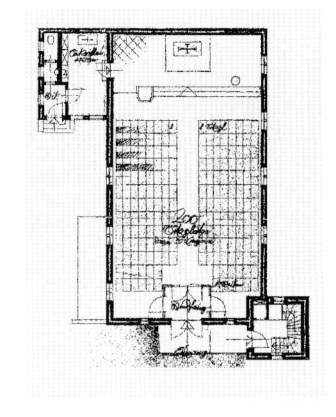

Evang.-Luth. Betsaal
Kreuzfeldweg 8
85617 Aßling (Pfarramt: Grafing)
Grundsteinlegung: nicht bekannt
Weihe: 18.5.1958
Architekten: Helmut von Werz und Johann Christoph Ottow

1958 entstand das zweigeschossige Gemeindehaus mit Mesnerwohnung im Erdgeschoß und Kirchenraum im Obergeschoß über den Grundmaßen von 13,40 x 6,40 m. Eine Glocke unter dem Dach des Treppenaufganges weist auf den Kirchenraum hin. Der langrechteckige Sakralraum mit flacher Holzdecke wird durch vier große Antikglasfenster auf der Westseite belichtet. Eine Falttür verbindet ihn mit einem Gemeinderaum. Der Altar steht ebenerdig vor der nordwestlichen Ecke. Seitlich von ihm sind Ambo und Taufstein (Marmor mit Kupferdeckel) angeordnet. Der Taufstein stammt noch aus der alten Kirche von German Bestelmeyer in Grafing. Die Altarwand schmückt ein dreiteiliger Gobelin mit den Darstellungen der Taufe Christi, der Auferstehung und des Abendmahls. 1984 wurde das Gebäude nach Süden durch Architekt Otter erweitert, so daß im Obergeschoß ein neuer Gemeinderaum mit einer Teeküche hinzugewonnen wurde.

Gobelin: Hans Dumler
Altarkreuz, Altarleuchter,
Osterleuchter:
Manfred Bergmeister

Qu.: Pfarramt

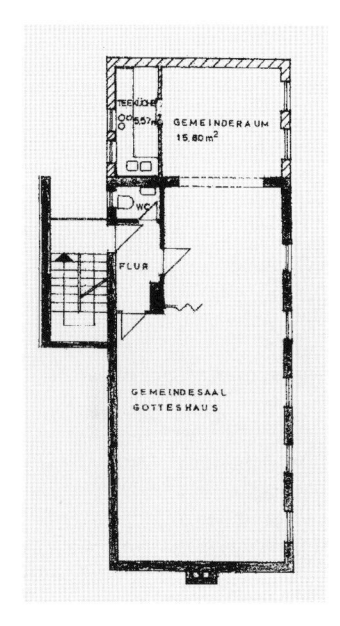

Heilig Geist (evang.-luth.)
Abt-Williram-Straße 90
85560 Ebersberg
Grundsteinlegung: 27.10.1957
Weihe: 13.7.1958
Architekten: Helmut von Werz und Johann Christoph Ottow

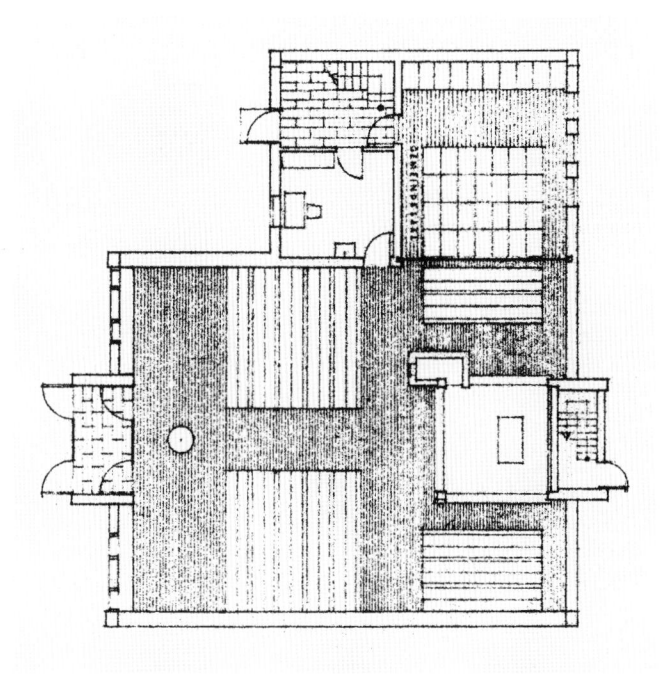

Dem langrechteckigen Kirchenraum von ca. 12 x 15,5 m sind im Norden die Sakristei und der Gemeindesaal angefügt, der mit Hilfe einer versenkbaren Holzwand dem Kirchenraum zugefügt werden kann. Über dem Gemeindesaal liegt die Orgelempore. Bemerkenswert ist in diesem schlichten Raum der baldachinartig vor die Ostwand gestellte, um zwei Stufen erhöhte Altarbereich. Der Giebel ist hier geöffnet, und die Belichtung erfolgt aus dem offenen Glockenturm, der sich darüber erhebt. Vor der Altarwand, die durch grüne Natursteinplatten (Quarzit) hervorgehoben wird, hängt das große Holzkruzifix. Die gegenüberliegende Westseite mit den Eingangstüren aus Bronze ist von Betonrahmen mit farbigem Gußglas durchbrochen. Da der Raum als betonte Abendmahlskirche ausgerichtet ist, steht der Taufstein direkt am Eingang in der Achse des Altars. Zwei Bankblöcke begleiten den Mittelgang zum Altar. Ein Holzrelief, das seit 1985 an der linken Seitenwand hängt, zeigt die Jünger im Sturm. Der Bau ist eine Stahlbetonkonstruktion mit außen und innen weiß verputztem Ziegelmauerwerk. 1986/1987 wurde von Georg und Ingrid Küttinger dem Pfarrhaus gegenüber das Gemeindehaus als reiner Holzbau errichtet.

*Hängekreuz
mit Corpus (Holz):
Karlheinz Hoffmann
Altarkreuz, Altarleuchter,
Bronzetüren, Turmengel:
Manfred Bergmeister
Holzrelief: Helmut Amann*

Qu.: Pfarramt

Maria Himmelfahrt (kath.)
Kirchenstraße 7
85452 Eicherloh (Pfarramt: Eichenried)
Beginn des Erdaushubs: 1.10.1957
Weihe: 27.7.1958
Architekt: Friedrich F. Haindl

In das 1933/1934 errichtete Schulhaus wurde eine Altarnische eingebaut, so daß hier die ersten Gottesdienste stattfinden konnten. Mit der Überlassung des Schulsaales an die Flüchtlinge aus Schlesien wurden die Gottesdienste in den neuerbauten Stall der Familie Spies verlegt, bis ein Neubau entstand. Auf dem Dorffriedhof steht seit 1958 der nach Osten orientierte Kirchenbau mit angefügter Sakristei im Norden und Eingangsturm an der südlichen Langseite. Satteldächer bedecken das Langhaus und den abgesetzten Altarbereich. Die Innenraummaße betragen 8 x 16 m; der Raum bietet 154 Sitzplätze. Eine Kommunionmauer, um zwei Stufen höher gelegen, in die die Kanzel auf der linken Seite eingebunden ist, trennt den Gemeinderaum vom Altarbereich. Der eingezogene Altarraum mit abgeschrägten Seitenwänden nimmt den um weitere zwei Stufen erhöhten Altarblock und an der Rückwand das dreiteilige Altarbild auf. Durch Rundbogenfenster erhalten dieser Bereich sowie der Kirchenraum reichlich Licht. Eine flache Holzdecke, deren Konstruktion sichtbar ist, überspannt den Raum. Sie ist mit einer geometrischen Bemalung versehen. Die Emporenbrüstung zeigt Bilder der Nothelfer. Die alten Kirchenbänke, die seitlich des Mittelganges aufgestellt sind, schenkte das Piusheim in Glonn der Gemeinde. Altarbereich und Sakristei sind unterkellert, so daß ein Vor- und Jugendraum entstanden. Das Gebäude ist ein Ziegelbau mit Holzdachstuhl. 1961 wurde die Westseite der Kirche vertäfelt und 1977 der gesamte Bau anläßlich der 900-Jahr-Feier des Ortes Eicherloh renoviert.

Altarbild, Malereien an Emporenbrüstung und Decke: Theo Kittsteiner

Qu.: Pfarramt, Architekt

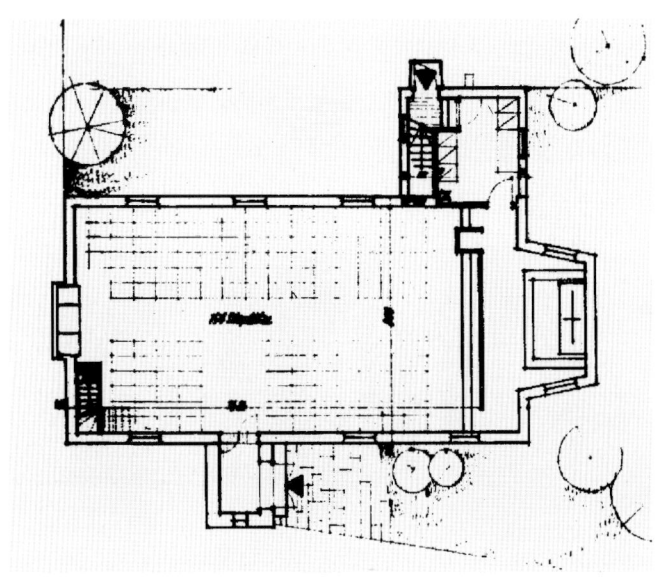

St. Michael (kath.)
82216 Germerswang
(Pfarramt: St. Margareth, Malching)
Grundsteinlegung: nicht bekannt
Weihe: 7.9.1958
Architekt: Hans Iffert

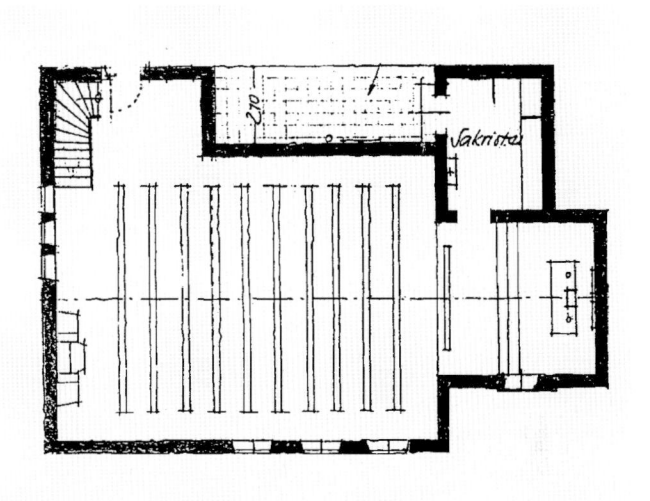

Am Rande der Ortschaft entstand auf dem Friedhof nach dem Einsturz des Kirchturms und des Vorgängerbaues aus dem 18. Jahrhundert an gleicher Stelle die neue Chorturmkirche. Durch eine kleine Vorhalle auf der nördlichen Langhausseite betritt man den Kirchenraum von der nordwestlichen Ecke unter der Westempore. Der um drei Stufen erhöhte Altarraum wird auf der Südseite von einem großen Farbglasfenster mit der Darstellung der sieben Sakramente geschmückt. Vier weitere, leicht getönte Fenster geben dem Gemeinderaum, der von einer Holzbretterdecke überspannt wird, reichlich Licht. Mehrere Kunstwerke aus der alten Kirche wurden hier wieder aufgestellt. Der Altar stammt aus der Wallfahrtskirche Höfen bei Grafrath. Das Gebäude besteht aus außen und innen weiß verputztem Mauerwerk.

Qu.: Bruno Scharte, Germerswang

St. Lantpert (kath.)
Torquato-Tasso-Straße 40
80807 München-Milbertshofen
Grundsteinlegung: 20.10.1957
Weihe: 14.9.1958
Architekt: Wilhelm Gaertner

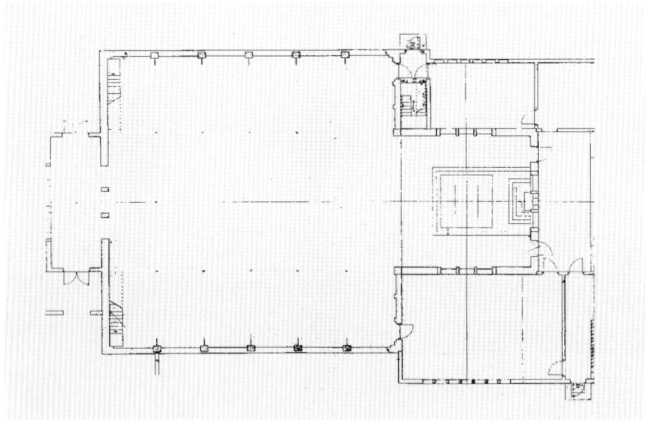

St. Lantpert ist neben St. Klara eine der wenigen Chorturmkirchen, die in München nach 1945 entstanden. Mit dieser architektonischen Gestaltung sollte der Altar als Zentrum besonders hervorgehoben werden. An den im Grundriß nahezu quadratischen Gemeinderaum von 11 x 10 m schließt der stark eingezogene Chor mit ebenfalls quadratischem Grundriß an. Darüber erhebt sich der mächtige Turm, mit großen Fenstern auf drei Seiten, die in abstrakter Form die pfingstlichen Feuerzungen zeigen und den hohen Raum mit hellem Licht ausstatten. Der Altarbereich ist um eine und der Altar selbst um nochmals drei Stufen erhöht. Um den Chor sind Sakristei, Gemeindesaal und Sakramentskapelle angeordnet. Das innen holzverkleidete Satteldach überspannt den Gemeinderaum mit fünf hochgelegenen Fenstern auf der Südseite. Eine große Fensterrosette über dem Haupteingang und der rückwärtigen Empore gibt darüber hinaus dem Raum reichlich Licht. Vor der nördlichen Chorwand befindet sich die Holzstatue des hl. Lantpert, auf der Nagelfluhwand daneben seine Bischofsinsignien in Bronze. Die Konstruktion des Gebäudes besteht aus Stahlbetonbindern, eingestellt in eine Ziegelwand, die innen und außen verputzt und weiß gestrichen ist.

*Farbglasfenster:
Ernst Weiers;
Ausführung: F. Mayer'sche Hofkunstanstalt
Altäre, Lesepult, Ambo, Altarkreuz, Altarkerzen, Kreuzweg, Sakramentskapelle, Kruzifix, Tabernakel, Taufstein: Max Faller
Statue St. Lantpert:
Siegfried Moroder*

Qu.: Pfarramt; Lit.: Hartig-Schnell S. 83; Ramisch-Steiner S. 144; Festschrift 30 Jahre Gemeinde St. Lantpert, München 1988

St. Ulrich (kath.)
Prinz-Karl-Straße 3
82319 Söcking/Starnberg
Grundsteinlegung: 28.4.1957
Weihe: 1.11.1958
Architekten: Georg Werner mit Gabriele Franz, Uwe Breukel und Ernst Wunderlich

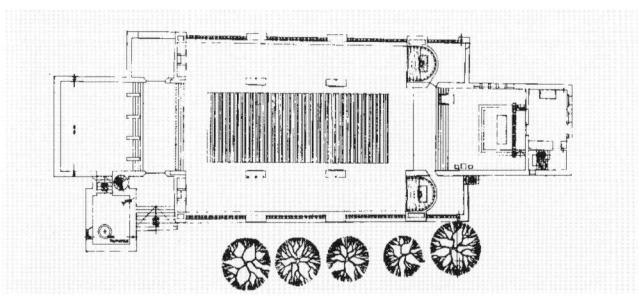

Auf dem westlichen Höhenzug des Starnberger Sees steht am Waldrand die St.-Ulrichs-Kirche mit dem 56 m hohen Turm. Der geostete Kirchenbau von 61 x 18 m ist außen mit Natursteinen verkleidet, im Inneren sind die Mauern teilweise verputzt oder als sichtbare Backsteine belassen. Ein offenes, bemaltes Sparrendach auf Stahlbetonstützen überspannt das Mittelschiff in 18 m Höhe. Die Raumhöhe wird durch die Verjüngung des Innenraumes von Westen (10 m Wandbreite) nach Osten (9 m Wandbreite) verstärkt. Im Gegensatz zur Gemeindekirche wird hier durch das sehr schmale und hohe Langhaus mit den beiden Chören, die an mittelalterliche Anlagen erinnern, die Polarität von Priester und Volk besonders betont. Die Seitenschiffe sind niedrig gehalten und verstärken damit die Wirkung der glatten und hohen Mittelschiffwände. Der zentrale Bankblock wurde nachträglich durch einen Mittelgang geteilt, der nochmals den Gedanken der Wegkirche hervorhebt. Beide Chöre haben einen geraden Wandabschluß. Die große Rosette im Westen erinnert ebenfalls an mittelalterliche Kathedralen. Im Ostchor steht hinter dem um zehn Stufen erhöhten Altar eine 12,50 m hohe und 6 m breite Wand aus Pollinger Tuff. Sie bildet wie ein Hochaltar den optischen Abschluß des Raumes und verdeckt gleichzeitig den Zugang zur Sakristei. In großen, aus dem Stein geschlagenen Buchstaben ist der Anfang des Johannes-Evangeliums in lateinischer Sprache wiedergegeben (Kap. 1, 1-14). In die Schriftwand hineingestellt sind vier ebenso einfach gestaltete Szenen mit Jesus. Die Seitenschiffe münden in Konchen, die Altäre für den hl. Ulrich und die Muttergottes aufnehmen. In die Außenwände der Seitenschiffe ist ein Wabenwerk aus Gußbetonsteinen mit kräftig leuchtenden Farbglasfenstern eingesetzt. Im Obergaden geben auf der Südseite fünf große kreisrunde Fenster dem Raum reichlich Licht. Über die westliche Orgelempore ist die Taufkapelle mit dem Taufstein aus Treuchtlinger Muschelkalk im Turm zu erreichen. Zur selben Zeit entstand in unmittelbarer Nähe das Pfarrhaus.

*Altarwand mit Schrift: Georg Brenninger
Farbglasfenster, Deckenbemalung: Franz Nagel
Kruzifix in Taufkapelle: Heinrich Lenz*

Qu.: Pfarramt, Arch. Mus. TUM; Lit.: Baumeister 65. 1959, S. 802-805

Heilig-Geist-Kirche (evang.-luth.)
Hugo-Troendle-Str. 53 (Pfarramt: Gubestraße 4)
80992 München-Moosach
Grundsteinlegung: 1.12.1957
Weihe: 2.11.1958
Architekt: Christoph von Peetz

Im September 1925 war durch Umbau der Parterrewohnung in der Gascho-Villa, Pelkovenstraße 37, ein Betsaal für den evangelischen Gottesdienst in Moosach geschaffen worden. Aber erst 1958 erhielt die Gemeinde einen eigenen Kirchenbau. Die Besonderheiten der Anlage sind bis heute der baumbestandene Innenhof und der Turmvorbau mit den beiden spitzen, mit Kupfer bedeckten Helmspitzen.
Das Kirchenschiff bildet zusammen mit Nebenräumen, Pfarrhaus und Pfarrbüro sowie einer hohen, den Hof umschließenden Mauer ein geschlossenes Ensemble. Der langrechteckige Kirchenraum von 30,77 x 10 m ist mit seiner südwestlichen Langseite zum Hof hin orientiert und völlig aufgeglast. Hier liegen auch die Eingänge. Die nordöstliche, geschlossene Wand ist in ornamentaler Weise durch Sichtziegel und weiße Horizontalstreifen gegliedert. Der an der Fensterseite stark eingezogene Altarraum ist um mehrere Stufen erhöht und hat an seiner geraden Abschlußwand seit 1963 Farbglasfenster mit Darstellungen christlicher Symbole. Der Kirchenbau wurde als Mauerwerksbau mit Stahlbetoneinlagen und Stahlbetonteilen errichtet. Alle Teile sind außen und innen verputzt. Seit 1992 besteht eine, inzwischen genehmigte, Um- und Erweiterungsplanung von Ulrich Kraus, die vorsieht, den Kirchenraum zugunsten eines Gemeindesaales mit Bühne zu verkleinern, den Altarraum zu einer Sakristei mit Nebenraum umzubauen sowie das Foyer großzügiger zu gestalten.

Glasfenster:
Hermann Kaspar
Altarkreuz (Bronze),
Kerzenleuchter:
August Hartle

Qu.: Pfarramt; Lit.: Evang. Kirchen S. 27; München, S.119 f.; Herzlichen Glückwunsch zum Geburtstag! 30 Jahre Heilig-Geist-Kirche, o. O. (1988)

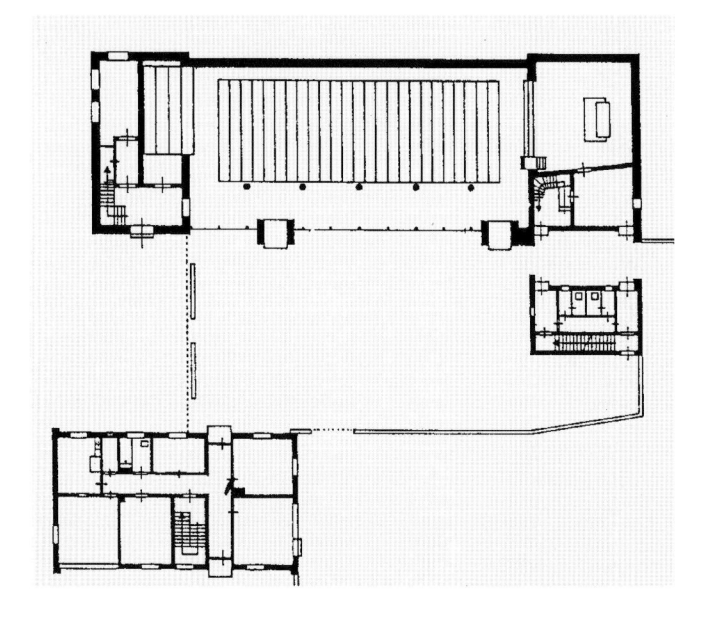

Maria Königin (kath.)
Kardinal-Faulhaber-Platz 1
82031 Grünwald
Grundsteinlegung: 1.12.1957
Weihe: 9.11.1958
Architekt: Michael Steinbrecher

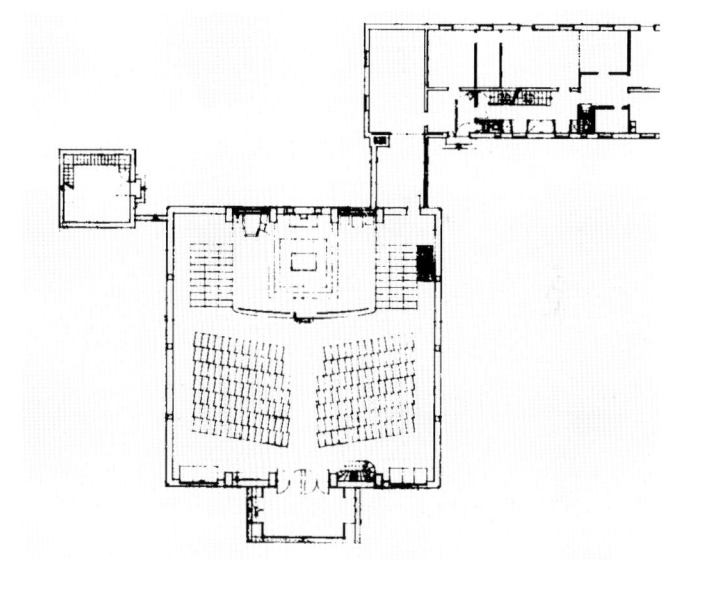

Anstelle einer früher mitten im Wald gelegenen Hubertuskapelle entstand die Pfarrkirche Maria Königin. Dem Kirchenbau liegt der Gedanke vom Zelt Gottes unter den Menschen zugrunde. Über einem quadratischen Grundriß von 20 x 20 m erhebt sich der kubische Bau mit dem vierfach gefalteten Dach wie ein »symmetrisch geschliffener Kristall« (Chronik Pfarrarchiv). Der Turm steht frei neben der Straße. Der Kirchenraum hat eine Höhe von 17,15 m und kann 300 Besucher fassen.
Bei der Umgestaltung des Innenraumes 1970 wurde das ursprüngliche Wandgemälde hinter dem Altar durch ein großes Glasbetonfenster ersetzt, das mehr Licht in den Innenraum bringt. Die hellen, abstrakten Farbfelder, die zur Meditation anregen sollen, haben das Thema »Es lobt das Licht das Gestein gar herrlich dich mit Schweigen« (Information). Gleichzeitig kam der Tabernakel auf die Stele und die Sedilienbank hinter den Altar. Neben dem großen Altarfenster setzen zwei weitere farbige Glasfenster Akzente in dem Kirchenraum. 1960 wurde neben der Kirche das Jugendheim mit Pfarrsaal errichtet.

Madonna (Stein):
Hermann Schilcher
Kreuz in Seitenkapelle:
Edeltraud Braun-Stansky
Bronzearbeiten:
Manfred Bergmann
Glasbetonfenster:
Wilhelm Braun;
Ausführung:
Gustav van Treeck

Qu.: Pfarramt, Arch. Mus. TUM; Lit.: Schnell S. 130; Information – 25 Jahre Pfarrei Maria Königin Grünwald, o. O. (1983); Ramisch-Steiner S. 166

St. Christophorus (kath.)
Berger Straße
82319 Percha/Starnberg
Grundsteinlegung: 1.5.1958
Weihe: 16.11.1958
Architekt: Josef Rampl

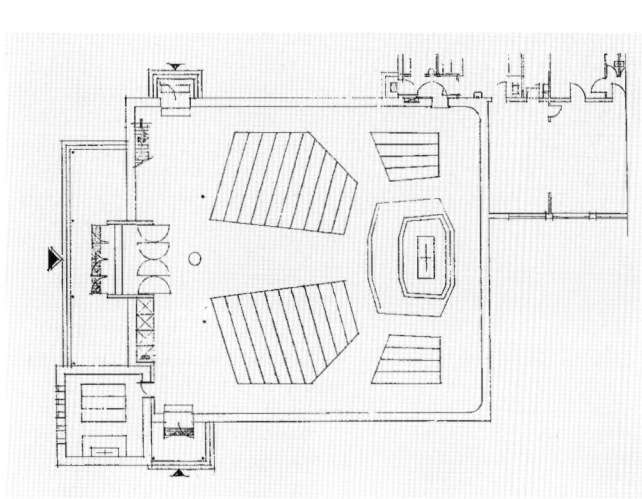

Am östlichen Ufer des Starnberger Sees, von der Fahrstraße nach Berg abgerückt, sind Kirche mit seitlich angefügtem Glockenturm und Pfarrgebäude errichtet. Der Kirchenraum besteht aus einem breitgelagerten Saal von nahezu quadratischem Grundriß (23 x 25 m).
Im Eingangsbereich unter der Empore befindet sich das Weihwasserbecken mit der Taufschale in der Mitte. Der nach Osten ausgerichtete und um drei Stufen erhöhte Altar besteht aus behauenem fränkischen Sandstein und zeigt auf allen vier Seiten Reliefs aus dem Alten und Neuen Testament.
Entwürfe von 1957 lassen erkennen, daß zunächst eine runde Altarinsel mit radial angeordneter Bestuhlung konzipiert war. Über dem Altar ist in der Holzdecke ein kreisförmiges Feld angebracht, aus dessen Mitte ein mächtiger Kruzifixus aus Bronze über dem Altar schwebt. Die Betongußreliefs des Kreuzwegs führen zu der großen Darstellung der ›Parusie‹ (Wiederkunft Christi beim Jüngsten Gericht) an der Ostwand. Der Turm an der Südwestecke nimmt im Erdgeschoß eine Kapelle auf, die zunächst als Werktagskapelle vorgesehen war. Die Bronzegruppe an der Fassade zeigt den hl. Christophorus.

Altar, Kreuzweg, Parusie:
Reinhold A. Grübl
Kruzifix, Tabernakel,
Altarleuchter:
Josef Baldhuber
Christophorus:
Christine Stadler

Qu.: Pfarramt, Architekt;
Lit.: Altmann S. 19

St. Willibald (kath.)
Agnes-Bernauer-Straße 181
80687 München-Laim
Grundsteinlegung: 13.3.1958
Weihe: 28.11.1958
Architekt: Hansjakob Lill

Der 40 m hohe Kirchturm an der Hauptverkehrsstraße weist auf das Pfarrzentrum hin. Wenige Stufen über dem Straßenniveau liegt der kleine Kirchplatz. Turm und Kirche werden durch einen Gang, in dessen betonierte Wände Gußglassplitter eingelassen sind, verbunden. Der Gang dient zugleich als Vorraum zur Kirche und zur Taufkapelle im Turm. Der kubische Kirchenbau besteht aus einem breiten Langhaus (Länge 37,7 m, Breite 18 m) und einem kurzen Querschiff (Länge 26,7 m, Breite 13,4 m). Der Innenraum vermittelt den Eindruck eines prismatischen Gehäuses. Diesen Eindruck verstärkt das über dem Altarbereich gefaltete und zu den Eckpunkten heruntergezogene Dach. Unter dem höchsten Punkt steht der um drei Stufen erhöhte Altar aus rotem Mainsandstein, der auf drei Seiten von der Gemeinde umgeben wird. Über dem Altar hängt das große Bronzekreuz an Eisenstäben tief herunter. Eine schmale Treppe hinter der Priesterbank führt in die kleine kryptaartige Unterkirche mit rohen Ziegelwänden. Besondere Akzente setzen in dem Raum die zwölf hohen Farbglasfenster, davon acht in den inneren Ecken, in denen Längs- und Querschiff aufeinanderstoßen. Es sind die ersten abstrakten Glasfenster in München, die hier in fließenden Linien und Kreisen in Blau, Gelb und Rot das Wirken der Heiligen Dreifaltigkeit symbolisieren. An den Langseiten des Kirchen-

*Farbglasfenster:
Albert Burkart
Ambogitter und -taube,
Kruzifix, Tabernakel,
Altarleuchter, Taufsteindeckel (alle Bronze):
Max Faller
Marienstatue (Eiche):
Fritz Zipf
Relief des hl. Willibald:
Gisela Fichtner
Vortragekreuz (Silber)
in der Unterkirche:
Maria Munz-Natterer
Bodenmosaik:
Johannes Segieth
Kreuzweg: Erich Zmarsly*

*Lit.: Das Münster 12.
1959, S. 419-422; 13.
1960, S. 308; 20. 1967,
S. 169; 21. 1968,
S. 415 ff.; Hartig-Schnell
S. 90; München Hochbau
S. 94; Schnell, S. 130,
202 f.; Ramisch-Steiner
S.237; Erich Stümmer,
St. Willibald München,
München 1983 (2. Aufl.);
Kahle S. 143 f.*

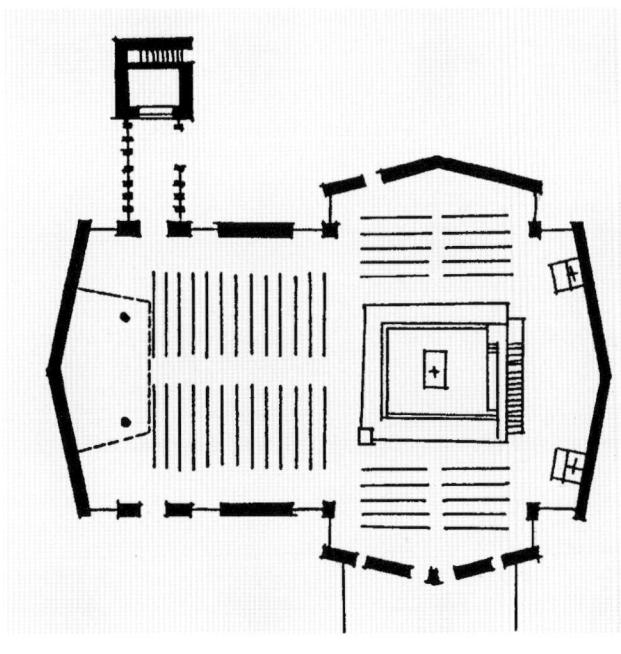

schiffes sind auf blau grundierten Keramikplatten die Kreuzwegstationen dargestellt.
Eine mit Kalkkasein getönte Fichtenholzdecke überspannt den Raum. Bodenmosaiken zeigen das ›Goldene Jerusalem‹ und den ›Brennenden Dornbusch‹. An die Kirche schließt unmittelbar das Pfarrhaus mit Sakristei und den Amtsräumen der Pfarrei an sowie das Kloster der Salvatorianer mit dem Sitz des Provinzialrats der Süddeutschen Ordensprovinz. Die Pfarrgemeinde von St. Willibald wird von den Salvatorianern betreut. 1965 erfolgte der Bau des Pfarrheims mit dem Pfarrsaal.

St. Benedikt (kath.)
Kirchenweg 9
82349 Pentenried (Pfarramt: Gauting)
Grundsteinlegung: 27.4.1958
Weihe: 7.12.1958
Architekt: Konstantin Blum

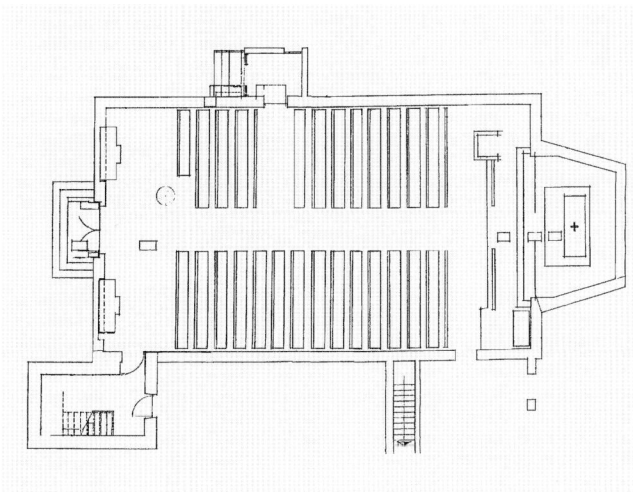

1947 bezogen die ersten Familien die neuen Siedlungshäuser in Pentenried. Sie feierten ihre Gottesdienste im Saal des Gasthauses. Eine Steininschrift vor dem Kirchenneubau gibt Auskunft über die Geschichte: »1948 fanden Vertriebene in Pentenried eine neue Heimat – 1958 errichteten sie zum Dank dieses Gotteshaus.« Am Ortsrand beim Friedhof liegt die schlichte Saalkirche mit eingezogenem, polygonalem Altarraum, rückwärtiger Empore und vorspringendem Turm an der Südwestecke. Das fünfachsige Langhaus von 21 x 12 m wurde mit alten Kunstwerken ausgestattet, die der damalige Kirchenpfleger Friedrich Heckl zusammengetragen hat. Das Altartriptychon besteht aus Weihnachts-, Pfingst- und Osterbild. Das Osterbild, eine Stiftung des Kraillinger Bürgermeisters Johann Baptist Huber, ist ein Werk der Spätrenaissance. Dieses Tafelbild wurde durch die beidseitige Anfügung von Gautinger Fahnenbildern aus dem 18. Jahrhundert ergänzt. Seit Januar 1993 hängt an der Rückwand des Kirchenraumes unter der Empore und hinter dem Taufbecken ein weiteres Bild, das die Fülle der Schöpfung zeigt.

Gemälde Schöpfung: Karin Beck

Qu.: Pfarramt; Lit.: Ramisch-Steiner S. 61 f.; Gerhard Schober, Denkmäler in Bayern Bd. I.21, Landkreis Starnberg, München-Zürich 1989, S. 210; Altmann S. 30 f.

Maria Eich (kath.)
82152 Planegg
Grundsteinlegung: September 1958
Weihe: 8.12.1958
Architekt: Michael Steinbrecher

Die Baulichkeiten der seit 1734 bestehenden Wallfahrtskirche Maria Eich hatte M. Steinbrecher bereits 1932 verändert: der gotisierende Dachreiter wurde entfernt und der Freialtar an der Ostseite neu gestaltet. Ein runder Turm mit spitzem Helm aus Kupferblech wurde das neue Wahrzeichen von Maria Eich. 1953 kamen die Augustiner als Seelsorger an diesen Ort. Für sie baute Georg Berlinger ein kleines Kloster an die Eremitenklause an. 1958 errichtete M. Steinbrecher einen saalähnlichen Kirchenbau, der bereits 1966/1967 nach Süden verlängert werden mußte. Eine genehmigte Planung für den Abriß des Kirchengebäudes und einen erweiterten Neubau von Christoph Hackelsberger liegt der Wallfahrtskuratie vor.

Tabernakel, 1973, Leuchter, Kommunionbank, Hängekreuz: Manfred Bergmeister
Rundfenster: Josef Dering
Kreuzwegstationen: Hans Heinzeller
Madonnenbild, 1968: P. Ivo Schaible

Lit.: Altmann S. 37; Ramisch-Steiner S. 156 f.; Gregor Homann OSA, Wallfahrtskirche Maria Eich, Horb-Bittelbronn 1993, S. 13 f.

St. Peter und Paul (kath.)
Forstenrieder Weg 13
82065 Baierbrunn
Grundsteinlegung: 13.7.1958
Weihe: 20.9.1959
Architekt: Hans Hammer

Zwischen Baierbrunn und dem Ortsteil Buchenhain entstand auf der Anhöhe ein Kirchenneubau, der mit der Kugelzwiebel des Turmes in oberbayerischer Tradition steht und gleichzeitig mit der alten Kirche im Ort korrespondiert. Ein großer Hof vor dem Haupteingang zur Kirche erschließt die einzelnen Bereiche des Pfarrzentrums. Der helle, langrechteckige Kirchenraum von fünf Achsen, mit rückwärtiger Empore, mündet in einen halbkreisförmigen Altarbereich, der um drei Stufen erhöht ist und neben dem Altar auch Ambo und Taufstein aufnimmt. Zwei wandhohe Fenster erhellen diesen Raumteil, dessen Mitte das große Kruzifix an der Altarwand bildet. In der dem Kirchenraum seitlich angefügten niedrigen Werktagskapelle steht auf einem gesonderten Altar der Tabernakel. Der Kirchenraum mit 300 Sitzplätzen ist mit einer Kassettendecke aus Holz überspannt, ebenso die Seitenkapelle. Die Sakristei liegt im Erdgeschoß des Turmes.

Altar, Tabernakel, Taufstein, Ambo, alle Gitter: nach Entwurf des Architekten
Aposteleuchter, Türgriffe (Bronze):
Hans Griessmeyer

Qu.: AEM Baureferat Nr. 46

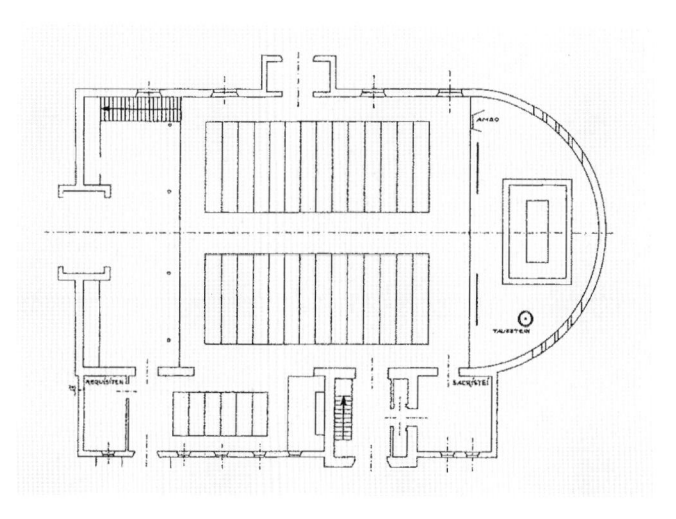

Maria Immaculata (kath.)
Seybothstraße 53
81545 München-Harlaching
Grundsteinlegung: 26.10.1958
Weihe: 18.10.1959
Architekt: Friedrich F. Haindl

Das kirchliche Zentrum begann mit einer 1945 geweihten Holzkirche und einem Barackenkloster der Oblaten der Makellosen Jungfrau Maria. 1958/1959 entstand der oktogonale Kirchenbau mit dem zunächst durch eine niedrige Halle verbundenen Kirchturm. Die Kirche und der mehr als 40 m hohe Turm mit vier Glocken setzen ein markantes Zeichen neben dem baulich viel mächtigeren Krankenhaus Harlaching. Der Kirchenraum verjüngt sich leicht in Südostrichtung, zum Altar hin. Die größten Ausmaße von Länge und Breite liegen etwas über 30 m. Auch die Traufhöhe variiert mehrfach. Das Innere ist gekennzeichnet durch den Wechsel geschlossener Mauern und in Betonmaßwerk gestalteter Fensterwände. Der um vier Stufen erhöhte Altarbereich wird durch das Kommuniongitter zum Gemeinderaum abgegrenzt. Ein mächtiges Kruzifix beherrscht die Altarwand mit einem weit ausladenden Baldachin, getragen von zwei geflügelten Wesen. Unter dem Kreuz steht der Altar, ein wuchtiger Steinblock aus dem Fränkischen Jura mit der Schöpferhand Gottes. Seitlich vom ihm ist in der Stirnwand der Tabernakel eingelassen. Kruzifix, Madonna, Baldachin und Engel sind in Holz geschnitzt und mit Silberplatten oder vergoldeten Silberplatten umkleidet, der Korpus am Kreuz ist vergoldet. Der Ambo seitlich des Altars zeigt ein in Mosaik gearbeitetes Schwert und darüber die drei griechischen Buchstaben für ›Christos‹. Die von der Eingangswand zum Altar hin ansteigende Decke besteht aus Holzriemen, die in verschiedenen hellen Blautönen bemalt sind. Sie wird farblich ergänzt durch die Blautönung der Kirchenrückwand mit den Beichtstühlen. Die im Osten angefügte Kreuzkapelle öffnet sich über eine Glaswand zum Kirchenraum. Das Kruzifix aus dem 17. Jahrhundert und die Farbglasfenster aus dem Jahr 1980 setzen Akzente in dem Raum. Beachtenswert sind die sieben farbigen Figuren in den Nischen an der Giebelfront. Sie stellen die sieben Sakramente dar. Das Gebäude ist ein aus Stahlbetonsäulen und Kränzen verstärkter, außen und innen weiß verputzter Ziegelbau. Die Fensterwände bestehen aus verglasten Betonfertigteilen zwischen Stahlbetonstützen. Seit 1988 werden Kirche und Turm durch einen mit Glas gedeckten Gang verbunden, an dessen Innenhof das Pfarrheim liegt.

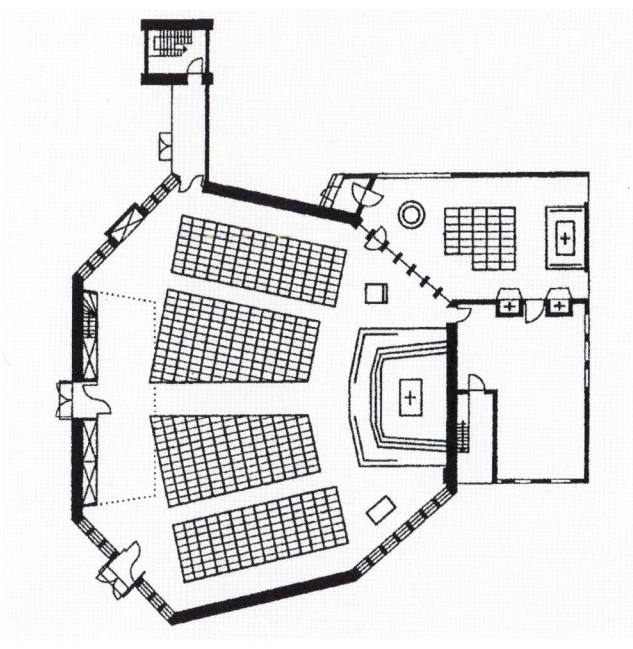

Altar, Kreuz, Baldachin, Madonna, Tabernakel, Ambo, Taufbrunnen:
Josef Henselmann
Farbige Gestaltung der Holzdecke:
Josef Hillerbrand
Figuren der äußeren Giebelwand:
Reinhold A. Grübl und Franz Esra
Farbglasfenster:
Helmut Kästl;
Ausführung:
Gustav van Treeck

Qu.: Architekt; Lit.: Hartig-Schnell S. 101; Ramisch-Steiner S. 164; 25 Jahre Pfarrkirche Maria Immaculata 1959-1984 München Harlaching, München (1984)

Evang.-Luth. Gemeindezentrum
Peter-Dörfler-Straße 14
82131 Stockdorf
Grundsteinlegung: 13.7.1958
Weihe: 8.11.1959
Architekten: Jakob Semmler und Jakob Haider

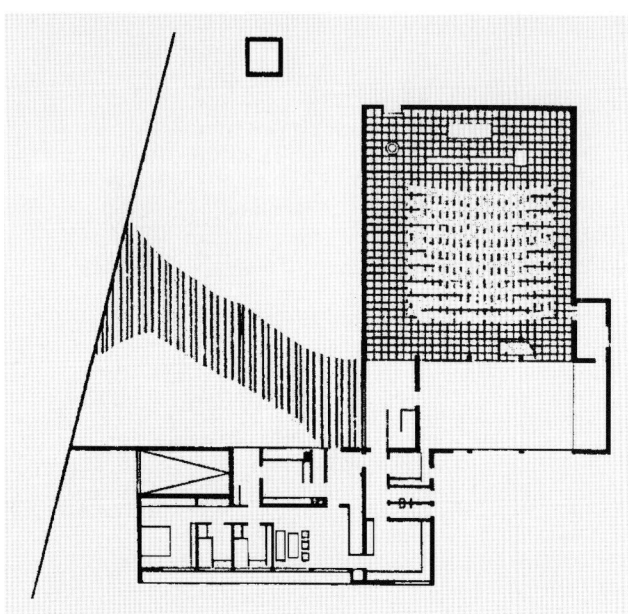

Die seit 1954 geplante evangelische Kirche konnte 1959 als Gebäudekomplex mit Gemeindesaal, Jugendräumen und Mesnerwohnung eingeweiht werden. Die Anlage liegt am Rande der Siedlung, direkt am Fuße eines bewaldeten Hanges. Die einzelnen Gebäudeteile sind als ebenerdige Baugruppe der Kirche untergeordnet. Der kubische Kirchenbau ist in Sichtbeton erstellt, mit weiß geschlämmtem Mauerwerk im Inneren. Eine flache Holzdecke überspannt den Raum. Das umlaufende Fensterband scheint das Dach vom Baukörper abzuheben. Besondere Aufmerksamkeit verdient der aus Beton gegossene Altar mit den Skulpturen Christi und der zwölf Jünger. Die Wände werden durchbrochen von einem Farbglasfenster, das den Taufbereich betont. Ein schlichtes Kreuz befindet sich an der Altarwand. Durch den im Süden angebauten Gemeindesaal kann der Kirchenraum erweitert werden. Das Betonrelief an der Westfassade zeigt Petri Wandel auf dem Wasser. Im September 1963 wurde das Pfarrhaus bezogen, 1984 der Kirchenvorplatz umgestaltet und ab 1989 der Campanile saniert und mit einem neuen Kreuz ausgestattet.

Altar: Blasius Gerg
Glasgemälde: Rupprecht Geiger
Betonrelief Außenwand: Karlheinz Hoffmann

Qu.: Pfarramt; Lit.: Kunst u. Kirche 24. 1961, S. 156 ff.; Kirche u. Kunst 45. 1967, H. 1, S. 12 f.; Altmann S. 32; Gemeindebrief vom 8.11.1989: 30 Jahre evang. Kirche Stockdorf

St. Bernhard (kath.)
Görzer Straße 86
81549 München-Ramersdorf
Grundsteinlegung: 21.9.1958
Weihe: 15.11.1959
Architekt: Friedrich F. Haindl

Vorläufer von St. Bernhard war die 1925 geweihte Kapelle im Fasangarten. Mit der Errichtung der Karl-Thieme-Siedlung und seit 1952 mit den Wohnblöcken der Gemeinnützigen Wohnungsbau-Gesellschaft stieg auch die Zahl der Katholiken. Seit 1957 fanden Gottesdienste unter freiem Himmel im Fasangarten, später in der Turnhalle einer Schule statt, bis der Kirchenneubau entstand. Dieser wurde über dem Grundriß eines Fünfecks in Form eines Zeltes errichtet, einem Motiv, das erstmals in Deutschland von Dominikus Böhm 1929 bei der Kirche in Birken gewählt und öfter wiederholt worden war. Im Innenraum steht vor dem Schnittpunkt zweier Schenkel des Fünfecks der um vier Stufen erhöhte Altar, zu dem die ansteigende Holzdecke führt; die Kommunionschranken begrenzen den heiligen Bezirk. Der sich nach unten verjüngende Altarblock besteht aus blauschwarzem Muschelkalk. Die Altarwand wird beherrscht von dem großen Fresko mit der Darstellung des Abendmahls. Darüber erscheint in goldgelber Gloriole die Taube des Heiligen Geistes und stellt die Beziehung zwischen Erde und Himmel, zwischen Menschheit und Heiliger Dreifaltigkeit her. Auch die holzverschalte Decke ist in verschiedenen Braun- und Grautönen bemalt. Die Seitenwände sind von Betongitterwerk durchbrochen und zeigen einige farbige Gläser mit religiösen Symbolen. Die breite Rückwand des Raumes nimmt die Orgelempore ein. Unter ihr sind die Beichtstühle eingebaut. Auf der Epistelseite (Nordwesten) schließt die rechteckige Marienkapelle an, deren Altarwand mit einer Beschriftung, Emailletafeln der Sieben Schmerzen Mariens und der Pietà (Holz gefaßt), geschmückt ist. Durch den Anbau des Pfarrhofes an die Marienkapelle entstand ein Innenhof. Der 37 m hohe Campanile überragt die Siedlung. 1994 wurde der Pfarrsaal durch Klaus Hofner errichtet.

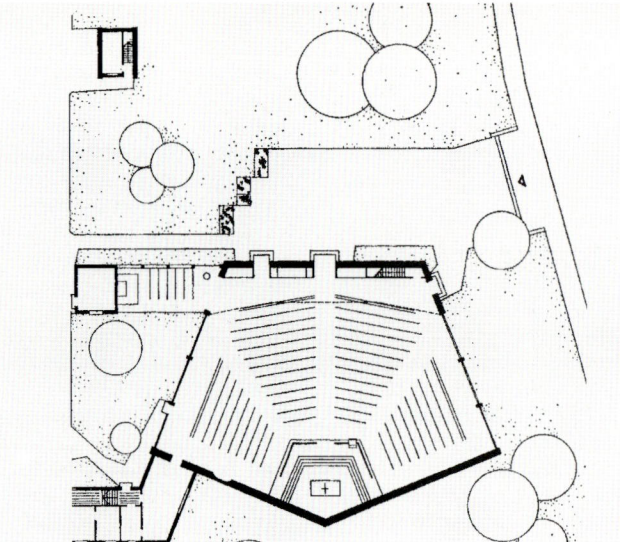

Altarbild: Franz Nagel
Altar, Tabernakel, Altarkreuz, Kirchentüren: Toni Rückel
Kreuzweg, Altarwand in Marienkapelle mit Pietà: Matthias Bayer

Qu.: Architekt; Lit.: Hugo Schnell, St. Bernhard München, München 1960; Hartig-Schnell S. 100, 105; 25 Jahre St. Bernhard, Festschrift 1982; Ramisch-Steiner S. 63

Maria Immaculata (kath.)
Hauptstraße 38
86926 Greifenberg
Grundsteinlegung: 5.10.1958
Weihe: 15.11.1959
Architekt: Alexander Freiherr von Branca

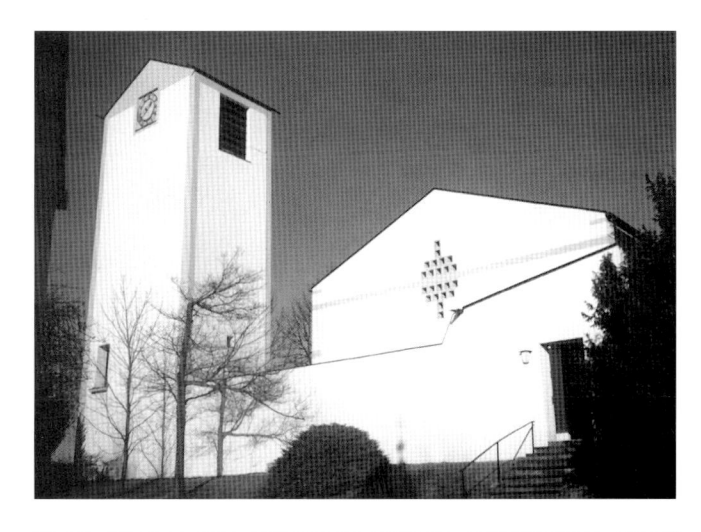

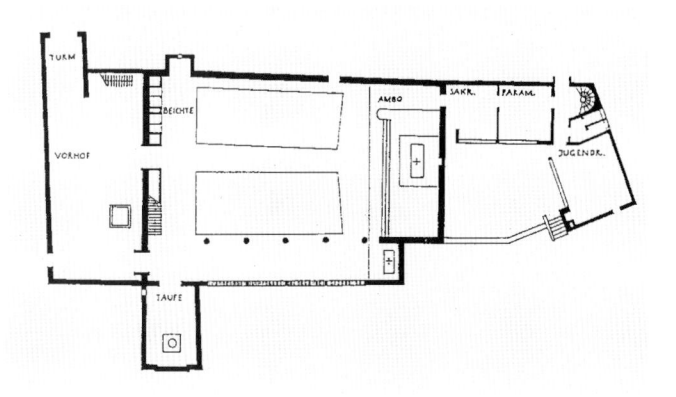

Bereits 1903 war ein Kirchenbauverein für ein Gotteshaus gegründet worden, das aber durch Kriege und Inflation erst 56 Jahre später ausgeführt werden konnte. Oberhalb des Ammersee-Nordufers und dicht an der Autobahn (A 96) steht der 56 m lange, schlichte Kirchenbau mit den niedrigen Anbauten von Sakristei und Jugendraum im Osten. Die Kirchenanlage mit freistehendem Turm und Vorhof im Westen erinnert an frühchristliche Basiliken mit Atrium und Campanile. Die Wände zeigen verfugtes und geschlämmtes Ziegelmauerwerk, die Decke des Hauptschiffes besteht aus einer einfachen Verbretterung, im Seitenschiff hingegen aus einem Tonnengewölbe aus Ziegelsteinen; großformatige Ziegelplatten bilden den Fußboden. Hochliegende Lichtbänder und große Fenster mit Betonsteinwaben erhellen den Raum. Der um drei Stufen erhöhte Altarbereich nimmt die Breite des Gemeinderaumes ein. Hier sind auch Ambo und Tabernakel aufgestellt. Der Ambo trägt den Adler des Evangelisten Johannes. Der Tabernakel ist an die Altarwand gerückt, die von einem großen Bronzekreuz mit vier gleich langen Balken beherrscht wird. Es ist der erste Kirchenbau in der Diözese Augsburg, der einen einheitlichen Raum für Priester und Gemeinde hat. Ihm schließt sich, durch fünf Rundpfeiler getrennt, im Süden ein Seitenschiff mit der Marienkapelle an. Neben dem Seiteneingang liegt um einige Stufen tiefer die Taufkapelle.

*Triumphkreuz:
Heinrich Kirchner;
Ausführung:
Fritz Kirchner
Altarleuchter, Ewig-Licht,
Vortragekreuz, Ambo,
Weihwasserbecken,
Altarfüße, Wasserläufe
am Brunnen:
Johannes Dumanski
und Hans Kreuz
Apostelleuchter, Türgriffe
(Bronze), Kreuz an der
nördlichen Außenfront:
Paul Fuchs
Seitenaltar, Taufstein,
Tabernakelsäule:
Hans Kreuz
Tabernakel: Max Oloffs
Apostelkreuze
(Mosaikarbeiten):
Maria Munz-Natterer*

Qu.: Bischöfl. Ordinariat Augsburg, Kunstreferat; Pfarramt; Lit.: Baumeister 58. 1961, S. 89-95; Kirchen. Gemeindezentren, Baumeister Querschnitte 2, 1966, S. 9 ff.

St. Leonhard (kath.)
Goßwinstraße 11
81245 München-Pasing
Grundsteinlegung: 14.6.1959
Weihe: 22.11.1959
Architekten: Franz und Rudolf Roth

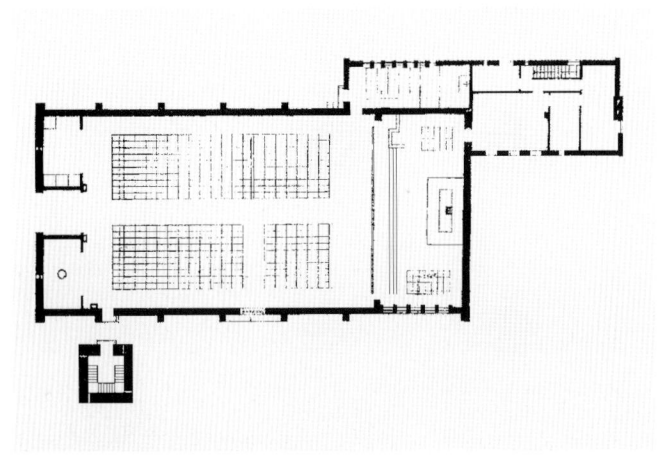

St. Leonhard ist ein einschiffiger, schlichter Kirchenbau von 35 x 15 m, mit einem 30 m hohen Campanile mit Kupferhaube. Über dem Eingang im Westen befindet sich ein weit vorgezogenes Dach auf Stützen. Der Altarraum wurde 1971 durch Architekt Armin Dietrich umgestaltet. Der um drei Stufen erhöhte Bereich mit dem Altar aus Theresienstein ist auf der Südseite mit einem Farbglasfenster ausgestattet. In die Altarwand ist der Tabernakel eingefügt. Das große Kruzifix über dem Altar beherrscht seit 1968 den Kirchenraum. 1979 kamen die Kreuzwegstationen aus Bronze hinzu. Eine naturfarbene, holzgeschalte Decke überspannt den Raum, die seitlichen Fenster haben bläulich, gelblich und bräunlich getöntes Antikglas. Im Nordosten ist die Marienkapelle angebaut. Das Gebäude besteht aus innen und außen weiß verputztem Ziegelmauerwerk. Im Verbindungsbau zum Pfarrhaus sind Sakristei und Nebenräume untergebracht. 1976 wurde das Pfarrzentrum auf der gegenüberliegenden Seite der Goßwinstraße von Alfred Laut errichtet.

*Altarkreuz, Tabernakel, Altarleuchter:
Manfred Bergmeister
Kreuzweg: Max Faller
Muttergottesstatue
(Holz), 1960: Fritz Zipf
Taufbrunnen:
Wilhelm Müller*

Qu.: Pfarramt; Lit.: Hartig-Schnell S. 90; Ramisch-Steiner S. 146; Altmann S. 49

St. Johann von Capistran (kath.)
Gotthelfstraße 3
81677 München-Bogenhausen
Grundsteinlegung: 12.4.1959
Weihe: 26.6.1960
Architekt: Sep Ruf

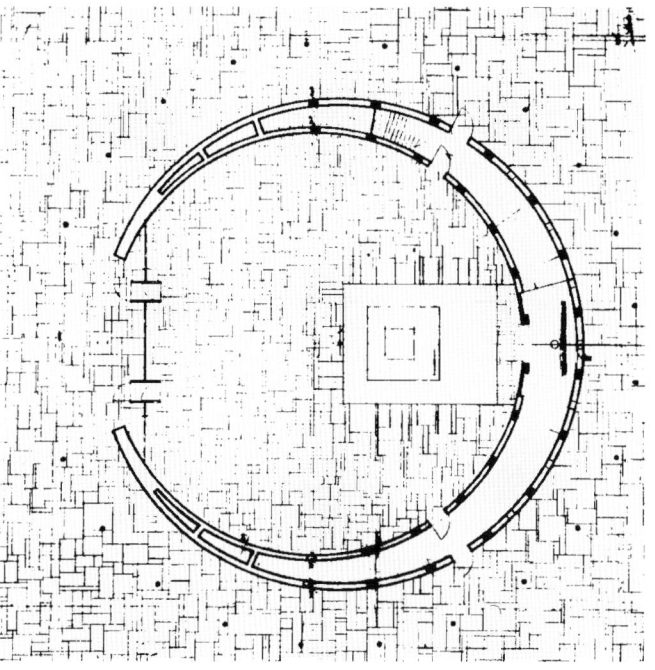

Für die seit 1954 sich rasch entwickelnde Parkstadt Bogenhausen entstanden seit 1957 Pläne und Modelle zu einem katholischen Kirchenbau. Ein Nebengebäude mit Pfarrsaal konnte schon 1958 eingeweiht werden. Es diente bis zur Vollendung des Gotteshauses als Notkirche. Der Kirchenneubau hat einen Zentralraum, dessen Grundriß von zwei exzentrischen Kreisen (32 und 28 m Durchmesser) gebildet wird, die am Portal zusammentreffen. In dem sichelförmigen, bis zu 4 m breiten Raum liegt die Taufkapelle; seitlich schließen Beichtkapelle und Sakristei an. Darüber befinden sich Sängerempore und Spieltisch der Orgel, und nochmals darüber steht das Orgelwerk. Der im Westen liegende Eingangsbereich ist durch eine 16 m breite Glaswand mit dem im Mittelalter so häufigen Motiv der ›Wurzel Jesse‹ geöffnet. Darunter befindet sich das große Bronzeportal mit sechs Reliefs aus dem Alten und Neuen Testament. Das über einer Stahlkonstruktion flachgewölbte Dach ist in der Mitte des äußeren Kreises von einer Lichtkuppel aus Plexiglas mit 5 m Durchmesser bekrönt. Unter der Lichtkuppel stehen auf einem um zwei Stufen erhöhten Podest hintereinander Haupt- und Sakramentsaltar mit Tabernakel. Sie sind als einfache Blöcke aus Nagelfluh gestaltet. Die Decke besteht aus einer sternförmigen, hellfarbigen Holzverschalung. Sichtziegelmauerwerk bestimmt außen und innen die gesamte Anlage. Die Dachkonstruktion ruht auf 22, den Außenbau im Abstand von 4,50 m umgebenden Stahlstützen, die mit einem Abstand von 5,35 m angeordnet sind. Diese haben konstruktive und ästhetische Bedeutung. Sie sollen den Charakter des ›circuitus‹, des Prozessionsumganges, unter dem Dach betonen. Der Stein auf dem Kirchplatz stellt den hl. Johann von Capistran dar. Diesen Heiligen hatten die Franziskaner der Gemeinde St. Gabriel, von der die neue Pfarrei 1963 abgetrennt wurde, als Namenspatron vorgeschlagen. Vom Pfarrsaal, einem flach gedeckten Ziegelbau, lei-

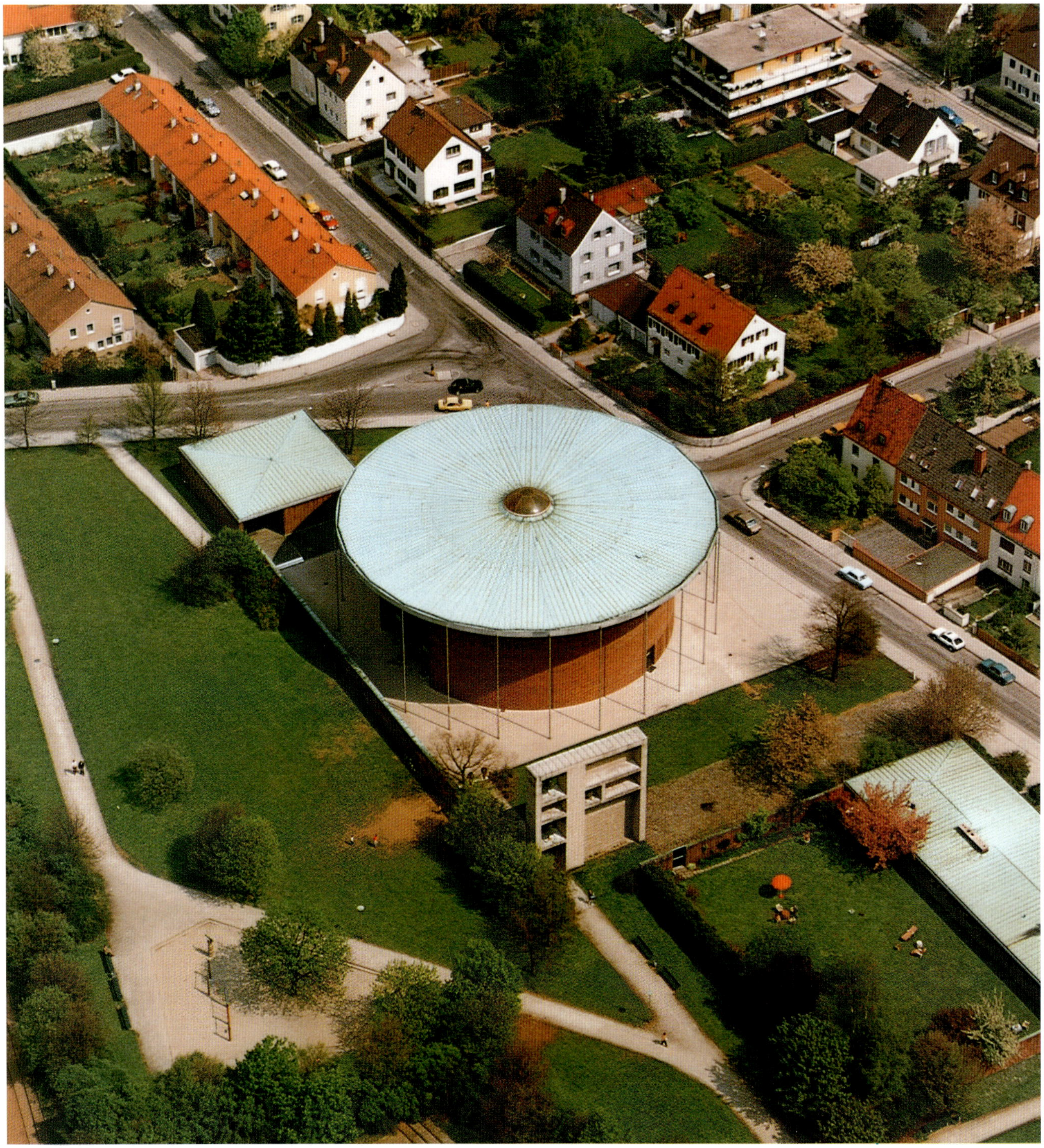

tet eine über 3 m hohe Ziegelmauer an der Kirche vorbei nach Süden zur Glockenwand.

Stein mit Kirchenpatron: Josef Henselmann
Westportal: Heinrich Kirchner
Glasgemälde: Josef Oberberger
Tabernakel: Franz Rickert
Madonnenstatue: Schwester M. Bernhardine Weber
Kreuzweg: Karl Knappe

Qu.: Pfarramt; Lit.: Das Münster 13. 1960, S. 328-331; Hartig-Schnell S. 78; Anton Mayer, St. Johann Capistran, München 1961; Bauen und Wohnen 18. 1963, S. 88-91; Kirchen: Kapellen, Klöster, Friedhofsbauten, Gemeindezentren, Hrsg. Martin Mittag, Detmold 1963, S. 25 ff.; Bayerland 1968 Nr. 12, S. 16 f.; Lieb-Sauermost S. 269-274; München S. 95; Ramisch-Steiner S. 121 f.; Kirche heute S. 36 f.; Architekturführer S. 97; Günther Naumann, 25 Jahre Pfarrkirche St. Johann von Capistran 1960-1985 München Bogenhausen, München (1985); Kahle S. 122-124; Biller-Rasp S. 134

St. Cäcilia (kath.)
St.-Cäcilia-Straße 1
82110 Germering
Grundsteinlegung: 6.9.1959
Weihe: 23.10.1960
Architekt: Walter Ehm

Am Ostrand von Germering liegt, parallel zur Bundesstraße 2, der verfugte Ziegelbau mit klaren, geschlossenen Formen. Der 25 m hohe Campanile ist zur Straßenecke vorgeschoben. Der ca. 33 m lange Baukörper des Gotteshauses erhebt sich auf einem Sockel über das Niveau der Umgebung. Zum Schutz gegen den Lärm der stark befahrenen Landsberger Straße sind Nord- und Westwand fensterlos. Dem langrechteckigen, hohen Kirchenraum von 12,75 m Breite ist auf der Südseite ein niedriges, durch fünf Betonstützen getrenntes Seitenschiff angefügt. Ihm entspricht im Norden ein schmaler, aber tiefer Anbau mit Sakristei und Beichtraum. Unter der Orgelempore, die von zwei Stützen getragen wird, liegen Taufkapelle und Kapelle der Schmerzhaften Muttergottes. Die Seitenwände des Hauptraumes sind heute mit Eichenholzbrettern verschalt, die Altarwand ist mit Preßspanplatten verkleidet. Die blaugestrichenen Querbalken des offenen Dachstuhls haben eine Bemalung mit posauneblasenden Engeln. Der gerichtete Kirchenraum führt auf den um drei Stufen erhöhten Altar aus grauem Altmühltaler Jurakalkstein zu. Der breite Ambo davor hat eine reliefierte, mit Quarzen durchsetzte Frontplatte. Anstelle des ursprünglichen Metallkreuzes hängt seit 1968 ein Holzkreuz mit Barockkorpus aus Mondsee/Salzkammergut über dem Altar. Der Tabernakel im Seitenschiff zeigt, in Zellenschmelzverkleidung, die Heilige Dreifaltigkeit. Der Tabernakelaltar wird seit 1982 besonders hervorgehoben durch das Acrylgemälde auf der dahinterliegenden Wand: in einer großen omegaförmigen Rahmung beten die vier Evangelistensymbole das Allerheiligste an.
Die gesamte Glaswand des 30 m langen Seitenschiffes zeigt in kräftigen roten und blauen Farben ›Cäcilia in der Nachfolge Christi‹. Die 15 Kreuzwegstationen in Kaseinmalerei und die Vision des Himmlischen Jerusalem als Mosaik an der Emporenbrüstung tragen zum Schmuck der Kirche bei. Die ungewöhnlich dicke Laibung des Hauptportals im Westen macht deutlich, daß hier nachträglich eine zweite Mauer vorgeblendet wurde. Das wuchtige Bronzeportal gibt Darstellungen aus der Bergpredigt wieder.

*Altar, Ambo, Tabernakel,
Kreuzwegstationen,
Mosaik an Emporen-
brüstung, Acrylgemälde,
Glasgemälde:
Josef Dering;
Ausführung der Glas-
gemälde: F. X. Zettler
Tabernakel:
Elisabeth Bunge-Wargau
Osterleuchter, Ewiges
Licht, Taufsteindeckel:
Eva Moskopf-Horst
Bronzeportal:
Georg Brenninger*

*Qu.: Pfarramt;
Lit.: Ramisch-Steiner
S. 70 f.; Lothar Altmann,
St. Cäcilia Germering,
München-Zürich 1989*

Petruskirche (evang.-luth.)
Egerlandstraße 39 (Pfarramt: Martin-Luther-Weg 13)
82538 Geretsried
Grundsteinlegung: 8.5.1960
Weihe: 30.10.1960
Architekten: Franz Lichtblau und Ludwig J. N. Bauer mit Erich Heym

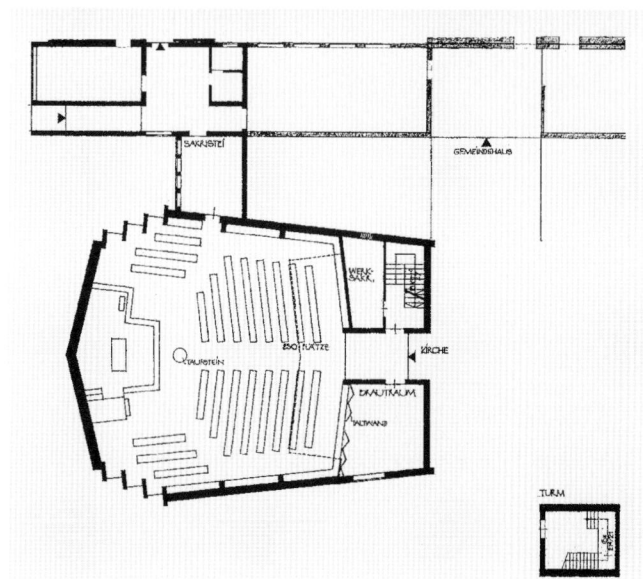

1950 hatte Friedrich F. Haindl eine ehemalige Munitionsfabrik zur ersten katholischen Kirche in Geretsried umgebaut, in der zunächst auch die evangelischen Gottesdienste stattfanden. Aus einem Wettbewerb ging dann das Gemeindezentrum mit Kirchenbau, freistehendem Turm an der Straße, Pfarrhaus (1961) und Gemeindehaus (1965) hervor. Das Kirchengebäude ist ein Stahlskelettbau, teils mit Ausmauerung, teils mit einfacher Verglasung. Der Kirchenraum öffnet sich zum Altar hin und steigt mit steiler Dachneigung zu diesem an. Das Holzdach ohne Stützen wurde in Dreieckstrebenbauweise ausgeführt. Durch die Verbreiterung im Altarbereich und die Abwinklung der Altarwand ergab sich die Möglichkeit, das Kirchengestühl dreiseitig um den Altar aufzustellen und damit einen gerichteten Zentralraum zu schaffen. Die Belichtung konzentriert sich auf zwei Felder zu beiden Seiten des Altars und auf den verglasten Nordwestgiebel. Die Altarwand mit der Darstellung der Petrusgeschichte in Fresco-secco-Technik war von Anfang an als Bildwand in die Planung einbezogen. Das dreiteilige Wandbild in Kreuzform stellt »Petrus den Scheiternden dar, der von dem auferstandenen Christus in der Mitte des Kreuzes wieder aufgenommen wird: 1. Petrus verleugnet Jesus; 2. Petrus versinkt im Wasser; 3. Petrus bricht die Abendmahlsgemeinschaft zwischen Judenchristen und Heidenchristen« (Apostelgeschichte 15, 7-11). Der Altar selbst steht auf einer zweistufigen Erhöhung zusammen mit Kanzel und Lesepult. Der Taufstein aus Ton, der aus der alten Bunkerkirche übernommen wurde, befindet sich in der Hauptachse zwischen Altar und Gemeinde. Da bereits bei der Baukonzeption feststand, daß der Pfarrer hinter dem Altar, mit dem Blick zur Gemeinde, stehen sollte, erhielt der Tisch nur einen Leuchter. Die übrigen sind an der Altarwand angebracht. Kirchenraum und rückwärtige Empore sowie der zuschaltbare Gemeinderaum bieten 300 Sitzplätze. Gestühl und Decke sind aus Fichtenholz, der Fußboden aus roten gebrannten Tonplatten. Die Darstellungen auf den Bronzetüren am Portal nehmen das Thema der Altarwand wieder auf. Das Mosaik am Turm, einer Visitenkarte ähnlich, gibt den Namen und eine Petrusdarstellung wieder.

*Altargemälde,
Turmmosaik:
Hubert Distler
Altar, Kanzel: nach
Entwurf der Architekten
Bronzeleuchter,
Vortragekreuz:
Manfred Bergmeister
Taufstein:
Marianne Wendt
Bronzereliefs
am Portal:
Rolf Nida-Rümelin*

*Qu.: Pfarramt, Architekt;
Lit.: Kunst u. Kirche 25.
1962, S. 171-174*

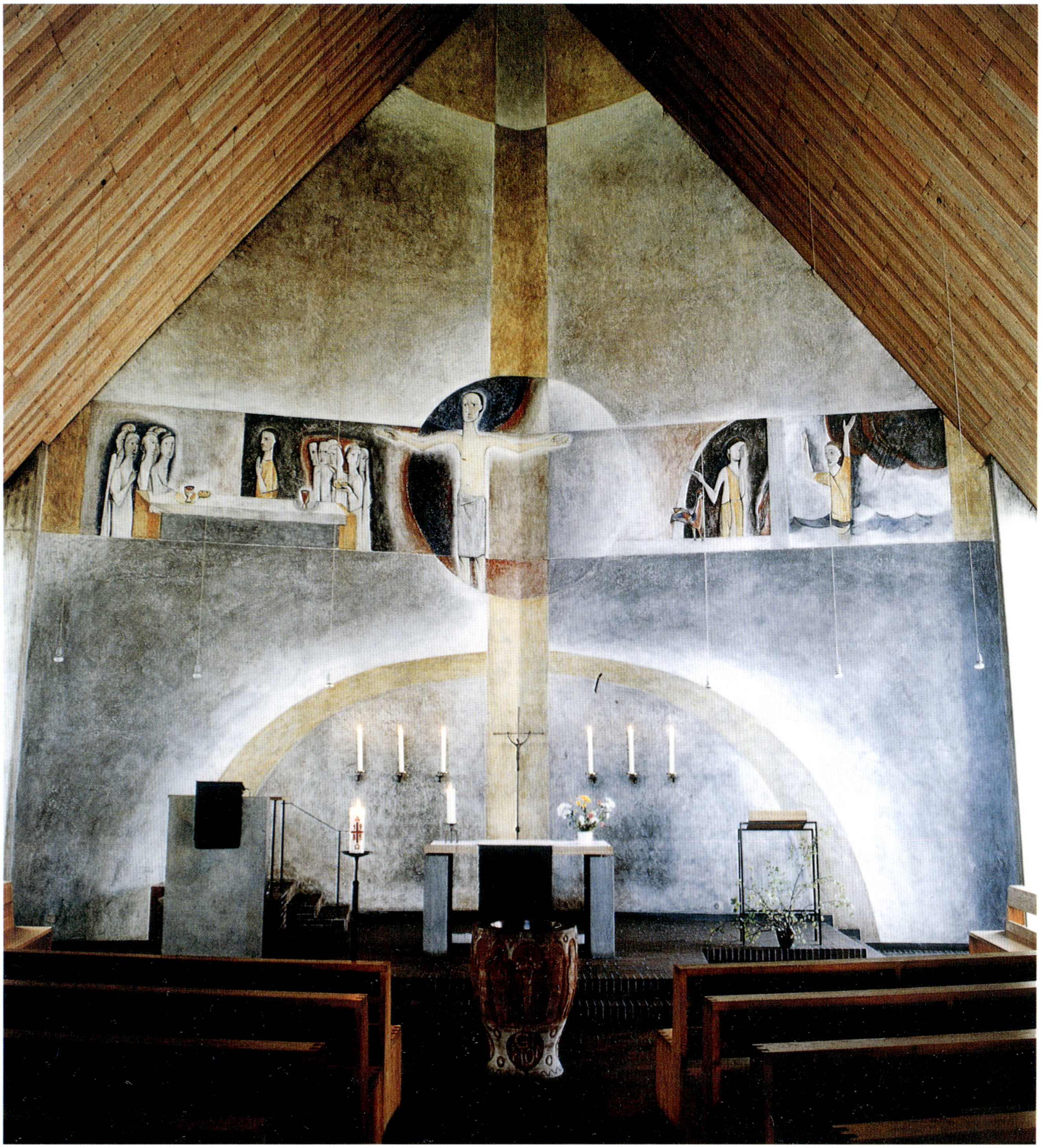

Herz Jesu (kath.)
Theresienstraße 4
85399 Goldach (Pfarramt: Hallbergmoos)
Grundsteinlegung: 18.10.1959
Weihe: 20. 11.1960
Architekt: Konstantin Blüm

Der Neubau entstand anstelle der 1920 aus einer alten Fesselballonhalle errichteten Notkirche. Er ist ein weiß verputzter Mauerwerksbau, mit asymmetrischer Front an der Hauptstraße. Im Osten schließt der Friedhof an, und im Westen liegt das Pfarrheim. Die Eingangsseite wird durch die drei Rundbögen der Vorhalle betont. Das Pultdach darüber steigt zum Turm hin an. Im Erdgeschoß des Turmes liegt die Taufkapelle, die von Vorhalle und Kirchenraum aus betreten werden kann. An den schlichten rechteckigen Saal von sieben Fensterachsen schließt der eingezogene, um zwei Stufen erhöhte Altarraum an. Die gerade Chorwand trägt ein Gemälde mit Mosaik, ›Christus als Richter‹, das von einer Fensterwand im Osten belichtet wird. Der ehemalige Seitenaltar an der Nordwand des Schiffes wurde durch ein weiteres Wandgemälde mit Mosaik, ›Maria als Himmelskönigin‹, ersetzt. Die Wandmalereien an der Emporenbrüstung stellen verschiedene christliche Symbole dar. Der Zelebrationsaltar ist aus Solnhofer Stein. Der Tabernakel im Altarraum ist in einen freistehenden Bronzezylinder mit einer ringförmigen, vergoldeten Erweiterung eingefügt. Die Kreuzwegstationen sind Malereien in Acryl auf Preßspanplatten. Eine flache Holzdecke überspannt den Raum. In der Taufkapelle sind die Wände der Ost- und Südseite mit Gemälden versehen, die die Familie Hamburger Ostern 1963 gestiftet hat.

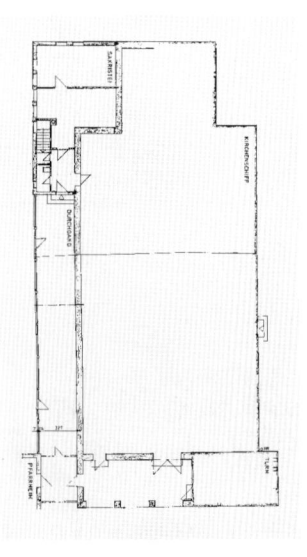

Wandmalereien, Tabernakel, Kreuzwegstationen: Michael Weingartner

Qu.: Pfarramt

St. Magdalena (kath.)
Ottostraße 102
85521 Ottobrunn
Grundsteinlegung: 20.3.1960
Weihe: 27.11.1960
Architekt: Albrecht Busch

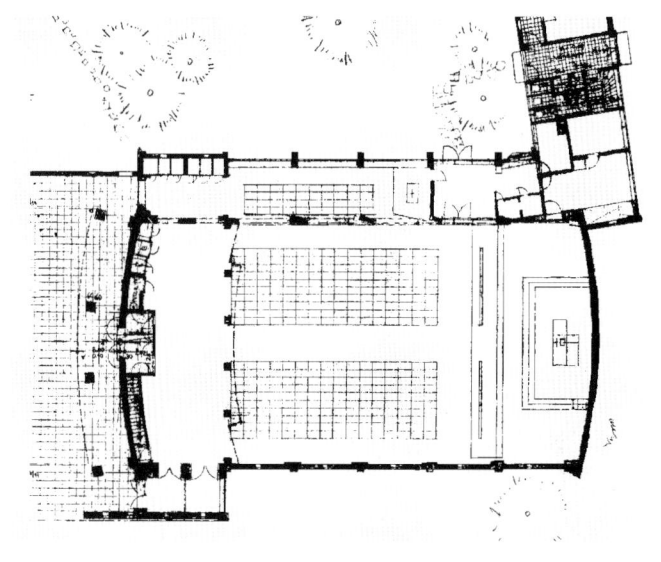

Ein überdeckter Gang verbindet die um einen Hof errichteten Bauten: Campanile, Kirche, Jugendräume, Pfarrsaal und Pfarrhaus. Den längsgerichteten Kirchenraum von 32 x 16 m überspannt eine Holzdecke. Ein Mittelgang führt zu dem um sechs Stufen erhöhten Altarbereich in der Breite des Schiffes. Seitlich vom Altar sind Ambo und Tabernakel angeordnet. Die Bedeutung des Kirchenraumes als Abendmahlssaal illustrieren die Tabernakeltüren mit den zwölf Aposteln, die zum letzten Abendmahl schreiten. Zunächst befand sich auf der Stirnwand hinter dem Altar ein Bild mit der Darstellung ›Noli me tangere‹. Dieses wurde 1977 durch ein Mosaik mit gleichem Thema, eine Nachbildung von Martin Schongauers Hochaltartafel in der Dominikanerkirche von Colmar, ersetzt. Eine Reihe hochliegender Fenster auf jeder Seite erhellt das Langhaus. In den Fenstern der Nebenkapelle befinden sich Kreuzwegstationen. Das Gebäude besteht aus einer Stahlbetonskelettkonstruktion mit außen und innen glatt verputztem Mauerwerk, das Dach aus acht vorgefertigten Stahlbetonbindern mit eingelegten Deckenbalken.

Altar, Altarkreuz, Ambo, Tabernakel (Bronze), Apostelleuchter, Taufbrunnen, Türgriffe: Hanna Koller
Mosaikausführung: Gustav van Treeck
Kreuzweg: Josef Dering

St. Pius (kath.)
Dauthendeystraße 25
81377 München-Mittersendling
Grundsteinlegung: 23.10.1959
Weihe: 4.12.1960
Architekt: Alexander Freiherr von Branca

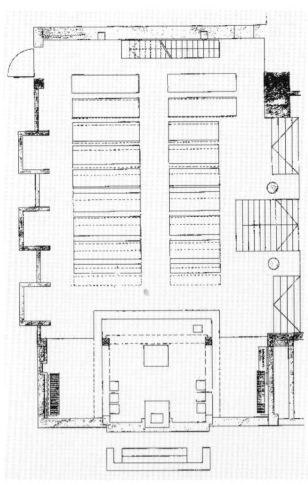

St. Pius ist die Klosterkirche des Kollegs der Steyler Missionare. Um einen Hof sind ein Hochhaus mit Wohnräumen und Wirtschaftstrakt, niedrige Bauten mit Vortrags- und Unterrichtsräumen sowie der Kirchenbau gruppiert. Die Kirche, die in Nord-Süd-Richtung parallel zur Straße liegt, besteht aus einer Stahlbetonkonstruktion mit Ziegelausfachung, im Innern verfugt, außen verputzt. Über Treppenaufgänge ist der eigentliche Kirchenraum zu erreichen, mit einem langrechteckigen Grundriß und seitlichen Nischen für Nebenaltäre. Das Schiff gliedert sich in vier schmale Joche mit quergestellten Tonnengewölben. Das gleich große Chorjoch, das durch vier schlanke Pfeiler hervorgehoben wird, schließt mit einer geraden Sichtbetonwand ab. In dieser Wand stand in einer dem Thoraschrein ähnlichen Nische zunächst der Tabernakel. Hochgesetzte, kaum sichtbare Obergaden lassen das Licht einfallen. 1990 wurde der Altarbereich von Robert M. Weber neu gestaltet. Er ist jetzt um nur zwei Stufen erhöht und weit in den Gemeinderaum vorgezogen. Die untere Stufe wurde auf die ganze Breite des Raumes erweitert. Altar, Ambo, Tabernakelstele, Priestersitz und Sedilien sind aus massiver Eiche, dunkel gefärbt, mit überschmiedetem Edelstahl. Die Sedilien zwischen den Chorpfeilern dienen den Konzelebranten, der Priestersitz fand in der ehemaligen Sakramentsnische an der Chorwand seinen Platz. Darüber hängt ein barockes Kruzifix. Das Kreuzmotiv ist bei Ambo und Sedilien zu finden und ganz besonders im Altar, als verborgenes, liegendes Kreuz. Vom Kirchenraum führt eine Treppe in die Unterkirche, die heute als Meditations- und kleiner Gruppenraum genutzt wird.
Eigentümer und Baumaßnahmenträger: Studienkolleg der Steyler Missionare

Altar, Tabernakelstele, Marienstele, Ambo, Priestersitz, Sedilien: Robert M. Weber

*Qu.: St. Pius-Kolleg;
Lit.: Kirche und Kunst 1991, H. 2, S. 32 ff.*

St. Alto (kath.)
Münchener Straße 105
82008 Unterhaching
Grundsteinlegung: 3.11.1959
Weihe: 11.12.1960
Architekt: Josef Listl

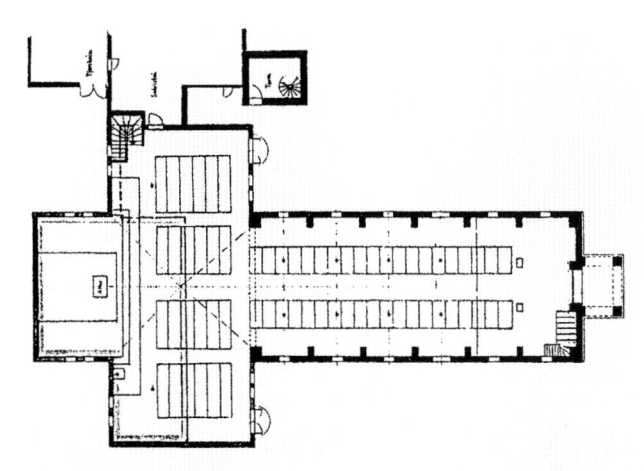

Der am 18.12.1932 geweihte, rechteckige Kirchenbau mit geradem Chorwandabschluß von H. Stadler und O. Hermann wurde 1960 im Westen um Querschiff, Altarraum, Unterkirche und 26 m hohen Kirchturm erweitert. Daraus ergab sich der Grundriß eines lateinischen Kreuzes. Der ca. 44 m lange und 11 m, im Querschiff etwa 22 m breite Kirchenraum hat eine lichte Höhe von 8 m. Die holzverkleidete Tonne des alten Kirchenbaues wurde in Querschiff und Altarraum übernommen, so daß ein einheitlicher Raum entstand. Der neue, weite Altarbereich ist um vier Stufen erhöht und wird seit dem Abschluß der Renovierungsarbeiten 1988 von der Christusfigur aus Lindenholz und dem Abendmahlfenster beherrscht. Der Altar wurde 1984 aufgestellt. Die Steinplatte, aus der Stirnseite des früheren Altares herausgeschnitten und mit dem Symbol des Eucharistischen Weltkongresses versehen, ist in den neuen Altar als vordere Sichtplatte eingefügt.

Der seitlich im Querschiff angeordnete Tabernakel wird durch einen dunkelblauen Tuchbaldachin mit Goldstickerei und ein vorgehängtes Messingkreuz mit eingelegten Bergkristallen betont. Neben der Altarwand bilden in dem Kirchenraum die 26 Glasfenster einen besonderen Schmuck. Erwähnt seien die vier Fenster im Querschiff mit den Evangelistensymbolen, die Fenster der Kirchenväter sowie die Darstellungen der Kardinaltugenden. Im nördlichen Querschiff führt eine Treppe zur Unterkirche.

Altar, Ambo, Tabernakel, Vortragekreuz, Taufbecken: Fritz Brosig
Baldachin:
Bruder Benedikt Schmitz
Glasfenster:
Willibald Bierl

Lit.: Amperland 13. 1977, H. 2, S. 221-224;
Ramisch-Steiner S. 49;
Rudolf Felzmann, St. Alto Unterhaching, Unterhaching 1990

Kreuz-Christi-Kirche (evang.-luth.)
Esterwagnerstraße 10
85635 Höhenkirchen
Grundsteinlegung: 10.1.1960
Weihe: 18.12.1960
Architekt: Wilhelm Becker

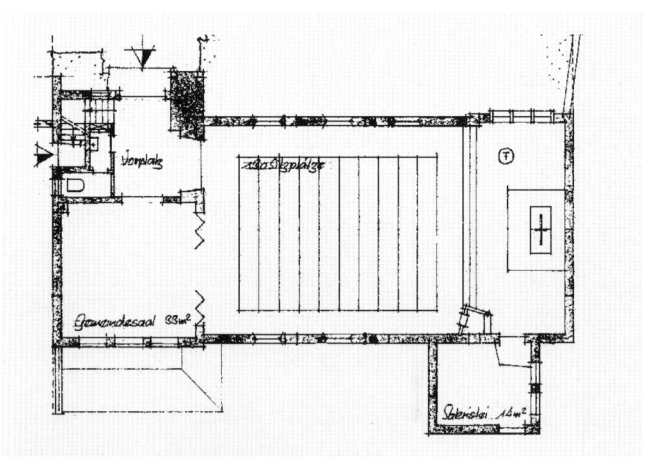

*Glasfenster,
Holzschnittafel
an Altarwand:
Hubert Distler*

*Qu.: Kirchenbauamt,
Pfarramt*

Über einen gemeinsamen Eingangsbereich sind Kirche und Pfarramt (im Plan als Gemeindesaal eingetragen) zu erreichen. Das Gebäude besteht aus weiß verputztem Mauerwerk. Der Kirchenraum mit langrechteckigem Grundriß von 8,60 x 16 m wird von einem Satteldach mit sichtbarer Holzkonstruktion überspannt. Diese offenen Fachwerkbinder bestimmen den Raumeindruck. Der Altarbereich steht um drei Stufen erhöht und erhält durch das Licht des seitlichen Farbglasfensters besondere Betonung. Altar und Kanzel sind aus weiß geschlämmtem Ziegelmauerwerk. Zwei schmale Gänge begleiten den in der Mitte des Raumes aufgestellten Bankblock. Die rückwärtige Empore liegt über dem Eingangsbereich und dem Pfarramt. 1970 errichtete Theodor Hugues das Pfarr- und Gemeindehaus.

St. Johann Nepomuk (kath.)
Kristallstraße 8 b
80995 München-Ludwigsfeld (Pfarramt: Karlsfeld)
Grundsteinlegung: nicht bekannt
Weihe: 26.2.1961
Architekt: Wilhelm Gaertner

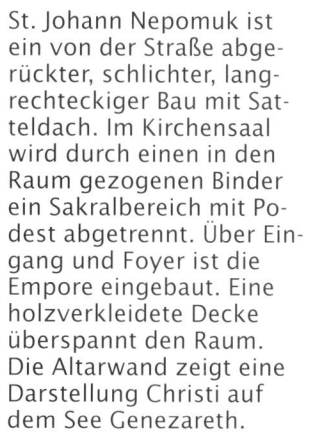

St. Johann Nepomuk ist ein von der Straße abgerückter, schlichter, langrechteckiger Bau mit Satteldach. Im Kirchensaal wird durch einen in den Raum gezogenen Binder ein Sakralbereich mit Podest abgetrennt. Über Eingang und Foyer ist die Empore eingebaut. Eine holzverkleidete Decke überspannt den Raum. Die Altarwand zeigt eine Darstellung Christi auf dem See Genezareth.

Lit.: Altmann S. 64

Apostelkirche (evang.-luth.)
Konrad-Witz-Straße 17
81479 München-Solln
Grundsteinlegung: 13.12.1959
Weihe: 12.3.1961
Architekt: Gustav Gsaenger

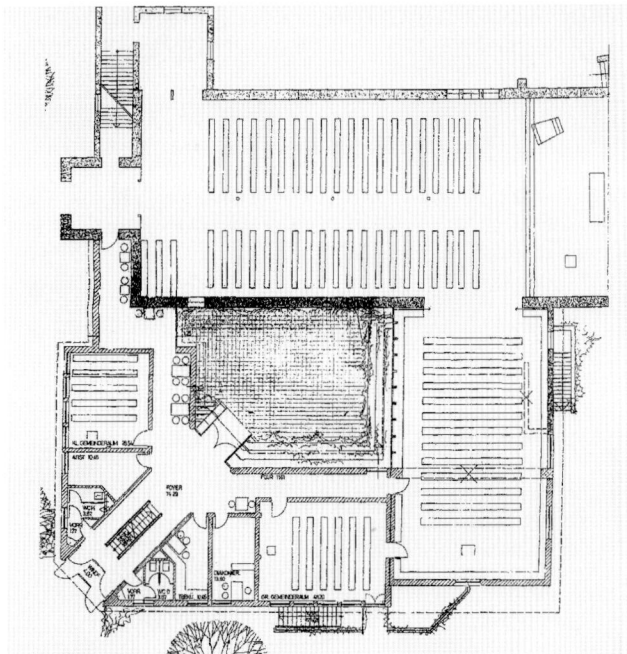

Von 1922 bis 1966 diente den Protestanten in Solln auf dem heutigen Kirchengrundstück eine Holzkirche, die nach der Errichtung der Apostelkirche abgebrochen wurde. Der Kirchenneubau besteht aus dem langrechteckigen Kirchenraum von 31 x 12 m mit einem vorgelagerten Eingangsturm im Westen, einer Sakristei und einem Gemeindesaal im Süden. Im Kirchenraum bildet eine Reihe von drei eingestellten Säulen eine Mittelachse. Der Altarraum, in der Breite des Schiffes und um drei Stufen erhöht, nimmt neben dem Altar Taufbecken und Kanzel auf. Das große dreiteilige Gemälde der Altarwand zeigt Christus mit den zwölf Aposteln. Ein gemauerter Triumphbogen trennt Altar- und Gemeinderaum. Die Wände haben außen weiß verputztes, innen verfugtes Ziegelmauerwerk; eine Holzdecke überspannt den Raum. 1984 bis 1986 wurde das Gemeindehaus von Georg und Ingrid Küttinger um einen Hof an der Kirche errichtet.

*Altar, Kanzel, Taufe: nach Entwurf des Architekten
Altarbild:
Angela Gsaenger*

Qu.: Pfarramt,
Arch. Mus. TUM

Auferstehungskirche (evang.-luth.)
Lutherweg 1
85375 Neufahrn b. Freising
Grundsteinlegung: 1959
Weihe: 2.4.1961
Architekt: Olaf Andreas Gulbransson

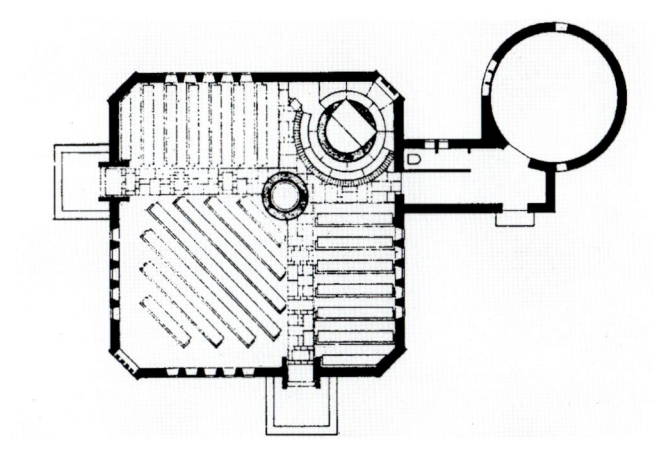

Für die Diasporagemeinde Neufahrn sollte mit geringen Geldmitteln ein Kirchenbau errichtet werden, der im Ortsbild dominiert. Es entstand ein Gebäude, dessen Außenmauerwerk in Ziegelverblendung ausgeführt wurde und sich somit bereits durch das Material von der umgebenden Bebauung abhebt. Das Dach ist mit schwarzem Schiefer gedeckt. Die Glocke hängt in einem 12 m hohen Dachreiter, der dem First aufgesetzt ist. Damit erreicht die Turmspitze eine Gesamthöhe von 22 m.
Der quadratische Innenraum von 11,70 x 11,70 m ist diagonal abgefirstet. Dem entspricht die Ausrichtung des Raumes in der Diagonalen auf den Altar in der nordöstlichen Ecke. Er steht auf einer kreisrunden Insel um zwei Stufen erhöht. Vor dieser Insel, die auch die Kanzel aufnimmt, ist im Schnittpunkt der Gänge, die auf das liturgische Zentrum zulaufen, der Taufstein aufgestellt. Dieses sakrale Zentrum wird nochmals durch die hohen, schmalen Fensterschlitze in der Wandfläche der abgeschrägten Ecke hinter dem Altar betont.
Durch weitere Fensterschlitze auf den gegenüberliegenden Quadratekken sowie Reihen von fünf Fenstern in Antikglas erhält der Raum viel Licht. Das Ziegelmauerwerk ist innen geschlämmt, der Fußboden unter dem Gestühl besteht aus Föhrenholz.
Die Gänge sind in grobporigem Kunsttuff mit Ziegelbändern gegliedert; um den Taufstein wurde ein Ziegelmosaik gelegt. Seit 1982 ist die Decke innen mit Holz verkleidet. Der in Augenhöhe umlaufende Fries besteht aus Formziegeln mit Tierfiguren, die der Architekt in einer niederbayerischen Ziegelei fand und in der Kirche anbrachte. Sie sind ohne Beziehung zum sakralen Charakter des Raumes. Altar, Kanzel, kelchförmiger Taufstein bestehen aus Pollinger Tuffstein. Das bemalte monumentale Altarkreuz, an zwei Ziegelsäulen aufgehängt, ist nach Angaben des Architekten in modern aufgefaßter Ikonenart entworfen und stellt Christus und die Zwölf Apostel dar. Das in Silberblech getriebene Altarkruzifix zeigt ein in Silber und Emaille gegossenes Lamm und den Text des Vaterunsers. Im Osten schließt als erdgeschossiger Rundbau die Sakristei an.
1972 wurde ein modernes Gemeindezentrum mit angrenzendem Pfarrhaus als Flachbau von Franz Lichtblau und Ludwig Bauer an der Kirchennordseite errichtet.

Altarkreuz (Bemalung): Rudolf Hünerkopf
Altarkruzifix: Hermann Jünger

Qu.: Pfarramt; Lit.: Peter Poscharsky, Kirchen von Olaf Andreas Gulbransson, München 1966, S. 92; Schnell S. 171, 210

Nikodemuskirche (evang.-luth.)
Echinger Straße 20
80805 München-Schwabing
Grundsteinlegung: 4.9.1960
Weihe: 4.6.1961
Architekt: Wilhelm Becker

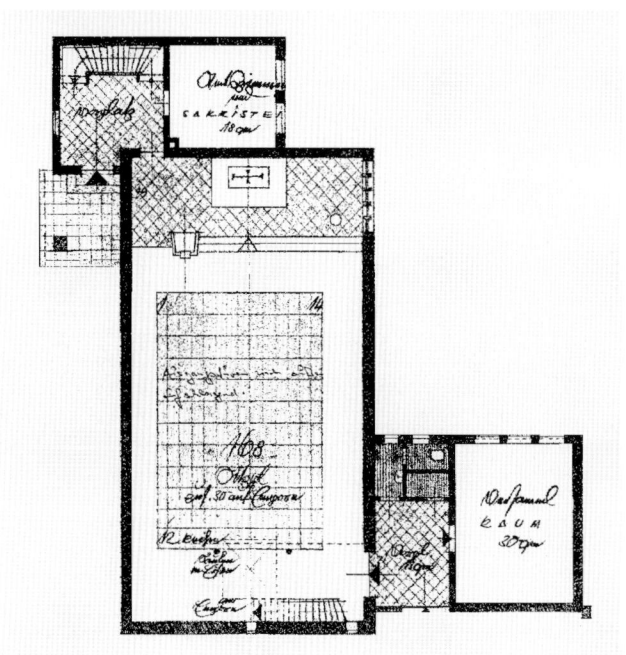

Der kleine Kirchenbau in Theodor Fischers Siedlung Alte Heide ist durch einen hohen, spitzen Turm gekennzeichnet. Der Zugang zum Kirchenraum erfolgt über ein seitliches Foyer, an dem auch ein Versammlungsraum liegt. Im Norden schließen ein weiterer Vorraum, der von der Wandletstraße zu betreten ist, und die Sakristei beziehungsweise das Amtszimmer an. Der langrechteckige Kirchenraum kann einschließlich der Sitzplätze auf der Empore, zu der eine Treppe neben dem Eingang führt, 168 Personen fassen. Zwei Seitengänge umfassen den Bankblock und leiten zum Altarbereich, der drei Stufen höher liegt. Ein großes Holzkreuz betont die Altarwand. Der Taufbereich wird durch ein farbiges Glasfenster auf der Ostseite hervorgehoben. Auf jeder Langseite liegen unterhalb des Daches drei eingefügte Fenster die den Gemeinderaum erhellen. Ein kleines Farbglasfenster am Emporenaufgang setzt einen weiteren Akzent in diesem Raum, den ein mit Holz verkleidetes Satteldach überspannt. Das Mauerwerk des Gebäudes ist innen verfugt und außen mit weißem Putz versehen.

Qu.: Kirchenbauamt

Zum Allerheiligsten Welterlöser (kath.)
Korbinianweg 8
85241 Hebertshausen
Grundsteinlegung: 28.8.1960
Weihe: 10.9.1961
Architekt: Georg Berlinger

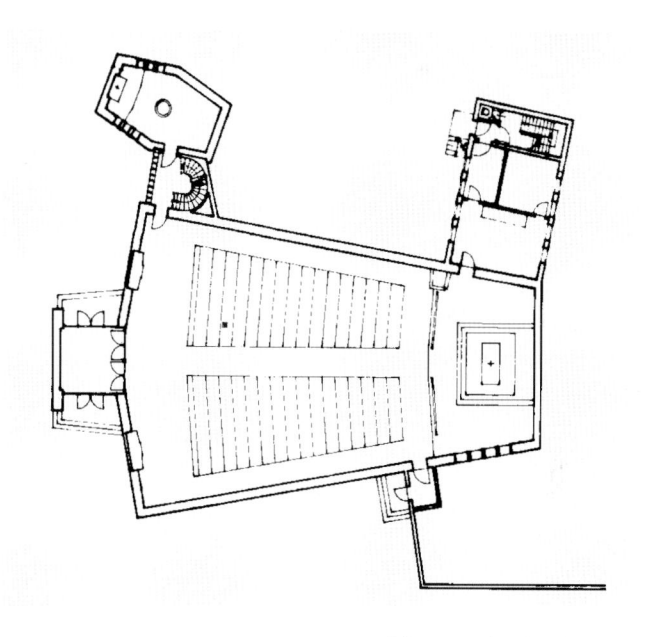

Der Kirchenbau erstreckt sich parallel zur Straße. An der nordwestlichen Ecke ist der sechseckige Turm angefügt, an der nordöstlichen die Sakristei mit Nebenräumen. Von der Straße wird der Kirchenraum über einen Durchgang und einen weiten Hof erreicht. Der Kirchengrundriß besteht aus einem Trapez, das sich zum Altar hin verjüngt. Die Länge des Kirchenraumes beträgt 30 m, die Breite 21,5 beziehungsweise 11,5 m. Eine leicht gewölbte und mit einem geometrischen Muster versehene Decke überspannt den Raum. Die Deckenmalerei geht in die Altarwand über. Ein Betongitterfenster auf der Südseite gibt dem Altarraum viel Licht, während den Gemeinderaum zwei Reihen von hoch angeordneten, kreisrunden Fenstern erhellen. Der Kirchenbau besteht aus einem Stahlbetonskelett mit Mauerwerk, innen und außen weiß geschlämmt. Schallöffnungen sind an den Längswänden sichtbar. Im Erdgeschoß des Turmes liegt die Taufkapelle. Ein Zwischenbau mit der Emporentreppe verbindet Turm und Kirche.

Altarbild, Deckengestaltung: Seemüller

Qu.: Pfarramt

Bethlehemskirche (evang.-luth.)
Grünspechtstraße 13
80997 München-Hartmannshofen
Grundsteinlegung: 11.12.1960
Weihe: 12.11.1961
Architekt: Gustav Gsaenger

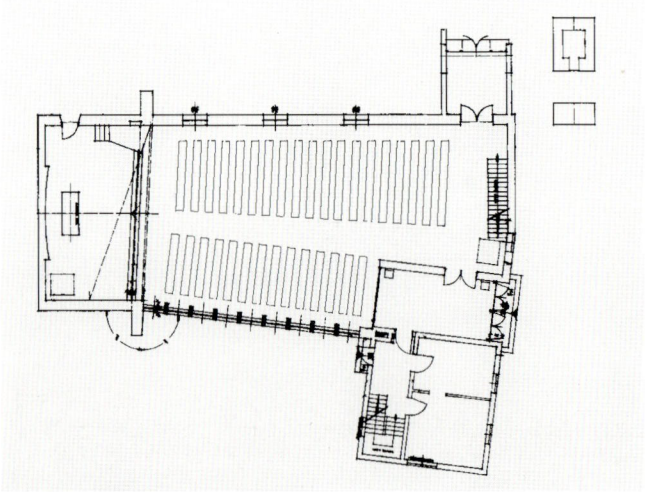

Die 1932 errichtete Bethlehemskirche an der Lechelstraße war für 600 Gemeindeglieder gebaut und entsprach längst nicht mehr den Anforderungen der ständig wachsenden Gemeinde in den Siedlungen. Mit dem Bau der neuen Bethlehemskirche wurde die Notkirche nicht abgerissen, sondern geschickt in den Neubau einbezogen: der rückwärtige Teil dient als Sakristei, der übrige als Gemeinderaum. Die Sakristei blieb durch eine Schiebewand mit dem Gemeinderaum verbunden, so daß sie bei Aufführungen als Bühne dienen kann. Der Altarraum der Hauptkirche schließt an die Notkirche an. Der um drei Stufen erhöhte Altarbereich wird beherrscht von dem große Wandgemälde mit der Anbetung der Hirten. Davor sind der Altar, ein dreißig Zentner schwerer Marmorblock aus dem Fichtelgebirge sowie die Kanzel und der Taufstein, die beide aus dem gleichen Marmor gearbeitet wurden, aufgestellt. Zwischen Altarraum und Kirchenschiff wölbt sich ein großer gemauerter Triumphbogen. Das Kirchenschiff von 22,25 x 11,5 m beziehungsweise ca. 14 m und 9 m Höhe erweitert sich konisch nach Osten. Zwei schlanke Rundpfeiler im Mittelgang tragen die Betondecke des leicht geneigten Satteldaches und die Empore. Auf der Südseite belichten neun hohe Fenster den Raum. Der Emporengiebel und die südliche Seitenwand des Altarraumes sind mit Rosettenfenstern gestaltet. Die Empore im Osten, deren Brüstung aus einem Stahlbetongitterwerk besteht, nimmt Orgel und Chor auf. Im Süden, an der Grünspechtstraße, wurden die Amtsräume angebaut. Der 23 m hohe Campanile mit drei Glocken steht an der Ecke Lechel-/Grünspechtstraße. Er wird durch einen überdachten Gang mit dem Kirchenbau verbunden. Im Juni 1994 wurde das von Adolf Schindhelm errichtete Gemeindehaus eingeweiht.

*Altarbild:
Angela Gsaenger
Kruzifix über Sakristeitür, 1963:
Andreas Schwarzkopf
Altar, Kanzel, Taufbecken, Kreuz, Leuchter: nach Entwurf des Architekten*

*Qu.: Pfarramt,
Arch. Mus. TUM*

Nazarethkirche (evang.-luth.)
Hörselbergstraße 1
81677 München-Bogenhausen
Grundsteinlegung: 11.12.1960
Weihe: 8.4.1962
Architekten: Helmut von Werz und Johann Christoph Ottow

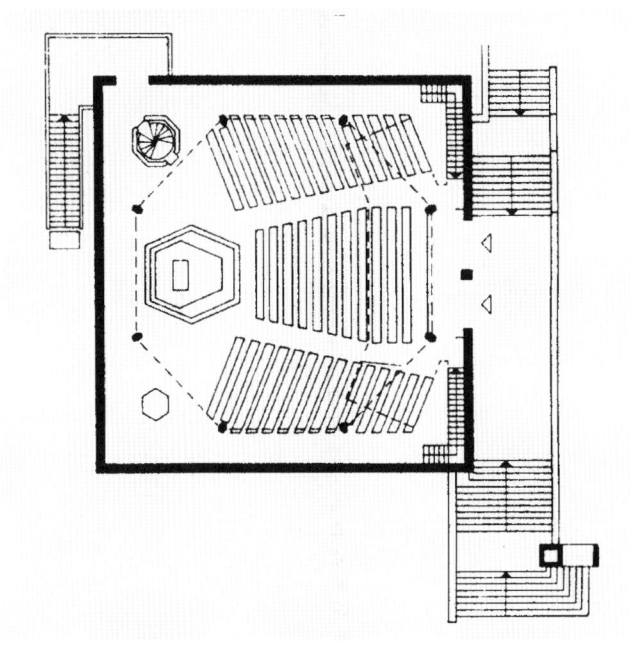

In der Parkstadt Bogenhausen entstand auf einem kleinen Grundstück, das zudem noch 1,20 m unter dem Straßenniveau liegt, über quadratischem Grundriß von 22 m Seitenlänge das zweigeschossige Gemeindezentrum. Auf der Gartenseite befinden sich zu ebener Erde Sakristei und Gemeinderäume. An der Straßenseite führt eine Freitreppe, in die ein Glockenträger eingebunden ist, zur Terrasse vor dem Kircheneingang. Das Gebäude ist außen mit Flossenbürger Granit verkleidet, die Ziegelhintermauerung im Innenraum geschlämmt und das Dach mit Kupferblech gedeckt.

Im Kirchenraum tragen acht im Kreis angeordnete Stützen die achteckige, filigranartig gegliederte Laterne, deren Giebelfenster den Raum gleichmäßig belichten. Die aus dunkelgrauem Muschelkalk gearbeiteten Prinzipalstücke stehen frei im Raum vor der Altarwand und folgen nicht der Anordnung eines Zentralraumes. Der Altar erhebt sich auf einer dreistufigen Insel. Hinter der Kanzel führt eine Wendeltreppe zur Sakristei im Untergeschoß. Die Bankreihen, die Platz für 500 Besucher bieten, sind in drei Blökken auf den Altar ausgerichtet. Gestühl und Empore bestehen aus Föh-

renholz, das sternförmige Deckengewölbe ist mit Lärchenholz verkleidet.
Die Orgelempore erschließen symmetrisch angelegte Treppen auf der Eingangsseite.
Das Betonrelief über dem Eingang stellt die Predigt Jesu zu Nazareth dar (nach Lukas, Kap. 4) und verdeutlicht den Namen der Kirche.

*Altarkreuz:
Marie Luise Wilkens
Betonrelief:
Karlheinz Hoffmann
Taufstein: Ruth Speidel*

Qu.: Pfarramt; Lit.: Baumeister 61. 1964, S. 640 ff.; Kunst u. Kirche 28. 1965, S, 174; Kirchen, Gemeindezentren. Baumeister Querschnitte 2, München 1966, S. 53 ff.; München S.120 f.; Festschrift 25 Jahre Nazarethkirche, München (1987); Bogenhausen – vom bäuerlichen Pfarrdorf zum noblen Stadtteil, Buchendorf 1992, S. 211

St. Josef der Arbeiter (kath.)
Pfarrweg 3
83607 Holzkirchen
Grundsteinlegung: 11.6.1961
Weihe: 24.6.1962
Architekt: Franz Ruf

Die Kirche mit freistehendem Turm bildet den Mittelpunkt in einem neuen Siedlungsgebiet. Über einem unregelmäßigen Siebeneck (Innenmaße 30 m Länge, 26 m größte Breite) erhebt sich der Kirchenraum mit der Dachform eines Zeltes und vier großen Giebeln. Die Außenwände sind auf fünf Seiten aus zweischaligem Mauerwerk errichtet, das innen verputzt und außen mit Nagelfluh verkleidet ist. Die Wände haben keine tragende Funktion, sie dienen als Raumabschluß und sind gegen das Dach mit einem schmalen Glasstreifen abgesetzt, der durch das gefilterte Licht beide Bauteile klar voneinander trennt. Das Dach ruht auf vier Stahlbetonpfeilern, von denen radial die geleimten Holzbinder aufsteigen, die ihrerseits die im Grundriß kreuzförmig angeordneten Firstbalken tragen. So spannt sich im Innenraum das Dach als emporsteigende, stützenlose Holzdecke. Altar und Gestühl sind der Symmetrieachse des Grundrisses untergeordnet, nicht aber die Orgelempore, die auf zwei Betonständern seitlich eingebaut ist. Um vier Stufen erhöht schiebt sich das Altarpodest in den Gemeinderaum hinein. Die Rückwand des Kirchenraumes wird von zwei großen Glasfenstern ausgefüllt, die auf 180 qm den fruchtbaren Lebensbaum darstellen. Die Kreuzwegbilder wurden in den frischen Putz eingeritzt. Im ebenerdigen Anbau befinden sich Sakristei und Nebenräume sowie die Werktagskirche. Seitlich der Kirche vorgelagert steht der Turm, der den polygonalen Grundriß der Kirche aufnimmt und ebenfalls mit einem Faltdach abschließt.

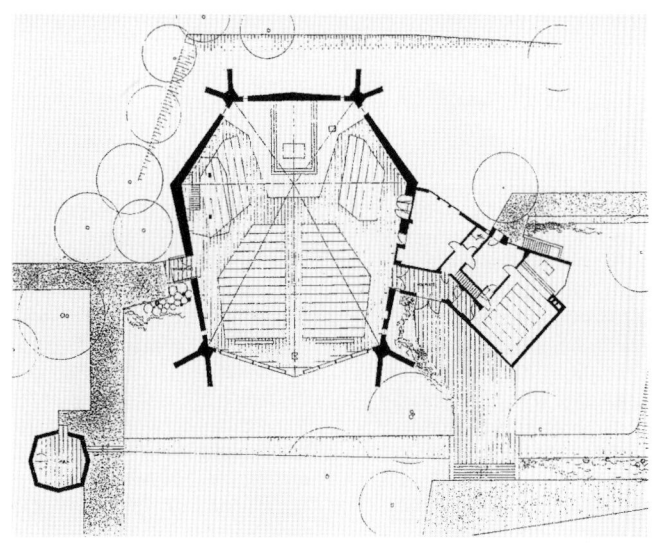

*Glaswand: Karl Knappe;
Ausführung: Mayer'sche Hofkunstanstalt
Bronzetüren, Osterleuchter: Thomas Munz und Maria Munz-Natterer
Taufstein:
Frank Hoffmann
Altarkreuz, Ewiges Licht: Christine Stadler
Kreuzwegbilder:
Josef Karl Nerut
Kreuz (Holz):
Erich Pircher,
Latsch/Südtirol
Tabernakel: Fritz Brosig*

Qu.: Pfarramt, Architekturbüro; Lit.: Baumeister 61. 1964, S.627-629; Das Münster 16. 1963, S. 390 f.

Jesuskirche (evang.-luth.)
Waldluststraße 36
85540 Haar
Grundsteinlegung: 7.5.1961
Weihe: 15.7.1962
Architekt: Johannes Götze

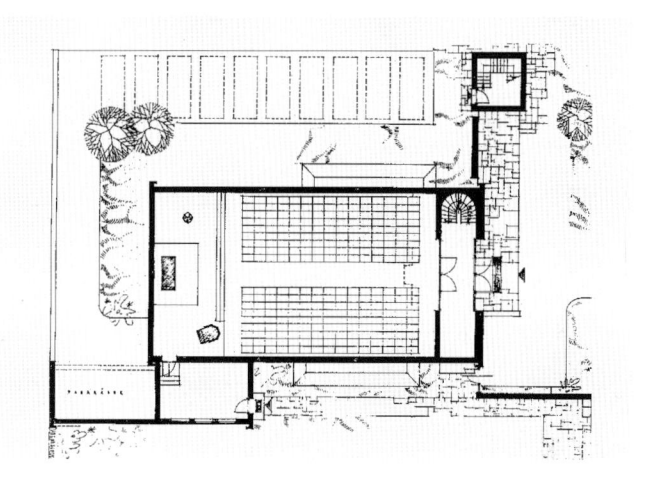

Haar erhielt bereits 1905 eine evangelische Kirche auf dem Gelände des Bezirkskrankenhauses. 1912 kam in dem Gebäudeteil, in dem zuvor das kleine Theater untergebracht war, ein Betsaal als zweites evangelisches Gotteshaus innerhalb des Bezirkskrankenhauses hinzu. Da es nicht möglich war, die evangelische Gemeinde des Ortes in die Krankenhausgemeinde einzugliedern, wurde der Bau einer evangelischen Kirche in Haar angestrebt. Der schlichte, langrechteckige Kirchenraum wird von einem innen mit Holz verkleideten Satteldach überspannt. Der in der Breite des Kirchenschiffes weitergeführte Altarbereich ist um drei Stufen erhöht und nimmt die Prinzipalstücke auf. Die Altarwand aus verfugtem Ziegelmauerwerk trägt als Schmuck ein Gemälde von Christoph Schwarz, das den auferstandenen Christus zeigt (um 1685), eine Leihgabe der Alten Pinakothek München.
Bevor die Kirche errichtet wurde, stand bereits 1961 das Pfarrhaus. 1973/1974 kamen das Gemeindezentrum mit Jugendräumen und der Kindergarten von Theo Steinhauser hinzu.

Qu.: Pfarramt, Kirchenbauamt

Johanneskirche (evang.-luth.)
Gartenweg 11
85614 Kirchseeon (Pfarramt: Ebersberg)
Grundsteinlegung: 7.10.1961
Weihe: 5.8.1962
Architekten: Franz Lichtblau und Ludwig J. N. Bauer

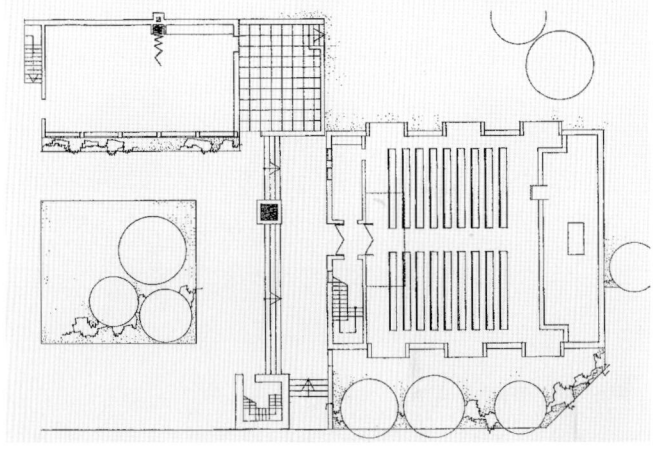

Vor der Kulisse eines Laubwaldes liegt der schlichte, spitzgiebelige Kirchenbau über einem Grundriß von 13 x 18 m. Er besteht aus einem Stahlbetonskelett mit innen und außen verputzter Ausmauerung. Die wandhohen Fenster auf beiden Langseiten sind mit Giebeln über die Traufe hochgezogen. Die Laibungsscheiben dieser Fenster nehmen den Schub des stützenlosen Holzdachstuhles auf.

Der Kirchenraum hat ungefähr 200 Sitzplätze. Ein Mittelgang führt zu dem um zwei Stufen erhöhten Altar. Er besteht aus römischem Travertin und ist mit einer Eichenholzplatte gedeckt. Seitlich von ihm sind die Kanzel, deren Frontseite ebenfalls aus römischem Travertin besteht, und der Taufstein aufgestellt. Unmittelbar hinter dem Altar ragt ein im Boden verankertes Bronzekreuz empor. Die bleiverglasten Fenster zeigen Szenen aus dem Johannes-Evangelium und der Offenbarung. Der Betonfries über dem Eingang zeigt den Adler, das Symbol des Evangelisten Johannes. Das Dach ist mit Zedernschindeln gedeckt. Der abseits an der Straße stehende 29 m hohe Turm erhebt sich über einer Grundfläche von 3,5 x 3,5 m und hat ein spitz zulaufendes, schindelgedecktes Dach, das ein vergoldetes Kreuz krönt. 1965 wurde das ebenerdige Gemeindehaus eingeweiht.

Taufschale (Bronze):
Rolf Nida-Rümelin
Altarleuchter, Standkreuz:
Manfred Bergmeister
Farbglasfenster:
Gerd Jähnke

Qu.: Pfarramt, Architekt;
Lit.: Maria Reich und Jürgen Bergs, Das Pfarrvikariat Kirchseeon in der Evang.-Luth. Kirchengemeinde Ebersberg-Grafing, o. O. (1985)

St. Hedwig (kath.)
Hirnerstraße 1
81377 München-Waldfriedhof
Grundsteinlegung: 11.6.1961
Weihe: 16.9.1962
Architekt: Michael Steinbrecher

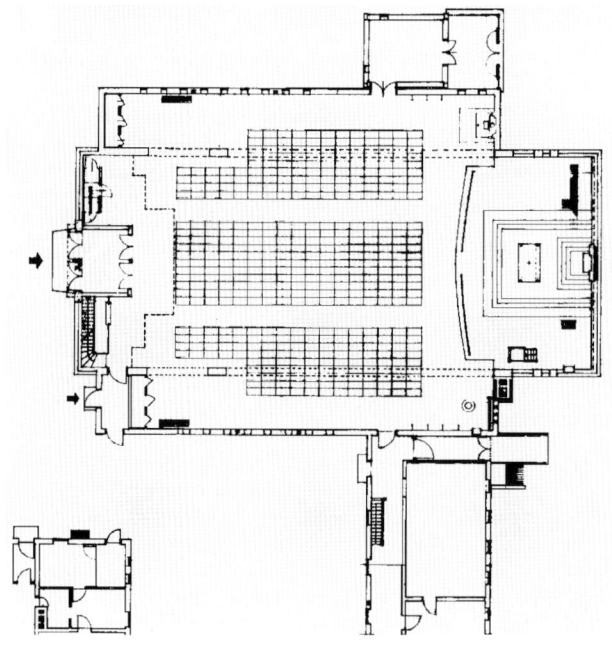

Für die Heimatvertriebenen aus dem Sudetenland und Schlesien, die hier in Baracken und Wohnblöcken in der Nähe des Waldfriedhofs eine neue Heimat gefunden hatten, entstand der Kirchenneubau. Die hl. Hedwig von Schlesien wurde als Namenspatronin gewählt. Dem schlichten, langrechteckigen Kirchenraum mit rückwärtiger Empore sind zwei Seitenschiffe angefügt, die ungefähr ein Drittel der Raumhöhe des Hauptschiffes erreichen. Der Altarbereich hat die Breite des Mittelschiffes und ist um zwei Stufen erhöht, der Altar nochmals um drei. In der Mittelachse ist hinter dem Altar der Tabernakel in eine Mauernische eingelassen. Diese Wand ist durch Ziegelreliefs mit Darstellungen aus dem 4. und 5. Kapitel der Offenbarung des Johannes hervorgehoben. Die übrigen Wände bestehen aus verputztem Mauerwerk. Die Stirnwand des südlichen Seitenschiffes zeigt auf einem Wandgemälde die hl. Hedwig mit Kirchenmodell. Es bildet den Hintergrund für den Taufstein. Die seitlichen Wände im Altarraum und die Seitenwände des Kirchenschiffes sind durch Fenstergruppen mit Darstellungen aus der Lauretanischen Litanei gegliedert. Das Äußere der Kirche bestimmen Betonstreifen und Sichtziegel.

*Altarwand:
Hermann Schilcher
Kreuzweg, Marienstatue:
Dilling*

Qu.: Arch. Mus. TUM, Pfarramt; Lit.: Ramisch-Steiner S. 107

Offenbarungskirche (evang.-luth.)
Schildensteinstraße 15
81673 München-Berg am Laim
Grundsteinlegung: 16.7.1961
Weihe: 28.10.1962
Architekten: Helmut von Werz und Johann Christoph Ottow

Der Kirchenbau erhebt sich über einem langrechteckigen Grundriß mit abgewinkelter Altar- und Rückwand. Das flach geneigte Satteldach ist innen mit Holz verkleidet. Zwei Reihen von Stahlbetonstützen sind durch Zugstreben miteinander verbunden. Auf der östlichen Langseite liegt eine um wenige Stufen erhöhte Empore, die wie ein eingefügtes Seitenschiff wirkt und sich bis zum Altarbereich erstreckt. Der Altarraum nimmt die Breite des Langhauses ein und ist um drei Stufen erhöht. Die an die Empore anschließende Seitenwand ist durch ein Betonfenster geöffnet. An der Stirnwand befindet sich ein großes Bronzekreuz mit der Darstellung des Abendmahls. Auf der Westseite zieht sich unterhalb des Daches ein Betonfensterstreifen entlang. Die rückwärtige Orgelempore ruht auf zwei Rundpfeilern. Das Gebäude ist ein Stahlbetonbau mit außen und innen verfugtem Ziegelmauerwerk. Der an der Straßenecke errichtete Turm hat ebenfalls einen polygonalen Grundriß und besteht aus einer Betonkonstruktion mit Ziegelmauerwerk.

Kreuz: Eva Moshack

Qu.: Architekturbüro, Pfarramt

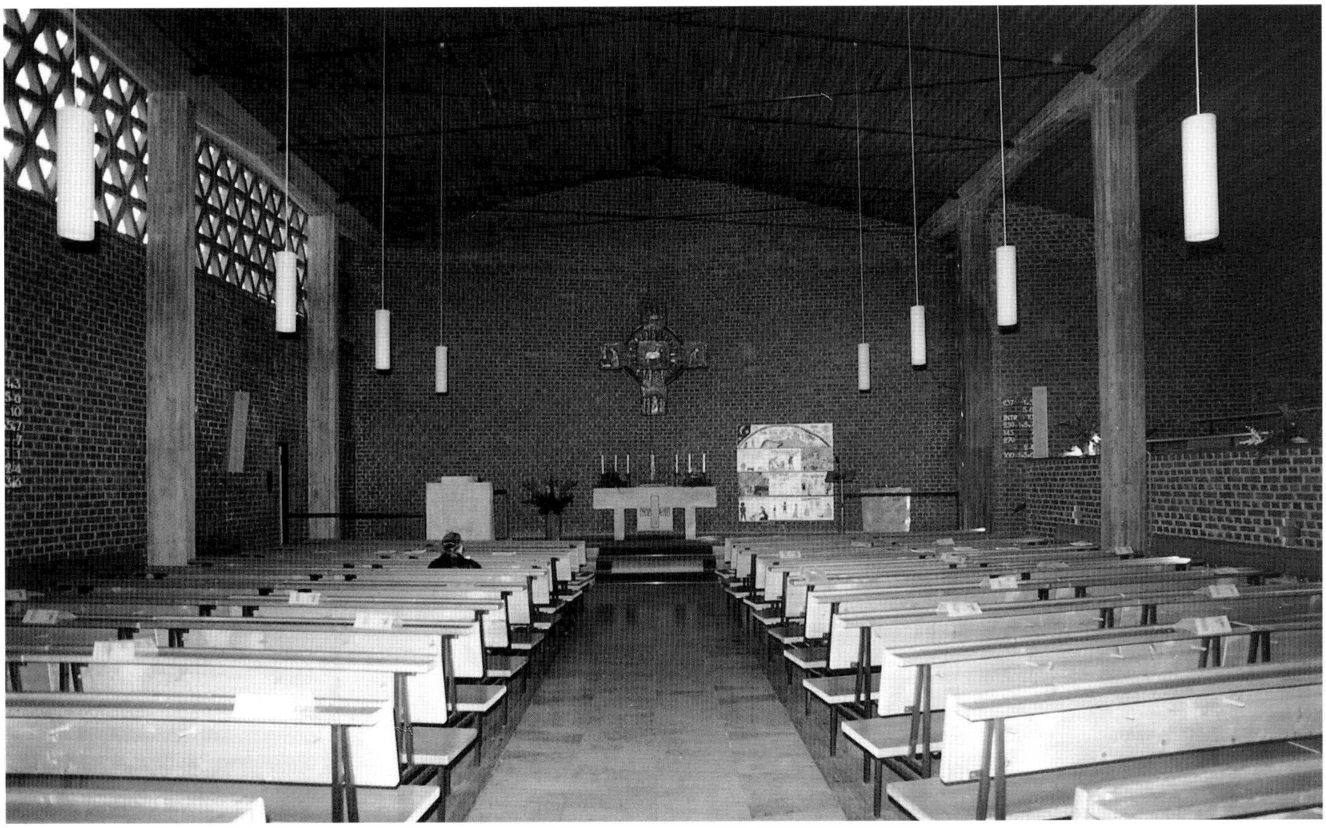

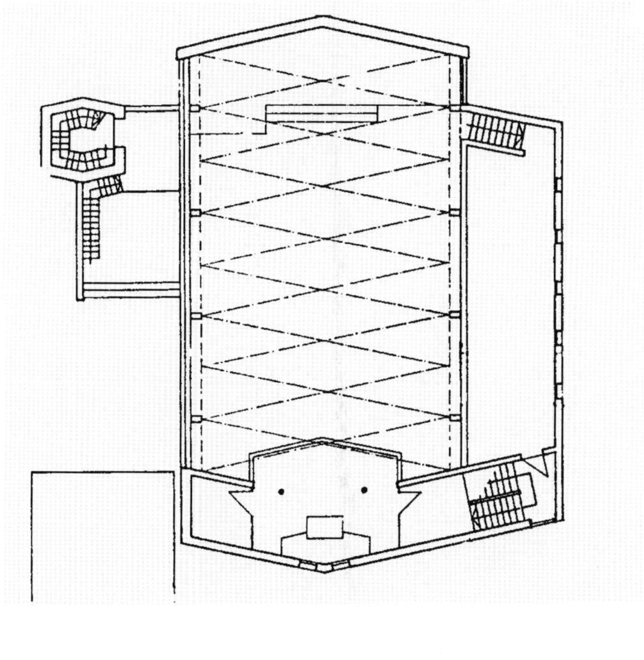

St. Hildegard (kath.)
Paosostraße 25
81243 München-Pasing
Grundsteinlegung: 9.7.1961
Weihe: 18.11.1962
Architekt: Siegfried Östreicher

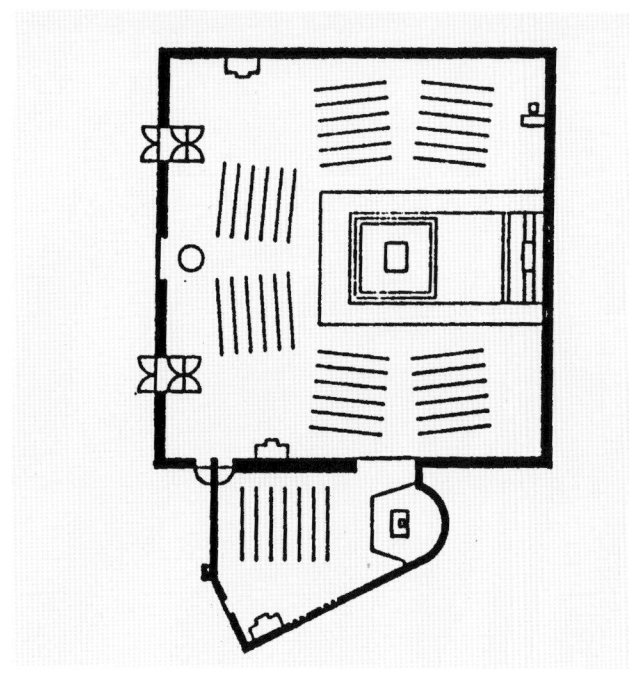

Neben dem Albertus-Magnus-Studentenwohnheim nahe der ehemaligen Pädagogischen Hochschule entstand die Pfarr- und frühere Hochschulkirche mit Gemeinderäumen und Pfarrhaus. Das ungegliederte Siedlungsgebiet wurde kontrastiert mit einem geschlossenen Baukörper. Der Kirchenbau erhebt sich über quadratischem Grundriß von 25 m Seitenlänge als kubischer Baukörper mit einer deutlich abgesetzten Sakramentskapelle. Das außen und innen unverputzte, bruchrauhe Mauerwerk aus Grüntenstein umschließt die Gemeinde. Die Mauer ist bei den Portalen und beim Fenster hinter dem Taufbecken geöffnet. Über die Wände breitet sich ein achtfach gefaltetes Zeltdach (Stahlkonstruktion), das innen mit Holz und außen mit Kupfer verkleidet ist. Die ausgesparten Dreiecke des Daches sind mit leuchtend farbigen Glasgemälden ausgefüllt, die den Raumeindruck entscheidend prägen. Sie zeigen auf der Südseite das Lamm vor dem Kreuz. Am Throne Gottes und des Lammes entspringt der Strom mit dem Wasser des Lebens, der sich in den Glasgemälden um den ganzen Kirchenraum herumzieht. Den Mittelpunkt des Raumes bildet die um mehrere Stufen erhöhte Altarinsel mit dem Altar auf einem hohen Stufensockel. Er ist gemäß den Satzungen des II. Vaticanums frei von Kreuz, Kerzen und Blumen, »als leerer Thron gestaltet, auf dem der Herr Platz nehmen soll« (Kirchenführer). In der Hauptachse und zwischen den beiden Eingängen steht das Taufbecken. Sein Bronzedeckel ist verziert mit einem Bergkristall, der auf Christus hindeuten soll, und vier Teufelsgestalten, die wegspringen, »denn wo der Herr ist, ist Licht, und der Teufel muß fliehen«. Altäre, Altarinsel, Taufstein und ebenso der Fußboden bestehen aus toskanischem Travertin. Die seitlich angefügte Sakramentskapelle, die auch als Werktagskirche dient, hat im Altarbereich einen runden Abschluß. Das gesamte Gestühl ist aus Afzelia auf Stahlrohrstützen montiert.

Glasfenster:
Georg Meistermann,
Karlsruhe
Taufstein, Kreuz über
Sakramentsaltar:
Johannes Dumanski
Ambo, Muttergottesstatue
(Holz): Blasius Gerg
Altarkreuz, Tabernakel:
Erhard Hößle
Statue Judas Thaddäus:
Paul Lankes
Hildegard-Relief:
Josef Hamberger

Qu.: Pfarramt, Architekt;
Lit.: Das Münster 16.
1963, S. 381 f.; Detail
H. 3, 1965, S.374-377;
Christl. Kunstblätter
1966, H. 1, S. 8; Ramisch-
Steiner S. 111; Siegfried
Östreicher und Paul Groh,
München-Pasing, Sankt
Hildegard, München-Zü-
rich 1987 (2. Aufl.); Alt-
mann S. 50; Biller-Rasp
S. 232

Evangeliumskirche (evang.-luth.)
Stanigplatz 11
80933 München-Hasenbergl
Grundsteinlegung: 21.1.1962
Weihe: 2.12.1962
Architekten: Helmut von Werz und Johann Christoph Ottow mit Horst Müller

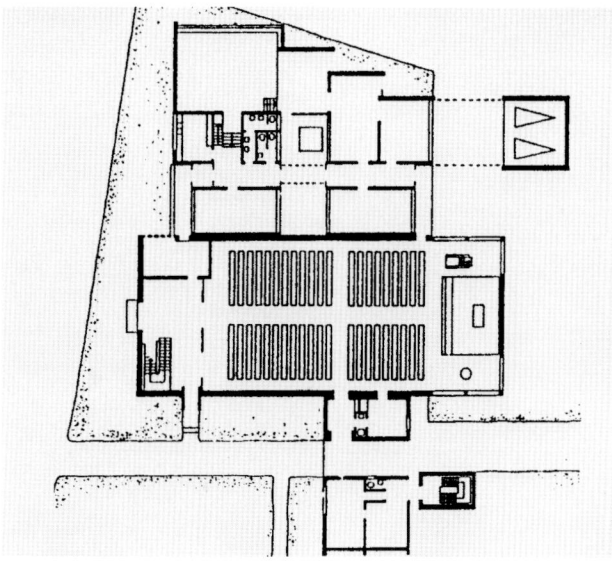

Im Wohnviertel Hasenbergl entstand ein kirchliches Zentrum, in dem erstmals in München evangelische und katholische Gemeindebauten nebeneinander liegen. Der Komplex der Evangeliumskirche schließt mit Sakralbau, Turm und Wohnhauszeile den Stanigplatz gegen Osten ab.
Im Gegensatz zum Zentralraum der später erbauten katholischen Kirche St. Nikolaus erhielt die evangelische Kirche einen längsgerichteten Innenraum. Beide Kirchen werden durch die sie verbindenden Pfarrhäuser zu einer »städtebaulichen Einheit, die in ihrer Spannung das Additive der benachbarten Wohnbebauung belebt« (Kirchen, Gemeindezentren). Bei der Evangeliumskirche wurde das gleiche Baumaterial wie bei St. Nikolaus verwendet: Ziegelstein- beziehungsweise Klinkermauerwerk und Beton in gehobelter Schalung und Betonformsteine für die Fenster.
Der Innenraum ist rhythmisch gegliedert durch die mit dem Mauerwerk bündigen Stahlbetonstützen, die Deckenträger und die Kappengewölbe an der Außenseite. Der Trägerrost in der Deckenmitte führt zur geschlossenen Altarwand und betont den Wegcharakter der Kirche. Das Altarbild, dessen einzelne Elemente in die Betonschalung eingelegt sind, stellt Christus und die vier Evangelisten dar. Der Altar steht um vier Stufen erhöht frei vor der Rückwand. Der Altarbereich wird durch farbige Eckfenster hervorgehoben, die von der Decke bis zum Fußboden reichen. Einen weiteren Schmuck in diesem Gottesdienstraum bilden die Wandteppiche mit Stoffapplikationen, die die sieben Werke der Barmherzigkeit und an der Brüstung der Orgelempore Darstellungen aus der Genesis zeigen. Die Kirche hat etwa 500 Sitzplätze. In dem Relief über dem Eingangsportal ist die Verkündigung durch den Engel an die Hirten dargestellt. Die Pflasterung vor dem Ein-

gang besteht aus fischförmigem Kieselbeton.
1977 erhielt die Kirche an der Nordseite einen Anbau mit Räumen für die Sozialstation, Jugend und Bücherei sowie einen Gemeindesaal.

Altarrelief mit Glasmosaik, Altar, Kanzel, Bodenleuchter, Taufstein, Relief am Haupteingang:
Karlheinz Hoffmann
Farbfassung
der Altarwand:
Hubert Distler
Farbglasfenster
der Altarzone:
Adolf Kleemann
Wandteppiche:
Heiner Schumann

Qu.: Architekten; Lit.: Baumeister 61. 1964, S. 643 ff.; München, S. 122; Kirchen. Gemeindezentren, Baumeister-Querschnitte 2, 1966, S. 71-73; München S. 122

Genezarethkirche (evang.-luth.)
Pappelgasse 17a
85716 Unterschleißheim-Lohhof
Grundsteinlegung: 24.9.1961
Weihe: 2.12. 1962
Architekt: Wilhelm Becker

In Schleißheim wurden evangelische Gottesdienste seit 1850 gehalten, hingegen in der Gemeinde Unterschleißheim erst seit 1945, zunächst in der katholischen Kirche, dann im Lohhofer Schulhaus. 1961/1962 entstand der Kirchenbau, dessen Kosten DM 350 000 betrugen. Der schlichte Kirchenraum von 21 x 11 m wird von einem flachen Satteldach überspannt, das innen mit Holz verkleidet ist. Hochliegende, quadratische Fenster und eine Fensterrosette über der Empore geben ausreichend Licht. Bestimmend in diesem Raum ist das 5 x 7 m große Altarbild, das die Begegnung Jesu mit den Jüngern auf dem See Genezareth darstellt und damit auf den Namen der Kirche verweist. Der Altartisch vor diesem Bild ist in der Form eines Schiffes ausgeführt. Seitlich vom Altar sind die Kanzel und das Taufbecken angeordnet, das durch ein Farbglasfenster in der dahinterliegenden Wand hervorgehoben wird. Ein weiteres Farbglasfenster befindet sich am Treppenaufgang zur Empore. Die niedrige Sakristei und ein Vorraum leiten über zum Turm. 1977/1978 errichtete Theodor Henzler das Gemeinde- und Pfarrhaus.

Altargemälde:
Angela Gsaenger
Kreuz, Leuchter,
Taufschale mit Deckel:
August Hartle
Farbglasfenster:
Heiner Schumann
Altar, Taufe: nach Entwurf
des Architekten

Qu.: Pfarramt,
Kirchenbauamt

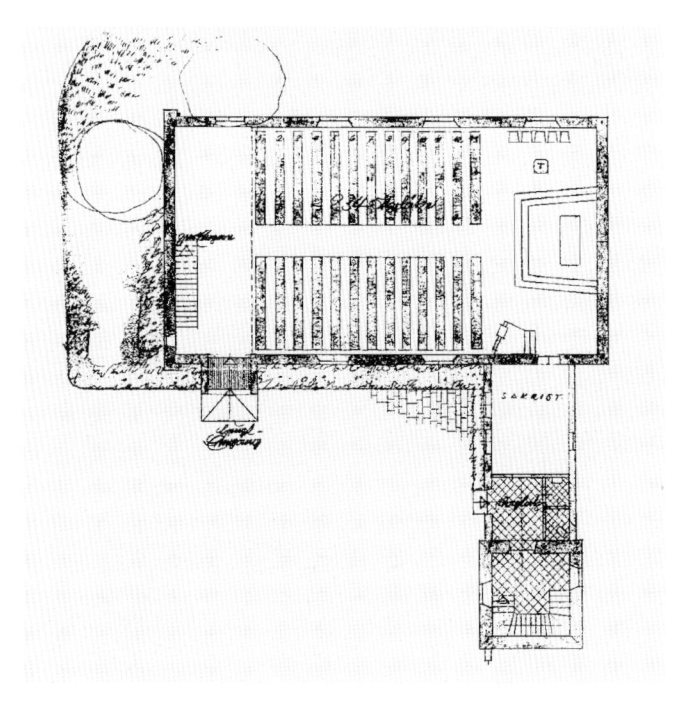

Johanneskirche (evang.-luth.)
Karolingerstraße 30
82205 Gilching
Grundsteinlegung: 10.12.1961
Weihe: 16.12.1962
Architekt: Franz Gürtner

Durch die veränderte Bevölkerungsstruktur nach dem Kriege wuchs der evangelisch-lutherische Bevölkerungsanteil von Gilching so stark an, daß die 1950 eingeweihte Christuskirche von Peter Handel aus Peißenberg, eine Barackenkirche an der Römerstraße, nicht mehr ausreiche und der Bau eines Gemeindezentrums notwendig wurde. Der Kirchenbau besteht aus weiß verputztem Mauerwerk, über dem sich die Leimbinderdachkonstruktion erhebt, die zum Altar hin ansteigt und den Dachraum ganz in den großen, freien Kirchenraum miteinbezieht. Die Idee der kleinen Gemeindekirche, in der die Gläubigen um den Altar versammelt sind, lag der Planung zugrunde. Sie sollte durch die polygonale Form des Grundrisses (mit den größten Ausmaßen von 20,30 x 16 m) und der Schrägstellung der Kirchenbänke zum Ausdruck kommen. Insgesamt bietet der Raum 273 Sitzplätze, mit dem kleinen Gemeindesaal im Westen kommen nochmals 40 hinzu. Der Altar steht auf einer zweistufigen Insel. In der Hauptachse, im Mittelgang, befindet sich vor dem Altar das Taufbecken, das wie der Altar aus schwarzem Marmor hergestellt wurde. Die große Empore nimmt Orgel und Kirchenchor auf. Mit der Renovierung 1986/1987 erhielt der Kirchenraum eine neue Ausgestaltung, die im Einvernehmen mit dem Architekten durchgeführt wurde. Das Altartriptychon ist nun der beherrschende Mittelpunkt des Raumes geworden. Ein umlaufendes Ornamentband zeigt Darstellungen, die sich auf den Evangelisten Johannes, den Schutzpatron beziehen. Im Untergeschoß sind Jugendräume und eine Teeküche eingebaut. Im Westen wurden die Amtsräume angefügt; ein mächtiger Turm betont den Mittelpunkt der Gemeinde.

Altartriptychon, ornamentale Wandfassung: Hubert Distler

Qu.: Pfarramt, Architekt; Lit.: Hermann Engel, Von der Diaspora zur Evangelisch-Lutherischen Johannes-Pfarrei. Ein Rückblick anläßlich des 25jährigen Kirchweihjubiläums, o. O. (1987)

St.-Martins-Kapelle (evang.-luth.)
Arndtstraße 8, Rückgebäude (Pfarramt: St. Lukas)
80469 München-Isarvorstadt
Baubeginn 19.4.1961
Weihe: 27.1.1963
Architekt: Fritz Norkauer

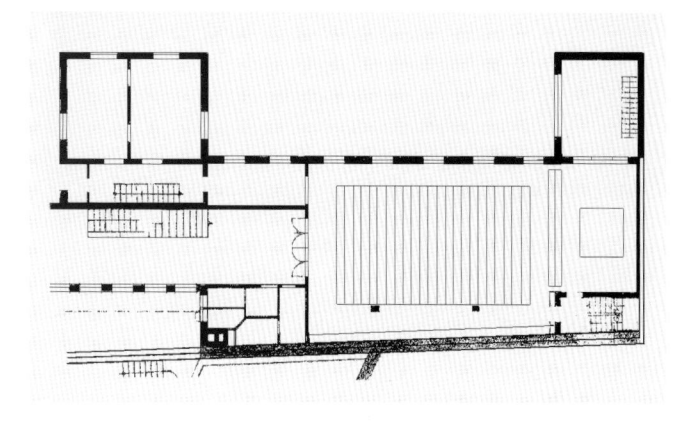

Die flächenmäßig sehr weiträumige Gemeinde St. Lukas erhielt in den 60er Jahren für den Südbereich ein eigenes Kirchenzentrum. Im Rückgebäude einer Wohnanlage befindet sich im 1. Stockwerk die St.-Martins-Kapelle, die zunächst als Mehrzweckraum (mit Bühne) geplant, dann aber ausschließlich als Kirchenraum genutzt und dementsprechend in den 70er Jahren umgestaltet wurde. An den nach Osten orientierten Raum von ca. 17 x 9 m mit seitlicher Empore grenzen im Norden die Sakristei und im Süden das rückwärtige Treppenhaus an. Über der Sakristei liegt eine kleine Empore. Der Raum über der Vorhalle, die ehemalige Orgelempore, kann durch Entfernung der Glasschiebewand dem Kirchenraum hinzugefügt werden. Die lose Bestuhlung mit Mittelgang ist auf den um drei Stufen erhöhten Altar hin ausgerichtet. Im Altarraum zieht das in der Tradition mittelalterlicher Triumphkreuze gestaltete Hängekreuz die Aufmerksamkeit an. Dieses mit Bergkristallen verzierte Bronzekreuz zeigt die Speisung der Fünftausend – ein Hinweis auf die Eucharistie. Das Taufbecken, eine einfache Messingschale auf einem Holzgestell, steht außerhalb dieses Bereiches in der Gemeinde. Das Gebäude zeigt außen und innen verfugtes Ziegelmauerwerk. Empore mit Brüstung und die flache Decke sind aus Beton. Ergänzend zu den roten Ziegelmauerwänden belebt ein warmer grüner Farbton an Fensterstöcken, Emporenpfeilern, Wandbänken und der rückwärtigen Wand mit den Eingangstüren den Raum.
Im Erdgeschoß sind Gemeinderäume und Besprechungs- sowie Amtszimmer untergebracht. Im Anbau befindet sich die Mesnerwohnung. Der Eingang ist gekennzeichnet durch ein hohes Betonkreuz. Ein Relief über dem Tor zeigt die vier Evangelisten mit ihren Symbolen.

*Hängekreuz, Altar:
Hermann Jünger
Taufbecken:
Klaus-Peter Frank*

Qu.: Pfarramt, Kirchenbauamt

Erlöserkirche (evang.-luth.)
Friedrichstraße 11
85435 Erding-Klettham
Grundsteinlegung: 8.4.1962
Weihe: 9.6.1963
Architekten: Hans Busso von Busse mit Roland Büch

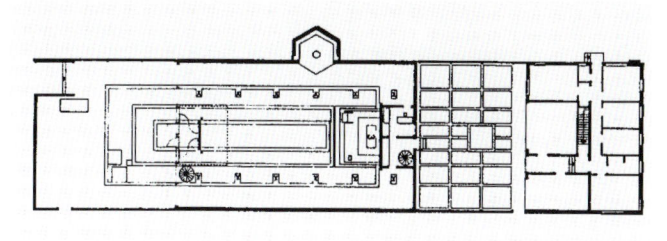

Auf einem langgestreckten Grundstück inmitten der Friedrich-Fischer-Siedlung entstand das evangelische Gemeindezentrum. Zunächst waren die Architekten Olaf Andreas Gulbransson und H.B. von Busse mit den Vorentwürfen beauftragt. Nach dem Tod von O. A. Gulbransson übertrug der Kirchenvorstand das gesamte Projekt H. B. von Busse. Die in West-Ost-Richtung orientierte Anlage von ca. 66 x 16 m nimmt Kirchenraum, Gemeindesäle und Mesnerwohnung auf.

Der Weg zur Kirche führt durch einen allseits geschlossenen Vorhof, vorbei an dem freistehenden, aus Stahl konstruierten Glockenträger mit drei Glocken. Sowohl die Architektur des Außenbaues als auch des Innenraumes erinnern an ein Schiff. Die Gebäudekonstruktion zeigt sechs kreuzförmig einander zugeordnete Binderjoche, die das Dach tragen. Jedes Halbjoch setzt sich aus zwei Schiftern zusammen. Die Binder über dem Hauptschiff sind statisch als gespreiztes Dreigelenksystem konstruiert. Daraus ergibt sich ein stabiles System gegen die Windbelastung in Kirchenlängsrichtung. Die Halbbinder über den Seitenschiffen sind nur vertikal beansprucht, die zweiachsig gekrümmten Schifter auch auf Torsion. Die konstruktiven Holzbauteile wurden in Holzleimbauweise ausgeführt. Alle Teile einschließlich der Deckenschalung wurden vorgefertigt und an Ort und Stelle montiert. Dabei blieben die Sparrenpfetten von innen sichtbar, die innere Schalung läuft mit Abstand über den Binderjochen beziehungsweise Schiftern

durch. Die Dachfläche ist mit schwarzem Schiefer gedeckt.
Den Innenraum betritt man in der Achse der dreischiffigen basilikaähnlichen Anlage unterhalb der Empore. Der nördlichen Langseite ist die sechseckige Taufkapelle eingefügt. Der Kirchenraum wird von den Materialien Holz und Ziegel beherrscht. Vor dem verglasten Ostgiebel ist die gemauerte Altarwand errichtet mit freistehendem Holzaltar und Bronzekreuz. Das Kreuz, als einziger Schmuck in diesem Kirchenraum, betont um so mehr dessen Bedeutung und weist auf den Namen der Kirche hin. Durch die Anordnung der Sitzbänke in einem geschlossenen Block ohne Mittelgang soll auch äußerlich die Zusammengehörigkeit der Gemeinde deutlich gemacht werden. Zur stillen Andacht sind im Altarbereich zwei Kniebänke aufgestellt.

*Taufbecken: nach Entwurf des Architekten
Altarkreuz (Bronze mit Bergkristallen, Zellenschmelzemaille), Vortragekreuz, Altarleuchter (Bronze): Hermann Jünger
Ziegelornament (Altarwand): Sigfried Haberer*

Qu.: Pfarramt, Architekt; Lit.: Detail H. 3. 1964, S. 314-319; Architekturführer S. 189

St. Franziskus von Assisi (kath.)
Bahnhofstraße 34a
85375 Neufahrn
Grundsteinlegung: 1.4.1963
Weihe: 17.6.1963
Architekt: Fritz Eggemann

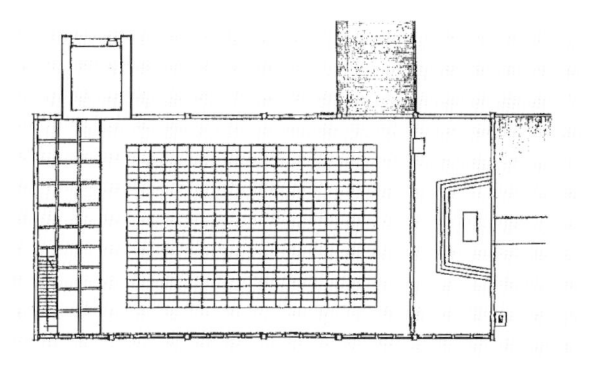

An der Hauptstraße gelegen, aber von ihr zurückversetzt, stehen seitlich der hohe Turm und vor dem Kirchenportal auf einer 22 m hohen Säule die Bronzestatue des hl. Franziskus von Assisi, umgeben von Vögeln. Durch das Portal der geschlossenen Fassade gelangt man in einen hellen, längsgerichteten Kirchenraum von 16 x 33 m und einer Höhe von 12,45 m. Rahmenbinder aus Beton tragen das Satteldach, das innen mit Holz verkleidet ist. Das Mauerwerk zwischen den Bindern hat 1982/1983 an den Wänden ebenfalls eine Holzverkleidung erhalten, im Altarraum hingegen ist es weiß verputzt. Der um vier Stufen erhöhte Altarbereich nimmt die gesamte Breite des Raumes ein. Die Prinzipalstücke und das Kreuz vor der Altarwand sind langjährige Provisorien aus Holz. Auf der Südseite ist der Bereich durch eine Fensterwand geöffnet, die sich im oberen Abschnitt der Langhauswand fortsetzt. Den Hauptschmuck in diesem Kirchenraum bildet die Malerei an der Altarwand. Dargestellt ist Christus in der Mandorla mit sechs posauneblasenden Engeln. Die Bestuhlung wurde anders als im Plan gezeichnet ausgeführt: ein breiter Mittelgang führt zwischen zwei Bankblöcken zum Altar.

*Statue des
Kirchenpatrons:
Hans Vogl
Wandbemalung:
Hans Schellinger*

*Qu.: AEM Baureferat
Nr. 116, Pfarramt*

St. Nikolaus (kath.)
Stanigplatz 13
80933 München-Hasenbergl
Grundsteinlegung: 17.6.1962
Weihe: 23.6.1963
Architekt: Hansjakob Lill

In der Siedlung Hasenbergl liegen katholisches und evangelisches Gemeindezentrum eng beieinander. Der 57 m hohe, kegelförmige Turm setzt ein städtebauliches Zeichen für den katholischen Kirchenbau. Im Gegensatz zum langrechteckigen Grundriß der evangelischen Kirche entstand hier einer der ersten Zentralräume in München, in dem die Versammlung der Gemeinde um den Altar als Mittelpunkt des Raumes konsequent verwirklicht wurde. Der Architekt entwickelte den Grundriß aus einem vierblättrigen Kleeblatt, dessen Halbkreise auseinandergezogen und durch Fensterwände verbunden sind. Dadurch entstand im Innern ein Wechsel zwischen geschlossenen, geschwungenen Wandflächen aus Ziegelmauerwerk und geraden Glasflächen zur Belichtung. Die Kirche erreicht eine Höhe von 13 m, ihr Durchmesser beträgt 35 m; sie bietet 420 Sitzplätze.
Die Fichtenholzdecke wird von vier Stahlbetonsäulen getragen, die den Altarraum in der Mitte betonen. Die Altarinsel steht über drei Stufen erhöht und kann nach zwei Seiten der Zelebration dienen. Von vier Seiten nimmt die Gemeinde am Gottesdienst teil. Der Sektor einer Halbkreisschale bildet gleichzeitig die Werktagskirche.
Die 3,50 m hohe Bronzestele mit dem Tabernakel auf der Altarinsel ist sowohl zum Hauptaltar als auch zur Werktagskirche

hin ausgerichtet. Auf der Außenseite der Stele wird in Anlehnung an die Trajanssäule in Rom spiralförmig der Zug des Gottesvolkes zum Himmlischen Jerusalem gezeigt. Auf den vier großen Fensterwänden sind die Geburt Christi, Auferstehung, Geistsendung und die Gemeinschaft der Heiligen symbolisch dargestellt. Vor dem Weihnachtsfenster steht der Taufstein, der ebenso wie der Altar aus rheinischer Basaltlava geschaffen wurde. Der in der Diagonalen abgesetzte Turm ist durch einen Zwischengang aus Glas mit der Kirche verbunden. Im Osten führt ein weiterer Verbindungstrakt mit der Sakristei von der Kirche zu Pfarrhof, Gemeindesaal und Jugendräumen. 1977 bis 1980 wurden Pfarrzentrum und Pfarrhaus durch Hans-Dieter Meixner erneuert und erweitert.

Bronzetabernakel, Kreuz, Leuchter, Altarfüße, Kommunionbank, Säulenverzierung, Betongußbossen mit Darstellung von Votivbildern an der Außenfassade: Max Faller
Fensterwände:
Hans Dumler
Fenster in Turmkapelle, 14 Kreuzwegfenster:
Karlheinz Krug
Grundstein, Taufstein:
Max Frick
Bronzegitter an Eingangstüren:
Manfred Bergmeister
Madonnenstatue (Bronze):
Karl Potzler

Lit.: Das Münster 16. 1963, S. 377-380; 20. 1967, S. 169; 21. 1968, S. 408 ff.; Ramisch-Steiner S. 194; Matthias Keilhacker und Hugo Schnell, München. St. Nikolaus am Hasenbergl, München 1983 (2. überarb. Aufl.); München S. 96; Kahle S. 126; Biller-Rasp S. 290

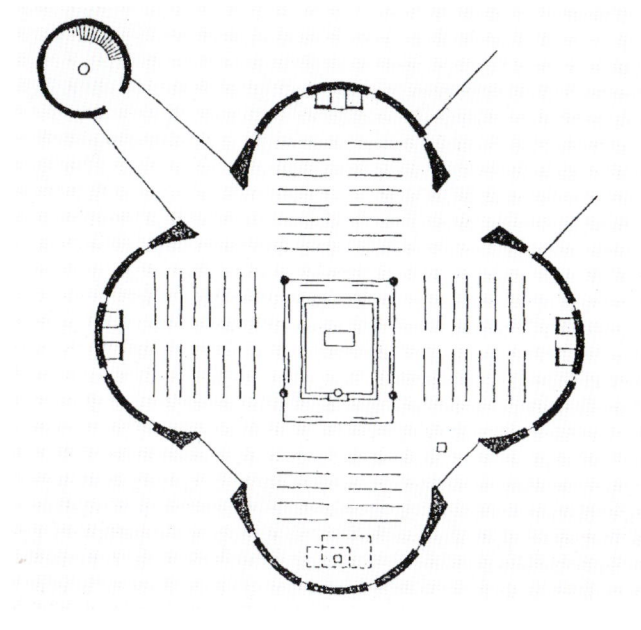

Zachäuskirche (evang.-luth.)
Kirchstraße 42
82054 Sauerlach
Grundsteinlegung: 11.11.1962
Weihe: 10.11.1963
Architekten: Franz Lichtblau und Ludwig N. J. Bauer

An einem hohen Bahndamm ist in schwieriger Geländesituation die kleine Diasporakirche zusammen mit dem Mesnerhaus und einem gedeckten Zugang um ein Höfchen angelegt. Statt eines Kirchturms übernimmt eine vertikale Betonrippe am Westgiebel, die an Emporen- und Bodenplatte verankert ist, die Funktion des Glockenträgers. Der rechteckige Kirchenraum von 9,40 x 8,30 m wird von einem steilen, offenen Satteldach überdeckt, das innen mit Holz verkleidet ist. Vor der östlichen Giebelwand steht der um zwei Stufen erhöhte Altar aus Nagelfluh, betont durch einen Wandbehang mit Applikationen in den liturgischen Farben. Fünf Bankreihen füllen den Raum, der von drei großen seitlichen Fenstern erhellt wird. Den Hauptschmuck bildet das Sgraffito auf der Emporenbrüstung, das Darstellungen aus der Zachäus-Geschichte zeigt. Unter der Empore sind der Gemeinderaum, der bei Bedarf zum Kirchenraum geöffnet werden kann, und weitere Nebenräume eingebaut.

*Altarkreuz, Altarleuchter (Bronze):
Manfred Bergmeister
Wandteppich, Sgraffito:
Hubert Distler
Altar, Kanzel, Taufstein:
nach Entwurf des Architekten*

Qu.: Architekt; Lit.: Kunst u. Kirche 29. 1966, S. 170

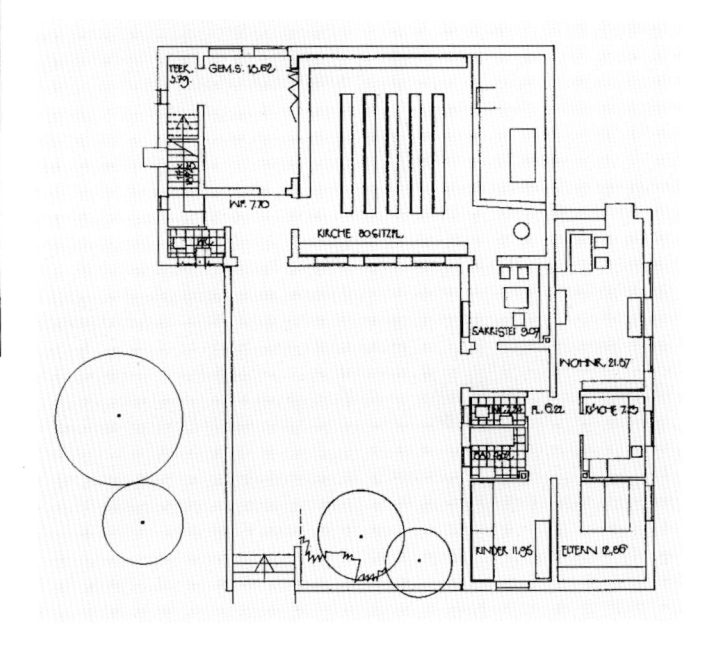

St. Franziskus (kath.)
Mittenheim 38
85764 Oberschleißheim (Pfarramt: Patrona Bavariae)
Grundsteinlegung: fand nicht statt
Weihe: 19.11.1963
Architekt: Friedrich F. Haindl

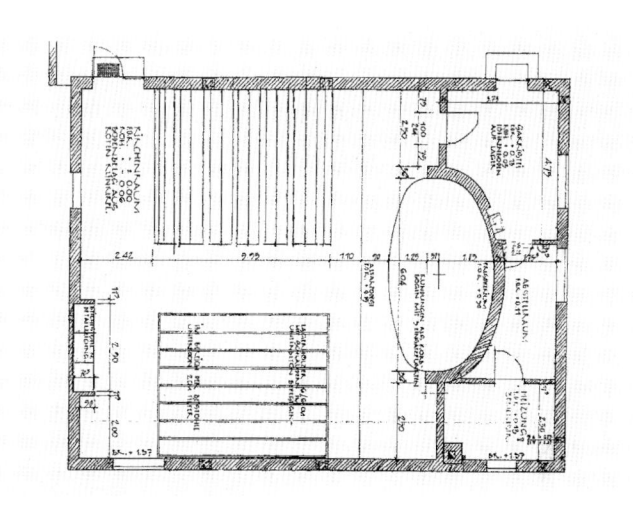

In der Rundung steht auch der um zwei Stufen erhöhte Altar. Entlang der Giebel verlaufen Fensterbänder, die zusammen mit zwei weiteren Fenstern dem Raum helles Licht geben.
Der Kirchenbau besteht aus Ziegelmauerwerk, außen und innen weiß geschlämmt, und einem Holzdachstuhl.

Altarbild: Ruth Kohler
Altar, Tabernakel:
Konstantin Frick

Qu.: Architekt,
Hans-Scherer-Haus

Auf historischem Gelände entstand die Franziskuskirche. 1599 hatte hier Herzog Wilhelm V. eine Franziskanerklause errichtet. 1722 ließ Kurfürst Max Emanuel ein Franziskanerkloster erbauen, das 1802 im Rahmen der Säkularisation aufgelöst wurde. Heute steht in diesem Bereich das Hans-Scherer-Haus, ein Heim für wohnsitzlose, alkoholkranke Männer. Gedeckte Gänge vom Haus und der Grünanlage bilden einen intimen Hof vor dem Kirchenbau. Über quadratischem Grundriß von ca. 12,50 m Seitenlänge erhebt sich der Kirchenraum. Das angefügte Presbyterium hat einen korbbogenförmigen Grundriß. Die Altarwand trägt ein Fresko, das auf dunkelgrauem Grund Begebenheiten aus dem Leben des hl. Franz von Assisi zeigt.

Andreaskirche (evang.-luth.)
Walliser Straße 13
81475 München-Fürstenried
Grundsteinlegung: 20.5.1962
Weihe: 1.12.1963
Architekt: Gustav Gsaenger

Zu Beginn des 19. Jahrhunderts zogen evangelische Bauern aus der Pfalz in das Gebiet der heutigen Siedlungen Fürstenried, Forstenried, Kreuzhof, Maxhof und Neuried. Mit der Erbauung der Wohnsiedlung ab 1960 entstand eine Barackennotkirche, die durch die Andreaskirche ersetzt wurde. Auf beengtem Gundstück umgeben Kirchturm, Kirche und Pfarrhaus einen Vorplatz, der von der Straße durch einen Grünstreifen getrennt ist. Neben dem Kirchturm, der, sich leicht verjüngend, eine Höhe von 40 m erreicht, führen zwei Treppenaufgänge zum Kirchenraum, der über dem Sockelgeschoß mit den Gemeinderäumen liegt. Im längsrechteckigen Kirchenraum von 32 x 16 m sind Emporen auf der Süd- und Westseite angeordnet. Die Kanzel, die hier noch einen Schalldeckel trägt, Altar und Taufstein sind nebeneinander in dem um drei Stufen erhöhten Altarraum aufgestellt. Das Altarmosaik zeigt ein Schiff mit dem Kreuz im Mast. Die Decke ist in Hohlpyramidenform gefeldert. Große, durch Betonpfeiler getrennte Fensterflächen in der Mitte der Längswände erhellen den Raum. Die Betongitter vor den Außenfenstern wiederholen das Andreaskreuz. Die Baugruppe ist außen und innen einheitlich in Ziegelsichtmauerwerk ausgeführt. Der Fußboden hat abwechselnd dunklere und hellere Streifen aus Blauem Jura und Würzburger Muschelkalk.

*Altarmosaik:
Angela Gsaenger
Altarkreuz, Altarleuchter,
Taufbecken: nach Entwurf
des Architekten*

Qu.: Arch. Mus. TUM,
Pfarramt; Lit.: München
S. 123

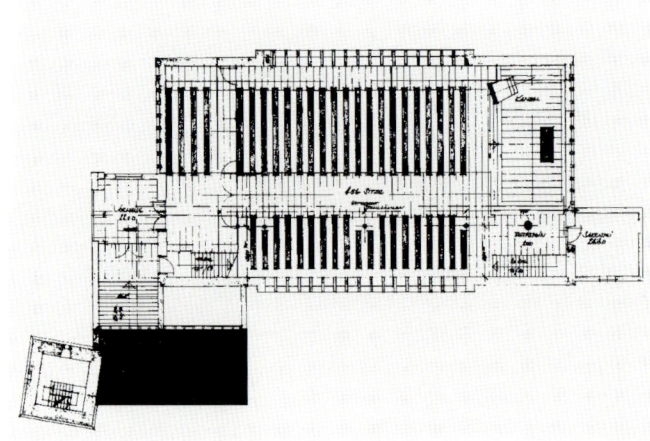

St. Sebastian (kath.)
Hochstift-Freising-Platz 21
82205 Gilching
Grundsteinlegung: 23.9.1962
Weihe: 15.12.1963
Architekt: Karl Jantsch

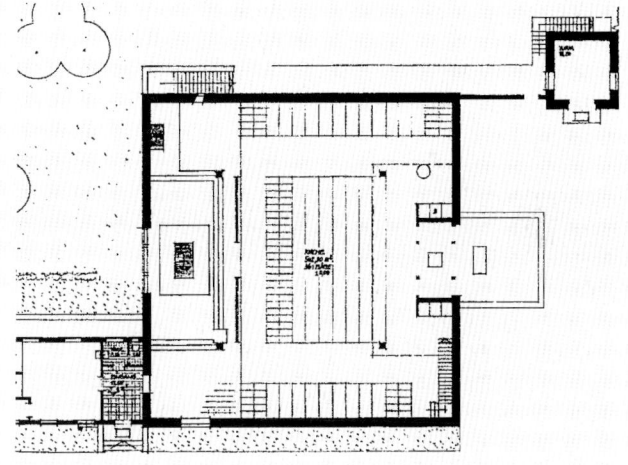

1960 legte der Architekt seinen ersten Plan vor, in dem er das Wahrzeichen Gilchings, die Arnoldusglocke, als Grundform vorschlug. Sowohl die Oberste Baubehörde als auch die Kreisbaubehörde in Starnberg stimmten dem Plan nicht zu. Der genehmigte Entwurf hat einen quadratischen Grundriß von 24 m Seitenlänge. Über dem neun Meter hohen, innen und außen weiß verputzten Mauerwerk der Wände faltet sich bis zur Mittelhöhe von 20 m das ansteigende pyramidenförmige Dach in Leimbinderkonstruktion. Im Westen leitet ein niedriger Trakt mit Sakristei und Nebenräumen über zum Pfarrhaus. Abgesetzt vom Bau steht der 30 m hohe Glockenturm. Der Innenraum wird im wesentlichen durch die vier Betonstützen geprägt, die sich im Deckenbereich zu einem Rahmen schließen. Das bunte Glasbetonfenster mit der Darstellung des Erlösers zieht die Aufmerksamkeit auf den Altarbereich. Diesen hat Michael Veit 1969 neu gestaltet: der schwere Marmortisch wurde zersägt und es entstanden daraus die Füße des heutigen Volksaltars, die Tabernakelsäule, der Ambo und die Füße für den Volksaltar von St. Vitus in Altdorf. Mit der Umgestaltung wurde das Altarpodest um eine Stufe niedriger gesetzt, der Seitenaltar des hl. Sebastian entfernt und das Seitengestühl (Querbänke) eingebaut. Ein weiteres Farbglasfenster mit der Muttergottes betont in der südwestlichen Ecke neben dem Eingang den Taufbereich. Einen besonderen Schmuck stellen die Kreuzwegtafeln aus gebranntem Ton dar. Das große Bronzeportal zeigt auf vier Türflügeln Szenen von der Schöpfungsgeschichte. Seit 1993 wird eine erneute Umgestaltung des Altarraumes geplant, die vorsieht, das Altarpodest weiter in den Kirchenraum zu ziehen und die Sitzreihen halbkreisförmig um die Insel zu gruppieren.

Altarfenster, Marienfenster, Bronzeportal, Taufstein:
Nikolaus Wirth
Altar, Ambo, Tabernakelsäule: Michael Veit
Kreuzweg: Peter Gitzinger

Qu.: Pfarramt, Architekt;
Lit.: Ramisch-Steiner S. 217; 25 Jahre Pfarrkirche St. Sebastian in Gilching 1963-1988, o.O., o.J.; SZ-Beilage Landkreis Starnberg Nr. 278 v. 2.12.1993

Michaelskirche (evang.-luth.)
Ganghoferstraße 28
85521 Ottobrunn
Grundsteinlegung: 23.9.1962
Weihe: 15.3.1964
Architekten: Theo Steinhauser und Fritz Köhlein

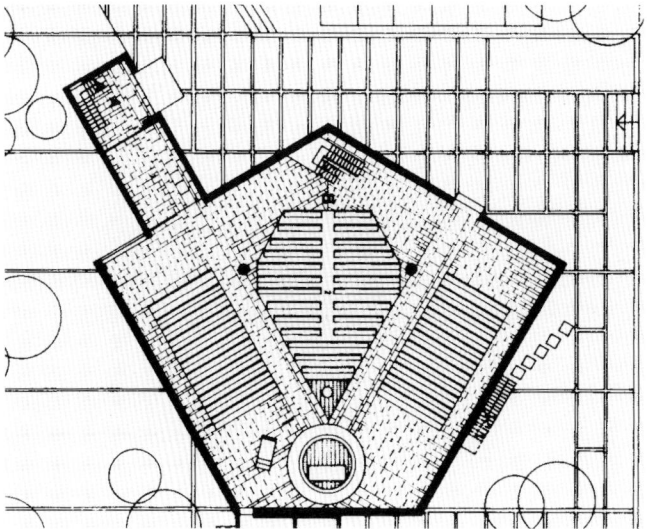

Ursprünglich gehörte die Pfarrei zur zweiten evangelischen Kirche im Münchner Raum, St. Paulus in Perlach. 1928 entstand durch den Umbau einer Turnhalle die Waldkirche. Nach 1945 dehnte sich die Waldsiedlung Ottobrunn durch den Zuzug vieler Flüchtlinge und später durch die Niederlassung der Messerschmitt-Bölkow-Blohm-Werke und anderer Betriebe zur größten Gemeinde Münchens mit mehr als 10 000 Protestanten aus. 1963 wurde das Pfarrhaus bezugsfertig, 1964 die Kirche geweiht. Sie ist durch einen erhöhten Kirchplatz aus der umliegenden Wohnbebauung herausgehoben. Zu ihr führen auf drei Seiten Treppen sowie eine Rampe. Letztere erschließt auch das Pfarrhaus und die Gemeinderäume, die in einem langgestreckten, rechteckigen Bau schräg zur Kirche liegen und über einen überdachten Eingang mit der Kirche verbunden sind. Im Nordwesten steht der etwas abgerückte, hohe Glockenturm. Eine niedrige Eingangshalle verbindet Turm und Kirche. Der Kirchengrundriß ist ein unregelmäßiges Fünfeck. Im Innenraum steht vor der schmalen Stirnseite das runde Altarpodest, auf das zwei Gänge von den beiden Eingängen diagonal zuführen. Ein großes, in Kupfer getriebenes Kreuz an der Stirnwand schließt den Altarraum ab. Drei Bankblöcke sind hufeisenförmig um den Altar mit Taufbecken gruppiert. Eine Sängerempore für den liturgischen Chor kragt seitlich vom Altar aus der Wand. Sie ist von außen zugänglich. Die Wände sind innen und außen in Sichtmauerwerk mit Stahlbetonaussteifungen ausgeführt. Den diagonalen Gängen folgen die beiden hohen Stahlbetonhauptträger, die sich über dem Altarbereich kreuzen und anschließend das große Giebelfenster teilen. Eine Stahlbetonrippendecke spannt sich dazwischen und trägt das Satteldach mit ansteigender Traufe. Die Hauptträger werden im rückwärtigen Teil von zwei Betonpfeilern gestützt. Diese tragen auch eine Orgelempore sowie eine Besucherempore, die gegeneinander versetzt sind, aber durch eine gemeinsame Treppe und Brücke erschlossen werden. Die ungewöhnliche Höhe der Kirche und der gezielte Lichteinfall durch die hochliegenden Giebelfenster in Verbindung mit den unbehandelten Beton- und Ziegeloberflächen geben dem Raum Feierlichkeit und Würde.

Kreuz: Eva Moshack
Bleifenster: Hubert Distler
Altarkreuz, Altarleuchter, Relief der Sängerempore: Karlheinz Hoffmann
Altar, Kanzel, Taufe: nach Entwurf des Architekten

Qu.: Pfarramt, Architekt; Lit.: 25 Jahre Evang.-Luth. Michaelskirche Ottobrunn 1964-1989, Ottobrunn (1989)

Korneliuskirche (evang.-luth.)
Adalbert-Stifter-Straße 3
85757 Karlsfeld
Grundsteinlegung: 23.5.1963
Weihe: 15.3.1964
Architekt: Wilhelm Becker

Am 21.5.1950 erhielten die Protestanten in Karlsfeld an der Eisenbahnschranke nach Allach eine Barackennotkirche, die erst 1964 mit dem Bau der Korneliuskirche abgerissen wurde. Die Wahl des neuen Bauplatzes fiel auf eine zentrale Stelle zwischen den räumlich getrennt liegenden Siedlungsteilen Karlsfelds. Der aus verfugtem, dünnformatigem Ziegelmauerwerk bestehende Gebäudekomplex umfaßt die Kirche mit Campanile (25 m hoch) und die südlich fast kreuzgangartig angefügten Pfarr- und Gemeindehäuser. Über dem Kirchenschiff von 21,5 x 12,80 m spannt sich eine freitragende Dachkonstruktion aus Betonbindern, an deren Ober- und Untergurten die Sparren der Dachhaut und der hölzernen Decke befestigt sind. Die Giebelseiten sind in der Mitte gebrochen und im oberen Teil mit je acht farbigen Betonglasfenstern versehen. Die Belichtung des Raumes erfolgt durch die unter der Decke angebrachten, in grauer Farbe gehaltenen Fenster an den Längswänden. Vor der geschlossenen Ostwand steht der Altar, in Abänderung des ursprünglichen Planes, auf einem dreistufigen Podest. Der Taufstein ist seitlich aufgestellt und wird durch fünf farbige Betonglasfenster betont. Die Kanzel ist an die Außenwand gerückt. An der Westseite befindet sich eine frei in den Raum gespannte Empore. Decke und Gestühl für 240 Sitzplätze sind in hellem Fichtenholz ausgeführt.

Altarkreuz, Leuchter:
August Hartle
Betonglasfenster:
R. Joppien

Qu.: Pfarramt, Kirchenbauamt; Lit.: Festschrift zur Einweihung am 15.3.1964; Evang. Kirchen S. 29 (Notkirche); Altmann S. 64

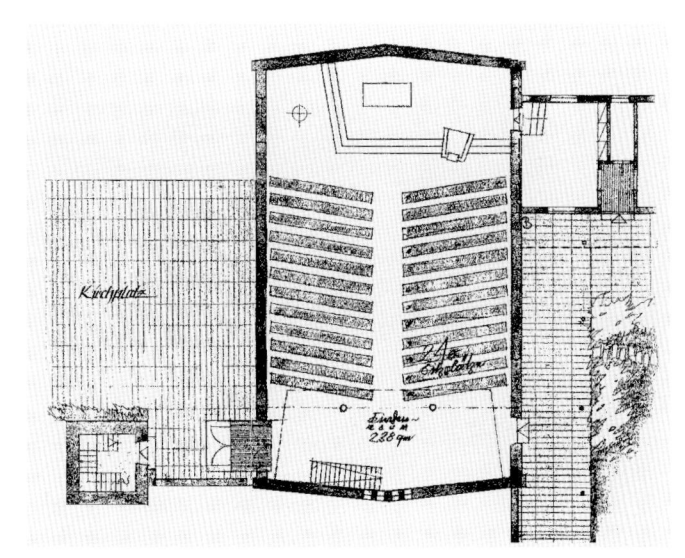

Zur heiligen Dreifaltigkeit (kath.)
Maria-Ward-Straße 5
80638 München-Nymphenburg
Grundsteinlegung: 29.10.1963
Weihe: 16.3.1964
Architekten: Josef Wiedemann mit Rudolf Ehrmann, Oswald Peithner, Ingrid Mannheims, Adolf Schröter

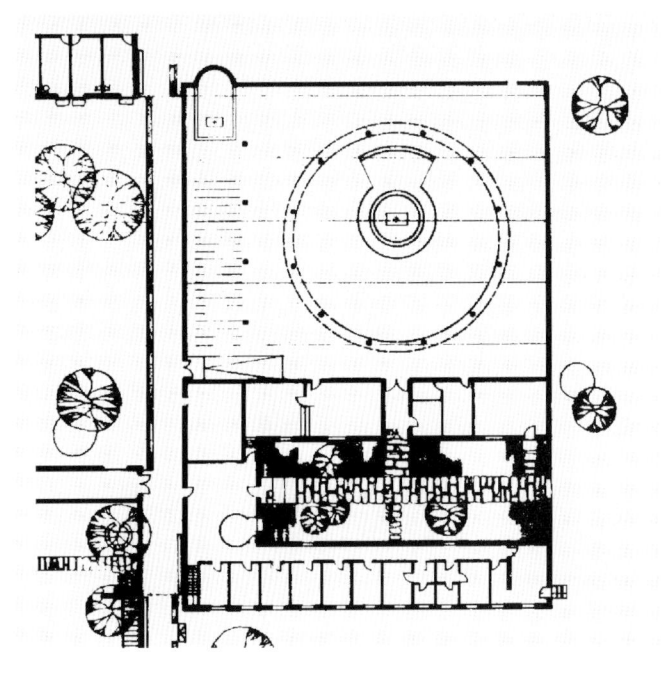

Seit 1938, als die Institutskirche im nördlichen Flügel des Nymphenburger Schlosses zu einer Bibliothek für das Jagdmuseum umgewandelt wurde, mußten sich die Englischen Fräulein in Nymphenburg mit Notkapellen begnügen. Erst mit der erneuten Erweiterung des Klosters entstand auf dem Gartengelände zwischen Schulhaus und Botanischem Garten neben zwei Konventsgebäuden und einem Wirtschaftstrakt auch ein neuer Kirchenbau. Dieser wird von der Maria-Ward-Straße über einen ebenerdig umbauten, mit gespaltenen Bachkieseln ausgelegten Hof betreten. Über dem Eingangstor ist der Glockenträger hochgezogen; ihm gegenüber liegt die Pforte zum Kloster. In der Mitte des Hofes befindet sich, die ganze Wandhöhe einnehmend, das Bronzetor zur Kirche, dessen vier Flügel ein Kreuz bilden. Der gesamte Grundriß basiert auf einem Drei-Meter-Achsenraster.
Der Kirchenraum besteht aus einem ummauerten Quadrat von 27 x 27 m, mit gelben, handgeschlagenen Ziegeln, außen geschlämmt und innen sichtbar, deren Verband gemauerte Symbole zeigt. Die Kassettendecke in hellem Sichtbeton ist mittig in einem weiten Rund von 20 m Durchmesser geöff-

net. Zwölf Stahlbetonstützen tragen den Betonring, über dem sich das gefaltete Dach in Fichtenholz erhebt. Jeweils über den Stützen liegt das Faltdach auf zwölf Punkten auf. Die dreieckigen Öffnungen des Faltwerkes sind verglast. Im Betonring sind die zwölf Apostelkreuze und das Bild der Heiligen Dreifaltigkeit aus gespaltenen Natursteinen eingelegt.

Der Altar aus weißem Donaukalkstein steht auf einer dreistufigen Insel, die von den Bankreihen und Sedilien in einem offenen Rund umgeben wird. Auf der Westseite liegt die niedrige, durch eine Stützenreihe vom Hauptraum getrennte Sakramentskapelle. Das Beton-Glas-Fenster in der Apsis zeigt den Weinstock mit Reben. Auf dieser Seite, der Verbindungswand zum Kloster, ist die Ziegelmauer in einer Naht geöffnet. Hier hängt das Ewige Licht, das auch vom Flur zum Kloster sichtbar ist. Der Boden, mit hellen Juraplatten belegt, im mittleren Rund mit römischem Travertin weiß als Mosaik, senkt sich zum Zentrum um eine Stufenhöhe. Von der Sakramentskapelle führt eine flache Rampe direkt in das Konventsgebäude.

Eigentümer und Baumaßnahmenträger: Institut der Englischen Fräulein

Bronzeportal, Altäre, Tabernakel, Kreuz, Brunnen: Blasius Gerg
Ewiges Licht: Herbert Altmann
Beton-Glas-Fenster: Schwester M. Bernhardine Weber
Natursteinmosaik: Elisabeth Hoffmann-Lacher

Qu.: Arch. Mus. TUM; Lit.: Englische Fräulein in Nymphenburg. Kirche zur Heiligen Dreifaltigkeit. Ein Führer durch die Geschichte und für die Neubauten, München 1967; Bayerland H.1, 1977, S. 49 ff.; München S. 97; Ramisch-Steiner S. 77 f.; Architekturführer S. 56; Wiedemann S. 5 ff.

Heilig Kreuz (kath.)
Sudetenlandstraße 62
85221 Dachau-Ost
Grundsteinlegung: 14.9.1962
Weihe: 12.4.1964
Architekt: Friedrich F. Haindl

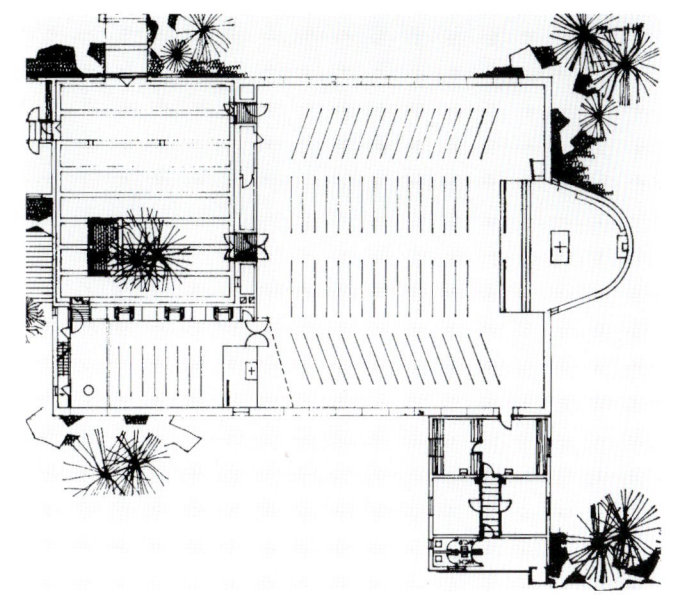

1945/1946 entstand auf dem ehemaligen Appellplatz des Konzentrationslagers die Lagerkirche Hl. Kreuz, 1949 eine Barakkenkirche auf dem Lagergelände; ab 1960 fand der katholische Gottesdienst in einem Kinoraum statt. Erst 1964 erhielt die Gemeinde inmitten der Häuser der Gemeinnützigen Baugenossenschaft Dachau-Ost einen eigenen Kirchenbau. Die Kirche mit dem nach Südosten ansteigenden Dach, das seine größte Höhe am Scheitelpunkt der Apsis erreicht, erinnert an ein Schiff, auf dessen Bug das Kreuz als Siegeszeichen emporragt. Die ansteigende Linie wird durch fünf gestaffelte Fenster auf jeder Langhausseite noch betont. Der Campanile an der Straße verweist auf Vorhof und Kirche.

Über den mauerumschlossenen Hof ist der Kirchenraum von Nordwesten zu betreten. Den schlichten, weiten Kirchensaal von 24 x 24 m beherrscht das Kreuz an der Rückwand der eingezogenen, runden Apsis, über dem die Dornenkrone aus gesammelten Eisenstücken angebracht ist.

Die Apsis ist um vier Stufen erhöht und durch zwei schmale seitliche Lichtstreifen vom Hauptraum abgesetzt. Die Holzdecke zeigt Malerei in fein abgestuften Farbtönen. Im Südwesten liegt die Werktagskapelle unter der Orgelempore. Die Kapelle

wird durch eine Glaswand vom Kirchenraum getrennt, so daß der Blick der Gemeinde zum Hauptaltar freibleibt. In der Werktagskapelle steht auch der Taufstein, der durch ein Farbglasfenster in der dahinterliegenden Wand betont wird.
Die Gebäudekonstruktion besteht aus einem Stahlbetonskelett mit verstärktem Ziegelmauerwerk und einem aus Stahl und Holz kombinierten Dachstuhl.

Decken- und Apsisbemalung: Franz Nagel
Altäre, Tabernakel, Taufstein, Ambo, Apostelkreuze, Dornenkrone in Apsis, Sedilien, Kreuz im Atrium (Beton):
Johannes Leismüller
Glasfenster: Hans Dumler
Kreuzweg (Kupfer): Roland Friedrichsen

Qu.: Pfarramt, Architekt;
Lit.: Heilig Kreuz Dachau: Zur Weihe der Kirche 12. April 1964, Frankfurt o. J.

Gnadenkirche (evang.-luth.)
Ludwig-Ernst-Straße 7 (Pfarramt: Anton-Günther-Str. 1)
85221 Dachau-Ost
Grundsteinlegung: 21.10.1962
Weihe: 19.4.1964
Architekt: Hans Hessel

1949 wurden für die große Anzahl von Flüchtlingen Baracken des ehemaligen Konzentrationslagers in Wohnungen umgebaut. Für die Protestanten entstand eine nach norwegischen Vorbildern aus Fertigteilen zusammengefügte Notkirche, die am 23.3.1952 auf einem öden Platz inmitten des Lagergeländes eingeweiht wurde. Sie gehörte zu dem Notkirchenprogramm des Hilfswerkes der evangelischen Kirchen in Deutschland, das unter der Leitung von Otto Bartning ein Baukastensystem aus vorfabrizierten Elementen entwickelt hatte. Mit der Erschließung des neuen Wohngebietes Dachau-Ost wurde auch ein Bauplatz für eine neue Kirche mit Pfarrhaus erworben. 1960 konnte das Pfarrhaus mit einem Betsaal im Erdgeschoß, der als Provisorium bis zum Kirchenneubau diente, eingeweiht werden. Die neue Kirche hat im Südwesten einen mächtigen 50 m hohen Turm. Im Erdgeschoß des Turmes liegt der »Brautraum«, im Obergeschoß neben der Empore ein Musikzimmer. Kirchenschiff und Turmbasis sind aus Ziegelsteinen gemauert. Der innere Verband aus dünnformatigen Vormauerziegeln ist durch die geschlämmte Wand zu erkennen. Über dem Kirchenschiff spannt sich eine freitragende Dachkonstruktion aus fünf Holzbindern, an deren Ober- und Untergurten die Sparren der Dachhaut und der hölzernen Decke befestigt sind. Ein umlaufender Betonkranz ist durch Betonstützen mit dem Mauerwerk und den Fundamenten verbunden. Der längsgerichtete Kirchenraum hat die Maße von 16 x 20 m und bietet etwa 400 Sitzplätze. Ein Mittelgang führt zum Altarbereich im Osten, der, um drei Stufen erhöht, die gesamte Breite des Schiffes einnimmt. Der gerichtete Raum leitet zum Altarbild, dem das Gleichnis vom Abendmahl zugrunde liegt (Lukas 14, 16-24; sowie Offenbarung 22,1 und 21,1). Der Tisch des Mahles fehlt in der Darstellung und wird durch den Altartisch ergänzt. Das Gemälde ist als Kalk-Kasein-Malerei auf trockenem, grobem Kalkputz (Fresco secco) ausgeführt. Ein flacher Baukörper, in dem Sakristei und Nebenraum untergebracht sind, verbindet das Kirchenschiff mit dem 1984 erbauten neuen Pfarrhaus. 1964 wurde die erste Gnadenkirche nach Ludwigsfeld transloziert und dort als Golgathakirche wieder eingeweiht.

Altarbild, Glasfenster: Gerd Jähnke

Qu.: Pfarramt; Lit.: Gnadenkirche 25 Jahre, Dachau (1989)

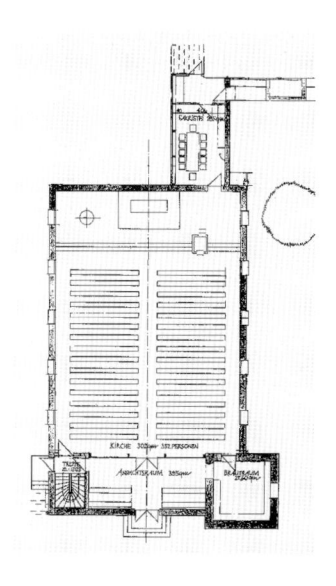

Philippuskirche (evang.-luth.)
Chiemgaustraße 7
81549 München-Giesing
Grundsteinlegung: 7.7.1963
Weihe: 10.5.1964
Architekten: Franz Lichtblau und Ludwig J. N. Bauer

An das von Wilhelm Bekker 1959 errichtete Pfarrhaus und das bestehende Gemeindehaus waren auf einem durch den neu angelegten Mittleren Ring äußerst beschnittenen Grundstück die Kirche und ein Gemeindesaal zu ergänzen. Kirche, Gemeindehaus und Pfarramt umgeben einen Hof, der mit einem überdeckten Gang zum Mittleren Ring hin geöffnet ist. In den Straßenraum vorspringend markiert der schlanke, hohe Turm das Kirchenzentrum. Der Campanile und die äußeren Stirnwände des Kirchenschiffes bestehen aus Sichtbeton, die Seitenwände aus einem mit armiertem Betonstein ausgefachten Betonskelett. Die Seitenwände sind außen auf der ganzen Fläche, innen zwischen sichtbaren Betonbändern verputzt. Das flachgeneigte Kirchendach ist mit Kupfer gedeckt. Der längsgerichtete Kirchenraum wird von einer Betondecke mit hohen Rippen überspannt, die auf schlanken Vierkantpfeilern ruhen. Die wegen des Verkehrslärms hochliegenden Fensterbänder auf beiden Langseiten geben dem Raum gleichmäßiges Licht. Der Altar steht auf einer um zwei Stufen erhöhten, rechteckigen Insel. Seitlich von ihm sind Kanzel und Taufstein aufgestellt. Der Zylinder des Taufsteins wurde dabei aus dem Kanzelkorb herausgeschnitten. Die Altarwand ist von einem dreiteiligen Betonmaßwerk durchbrochen, dessen Farbverglasung symbolisch die Segnung der Menschheit darstellt. Die Ausrichtung der Bänke war zunächst in Schrägstellung zum Altar geplant, erfolgte aber auf Wunsch des damaligen Kirchenvorstandes in Blockform. Seit Jahren wird eine Neugestaltung des Altarraumes überlegt.

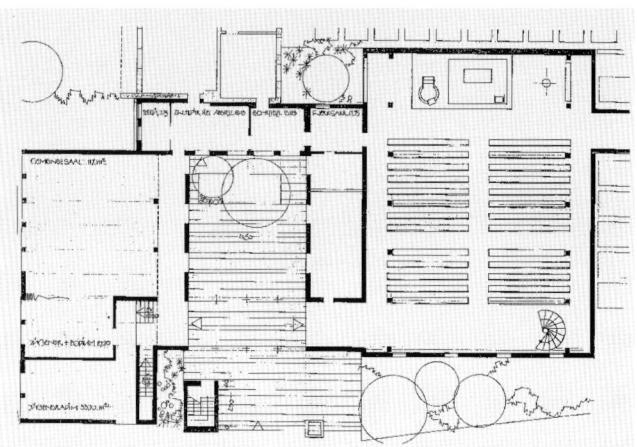

Die Betonreliefs an der Straßenfront nehmen Bezug auf den Namenspatron Philippus.

Farbglasfenster:
Hubert Distler
Altar, Kanzel, Taufbecken,
Betonreliefs:
Rolf Nida-Rümelin
Leuchter:
Manfred Bergmeister

Qu.: Architekt;
Lit.: München, S.124

Trinitatiskirche (evang.-luth.)
Lindenstraße 4
85764 Oberschleißheim
Grundsteinlegung: 30.6.1963
Weihe: 24.5.1964
Architekt: Georg Metzger

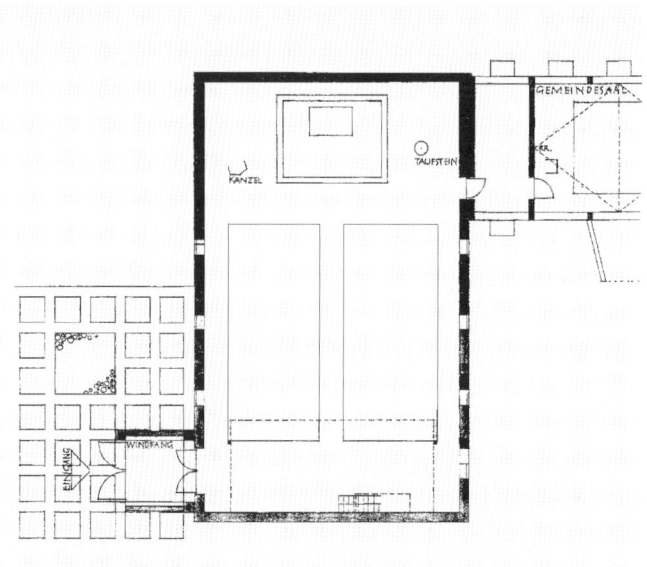

In der 1955 erbauten Berglwald-Siedlung entstanden 1956 in einem kleinen Föhrenwald das Pfarrhaus und später die Trinitatiskirche mit Gemeindesaal. Über einem langgestreckten Rechteck erhebt sich der Kirchenraum mit einem hohen Satteldach. Das große, dreieckige Fenster über dem Altar stellt als Trinitatis-Symbol den Bezug zum Namen der Kirche her. Das Fenster wirkt durch die kräftigen Farben Blau, Gelb und Weiß. Die Dreiheit setzt sich fort in den drei verschiedenen Materialien, die bei der Innenausstattung verwendet wurden: auf einer um zwei Stufen erhöhten Insel steht der Altar aus Brannenburger Nagelfluh mit einem Altarkreuz aus Holz und Leuchtern aus Metall; die (anders als im Plan angegeben) rechts von ihm angeordnete Kanzel ist aus Föhrenholz, weil die Kirche in einem Föhrenwald steht; die Stufen zur Kanzel sind aus Stein und der Haltegriff aus Metall; das Taufbekken zur linken Seite des Altars ist eine versilberte Metallkugel, die auf einem hölzernen Sockel steht und dieser wiederum auf Stein. Neben dem farbigen Altarfenster und einem weiteren Giebelfenster über der Empore geben je drei Fenster auf den Langseiten dem Kirchenschiff reichlich Licht. Das Gebäude ist außen und innen weiß verputzt und die Decke mit Holz verkleidet. Der vom Kirchenbau abgesetzte, pyramidenförmige Turm hat eine Höhe von 37 m.

Glasfenster: R. Joppien
Altar, Kanzel, Taufbecken: nach Entwurf des Architekten

Qu.: Pfarramt, Kirchenbauamt; Lit.: Aus der Geschichte der Pfarrei Schleißheim, Wiesbaden 1966, S. 67 f., Abb. S. 69

Bruder Konrad (kath.)
Buschingerstraße 4
82216 Gernlinden
Grundsteinlegung: 30.6.1963
Weihe: 31.5.1964
Architekt: Karl Helmut Bayer

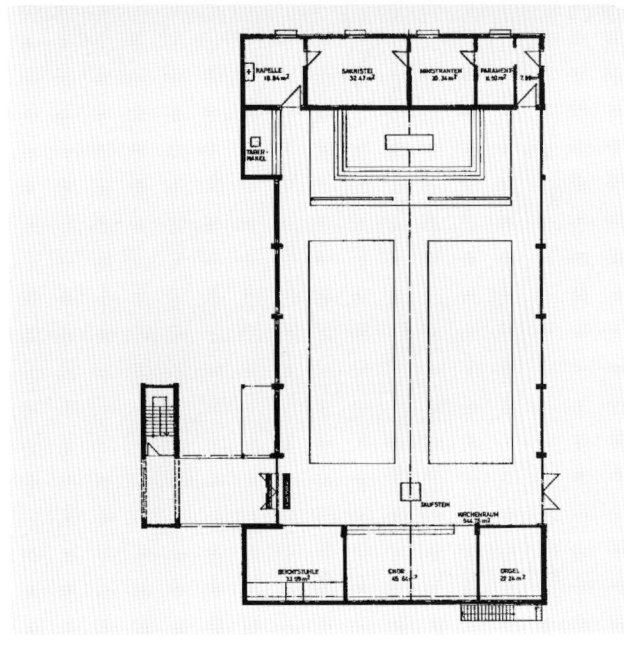

Der 1934 innerhalb von zwei Monaten von Franz Berberich erstellte Kirchenbau reichte für die in der Mitte der 50er Jahre sprunghaft anwachsende Großsiedlung nicht mehr aus. Der alte Bau blieb aber erhalten, das Satteldach wurde in ein Flachdach verwandelt; das Gebäude dient heute als Gemeindesaal. Der Zugang zur neuen Kirche liegt im 13 m hohen Glockenturm, der als Glockenträger mit Portal gestaltet ist. Bei der gesamten Bauhöhe war Rücksicht zu nehmen auf den Fliegerhorst in der Nähe. Wie ein Zelt ragt das 18 m hohe, steile kupferbedeckte Satteldach der neuen Kirche in die Höhe. Es reicht weit herab auf eine niedrige Umfassungsmauer, die in einem breiten Geviert von ca. 40 x 50 m Pfarrhaus, Jugendräume und Saal umschließt. So entstand ein bepflanzter Innenhof mit einem großen Wasserbecken und der Statue des Kirchenpatrons, des hl. Bruder Konrad von Parzham. Der umlaufende Wandelgang erinnert an die Kreuzgänge von Klosteranlagen, das Wasserbecken an deren Brunnen. Der Kirchenraum erhebt sich über einem langrechteckigen Grundriß und schließt mit der freiliegenden Konstruktion des steilen Holzdaches nach oben hin ab. Liegende, profilierte Stahlbetonplatten nehmen den Seitenschub der 12 Stahlbetonbinderpaare auf, die das hohe Dach tragen und selbst auf den Spitzen dünner Stahlrohre ruhen. Die mächtige Altarwand ist mit Nagelfluh verkleidet. Vor ihr steht um vier Stufen erhöht der Altartisch aus hellem Kalkstein auf roten Reichenhaller Marmorplatten, mit denen die gesamte Kirche ausgelegt ist. Der seitlich angeordnete Tabernakel erinnert mit dem Bronzegehäuse, den Bergkristallen und Goldrippen an einen Schatzschrein. Am Ambo, einem Bronzegitter, das das hölzerne Lesepult trägt, ist das Gleichnis vom Sämann dargestellt, der das Wort Gottes ausstreut. Über dem Altarraum schwebt seit 1981 ein großes Kreuz aus Bronzeplatten. Es trägt eine an romanische Pantokratorgestalten erinnernde Christusfigur. Christus ist hier nicht an das Kreuz geschlagen, sondern an diesem stehend dargestellt. Der Giebel über der Kirchenrückwand wird von einem leuchtenden Farbglasfenster ausgefüllt mit einer Darstellung aus der Offenbarung des Johannes. Die braune Farbe der Außenmauern soll daran erinnern, daß die Kirche einem Kapuziner geweiht ist.

*Altarkreuz, Tabernakel, Leuchter, Ambo:
Roland Friedrichsen
Kreuz und Bronzeplatten im Altarraum:
Manfred Bergmeister
Kreuzweg (Kupfer getrieben auf Buchenholz aufgezogen), Statue Bruder Konrad im Innenhof:
Gertrud Dobler
Farbglasfenster:
Josef Reissl*

Lit.: *Festschrift St. Konrad Gernlinden 20/50 Jahre*, Gernlinden 1984

Bethanienkirche (evang.-luth.)
Eberhartstraße 10
80995 München-Feldmoching
Grundsteinlegung: 14.7.1963
Weihe: 12.7.1964
Architekt: Johannes Ludwig

Inmitten des alten Dorfkernes, der überwiegend aus Einfamilienhäusern besteht, wurde in der Nähe der alten Schule das Gemeindezentrum errichtet. Kirche, Gemeinderäume und Pfarrhaus sind unter einem gemeinsamen Dach mit durchlaufendem First angeordnet. Das Dach ist über der Vorhalle abgeschleppt und der Turm seitlich eingefügt. Der Turm und das Sichtmauerwerk aus Lochhauser Ziegeln hebt die ganze Baugruppe mit ihrem durch eine niedrige Mauer abgegrenzten Eingangsbereich aus der Umgebung heraus.

Über eine Vorkirche, die auch zur Erweiterung des Hauptraumes dienen kann, wird der quadratische Innenraum von ca. 15 x 15 m betreten, der 300 Sitzplätze bietet. Der Altar steht frei vor einer Ausbuchtung der Rückwand, seitlich von ihm sind Taufstein und Kanzel aufgestellt. Für die Orgel ist eine Nische auf der Westseite angefügt. Der Raumeindruck wird bestimmt durch die Beschränkung des Materials auf Ziegel und das helle Holz der Bänke sowie die Konzentration auf das Farbglasfenster hinter der Taufe. Er wird farblich ergänzt durch die Decke aus roten, gespaltenen Hourdisplatten, mit denen die Betonträger ausgefacht sind. Dem Verlauf des Firstes entsprechend steigt die Decke vom Eingang aus an und fällt gegen die Altarwand wieder leicht ab. Der nach innen gezogene Turm dient im unteren Geschoß als Werktagskapelle und Meditationsraum. Im Osten schließen Gemeinde- und Pfarrhaus an.

*Altarkreuz, Leuchter:
Herbert Altmann
Betonglasfenster:
Alpheda Puluj-Hohenthal*

Qu.: Pfarramt, Arch. Mus. TUM; Lit.: Kunst u. Kirche 33.1970, S. 6 f.; München S. 126 f.

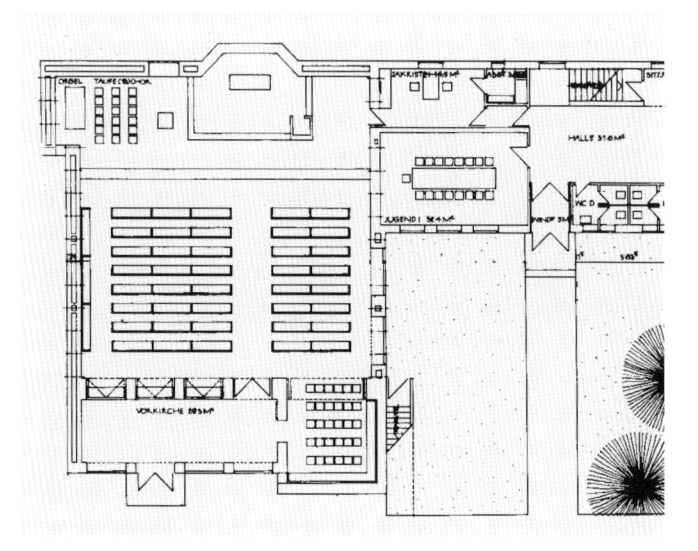

St. Bernhard (kath.)
Rothschwaiger Straße 53
82256 Fürstenfeldbruck
Grundsteinlegung: 27.10.1963
Weihe: 23.8.1964
Architekt: Franz Berberich

Der Kirchenbau mit dem schlanken Campanile markiert eine Straßenkreuzung. Er besteht aus einer Stahlbetonbinderkonstruktion mit einem dazwischenliegenden Mauerwerk aus gebrannten Ziegeln; das Verblendmauerwerk an der Ostgiebelwand ist aus Kalksandstein, die Decke massiv aus Stahlbeton.
Der Innenraum hat einen sechseckigen Grundriß. Die Fichtenholzdecke fällt zum Altar hin ab. Über Vorraum und Eingang liegt die Empore. Der längsgerichtete Raum führt zu einem um vier Stufen erhöhten Altarbereich, der von dem großen Farbglasfenster mit der Darstellung des Kreuzes beherrscht wird. 1969 erhielt dieser Bereich seine heutige Gestalt: die Kommunionbank wurde entfernt, der Altar aus Granit verkleinert und zur Gemeinde vorgerückt, der Tabernakel aus der Mauer hinter dem Altar herausgelöst und ein neuer aus Bronze, vergoldet und mit Steinen verziert, auf einer Stele aus Granit seitlich des Altars aufgestellt. Die Mauer selbst wurde mit einer bemalten Stoffwand verkleidet; ein neuer Ambo und Kerzenleuchter, beide aus Bronzeguß, kamen hinzu. Der Taufstein aus Muschelkalk mit Kernstein und einem Deckel aus Bronze mit Bergkristallen, seit 1966 in dem Raum, wurde ebenso seitlich vorgerückt. Ein lebensgroßes Kurzifix aus Eichenholz wurde zum Blickfang an der linken Seitenwand. Betonwabenfenster in den Seitenwänden zeigen die Kreuzwegstationen. Die Unterkirche ist von außen zugänglich.

*Tabernakel, Ambo,
Kerzenleuchter,
Batiktuch für Rückwand:
Helmut Kästl
Kruzifix:
Franz Xaver Lorch
Madonna: Richard Lang
Farbglasfenster:
Josef Dering
Portalflügel (Kupferblech)
und Supraporte: Josef Hoh*

Qu.: Pfarramt,
AEM Baureferat Nr. R 355

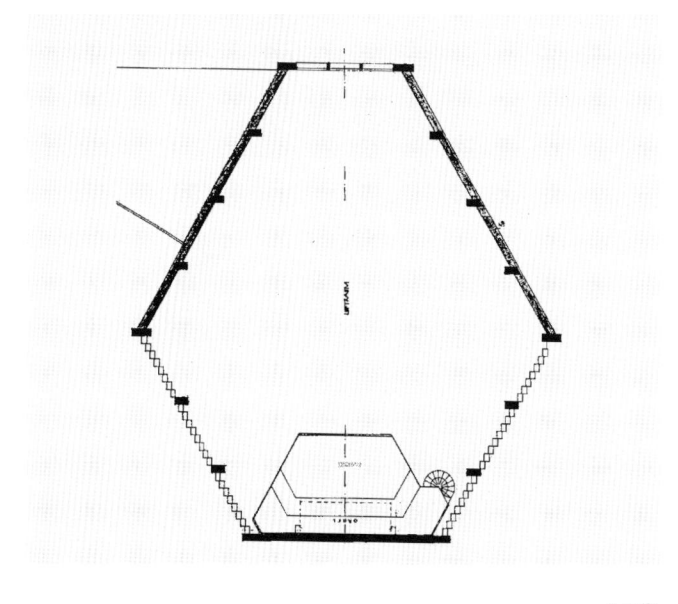

Maria Hilf (kath.)
Johann-Sebastian-Bach-Straße 2
82538 Geretsried
Grundsteinlegung: 30.9.1962
Weihe: 13.9.1964
Architekt: Hans Schedl

1950 baute Friedrich F. Haindl die ehemalige Munitionsfabrik zur ersten katholischen Kirche in Geretsried um. Diese Bunkerkirche wurde 1979 abgerissen. In der Zwischenzeit war ein sechseckiger Zentralbau mit Zeltdach von 18 m Höhe entstanden, auf der Südseite überragt von einem 42 m hohen Turm. Dem Eingang mit Orgelempore im Südosten steht der um vier Stufen erhöhte Altar auf der Nordwestseite gegenüber. Vor der Altarwand aus grauem Südtiroler Stein befindet sich ein vier Meter hohes Kreuz mit überlebensgroßer Christusfigur aus ungefaßtem Holz. Die Seitenwände öffnen sich zur Sakraments- und Marienkapelle. Je sieben farbige Glasfenster mit Darstellungen der Sieben Schmerzen Mariens und den Symbolen der Sakramente schmücken diese Nebenräume. In der Sakramentskapelle auf der Nordseite ist hinter dem Altartisch aus toskanischem Travertin ein acht Quadratmeter großes Wandmosaik mit einer Lobeshymne auf die Eucharistie zu sehen. Der Tabernakel aus Bronze ist mit ungeschliffenen Bergkristallen besetzt. Der Kirchenraum hat etwa 500 Sitzplätze. Das Gebäude besteht aus einer Stahlbetonskelettkonstruktion mit innen weiß geschlämmtem und außen weiß verputztem Mauerwerk. 1979/1980 wurde das Pfarrheim errichtet.

*Altarkreuz, Tabernakel, Taufbecken, Lesepult, Ewiglichtleuchte, Apostelleuchter, Gitter vor Nische in Taufkapelle:
Manfred Bergmeister
Altar, Ambo:
Sonja Seibold*

Qu.: Pfarramt, AEM Baureferat Nr. 6664; Lit.: Festschrift anläßlich des 25jährigen Bestehens der Pfarrkiche Maria Hilf, o. O. (1989)

Emmauskirche (evang.-luth.)
Langobardenstraße 16
81545 München-Harlaching
Grundsteinlegung: 25.8.1963
Weihe: 4.10.1964
Architekten: Franz Lichtblau und Ludwig J. N. Bauer

In dem Vorraum, der die Kirche mit dem 40 m hohen Glockenturm und den Gemeinderäumen verbindet, befindet sich das Fresco-secco-Bild ›Emmaus‹, das in Symbolen wie Dornengestrüpp, Sonne und Brot die wesentlichen Inhalte der Emmauskirche andeuten soll. Über einem regelmäßigen Achteck mit der Seitenlänge von 10,35 m steht der Kirchenbau, dessen Innenraum etwa 420 Sitzplätze bietet. Das Satteldach hat niedrige Traufen im Osten und Westen; durch den Schopfwalm im Süden und Norden entsteht bei einer Firsthöhe von 16,60 m eine hohe Altarwand; die rückseitige Höhe ergibt die Empore. Die Mauerwerksockel sind mit ansteigenden Ringankern versehen; ein stützenfreier Holzdachstuhl überspannt den Raum.
Die Ausmalung der Kirchenwände in Fresco-secco-Technik erfolgte erst 1986. Vier Bankblöcke sind auf den Altar hin ausgerichtet. Dieser steht auf einer kreisrunden Insel um zwei Stufen erhöht mit seitlich angefügter Kanzel. Der Taufstein auf der gegenüberliegenden Altarseite ist zur Gemeinde vorgerückt. Eine Fensterrosette in der Altarwand und kleine Fenster entlang der Seitenwände geben dem Raum Licht. Ergänzt wird der Raumeindruck durch den ornamentierten Fußboden.

Malereien in Eingangshalle, an Wänden und Emporenbrüstung:
Hubert Distler
Altar, Altarleuchter, Standkreuz, Kanzel, Taufstein: Karlheinz Hoffmann
Fensterrosette:
Rudolf Büder;
Ausführung:
Gustav van Treeck

Qu.: Pfarramt, Architekt

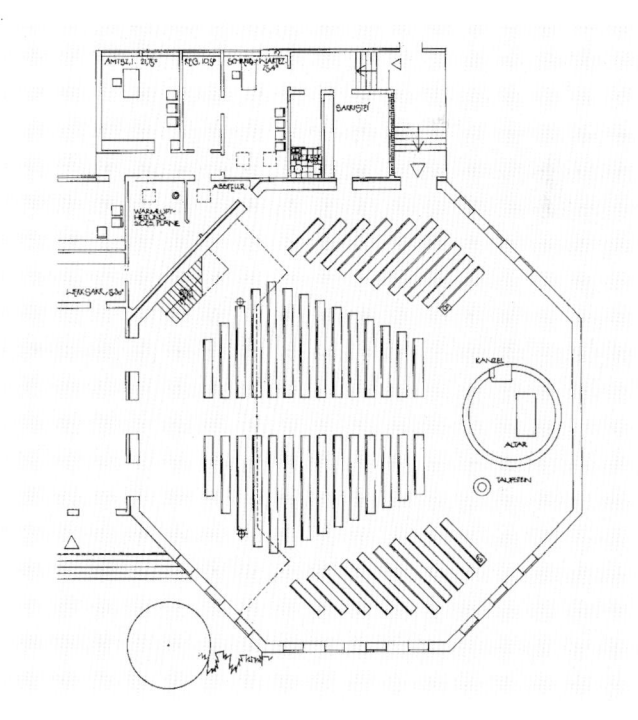

St. Helena (kath.)
Fromundstraße 2
81547 München-Giesing
Grundsteinlegung: 23.5.1963
Weihe: 11.10.1964
Architekten: Hansjakob Lill mit Oskar Bauer

Kirche mit Turm, Pfarrhof, Pfarrsaal und Kindergarten sind um einen Hof angeordnet und bilden ein städtebauliches Gegengewicht zur Schule auf der gegenüberliegenden Straßenseite. Mit der Wahl der hl. Helena als Schutzpatronin lag für den Grundriß der Kirche die Kreuzform nahe. Drei Arme des Kreuzes sind der Gemeinde mit 480 Sitzplätzen vorbehalten, der vierte, etwas verkürzte nimmt die Altarinsel aus der Vierung auf. Im Schnittpunkt der Kreuzarme steht der um drei Stufen erhöhte Altar in Form eines Opfersteines. Von besonderer Symbolkraft ist das Kreuzzeichen über dem Altar. Die aus Zirbelkiefer teilweise mit Kreidelasur gestaltete Plastik zeigt das Kreuz als Lebensbaum im Paradies. Neben dem Altar steht eine Bronzestele mit Szenen des Kreuzweges. Kleine Glasfenster mit Apostelköpfen geben dem Altarbereich farbige Akzente. In Höhe der Seitenkapellen faßt ein umlaufender Sichtbetonstreifen wie ein Band den Raum zusammen. In ihm sind die Apostelleuchter eingefügt. In den hochgelegenen Giebelfenstern werden Gottvater, Christus, der Heilige Geist und die hl. Helena wiedergegeben. Zwei wesentlich niedrigere Kapellen für Taufe und Sakramentsaltar erweitern die Kirchenschiffe. In der Taufkapelle steht der Taufbrunnen in einer Bodenvertiefung. Die Außenwand des Taufbrunnens ist mit sechs Schöpfungsreliefs versehen. Das außen verfugte Ziegelmauerwerk ist innen weiß geschlämmt. Die helle Holzdecke aus Föhrenbohlen erreicht eine Firsthöhe von 17 m.

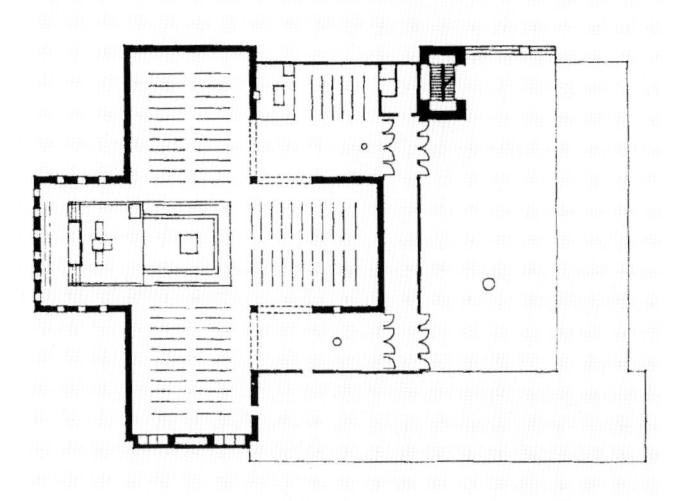

Glasfenster: Ferdinand Gehr, Altstätten (Schweiz)
Großes Kreuz:
Karlheinz Hoffmann
Bronzeportale:
Manfred Bergmeister
Tabernakel und Monstranz: Erhard Hößle
Prozessionskreuz,
Taufbrunnen:
Thomas Munz und
Maria Munz-Natterer
Madonnenstatue:
Siegfried Moroder
Kreuzwegstele:
Georg Probst

Qu.: *Pfarramt;* Lit.: *Hugo Schnell, Pfarrkirche St. Helena München-Giesing, München-Zürich 1966; Das Münster 21. 1968, S. 405 ff.; Richard Pinzl, Die Pfarrkirche St. Helena in München-Obergiesing; in: Jahrbuch des Vereins für Christliche Kunst, Bd. IX, 1976, S. 189-193; Ramisch-Steiner S. 108; Festschrift zum 25jährigen Bestehen der Pfarrgemeinde St. Helena München, München 1989*

Zum Heiligen Abendmahl (kath.)
Etterschlager Straße 39 a-c
82237 Steinebach/Wörthsee
Grundsteinlegung: 25.5.1963
Weihe: 24.10.1964
Architekt: Siegfried Östreicher

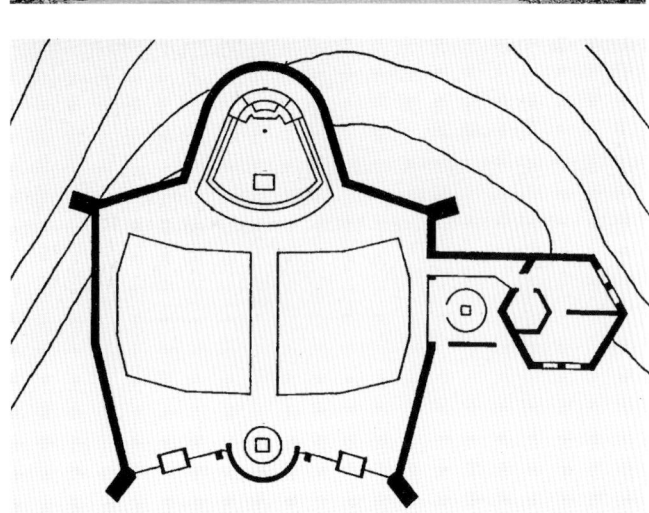

Auf einem bewaldeten Hügel über dem nördlichen Wörthseeufer entstand für drei Dorfgemeinden ein Pfarrzentrum, dessen spitzer, hoher Turm weithin sichtbar ist. Der Kirchenraum hat einen unregelmäßigen Grundriß mit einer großen Konche im Norden, die die Altarinsel mit den Sedilien aufnimmt. Der Anbau im Osten beherbergt die Tabernakelstele und leitet über zum Turm, in dessen Erdgeschoß die Sakristei und ein Raum für die Ministranten liegen. Bei dem Bau wurden Pfeiler und Ringanker als Stahlbetonskelett in Sichtbeton ausgeführt, die Ausmauerung erfolgte zweischalig, außen bruchrauher Muschelkalk und innen Ziegelmauerwerk, weiß geschlämmt. Die Decke ist aus naturbelassenem Fichtenholz und der Fußboden mit roten Ziegelplatten belegt. Ein Fensterband unterhalb des Daches und die rückwärtige Fensterwand aus farblos-weißem Dickglas erhellen den Raum. In dieser Fensterwand nimmt zwischen den beiden Eingängen die Wölbung einer Kalotte den Taufstein mit einem kreisrunden Becken auf. Taufstein und Altar stehen sich damit korrespondierend gegenüber. Zwischen zwei Bankblökken, Eiche auf Stahlkonstruktion, verläuft der Mittelgang. Obwohl der Raum als Querrechteck angelegt ist, wird hier der Gedanke des christlichen Weges von der Taufe zum Abendmahl verdeutlicht. Altarinsel, Altartisch, Taufstein und Sakramentshäuschen sind einheitlich aus Muschelkalk gestaltet. Die beiden Bronzetore sind mit Bergkristallen und Amethysten besetzt. Die Kuppe des Hügels wurde um 3 m abgetragen, damit die am Hang erbaute Kirche einen Vorplatz erhalten konnte.

Altar: Blasius Gerg
Madonna, Vortragekreuz,
Taufstein, Leuchter,
Bronzetor:
Johannes Dumanski
Tabernakel:
Michael Veit

Qu.: Pfarramt, Architekt;
Lit.: Christl. Kunstblätter
1966, H.1, S. 5

Simeonskirche (evang.-luth.)
Wolkerweg 14 (Pfarramt: Violenstr. 6)
81375 München-Kleinhadern
Grundsteinlegung: 16.12.1962
Weihe: 15.11.1964
Architekt: Dirk Haubold

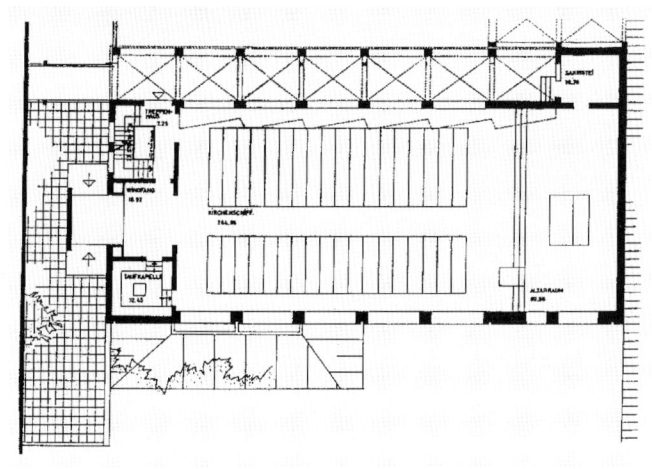

Seit 1934 hatte Kleinhadern eine evangelische Notkirche in der Ebernburgstraße. Die Errichtung der Simeonskirche geht entscheidend auf den Vorschlag von Markus Rückert, dem Begründer des Augustinums in Neufriedenheim, zurück, neben dem Wohnstift eine große Kirche für Gemeinde, Stiftsbewohner und Mitarbeiter des Hauses zu erbauen. Südlich der Kirche war ein Campanile vorgesehen, der aber gestrichen wurde. Nun weist ein Kreuz auf den Sakralbau hin. Der geostete Kirchenraum wird über einen Portalvorbau im Westen betreten. Seitlich des Windfangs befinden sich ein Nebenraum, zunächst als Taufkapelle konzipiert, und das Treppenhaus zu den Gemeinderäumen im Untergeschoß. Der längsgerichtete, streng gestaltete Kirchenraum hat die Maße von ca. 28 x 12 m und eine Höhe von 13 m. Der in der Breite des Kirchenraumes und um drei Stufen erhöhte Altarbereich nimmt den weit ausladenden Altartisch mit der Mensa aus grünem Serpentinomarmor sowie Taufe und Kanzel auf. In Anspielung auf das Bibelwort »und neigte sein Haupt und verschied ...« ist der Altar etwas nach rechts aus der Raumachse verschoben. Das goldplatinierte Altarkreuz trägt die Namen der zwölf Apostel sowie das Christusmonogramm. Vierzig Bergkristalle verweisen auf die Zahl der Fastentage. Sowohl die drei Engel der Taufschale aus rotem Keramikkunststein als auch die drei großen Glasbrocken in der Kupferplatte der Altarrückwand verweisen auf die Trinität. Vierzehn große Farbglasfenster zeigen Darstellungen aus dem Leben Jesu. Der Kirchenbau wurde in Skelettbauweise mit Dach- und Deckenkonstruktion in Spannbeton ausgeführt. Die Wandflächen sind mit Kalksteinziegeln ausgefüllt. In wirkungsvollem Kontrast hierzu stehen die schwarzen Brüstungen der Orgelempore im Westen und der Seitenempore mit sechs gezackten Feldern, die nicht nur dem Raum Dynamik verleihen sollen, sondern auch Platz bieten für die Krankenbetten, die aus der Stiftsklinik über einen Gang direkt in die Kirche gebracht werden können. Die Decke ist in vier Jochreihen unterteilt, deren pyramidenförmiger Aufbau das Zelt Gottes symbolisiert.

Altarkreuz, Osterkerzenleuchter: August Hartle
Altar, Kanzel (Betonguß): nach Entwurf des Architekten
Taufstein: Ruth Speidel
Kupferplatte in Altarwand, Farbglasfenster: Heiner Schumann;
Ausführung der Fenster: Gustav van Treeck

Qu.: Pfarramt, Kirchenbauamt; Lit.: Christoph Steinkamp, Otto Ziegelmeier, Bausteine. Festschrift 25 Jahre Simeonskirche, St. Ottilien 1989

Karmel Heilig Blut im ehemaligen Konzentrationslager Dachau (kath.)
Alte Römerstaße 91
85221 Dachau
Grundsteinlegung: 28.4.1963
Weihe: 22.11.1964
Architekten: Josef Wiedemann mit Rudolf Ehrmann und Oswald Peithner

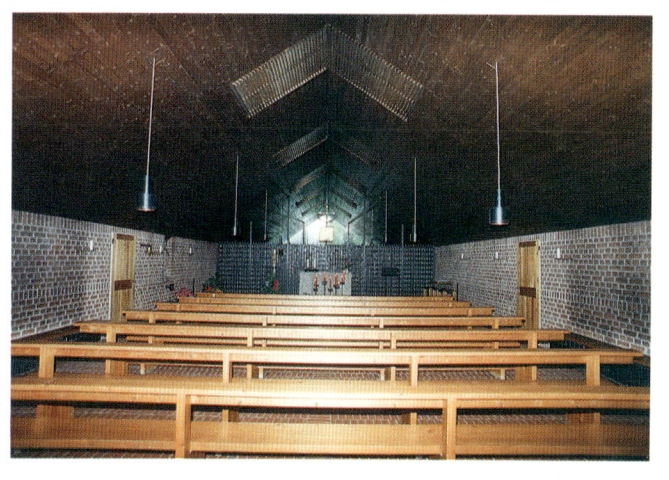

Auf dem Gelände des ehemaligen Konzentrationslagers Dachau entstand das Karmelitinnenkloster Karmel Heilig Blut. Der in der Achse der Lagerstraße erhaltene Wachtturm dient als Eingang zum Vorhof, über den Kirche, Kloster, Priesterhaus und der Pfortentrakt zu erreichen sind. Die Achse der in Nord-Süd-Richtung verlaufenden Lagerstraße bildet auch die Längsachse von Kirche und Kloster. Der langgestreckte Kirchenraum ist ungefähr in der Mitte durch ein geschmiedetes Eisengitter und einen Vorhang unterteilt. Der hinter dem Gitter liegende Teil dient als Nonnenchor. Das breite Satteldach, wie alle Satteldächer des Klosters in Schalbeton, ist innen mit Fichtenholzbrettern verkleidet. Durch die Reduktion der Baumaterialien auf Ziegel und Holzverschalung sowie durch die Blickführung auf den geöffneten Giebel über dem Altar wird eine besonders eindringliche Raumwirkung erzielt. Das warme Rot des Ziegelmauerwerkes wird verstärkt durch die Ziegelplatten des Fußbodens. Die Belichtung erfolgt durch die verglasten Giebelfelder und von oben durch die an den First anstoßenden Fenster, deren Lichteinfall mit Jalousetten gesteuert werden kann. 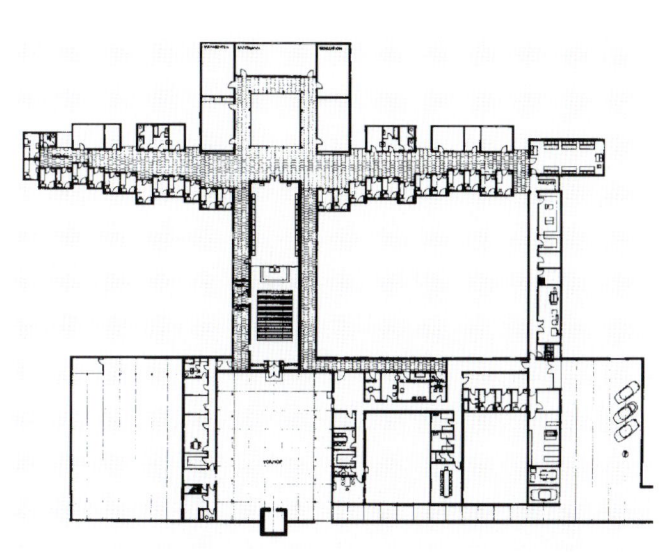
Das Zentrum des Raumes markieren der über dem Trenngitter von beiden Seiten sichtbare Tabernakel und das Kreuz darüber. Der Altar aus Nagelfluh steht um eine Stufe erhöht. Zwei schmale Seitengänge führen seitlich an den Kirchenbänken aus Fichtenholz vorbei zum Altar. Am Chorende hat die Klosteranlage eine große Querachse, einen überdachten Gang, den sogenannten Anger, an dem die Zellen der Karmelitinnen nach Süden hin ausgerichtet sind. 1976 wurde über einen zweiten, quadratischen Hof die Anlage durch eine Meditationshalle in der Breite der Kirche nach Norden erweitert.
Eigentümer und Baumaßnahmenträger:

Orden der Karmelitinnen
Altar, Tabernakel, Ambo, Gitter: Blasius Gerg
Kreuz, Leuchter: Manfred Bergmeister

Qu.: Arch. Mus. TUM; Lit.: *Das Münster* 18.1965, S. 231-236; Diskussion S.196 f.; *Das Münster* H. 7/8, 1965, S. 231-235; *Kirche heute* S. 40 f.; Wiedemann S. 8-11

Michael-Kirche (evang.-luth.)
Kornfeldstraße 8
82284 Grafrath-Wildenroth
Grundsteinlegung: 25.11.1962
Weihe: 29.11.1964
Architekt: Ernst Fischer

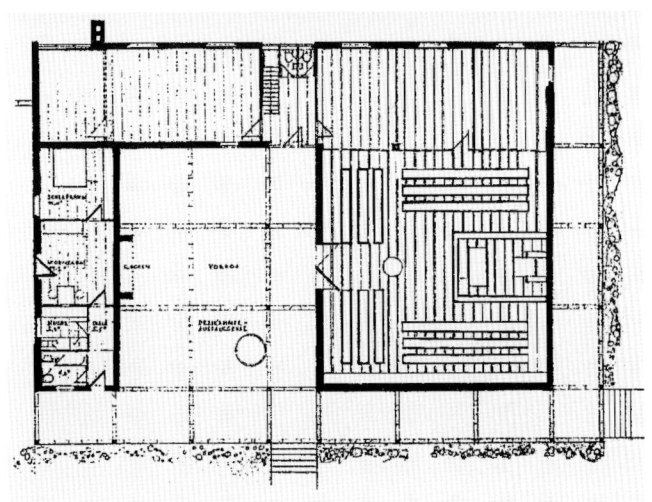

Nach dem Zweiten Weltkrieg war die Gemeinde durch den Zuzug von Heimatvertriebenen stark angewachsen. Die ersten kirchlichen Zusammenkünfte fanden zunächst im Nebenzimmer des Café Uhl statt, dann in der Kapelle St. Nikolaus an der Amper, später im Besuchszimmer des Franziskanerklosters Grafrath, bis ein eigener Kirchenbau entstand. Das heutige Gemeindezentrum ist mit Kirche, Gemeinderaum, Jugendraum und Pfarrwohnung um einen Hof angeordnet. Die weiß verputzten Ziegelwände tragen das innen mit Holz ausgekleidete Dach. Die ebenerdige Anlage wird überragt von dem Pyramidendach, das den Kirchenraum über quadratischem Grundriß von ca. 12 m Seitenlänge überdeckt. »Die Michael-Kirche spiegelt in ihrem quadratischen Grundriß mit dem Altar in der Mitte symbolisch das Weltganze mit seinen vier Himmelsrichtungen und der zentralen Bezogenheit auf Gott ab und knüpft in ihrer Zeltform an das Heilige Zelt im Alten Testament und das Wandernde Gottesvolk des Neuen an« (E. Reese). »Die Einzelgestalt des Erzengels hatte für die bildnerische Ausgestaltung der gesamten Kirche zu wenig ausgetragen, so wurde ein Bildprogramm entwickelt.« Seit 1987 sind auf einem 1,50 m hohen Fries mit farbigen Halbreliefs aus Holz Darstellungen aus der Heilsgeschichte zu sehen. Der Fries umläuft über 48 Meter die Wände unterhalb des Dachansatzes. Das Licht fällt zentral durch die vier Fenster der Pyramidenspitze in den Raum. Im Norden sind Sakristei und Gemeinderaum angefügt. Mit Hilfe einer Faltwand kann der Gemeindesaal dem Kirchenraum angeschlossen werden.
Am Treppenaufgang zum Vorhof markiert eine Glockenmauer mit zwei Glocken den Sakralbau. Am 29.6.1994 hat ein Brand den Kirchenbau stark beschädigt. Im Zuge der Wiederherstellung wurden einige Veränderungen durchgeführt. H. Distler erweiterte den Wandfries über die vier Gratsparren des Zeltdaches bis in den

First; unterhalb der Fenster sind die vier Evangelistensymbole dargestellt. Die alte Heizung wurde durch eine moderne Fußbodenheizung ersetzt. Statt der Bankreihen umgibt nun eine lose Bestuhlung auf drei Seiten die Prinzipalstücke. Anstelle des schwarzen Schieferbodens trägt nun ein heller Steinboden zu einer freundlicheren Atmosphäre bei. Die Kirche konnte am 15. Mai 1995 wieder eröffnet werden.

Mit der Renovierung ist eine Umgestaltung mit neuem Altar und Kreuz vorgesehen.

Kruzifix (Holz), Lesepult, Altarleuchter, Taufbecken (Steintrommel), Türgriffe, Opferstock:
W. Remshard
Wandfries: Hubert Distler

Qu.: Pfarramt; Lit.: Elke Reese, Michael-Kirche Grafrath, o.O., o. J.

St. Karl Borromäus (kath.)
Genfer Platz 4
81476 München-Fürstenried-Ost
Grundsteinlegung: 26.5.1963
Weihe: 20.12.1964
Architekten: Herbert Groethuysen mit Paul Hübner und Werner Fischer

Mehrere Wege der Wohnanlage Fürstenried treffen sich auf dem Kirchenvorplatz, an dem die Eingänge zu Kirche, Sakristei, Pfarr- und Gemeindehaus liegen. Ein überdeckter Gang mit dem hohen Turm führt vom Gemeindehaus zur Kirche. Diese besteht aus einem asymmetrischen Raum, dem im Südwesten, durch drei Betonrundpfeiler getrennt, die niedrige Sakramentskapelle und die Taufkapelle neben dem Eingang angefügt sind. Der Altar steht auf einer weit in den Raum hineingezogenen langrechteckigen Insel um drei Stufen erhöht. Die Altarwand ist als flache Apsis ausgebildet und mit Gußeisenplatten, die teils im Naturton belassen und teils blattversilbert sind, gestaltet. Über dem Altar liegt ein zentrales Oberlicht. Zwei ringsumlaufende, hochliegende Fensterbänder erhellen den Raum. Es war gewünscht, daß der Tabernakel beim Eintritt in die Kirche gesehen und nicht zu weit von Sakristei und Hauptaltar entfernt aufgestellt werden sollte. In der Sakramentskapelle ist er zwischen zwei dunkelgrauen Wandteilen eingefügt. In der Taufkapelle ist der Taufstein inmitten des gepflasterten Bodens um eine Stufe tiefer eingelassen. Ein Oberlicht in der Mitte der Betonkassettendecke beleuchtet direkt den Taufbrunnen, aus dem ständig Wasser fließt. Die Konstruktion der Kirche ist ein Stahlbetonskelett in Sichtbeton mit Ziegelausfachung, außen verfugt und mit Dispersionsfarbe weiß gestrichen, innen geschlämmt. Die Dachkonstruktion besteht aus einem Plattenbalkenrost, getragen von acht Rundpfeilern, Durchmesser 0,70 m, und Außenwandstützen zur Wandversteifung und zur Aufhängung der Seitenschiffdecke an der Südwestseite. Die Flachdächer sind bei der Sanierung in geneigte Dächer geändert worden.

Altar, Tabernakel und Tabernakelwand, Altarkruzifix, Altarleuchter, Muttergottesstatue, Ambo, Taufbrunnen: Blasius Gerg

Qu.: Architekt; Lit.: Baumeister 63. 1966, S. 21-24; Kirchen. Gemeindezentren, Baumeister-Querschnitte 2, 1966, S. 78-81; Christl. Kunstblätter 1966, H. 1, S. 13 f.; Art d'église, Revue trimestrielle, 24. Jg. 1966, S. 346; SZ v. 9./10.4. 1966; Ramisch-Steiner S. 129 f.

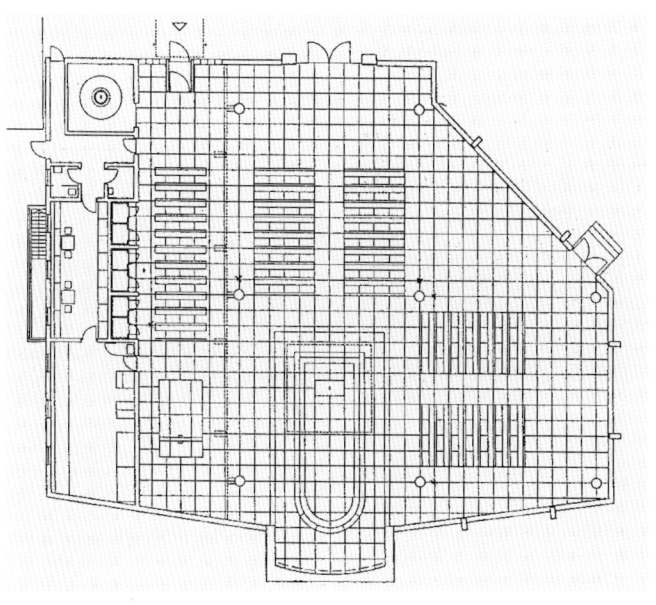

Rogatekirche (evang.-luth.)
Bad-Schachener-Straße 28
81671 München-Ramersdorf
Grundsteinlegung: 8.9.1963
Weihe: 20.12.1964
Architekt: Werner Eichberg

In der städtebaulich ausdruckslosen Bebauung an der verkehrsreichen Bad-Schachener-Straße setzt die Anlage, bestehend aus Kirche, Gemeindehaus und Pfarrwohnung, die mit dem hohen Turm um einen gegen die Straße geschlossenen Hof angeordnet sind, einen markanten Akzent. Im Grundriß hat der Gebäudekomplex die Maße von ca. 30 x 30 m. Er wird durch das Eingangstor im Turm betreten. Das gesamte Äußere ist in Ziegelsichtmauerwerk ausgeführt. Die in gleicher Höhe umlaufende Traufe schließt die Anlage betont zu einer Einheit zusammen. Den ziegelgepflasterten Hof umfaßt auf drei Seiten ein verglaster Umgang, der die einzelnen Gebäudeteile erschließt. In der Achse des Tordurchganges im Turm liegt der Eingang zur Kirche. Kirchenraum und anschließender Gemeinderaum, der bei Bedarf hinzugefügt werden kann, nehmen die Hälfte des gesamten Grundrisses ein. Im Kirchenraum tragen vier sich nach oben verjüngende runde Betonstützen eine baldachinähnliche Decke, die aber nicht die Außenwände berührt. Die rundumlaufenden Streifen des Zwischenraumes mit Schrägverglasung geben dem Raum indirektes Licht. Die sichtbare Mauerstruktur besteht aus breiten, offen belassenen Stoßfugen zwischen den Ziegeln. Der Mittelgang zwischen dem fest eingebauten Gestühl in Holz-Stahl-Konstruktion führt auf den um drei Stufen erhöhten und frei vor der Rückwand aufgestellten Altar, dessen Mensa aus zusammengefügten Vierkanthölzern auf einer Stahlsubstruktion ruht. Kanzel und Taufbecken, seitlich des Altars aufgestellt, sind in gleicher Weise ausgeführt.

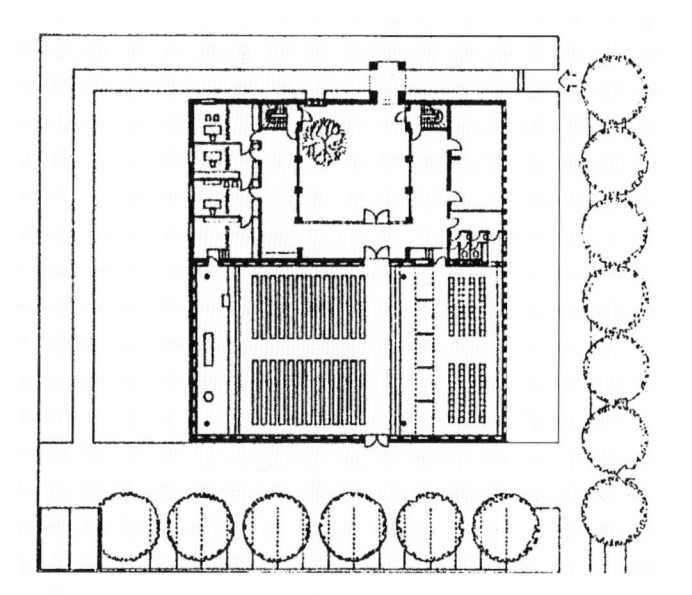

Lit.: München, S. 125 f.; Werner Eichberg, Hrsg. Georg Küttinger, München 1985, S.80-83

St. Ulrich (kath.)
Am Moosanger 10
85354 Pulling bei Freising
Grundsteinlegung: 1.12.1963
Weihe: 11.7.1965
Architekt: Hans Hofmann

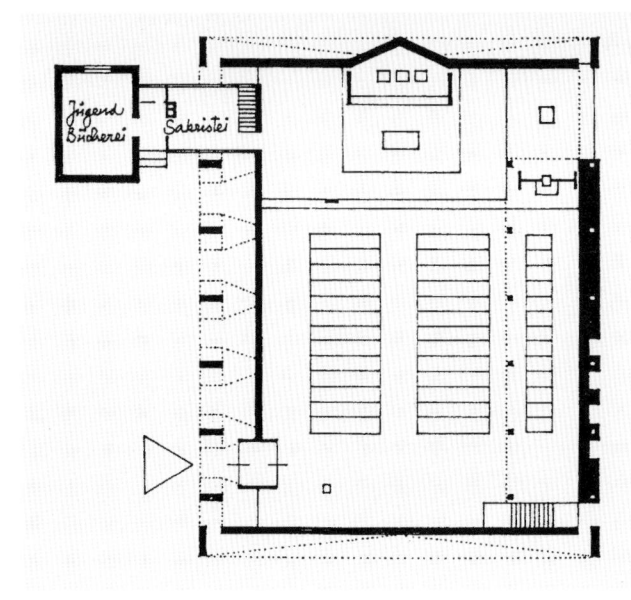

Pulling, eine Dorfgemeinde vor Freising, ist ein in Jahrhunderten gewachsenes Reihendorf im Pullinger Moos. Durch die sprunghafte Zunahme der Bevölkerung wurde ein angemessenes Seelsorgezentrum erforderlich. Nach städtebaulichen Überlegungen begann die Baumaßnahme 1963 mit der Umbettung des Friedhofes. Dadurch wurde ein Kirch- und Dorfplatz vor dem neuen Gotteshaus geschaffen. Der Kirchenbau sollte in die breitgiebeligen Bauernhäuser und getünchten Stadel eingegliedert werden; mit neuzeitlichen Baumitteln sollte ein bäuerliches und bayerisches Gotteshaus geschaffen werden. So entstand ein rechteckiger Kirchenbau von ca. 22 x 30 m mit breitgelagertem Holzdach und einem über die weiß getünchten Giebelseiten vorspringenden Ortgang. Die sechs Betonpfeiler am Kirchplatz, die den inneren Vorhof der Kirche bilden, tragen die Dachkonstruktion. Dieselbe Funktion übernehmen die sechs Stützen vor der gegenüberliegenden Wand, hinter denen der Anbetungsraum vor dem Tabernakel und die Empore eingefügt sind, so daß Außengang und Seitenschiff korrespondierende Räume sind. Licht erhält der Kirchenraum von der Längsseite durch mächtige Lichtschächte und durch die quadratische Gußglaswand des Altarbereichs und der Taufkapelle. Der Altarbereich ist durch eine Balkenkonstruktion in der Art eines Baldachins hervorgehoben. Dieser wurde aus der Kreuzform entwickelt und aus roh behauenem Holz gefertigt. Er umschließt als elementares Zeichen den Ort des Wort- und Opfergottesdienstes. Die einfache bäuerliche Atmosphäre wird unterstrichen durch die Wahl rustikalen Materials und erdiger Farbigkeit. Der über die Sakristei mit der Kirche verbundene massive Turm beherrscht mit 33 m Höhe das Ortsbild.

Reliefziegelboden:
Günther Voglsamer
Sakramentsaltar:
Friedrich Koller

Qu.: Architekt; Lit.: *Katholische Kirche St. Ulrich Pulling*, o. O., o. J.

St. Benedikt (kath.)
Lechnerstraße 11
82067 Ebenhausen
Grundsteinlegung: 5.8.1961
Weihe: 5.9.1965
Architekt: Hans Heps

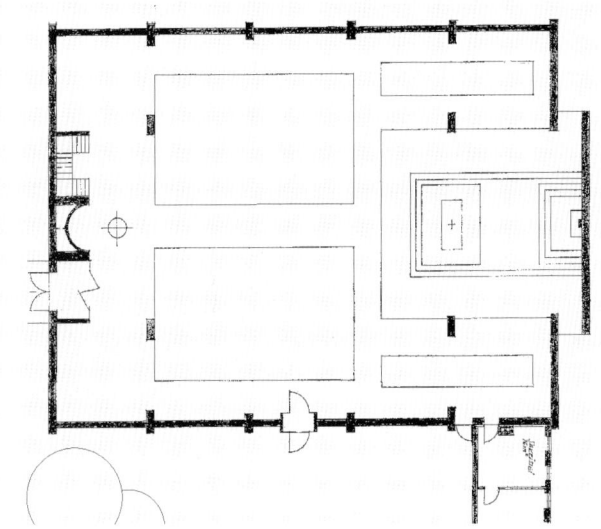

In der Nähe der barocken Klosteranlage der Benediktiner in Schäftlarn entstand im Isartal ein moderner Kirchenbau, der dem hl. Benedikt geweiht ist. Kirche und Pfarrhaus werden von einem spitzen, 48 m hohen, weithin sichtbaren Turm überragt. Der Kirchenraum hat einen rechteckigen Grundriß von 35,5 x 24 m mit einer Firsthöhe von 17,85 m. Das steile Satteldach ist als doppeltes Kehlbalkendach ausgebildet, das seine Lasten über Faltwerke auf die beidseitigen Stahlbetonpfeiler ableitet. In die Dachflächen sind wie Stichkappen die Farbglasfenster eingeschnitten, durch die der Raum von den Langseiten her belichtet wird. Unter der rückwärtigen Empore ist zwischen zwei Beichtstühlen die Taufkapelle eingebaut. Der Altarbereich nimmt die gesamte Breite des Raumes ein und liegt über fünf Stufen erhöht. Beherrscht wird der Raum von dem wandhohen Altarbild, dessen bühnenartiger Eindruck durch seitliche Lichtstreifen verstärkt wird. Das Fresko mit eingelegten Silber- und Goldmosaikplättchen stellt das Himmlische Jerusalem dar nach der Offenbarung des Johannes, Kap. 21 und 22. Der Altar wurde als Block aus römischem Travertin hergestellt, auf dessen Seiten eingekerbte Zeichen die elf Apostel um den Tisch des Herrn zeigen. Der Kreis wird geschlossen durch die Handlung des Priesters. Der seitlich des Altars aufgestellte Tabernakel besteht aus Bronze, ist teilweise vergoldet und mit großen Bergkristallen geschmückt, die die sieben Sakramente symbolisieren.

*Altarbild, Glasfenster:
Franz Nagel;
Ausführung der
Glasfenster: Mayer'sche
Hofkunstanstalt
Altar, Tabernakel,
Ambo, Apostelleuchter,
Altarleuchter:
Christine Stadler*

*Qu.: AEM Baureferat Nr.
10 143, Pfarramt; Lit.:
Sankt Benedikt Ebenhausen/Isartal, Landau 1966
(2. Aufl.)*

Heilig Kreuz (kath.)
Höhenbergstr. 1
82340 Feldafing
Grundsteinlegung: 21.11.1963
Weihe: 5.9.1965
Architekt: Georg W. Barnert

Die aus dem 16. Jahrhundert stammende, um 1890 im Beuroner Stil restaurierte und mit einem Anbau im Westen erweiterte Pfarrkirche St. Peter und Paul bot mit 90 Sitzplätzen der großen Gemeinde in Feldafing nicht mehr genug Platz. So wurde an exponierter Stelle hoch über dem Ort ein Kirchenneubau errichtet mit markantem Turm, dessen breites und tief heruntergezogenes Dach weithin sichtbar ist. Über einem unregelmäßigen Sechseck von 12 beziehungsweise 37 m Breite und 41 m Länge erhebt sich der Kirchenraum mit rückwärtiger Orgelempore, der nun 450 Personen faßt. Die nördliche Langhauswand ist aufgeglast, die südliche hingegen, bis auf 13 kleine Farbglasfenster, die Darstellungen aus der Passionsgeschichte zeigen, geschlossen. Der Altarbereich nimmt die ganze Breite des sich nach Osten verjüngenden Raumes auf und ist um fünf Stufen erhöht. Altar, Ambo und Tabernakelgehäuse sind aus naturbehauenem Marmor. In diesem Raum zieht das große Kreuz die Aufmerksamkeit auf sich. Die Emaillearbeit zeigt die Zahlensymbolik 4-5-8, die auf die vier Erdteile hinweist, »denen der Gnadenstrom des Kreuzes vom Mittelpunkt aus über die fünf Wundmale des Herrn zufließt. Die Zahl acht symbolisiert die Auferstehung Christi, seine Erhöhung« (Festschrift). Es ist das Siegeskreuz, das erhöhte und verklärte Kreuz Christi, das der Kirche den Namen gegeben hat. Dem runden Farbglasfenster seitlich des Altars liegt ein Text aus der Offenbarung des Johannes, Kap. 5, zugrunde: Christus, das mächtige Lamm mit sieben Hörnern und sieben Augen, ist würdig, die Buchrolle mit den sieben Siegeln zu öffnen.

*Kreuz, Altarleuchter: Sonja Lorenz
Rundfenster, Kreuzwegfenster: Franz Hubert Menke;
Ausführung: Mayer'sche Hofkunstanstalt
Altar, Ambo, Sakramentshäuschen: Max Strack*

Qu.: Bischöfl. Ordinariat Augsburg, Kunstreferat; Pfarramt; Lit.: Festschrift zur Einweihung der Heiligkreuzkirche in Feldafing 5. September 1965; Pfarrbrief Weihnachten 1989

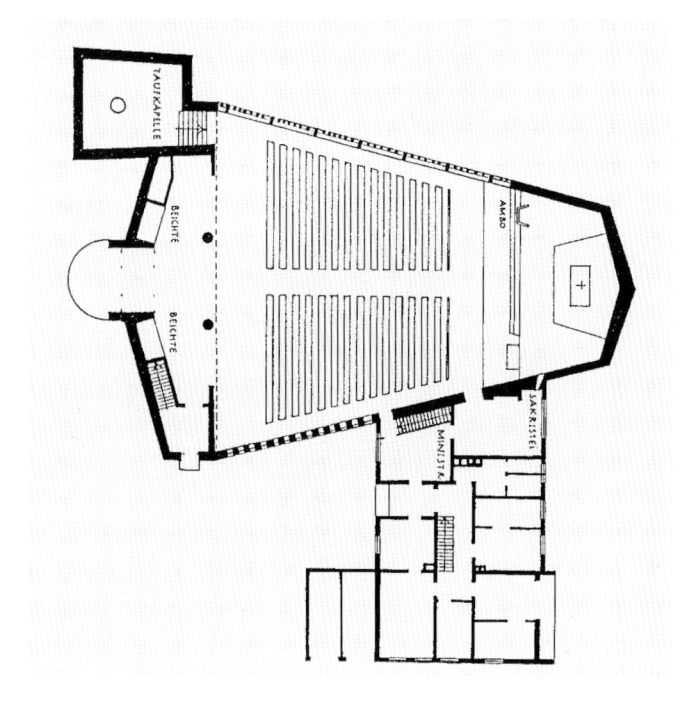

Bartimäus-Gemeindezentrum (evang.-luth.)
Giggenbacherstraße 20
81249 München-Lochhausen
Grundsteinlegung: 11.10.1964
Weihe: 3.10.1965
Architekt: Luitpold Hager

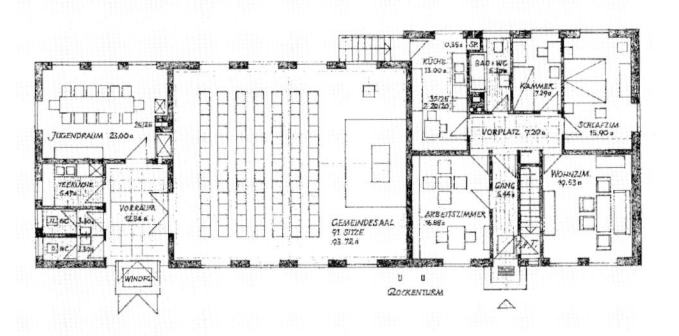

Nach dem Zweiten Weltkrieg nahm die Zahl der Protestanten durch die Ansiedlung der Heimatvertriebenen so stark zu, daß ein Kirchenbau mit Gemeinde- und Pfarrhaus geplant wurde, von denen aber nur der erste Bauabschnitt, das Gemeindehaus mit Gottesdienstraum und die Vikarswohnung, zur Ausführung kamen. Der von der Straße zurückgesetzte und auf einer leichten Böschung liegende eingeschossige Baukörper (28 x 10 m) wird durch einen freistehenden Glockenträger als kirchliches Zentrum gekennzeichnet. Die Gliederung in Wohn- und Gemeindebereich ist äußerlich sowohl durch die Fenstergröße als auch durch den Glockenträger angedeutet. Der längsgerichtete, helle Gottesdienstraum ist mit weiß gestrichenen, leicht wie die Dachform abgeknickten Stahlbetonbindern überspannt. Das flache Satteldach hat im Inneren Holzlattenverkleidung. Der schlichte Raum wird beherrscht von dem Altarbild, einem Triptychon, das expressiv farbig (Acryl auf Holz) das Gleichnis des verlorenen Sohnes darstellt. Die nebeneinander angeordneten Prinzipalstücke wurden aus Holz gearbeitet. Die lose Bestuhlung ergänzt die Ausstattung dieses Raumes.

Altarbild: Walter Habdank

Qu.: Pfarramt, Kirchenbauamt

St. Matthias (kath.)
Appenzeller Straße 2
81475 München-Fürstenried-West
Grundsteinlegung: 22.11.1964
Weihe: 12.12.1965
Architekt: Alexander Freiherr von Branca

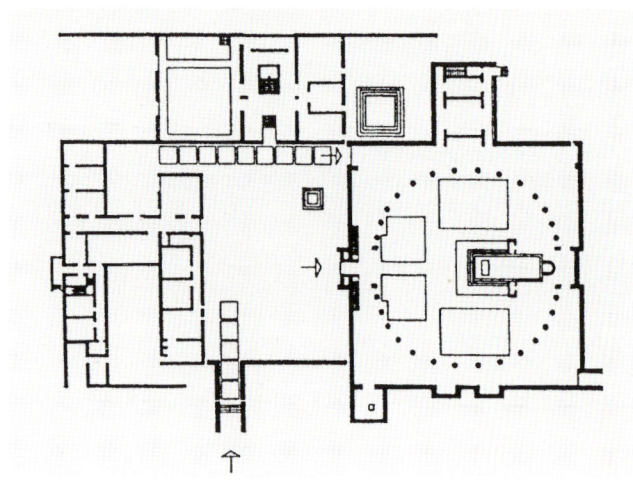

Bis zum Neubau diente ein Zelt als Gottesdienstraum. 1964/1965 entstand auf den ehemaligen Parkanlagen des Schlosses Fürstenried, heute an der Kreuzung zweier breiter Straßen, inmitten niedriger Einfamilienhäuser und großer Wohnblöcke das Pfarrzentrum St. Matthias. Kirche und Nebengebäude bilden einen in sich geschlossenen, burgartigen Bezirk. Durch einen 20 m hohen Turm wird der Kirchplatz betreten. Von hier aus erschließen sich mehrere einander zugeordnete atriumähnliche Höfe. Auch die Zugänge zum Kirchenraum liegen an diesem Vorhof. Dem eigentlichen Feierraum mit quadratischem Grundriß ist ein Rundbau eingestellt. Dieser ruht auf 32 Betonrundpfeilern mit unregelmäßigen Abständen. Zum Altar und zum Eingang verdichtet sich die Pfeilerstellung. In 14 m Höhe hebt sich die Decke durch ein schmales Lichtband ab. Der um zwei Stufen erhöhte und

unmittelbar in der Gemeinde stehende Altar hat direktes Oberlicht. Ein großes Bronzekreuz mit biblischen Darstellungen zieht den Blick auf die Stirnwand hinter dem Altar. An der Südwestecke ist über quadratischem Grundriß die Taufkapelle mit dem Taufbrunnen aus Muschelkalk angefügt. Dem Nebeneingang gegenüber liegt im nordöstlichen Bereich die Werktagskapelle. Ein nicht weit vorgezogener Wandvorsprung, in dem der Tabernakel eingelassen ist, trennt die Räume.
Für alle Bauten wurde außen und innen ein dunkelbrauner Klinkerziegel verwendet. Im Innenraum sind Decke, Bänke und Beichtstühle aus rötlichem Afzeliaholz. 1965 errichtete Erik Braun den Kindergarten.

Bronzeportal:
Manfred Bergmeister
Steinbrunnen im Vorhof:
Johannes Engelhardt
Altar, Taufstein:
Johannes Kreuz
Tabernakel, Altar- und Apostelleuchter:
Blasius Gerg
Bronzekreuz:
Roland Friedrichsen

Qu.: Pfarramt; Lit.: St. Matthias München, Landau/Isar 1966 (2. Aufl.); Christl. Kunstblätter 1967, 32 f.; Baumeister 64. 1967, S. 1534 f.; Bayerland 1968, Nr. 12, S. 21 ff.; Reinhard Gieselmann, Neue Kirchen, Stuttgart 1972, S. 116 ff.; Lieb-Sauermost S. 275-280; Schnell S. 211; Ramisch-Steiner S. 175; München S. 98; Kahle S. 118; Biller-Rasp S. 86

Dankeskirche (evang.-luth.)
Keferloherstraße 66
80807 München-Milbertshofen
Grundsteinlegung: 6.12.1964
Weihe: 12.12.1965
Architekt: Gustav Gsaenger

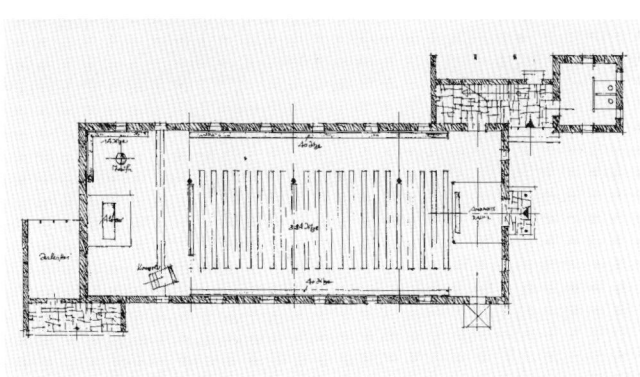

Inmitten eines ehemaligen Arbeiterviertels mit den Fabriken von BMW, Hurth, Knorr- und Südbremse entstand die Dankeskirche. Als Materialien wurden in Anlehnung an die umgebenden Fabrikbauten unverputzter, roter Ziegelstein sowie für die Innenausstattung schwarzes Schmiedeeisen verwendet. Damit sollte den Arbeitern auch in der Kirche ein vertrauter Raumeindruck vermittelt werden. Dem längsgerichteten Kirchenraum mit flacher Holzdecke von 13 x 33 m ist im Nordosten die Sakristei angebaut. Vier Mosaikfelder mit den Evangelistensymbolen und darüber ein großes Fenster mit dem Dankbaren Samariter, der auf den Namen der Kirche hinweist, heben die Altarwand hervor. Seitliche Gänge führen am mittleren Bankblock entlang zum Altarbereich, der in der Breite des Schiffes um drei Stufen erhöht ist. Seitlich des Altars sind die Kanzel, die noch einen Schalldeckel trägt, Ambo und Taufe angeordnet. Bronzetafeln an den Langseiten zeigen Stationen aus dem Leben Christi.

*Glasfenster: Kögler
Altarkreuz, Bronzetafeln: Max Faller*

Qu.: Pfarramt, Arch. Mus. TUM

Kapelle im Ordenshaus der Jesuiten (kath.)
Zuccalistraße 16
80639 München-Nymphenburg
Grundsteinlegung: 31.7.1963
Weihe: 2.2.1966
Architekt: Paul Schneider-Esleben, Düsseldorf

Das Ordenshaus für die oberdeutsche Provinz des Jesuitenordens in München mit dem Redaktionsgebäude der Zeitschrift ›Stimmen der Zeit‹ liegt in unmittelbarer Nähe der Amalienburg am Nymphenburger Park. In dieser historischen Umgebung war nur ein niedriger, differenzierter Baukörper erlaubt. Die klösterliche Anlage wird überragt von einem hohen, fensterlosen, dreiteiligen Gebäude, das an eine Klosterkirche erinnert. Hier ist die Bibliothek des Ordenshauses mit Leseräumen und Magazinen untergebracht. Auf der Südseite befindet sich der niedrigere Kapellenturm mit vier nebeneinander liegenden spitzwinkligen Zelebrationskapellen. Der Gesamtanlage liegt ein Sechseckraster zugrunde. Dieses wird durch den trapezförmigen Grundriß der Kapelle gesprengt. Den streng geschlossenen Kirchenraum mit seinen hohen, unverputzten Betonwänden durchbricht auf der Südwestseite eine matt verglaste Wand mit direktem Zugang zu Garten und Straße. Ein hoch gelegenes Fenster betont den Altarbereich. Der über dem Altar höhergeführte Raum hat die Form eines Sechsecks.

Die rückwärtige, von zwei Stützen getragene Empore ist den Hausbewohnern vorbehalten, während der Kapellenraum auch für Besucher zugänglich ist. Der Altarbereich nimmt den großen, quadratischen Altartisch auf, den Evangelistenteppich an der Altarwand und die Bronzeplastik der Madonna mit Kind, eine Wiederholung der Hasenbergl-Madonna. Der Tabernakel ist in die seitliche Wand eingelassen. Der Bau wurde in Stahlbeton ausgeführt und sämtliche Außenflächen in schalungsrauhem, mit unregelmäßigen Schalbrettbreiten hergestelltem Sichtbeton belassen.

Eigentümer und Baumaßnahmenträger:
Orden der Jesuiten

*Evangelistenteppich:
Mauritius Heintz
Madonna, 1964:
Karl Potzler
Tabernakel, Altartisch,
Bodenleuchter: nach
Entwurf des Architekten*

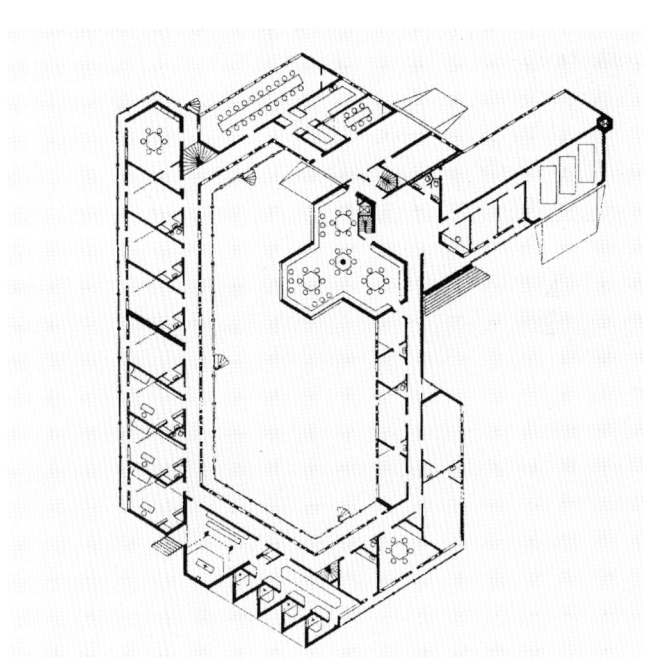

*Qu.: Ordensarchiv; Lit.:
Baumeister 63. 1966,
S. 389-93; Kunst u. Kirche
30. 1967, S. 60; Diskussion S. 176 f.; Detail
1966, H. 4, S. 702-709;
Zeit im Aufriß. Architektur
in Bayern nach 1945,
Ausst. Residenz, München
1983, S. 89; Architekturführer S. 54*

St. Wolfgang (kath.)
Balanstraße 22
81669 München-Haidhausen
Grundsteinlegung: 8.11.1964
Weihe: 15.5.1966
Architekt: Michael Steinbrecher

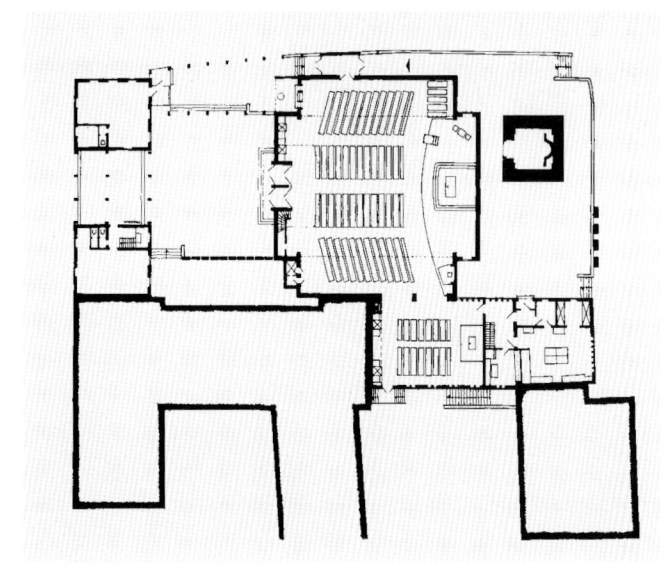

Im März/April 1964 wurden die letzten Ruinenreste der 1920 von Hans Schurr errichteten, im Kriege zerstörten Kirche St. Wolfgang beseitigt. Ein halbes Jahr später fand die Grundsteinlegung für den Neubau mit Pfarrzentrum statt. Die neue Kirche erreicht etwa die halbe Länge des Vorgängerbaues. Die Größe des ehemaligen Gebäudes wird durch die beiden seitlichen, niedrigen Gemeindebauten vor dem Eingang, die durch eine Pergola miteinander verbunden sind, angedeutet. Durch diese Anordnung entstand der Vorhof, der zu einer Grünanlage überleitet. Der in seiner größten Ausdehnung nahezu quadratische Innenraum von ca. 27 m Seitenlänge hat seitlich gesenkte Decken, so daß der Eindruck von schmalen, hohen Seitenschiffen entsteht, mit bandartig angeordneten hochliegenden Fenstern. Decke und Wände sind mit reliefartigem Stuck überzogen. Der eingezogene Altarraum von geringer Tiefe trägt an der Stirnwand ein großes Mosaikbild, das, zusammen mit dem Farbglasfenster im Westen zwischen Portal und Orgelempore, festliche Akzente in diesem Raum setzt. Das Mosaik zeigt die Wiederkunft Christi oder Christus in seiner Gemeinde, der als Herrscher inmitten von Menschengruppen der Gemeinde dargestellt ist, deren Gliederung an ein Kreuz erinnert. Seitliche schmale Fenster geben dem um vier Stufen höher liegenden Altarbereich indirektes Licht. In der nordwestlichen Ecke führen drei Stufen abwärts in die Taufkapelle. Das Taufbecken steht in der Mitte des Raumes vor einem Glasfenster mit leuchtenden Farben. Im Süden ist die Kreuzkapelle über langrechteckigem Grundriß angebaut. Ihre Ausstattung ist der des Kirchenraumes ähnlich. In den Fenstern sind die Kreuzwegstationen eingeschliffen. Der alte Kirchturm wurde in seiner ursprünglichen Gestalt nach dem Krieg wiederhergestellt. Mit den Vorbauten von Sakristei und Pfarrhaus entstand an der Straße ein weiterer Vorplatz.

Wandmosaik, Glasfenster
über Hauptportal,
in Taufkapelle, Kreuzweg
in Fenstern der Kreuz-
kapelle: Alfred Schoepffe
Tabernakel:
Matthäus Bayer
Ambo, Altarleuchter,
Hauptportal, Emporen-
brüstung, Gitter an
Taufkapelle:
Manfred Bergmeister
Altarstein, Taufstein,
Apostelsteine,
Gedenktafel:
Karl Oppenrieder
Grundstein, Altarkreuz, Vortragekreuz:
Josef Hamberger

St.-Antonius-Säule,
Flachreliefs in Holz
(St. Josef, St. Johannes
Bosco, St. Wolfgang):
Gisela Fichtner

Qu.: Arch. Mus. TUM;
Lit.: Festschrift zur Ein-
weihung St. Wolfgang
München am 15.5.1966,
München (1969); Ramisch-
Steiner S. 238

St. Vinzenz (kath.)
Vinzenzstraße 7
85435 Erding-Klettham
Grundsteinlegung: 29.11.1964
Weihe: 19.6.1966
Architekt: Josef Rampl

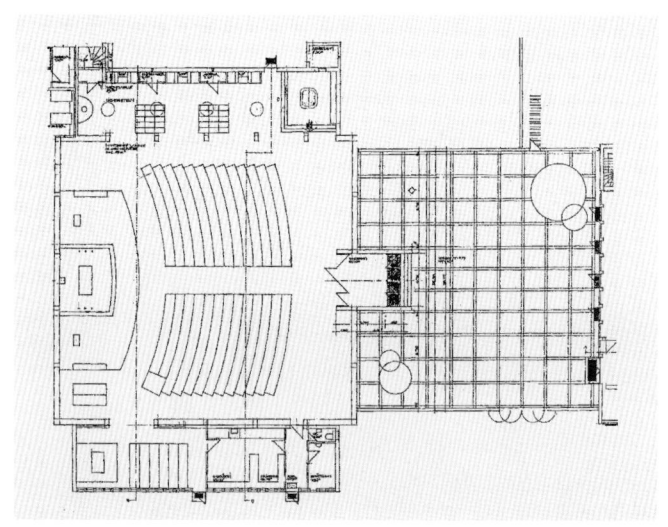

Der Kirchenbau über rechteckigem Grundriß gliedert sich in einen zentralen Mittelraum und zwei Seitenschiffe. Im südlichen Seitenschiff befindet sich die Hedwigskapelle, im nördlichen die Buß- und die Taufkapelle. Im Hauptraum steht an der Westseite der um fünf Stufen erhöhte Altar als mächtige Steinplatte auf vier Bronzefüßen. Rechts davon erhebt sich als 2,90 m hohe Bronzesäule der Tabernakel, der in seinem oberen Teil eine Nische für das Ewige Licht birgt. Zu Füßen des Altars steht der Ambo, ein Bronzepult mit den vier Evangelistensymbolen. Der Kirchenraum erhält durch das umlaufende Fensterband, das unter dem Dach ansetzt, direktes Licht. In der Taufkapelle führen drei Stufen hinunter zu einem flachen Becken, in dem ein großer Findling als Taufstein liegt, aus dem drei Rinnsale fließen. In der Hedwigskapelle ist die Außenwand in zahlreiche kreuzförmige Fenster gegliedert, die teilweise farbig sind und verschiedene Gegenstände zeigen. Den bedeutendsten Schmuck in dem Kirchenraum bilden die Mosaiken an der Altarwand und der Kreuzweg (1984).
Die Altarwand zeigt eine Darstellung nach dem Text der Offenbarung des Johannes (Kap. 5,6 f.; 22, 12). Dieses Mosaik wird fortgesetzt in den Streifen seitlich vom Altar unterhalb des Fensterbandes. Sichtbetonwände und Klinkermauern der Seitenschiffe umschließen den Raum, dessen Boden gleichfalls mit Klinkersteinen ausgelegt ist. Westlich des Hauptbaues steht der weithin sichtbare, in Beton ausgeführte Kirchturm, der an der Straßenkreuzung auf den Sakralbau hinweist. 1994/1995 errichteten Michael Braun und Wolfgang Hesselberger das Pfarrheim mit Pfarrbüro, Clubraum, Pfarrsaal, Bibliothek und Jugendräumen.

Mosaiken:
Bruder Benedikt Schmitz
Altarleuchter
(Hedwigskapelle):
Erich Heuschneider
Farbglasfenster:
Roswitha Hoh
Vinzenzsäule (Vorhof)
und alle Bronzearbeiten:
Josef Hoh
Holzkreuz (Taufkapelle):
Maria Munz-Natterer
Vortragekreuz:
Thomas Otto Munz
Marienstatue: Schwester
M. Bernhardine Weber

Qu.: Pfarramt, Architekt;
Lit.: St. Vinzenz Klettham,
St. Ottilien o. J.

St. Josef (kath.)
Am grünen Markt 2
82178 Puchheim-Bahnhof
Grundsteinlegung: 4.4.1965
Weihe: 26.6.1966
Architekt: Guenter Eisele

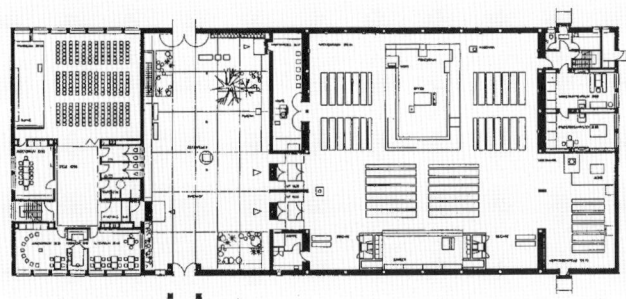

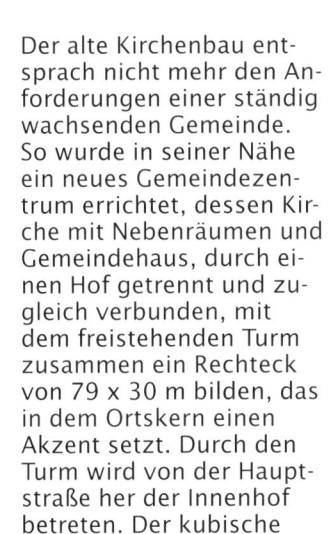

Der alte Kirchenbau entsprach nicht mehr den Anforderungen einer ständig wachsenden Gemeinde. So wurde in seiner Nähe ein neues Gemeindezentrum errichtet, dessen Kirche mit Nebenräumen und Gemeindehaus, durch einen Hof getrennt und zugleich verbunden, mit dem freistehenden Turm zusammen ein Rechteck von 79 x 30 m bilden, das in dem Ortskern einen Akzent setzt. Durch den Turm wird von der Hauptstraße her der Innenhof betreten. Der kubische Kirchenbau mit quadratischem Grundriß von 30 m Seitenlänge ist eine Stahlbetonkonstruktion, ausgefacht mit Mauerwerk. Die Kassettendecke in Stahlbeton überspannt den ganzen Innenraum. In den Kassetten sind vier Dachoberlichtkuppeln über dem Altar integriert, so daß das von oben in den Kirchenraum fallende Licht den Altar auch optisch zentriert. Zur feierlichen Gesamtwirkung des Raumes trägt das 120 m lange und 1,25 m hohe Fensterband bei, das den gesamten Kirchenraum umschließt. In leuchtenden Farben und abstrakten Formen wird hier das Neue Jerusalem dargestellt. Die um drei Stufen erhöhte Altarinsel ragt weit in den Raum hinein und wird auf drei Seiten von Bankreihen umfaßt. Gegenüber steht das Podest für den Chor mit seitlich angeordneten Beichtstühlen. Dem Kirchenraum sind im Süden Sakramentskapelle, Sakristei und Ministrantenraum sowie im Norden die Taufkapelle angefügt.

*Glasfenster:
Fritz Baumgartner;
Ausführung:
Gustav van Treeck
Altäre, Tabernakel, Standkreuz, Taufstein, Ambo, Bodenleuchter, Apostelleuchter, Sedilien:
Karlheinz Hoffmann
Eingangsportal, Gitter:
Manfred Bergmeister*

Qu.: Architekt; Lit.: Das Münster 24. 1971, H. 2/3, S. 120

Paul-Gerhardt-Haus (evang.-luth.)
General-von-Stein-Straße 22 (Pfarramt: Himmelfahrtskirche)
85356 Freising
Grundsteinlegung: nicht bekannt
Weihe: 2.10.1966
Architekt: Werner Fauser

Das Paul-Gerhardt-Haus besteht aus einem zweigeschossigen Gebäude mit ebenerdigem Foyer. Im Parterre liegt der Kirchenraum, im Obergeschoß die Pfarrwohnung, die einen gesonderten Eingang hat. Den Kirchenraum überspannt eine flache verbretterte Decke, die von vier runden Betonpfeilern und dem Ziegelmauerwerk, außen und innen weiß geschlämmt, getragen wird. Den Akzent in diesem schlichten Raum setzt der Webteppich an der Altarwand. Er zeigt in symbolischer Darstellung das Himmlische Jerusalem und die vier Evangelistensymbole. Anders als im Plan angegeben, umgibt heute eine lose Bestuhlung auf drei Seiten den um eine Stufe erhöht stehenden Altar und das Lesepult. Eine Fensterwand sowie ein hochliegendes Fensterband auf der gegenüberliegenden Seite geben dem Raum reichlich Licht. Vom Foyer aus führt die Treppe in den ausgebauten Keller mit Gruppenraum, Küche und Toiletten.

Wandteppich: Münch

Qu.: Architekt, Pfarramt

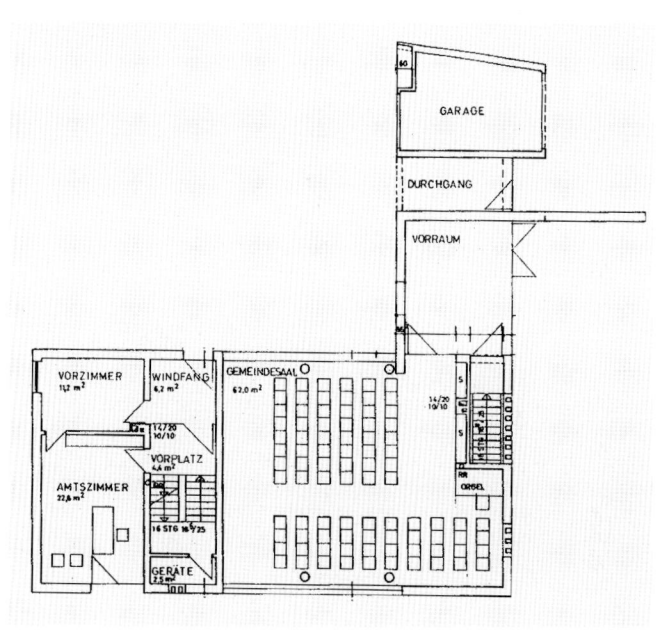

St. Thomas Morus (kath.)
Heckenstallerstraße 104
81369 München-Mittersendling
Grundsteinlegung: 17.10.1965
Weihe: 4.12.1966
Architekt: Karl Jantsch

Zwischen Mittlerem Ring im Süden, Friedrich-Hebbel-Straße im Osten und Konrad-Celtis-Straße im Norden bildet das Pfarrzentrum mit Kirche, Turm, Pfarrhaus, Pfarrheim, Kindergarten, Jugendräumen und Sozialstation eine städtebauliche Einheit. Der Kirchplatz mit dem 44 m hohen Turm und der Einfriedung dient als Vorhof. Der Innenraum hat einen glockenförmigen Grundriß mit einer Gesamtlänge von 38,5 m, einer Breite von 17 m (an der Apsis) bis 32 m; er verjüngt sich im Emporenbereich auf 29 m. Im Westen sind Sakramentskapelle und Sakristei angefügt. Die Konstruktion besteht aus Betonfertigteilstützen mit dazwischenliegendem, innen geschlämmtem Sichtmauerwerk. Die leicht gewölbte Apsiswand wurde im Gleitschalverfahren aus Beton gegossen und innen und außen mit italienischen Nagelfluhplatten verkleidet. Die Dachkonstruktion besteht ebenfalls aus Betonfertigteilträgern, die mit der Wandpfeilerkonstruktion zu einem Rahmenbauteil vergossen wurden. Die Betonkassetten mit darüberliegender Betondecke schließen mit einer in Kupferblech gedeckten Dachholzkonstruktion ab. Diese Deckenkonstruktion erreicht in der Apsis eine Höhe von 21,22 m. Die Glasfenster der Apsis sowie die zwischen den Betonstützpfeilern bestehen aus verschiedenfarbigem Antikglas. Das große Fenster, das die gesamte Fläche der Emporenwand einnimmt, zeigt ›Christus als Herrscher über dem Weltall‹ und das Fenster in der Kapelle ›Christus, das Osterlamm‹. Der Altarbereich erhebt sich über vier Stufen. Altar und Sakramentsaltar sowie der Taufbrunnen in der westlichen Kapelle neben dem Eingang sind aus scharriertem Michelauer Tuff. Der Tabernakel wurde aus Ötztaler Felsgestein gehauen. Auf der Westseite der Anlage befinden sich das Pfarrzentrum und der Kindergarten.

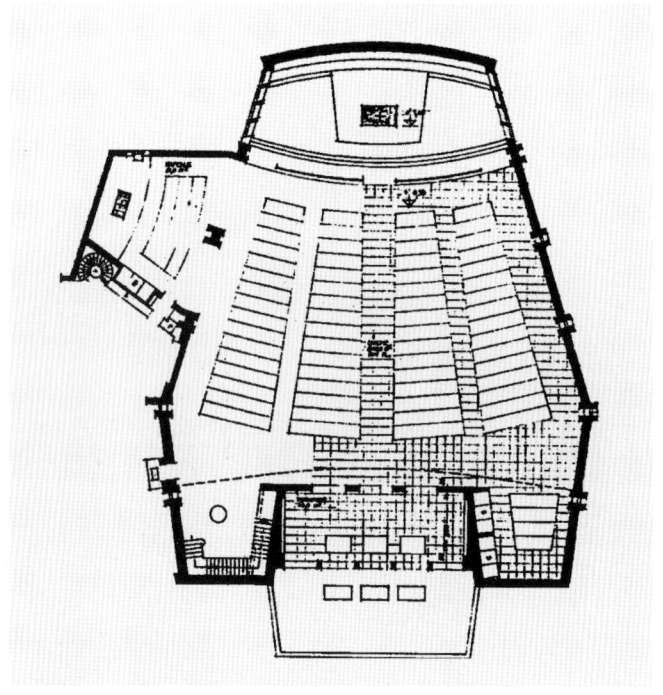

*Glasfenster:
Christian Wolf
Tabernakel, Bekrönung des Taufbrunnens,
Portalgriffe:
Nikolaus Wirth*

Qu.: Architekt; Lit.: Ramisch-Steiner S. 228

Auferstehungskirche (evang.-luth.)
Icho-Ring 47
82057 Icking
Grundsteinlegung: 23.10.1965
Weihe: 4.12.1966
Architekten: Franz Lichtblau und Ludwig J. N. Bauer

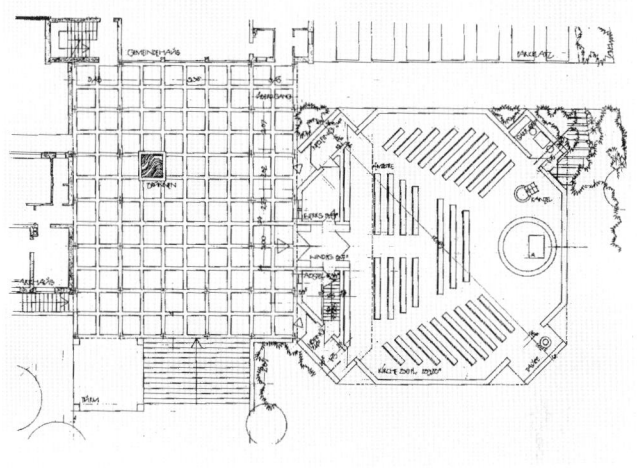

Die Planung ging aus einem Wettbewerb hervor, zu dem O. A. Gulbransson seine letzte Arbeit eingereicht hatte. An dem nach Südosten abfallenden Hang vor dem Ickinger Waldfriedhof sind Kirche, Gemeindehaus, Pfarrhaus und Turm um einen Innenhof mit bedecktem Umgang angeordnet, an dem alle Zugänge liegen. Der Kirchenbau mit der Grundrißform eines Achtecks von ca. 19 x 19 m bietet im Innenraum ungefähr 240 Sitzplätze. Die Kirche ist in Massivbauweise errichtet, außen und innen weiß verputzt. Das Dach besteht aus einer Holzkonstruktion über Ringankern, die an vier Seiten zu verglasten Giebeldreiecken hochgezogen sind und Farbglasfenster tragen. Die vier Zeltdachflächen sind über jeder zweiten Achteckseite abgeschleppt, so daß in den Ecken Räume für Taufkapelle, Sakristei und Nebeneingänge entstanden. Unter der Empore sind seitlich des Windfangs Nebenräume und der Emporenaufgang angeordnet. Der Altarbereich ist, anders als zunächst im Plan angegeben, um zwei Stufen erhöht. Neben dem von der Wand abgerückten Altar steht seitlich die Kanzel. Die Prinzipalstücke wurden aus Werkstein geschaffen. Wandhohe Farbglasfenster zeichnen den ebenerdigen Taufbereich aus.

*Altar, Kanzel, Taufstein (alle Muschelkalk), Altarkreuz, Leuchter, Osterleuchter: Karlheinz Hoffmann
Glasfenster: Gerd Jähnke*

Qu.: Architekt

Immanuelkirche (evang.-luth.)
Allensteiner Straße 7
81929 München-Denning
Grundsteinlegung: 30.5.1965
Weihe: 11.12.1966
Architekten: Franz Lichtblau und Ludwig J. N. Bauer

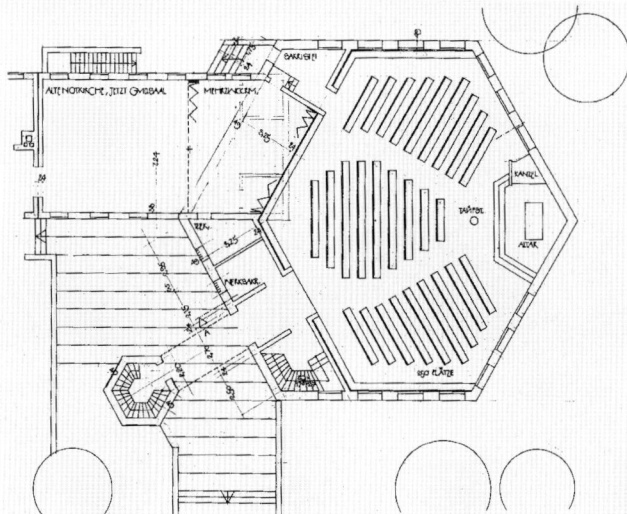

Auf dem heutigen Kirchengrundstück wurde bereits 1937-1939 ein Betsaal errichtet, der aber für die ständig wachsende Gemeinde in den Ortschaften Englschalking, Johanneskirchen Dorf und Siedlung, Daglfing und Zamdorf nicht mehr ausreichte. So entstand auf dem noch unbebauten Ostteil des Grundstücks im Anschluß an den Betsaal ein Kirchenneubau. Der alte Betsaal dient seitdem als Gemeindesaal. Mit dem bereits vorhandenen Pfarrhaus wurde nun eine hufeisenförmige Anlage errichtet, die sich zur Allensteiner Straße, an der auch der Campanile steht, öffnet. Der Grundriß des Kirchenbaues ist ein regelmäßiges Sechseck von 11,50 m Seitenlänge, über das sich ein Zeltdach spannt. Der Altarwand in der östlichen Giebelecke steht die Orgelempore zwischen den beiden Giebelecken der Westseite gegenüber. Unterhalb der Orgelempore sind Sakristei und Nebenräume eingebaut. Den Mittelpunkt des Raumes bildet der um zwei Stufen erhöhte Altar, der durch seinen Aufbau auf Stützen als Zentrum der Kirche gekennzeichnet ist. Seitlich davon stehen in gleicher Höhe die Kanzel und in der Mitte, drei Schritte vor den Altarstufen, gleichsam als Schwerpunkt der Kirche, der quadratische Taufstein. Anstelle der ursprünglich vorgesehenen Gestaltung der Prinzipalstücke in Naturstein wurden sie aus Kostengründen in Sichtbeton ausgeführt. Das Fresko hinter dem Altar mit dem Kreuz von Golgatha sowie die Bilder der in Schwarz und Gold gestalteten Glasfenster, sechs zu beiden Seiten des Altars, stehen im engen Zusammenhang mit dem Namen der Kirche: Immanuel – Gott mit uns. Das Gebäude besteht aus einer Betonkonstruktion mit einer Eisenkonstruktion des Daches.

*Farbglasfenster verbleit,
Altarwandfresko:
Hubert Distler
Altar, Altarkreuz,
Leuchter, Kanzel,
Taufstein, Taufleuchter:
Karlheinz Hoffmann*

*Qu.: Pfarramt, Architekt;
Lit.: Das Münster 20.
1967, S. 71; Festschrift
25 Jahre Immanuelkirche
Denning 1966-1991,
Denning (1991)*

St. Mauritius (kath.)
Templestraße 5
80992 München-Moosach
Grundsteinlegung: 23.3.1966
Weihe: 5.3.1967
Architekten: Herbert Groethuysen, Detlef Schreiber, Gernot Sachsse

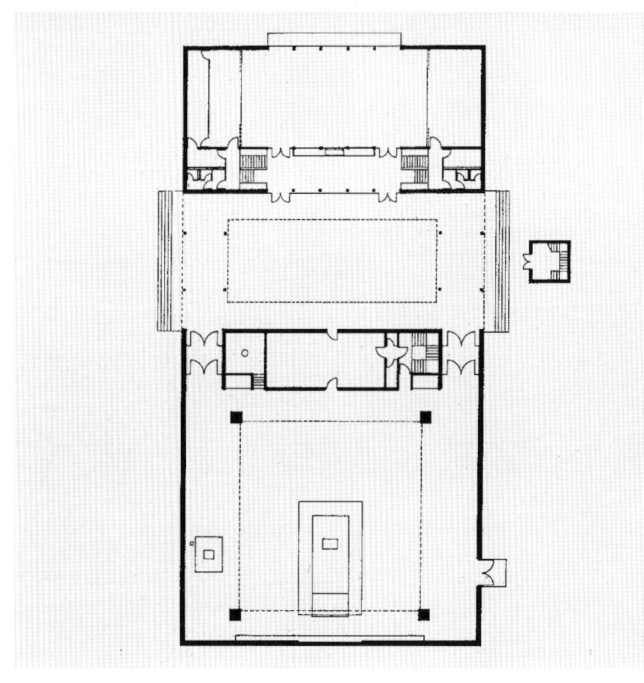

Zelte dienten als Gottesdienstraum, bis 1966/1967 das Gemeindezentrum entstand. Kirche, Gemeindehaus, Turm, Kindergarten, Pfarrhaus, Mesnerhaus und der Parkplatz sind an einem Fußgängerweg zwischen Maria-Ward- und Templestraße hintereinander angelegt. Kirche und Gemeindehaus wurden einander so zugeordnet, daß sich ihre Eingänge an einem gemeinsamen Vorhof gegenüberliegen. Der Kirchenraum selbst besteht aus einer hohen, im Grundriß quadratischen Halle von 21 m Seitenlänge und 14 m Höhe mit umlaufenden niedrigen Seitenschiffen von 3,50 m Höhe. Das Zentrum bildet der Altar auf einer weit in den Raum vorgeschobenen, um zwei Stufen erhöhten Insel. Das rechte Seitenschiff dient als Sakraments- und Werktagskapelle. Sakristei, Taufkapelle und Beichtstühle sind im rückwärtigen Schiff, zwischen den Eingängen, eingefügt. Die Taufkapelle, die um vier Stufen niedriger liegt als der Kirchenraum, nimmt in ihrer Mitte den runden Taufstein mit der marmornen Wasserschale auf. Taufbrunnen, Altartisch und Altarstufen sowie die Sedilien sind aus Montanagranit geschaffen. Die Wände des mittleren Bereiches spannen sich freitragend zwischen den Eckpfeilern des quadratischen Raumes. Sie bestehen aus zweischaligem Stahlbeton. Gekreuzte Spannbetonträger ergeben eine Betonkassettendecke, die sich über dem Altar in neun Lichtkuppeln öffnet. Außerdem wird der Raum durch ein 35 cm hohes Fensterband unterhalb des Daches gleichmäßig erhellt. Die Seitenschiffe haben aus akustischen Gründen schallschluckende Holzdecken und Wandverkleidungen aus Lochziegeln. Die Außenwände der erdgeschossigen Teile sind außen mit isoliertem Beton und vorgehängter Waschbetonverkleidung versehen.

*Altarinsel mit Altar und Sedilien, Ambo, Altarleuchter, Osterleuchter (Aluminium), Altartisch (Werktagskapelle), Tabernakelstele (Granit), Tabernakelkasten (Messing poliert, Sockel aus Glas/Plexiglas), Weihwasserbecken: Blasius Gerg
Vortragekreuz, um 1967: Hans Berchtenbreiter*

Qu.: Pfarramt; Architekt; Lit.: Festschrift Sankt Mauritius München, Landau/Isar o. J.; Kunst u. Kirche 32.1969, S.159 ff.; Bauen in München 1960 bis 1970. Hrsg. vom Baureferat der Landeshauptstadt München, München 1970, S. 275 f.; München S.99; Ramisch-Steiner S. 176 f.

St. Bartholomäus (kath.)
Ödenpullacher Straße 23
82041 Deisenhofen
Grundsteinlegung: 24.4.1966
Weihe: 9.4.1967
Architekt: Michael Pongratz

Seit 1963 wurde der katholische Gottesdienst in einem Kirchenzelt an der Laufzorner Straße abgehalten. Mit dem Pfarrzentrum, bestehend aus Kirche, Pfarrsaal, Jugendräumen, Pfarrbibliothek, Kindergarten und einer Volksschule sollte das gesellschaftliche Zentrum für den weitverzweigten Ort Deisenhofen entstehen. Kirche und Nebenbauten sind um einen Hof gruppiert. Der 42 m hohe Campanile steht verbindend zwischen Kirche und Pfarrheim an der Zugspitzstraße und weist auf die Anlage hin. Der Kirchenraum hat einen quadratischen Grundriß von 30 m Seitenlänge und ist von zwei Stahlbetonrahmen mit Hohlkastenquerschnitt als tragenden Bauteilen eingefaßt. Zwischen diesen sind sechs Stahlbetonbinder in den steil aufragenden, zeltförmigen Raum eingestellt. Dieser wird an seinen Ecken von vier starken Pfeilern markiert und durch 12 schlanke, konisch emporsteigende Stützen gegliedert.

Die Firsthöhe beträgt im Inneren 23,5 m. Die Längsseiten durchläuft ein Fensterband unterhalb des Daches. Der um drei Stufen erhöht stehende Altar ist von der nördlichen Giebelwand abgerückt. Er besteht, ebenso wie Sakramentsaltar und Taufstein, aus römischem Travertin. Die Wand hinter dem Altar wird durch ein Mittelfeld aus Brannenburger Nagelfluhquadern betont. Das Bronzebild an dieser Wand zeigt den erhöhten Christus. Auf der Südseite befindet sich zwischen den Eingangsportalen die Empore und darunter die um drei Stufen abgesenkte Taufkapelle. Die beiden Farbglasfenster in der Kapelle zeigen die Taufe Christi und das Pfingstwunder. Die Wandbilder auf der West- und Ostseite sind zwischen 1986 und 1988 in den Kirchenraum gekommen. Sie geben Szenen aus dem Leben Jesu und seine Begegnungen mit den Aposteln wieder. An der Westseite ist die Sakramentskapelle angebaut. Die Wände bestehen innen aus geschlämmten Vormauerziegeln und sind an der Südseite aus schalltechnischen Gründen mit teilweise offenen Fugen versehen. Die Decke aus Fichtenbrettern ist ebenfalls mit schallschluckenden Materialien hinterlegt.

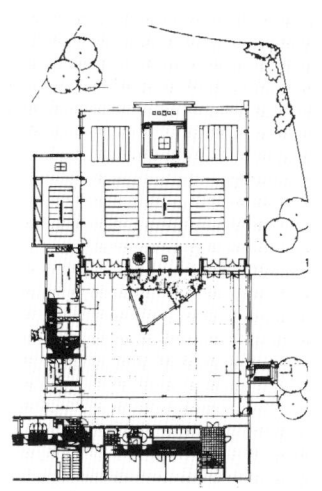

Qu.: Pfarramt, Architekt; Lit.: Sankt Bartholomäus Deisenhofen, Landau/Isar (1967); Münchner Merkur v. 7.4.1967; Ramisch-Steiner S.60

Bildnis Christi, Ambo, Altarleuchter:
Christine Stadler
Apostelleuchter, Bronzeplastik ›Christus beruft Nathanael‹, Taufstein:
Matthäus Bayer
Altäre und Sedilien: nach Entwurf des Architekten
Tabernakel: Erhard Hößle
Portale: Walter Tafelmaier
Tauffenster, Mosaik
Hl. Familie: Helmut Kästl
Wandbilder: Willibald Bierl

Versöhnungskirche im ehemaligen Konzentrationslager Dachau (evang.-luth.)
Alte Römerstraße 89
85221 Dachau
Grundsteinlegung: 8.5.1965
Weihe: 30.4.1967
Architekt: Helmut Striffler, Mannheim

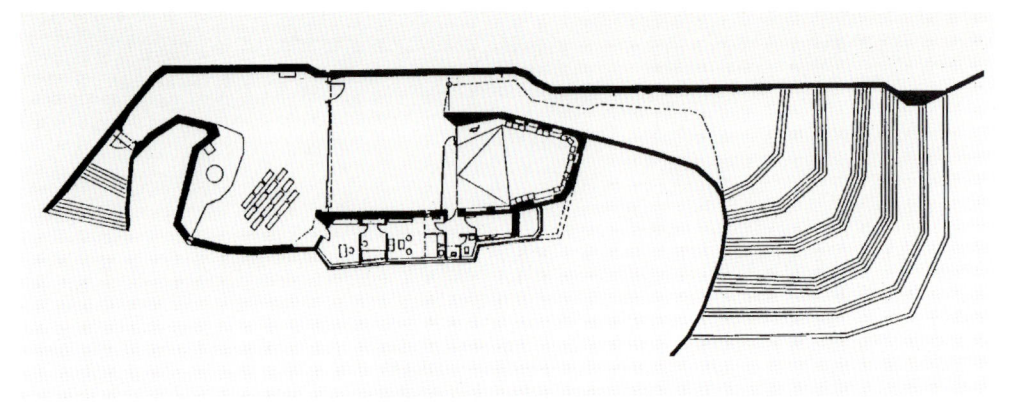

Von den drei Gedenkstätten im Konzentrationslager Dachau wurde die evangelische zuletzt errichtet. Der Rat der Evangelischen Kirche in Deutschland veranlaßte den Arbeitsausschuß des Evangelischen Kirchenbautages zur Ausschreibung eines engeren Wettbewerbs, zu dem sieben Architekten eingeladen waren. Das Preisgericht entschied sich einstimmig für den Entwurf von H. Striffler, dem sich auch der Rat der EKD anschloß. Zusammen mit der Todesangst-Christi-Kapelle von Josef Wiedemann und der jüdischen Gebetsstätte bildet die Versöhnungskirche den nördlichen Abschluß der Lagerstätte. »Sie ist als eine lebendige Spur in die unbarmherzige Fläche des Lagers eingegraben, als eine bergende Furche gegen das unmenschliche Ausgesetztsein, das man auch heute immer wieder spürt, wenn man durch das Lager geht.« An einem Ort, wo der rechte Winkel – vom Appellplatz bis zum Prügelbock – alles prägte, wollte der Architekt ganz bewußt diese »entsetzliche Gesetzmäßigkeit« überwinden. »Der abgedeckt angelegte Zugang ist äußerster Gegensatz zu der pathetischen Ebene des Lagers. Er mündet in die menschliche Dimension des umgrenzten Hofes.« Wegweisend ist der Lichtspalt, den die vorkragende Decke offenläßt; seitlich ein geöffnetes Tor, eine Edelstahltafel, die in vier Sprachen die Worte Jochen Kleppers wiedergibt: »Zuflucht ist unter dem Schatten Deiner Flügel.« Der streng umschlossene Freilichthof verbindet die Kirche mit dem Gemeinschaftsraum. »Die Kirche hat im Anklang an den Wegcharakter der Gesamtanlage einen direkten Ausgang. Der Kirchenraum wird auf diese Weise in eine dem Besucherverkehr zugeordnete Zone und in eine andere, der Einzelandacht vorbehaltene stillere Bucht unterteilt ... Das kleine Fenster seitlich, nahe beim Altar, bringt durch ein Minimum an Farbe eine differenzierte Dimension der Kostbarkeit in den Raum der Kirche. Die Nuancierung der Einzeltöne geschieht vorwiegend durch unterschiedliche Dicke der Glasprismen (max. 10 cm) ... Das Kruzifix (seitlich des Altars) wächst aus der Großform des Raumes hervor. Es markiert den Ort äußerster Verdichtung und ist gleichzeitig die Stelle, an der die Wand aufzuspringen scheint. Der Bronzekubus ist in massiger Kraft aufgespalten. Der Raum in der klaffenden Kreuzform wird erzwungen durch die Körperlichkeit des Gekreuzigten selbst. Die zermalmende Übermacht der Welt und ihre Durchdringung im Tod Christi werden hierbei sehr sinnfällig. Das Bildwerk ist als plastischer Höhepunkt integrierter Teil der Kirche« (Zitate: H. Striffler). Vier Bankreihen ohne Rückenlehnen stehen vor der Fensterwand zum Hof.

*Relieftafeln:
Hubertus von Pilgrim
Kruzifix: Fritz Koenig
Farbfenster: Emil Kiess,
Fürstenberg; Ausführung:
Glaswerkstatt Gabriel
Loire, Chartres
Bildwerk im Gemeinschaftsraum:
Carel Kneulman,
Amsterdam*

Lit.: Baumeister 64. 1967, S. 1512-1515; Kunst u. Kirche 31. 1968, S.50-65; Gerhard Langmaack, Evang. Kirchenbau im 19. und 20. Jahrhundert, Kassel 1971, S. 123; Reinhard Gieselmann, Neue Kirchen, Stuttgart 1972, S. 116 ff.; Diskussion S. 190; Architekturführer S. 151; Gnadenkirche 25 Jahre, Dachau (1989), S. 25 ff.; SZ Nr. 99 v. 29.4.1992; Evangelische Versöhnungskirche im ehemaligen Konzentrationslager Dachau, o. O., o. J.

St. Franz Xaver (kath.)
Vogesenstraße 18
81825 München-Trudering
Grundsteinlegung: 12.6.1966
Weihe: 18.6.1967
Architekten: Georg Berlinger mit Georg Heigl

Die 1936 erbaute Kirche St. Franz Xaver wurde zu klein, als 1947 Aussiedler aus dem Sudetenland hier eine neu Bleibe fanden. Beim neuen Kirchenbau bestimmten die umliegende Bebauung mit maximal zwei Geschossen und die Einflugschneise des Flughafens Riem die Höhe des Gebäudes. Im Februar 1966 wurde die alte Kirche abgebrochen und an ihrer Stelle das Gemeindezentrum errichtet. Heute bilden Kirche mit Nebenräumen und Pfarrheim einen gemeinsamen Vorhof; der Glockenträger mit anschließender Mauer ergibt den Abschluß zu den Parkplätzen.

Der Kirchenraum ist eine im Grundriß quadratische Halle von 22 m Seitenlänge und hat eine Höhe von 10,60 m sowie ein niedriges Seitenschiff im Westen von 3,50 m Höhe, das durch drei Pfeiler vom Hauptraum getrennt ist. Hier befindet sich die Werktagskapelle mit Taufstätte. Die Altarinsel ist um zwei Stufen erhöht. Altäre, Taufbrunnen und Weihwasserbecken sowie der Fußboden der Kirche sind aus Muschelkalk. Die vier großen Giebelfenster wurden unter Verwendung von farbigen Echtantik- sowie Opalgläsern ausgeführt. Das Mauerwerk besteht aus Klinker und wurde an den Innenwänden aus akustischen Gründen teilweise offen verfugt. Die Decke ist als zweifach gekrümmte Sichtbetonschale in Form von vier zusammengesetzten hyperbolischen Paraboloiden ausgebildet. Die Schale liegt mit dem Randträger an den vier Eckpunkten auf sichtbaren Stahlbetonstützen auf, die durch vorgespannte Zugbänder verbunden sind. Das Seitenschiff mit einer sichtbaren Stahlbetonrippendecke ist durch eine Dehnfuge vom Hauptschiff getrennt. Der Kirchenraum bietet 372 Sitzplätze.

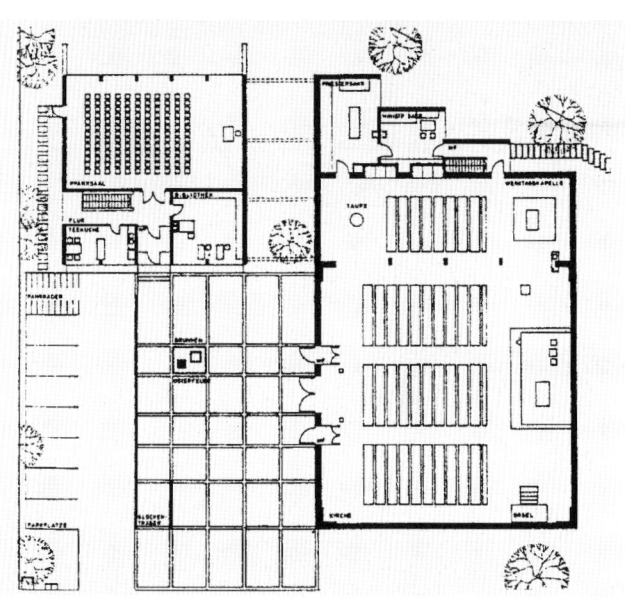

*Ambo, Konsole mit Leuchter, Kredenztisch, Sedilien, Kirchentüren: Manfred Bergmeister
Kirchenfenster: Adolf Kriens
Tabernakel, Hauptaltar, Seitenaltar, Wandkreuz: Maria Munz-Natterer
Taufstein, Ambo, Leuchter, Vortragekreuz: Thomas Otto Munz*

Qu.: Pfarramt, Architekt; Lit.: 18. Juni 1967 Weihe der neuen Kirche Sankt Franz-Xaver in München Trudering, Landau a.d.Isar (1967); Betonbau Okt. 1968; Ramisch-Steiner S. 88

St. Josef (kath.)
Schulstraße 4
85757 Karlsfeld
Grundsteinlegung: 2.5.1966
Weihe: 9.7.1967
Architekten: Hans Bierling und Willi Schorr

Um einen baumbestandenen Hof, der sich zur Schulstraße hin öffnet, und durch eine Pergola miteinander verbunden sind Kirche, Campanile, Pfarrheim, Pfarramt und Pfarrhaus angeordnet. Der als Stahlbetonskelett mit Ziegelausfachung ausgeführte erdgeschossige Komplex wird von der Kirche überragt, die innen und außen verfugtes Mauerwerk hat. Der kubische Kirchenraum ist von einem umlaufenden Betonband mit Hochreliefs des Kreuzwegs umfangen, der zum Auferstandenen in der Mitte hinter dem Altar hinführt. Vor diesem Bild steht auf einem Podest, um drei Stufen erhöht, der Altar aus Marchinger Kalkstein. Der rechteckige Kirchenraum wird durch das verglaste untere Drittel der Eingangswand und durch die Öffnung der mittleren Deckenkassette belichtet. In Höhe der Fensterwand ist auf zwei Rundpfeilern die Empore eingestellt, zu der eine Wendeltreppe hinaufführt. Durch Betonpfeiler abgetrennt, liegt seitlich die Werktags- und Sakramentskapelle. In dieser Kapelle ist der Tabernakel in die Altarwand eingelassen. Die 8 x 3 m große Altarwand zeigt als Ziegelrelief die apokalyptische Vision des Himmlischen Jerusalem. Dieser Raum dient als Taufkapelle.

Altar, Reliefs, Ambo, Altarkreuz, Taufbrunnen, Osterleuchter, Tabernakel, Ziegelrelief, Statue des hl. Josef (Holz), 1971/1972: Hermann Schilcher sen. und jun.

Qu.: Pfarramt; Lit.: Klaus Haller, 10 Jahre Pfarrkirche St. Josef Karlsfeld, Karlsfeld 1977; Ramisch-Steiner S. 126 f.; Altmann S. 64; 25 Jahre St. Josef Karlsfeld, Karlsfeld (1992)

St. Martin (kath.)
Rathausplatz 3
82110 Germering
Grundsteinlegung: 19.5.1966
Weihe: 16.7.1967
Architekten: Hubert Gais mit Franz Pecher und Wilhelm Betsch

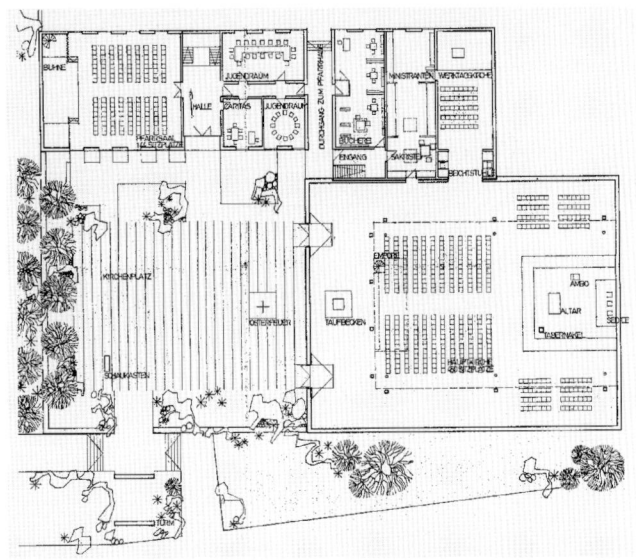

Im neuen Zentrum der Großgemeinde Unterpfaffenhofen-Germering ragt direkt am Rathausplatz und zugleich als nördlicher Blickfang der Goethestraße der 27 m hohe, nur aus zwei Betonstützen bestehende Campanile auf. Er markiert den zweiläufigen Treppenaufgang zum Kirchenvorplatz. Dieser wird im Norden von Kindergarten-, Gemeinde- und Versammlungsräumen, im Osten von der Kirche begrenzt. Die Kirche erhebt sich über einem Unterbau aus weiß geschlämmtem Ziegelmauerwerk, hat innen rotes Ziegelmauerwerk und ist im Bereich des Hauptraumes außen mit fast schwarzem Naturschiefer verkleidet.
Zwei einfache Bronzeportale führen in den Innenraum, der sich über rechteckigem Grundriß von 28 x 18 m erhebt und auf drei Seiten von einem niedrigen Umgang umzogen wird. Dem Hauptraum ist ein facettiertes Faltdach auf sechs sich verjüngenden Stahlrundstützen eingestellt, das wie ein leichter Baldachin wirkt und im Kontrast zu den Stahlbetondecken der Seitenschiffe steht. Zwei umlaufende Fensterbänder, eines in Höhe der Seitenschiffe in Grau- und Grüntönen und ein weiteres unter dem Dachansatz, geben dem Raum viel Licht. Der um zwei Stufen erhöhte Bereich im Osten nimmt Altar, Ambo und Sedilien auf, die aus dem gleichen dunkelgrauen Stein sind wie der Außenbau. Einen farbigen Akzent setzt in dem Raum das Mosaiktriumphkreuz über dem Altar. Auf der einen Seite ist Christus als König in der Mandorla dargestellt und auf der anderen das apokalyptische Lamm. Im Norden schließt im rechten Winkel die langrechteckige Werktagskapelle mit den Beichtstühlen an.

*Altar, Taufstein, Ambo, Sedilien, Bronzeportale, Apostelleuchter, Grundstein an der Südwand mit Relief des hl. Martin:
Fritz Koenig mit Dietrich Clarenbach und Alfred Aschauer
Fensterfries:
Ernst Neukamp;
Ausführung:
Gustav van Treeck
Muttergottes in Werktagskapelle (Basaltlava), 1970: Michael Viet
Triumphkreuz, 1978, Kreuzweg, 1981:
Werner Persy, Trier*

Qu.: Pfarramt; Lit.: Lothar Altmann, St. Martin/Germering, München-Zürich 1985, S. 12 ff.

St. Severin von Noricum (kath.)
Poststraße 8
85748 Garching
Grundsteinlegung: 8.11.1964
Weihe: 17.9.1967
Architekten: Siegfried Östreicher mit G. H. Weber und Roland Sommerer

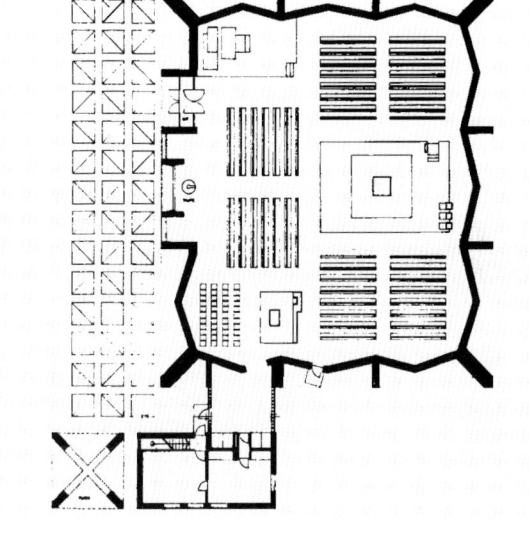

Am Rande des alten Dorfkerns und in der Nähe der modernen Hochhäuser der Stadtrandsiedlung entstand das Pfarrzentrum. Kirche, Pfarr- und Gemeindehaus, die zu beiden Seiten eines geräumigen Kirchplatzes angeordnet sind, stehen auf einem rechteckigen Grundstück. Der Kirchenbau erhebt sich über einem querrechteckigen Grundriß von 35 x 30 m. Das Mauerwerk besteht aus Muschelkalkkernstein, in großen Blöcken gemauert, innen verputzt, außen bruchrauh belassen. Stützen und Ringanker sind aus Stahlbeton. Das Walmdach ist eine Stahlkonstruktion mit Holzbindern. Die innere Dachfläche ist mit naturbelassenen Fichtenholzbrettern verkleidet. Fußboden, Altarstufen, Altar und Taufbrunnen sind aus dem gleichen Muschelkalk wie die Umfassungsmauern. Diese haben keine tragende, sondern nur umfassende Funktion. Die geschlossenen Wände werden durch das große Fenster mit dem gemauerten Bogen hinter dem Taufbrunnen und durch das Portal unterbrochen. Das Tageslicht fällt durch ein Lichtband zwischen Mauerfläche und Dachkrone in den Raum.
Der weite Innenraum wird gegliedert durch die tief in den Gemeindebereich vorgezogene, um zwei Stufen erhöhte Altarinsel, die um eine Stufe erhöhte Orgelempore in der Nordwestecke und den Taufstein auf der Westseite. Auf der Südseite trennt eine halbhohe Mauer mit eingelassenem Tabernakel die Werktagskapelle vom großen Kirchenraum. Hier liegt auch der Zugang zu Beichtkapelle und Sakristei. Diese können ebenso vom Kirchplatz her betreten werden. Im Gegensatz zu dem grauen Mauerwerk der Kirche sind die übrigen Bauten des Kirchenzentrums in rotem Ziegelstein ausgeführt. Eine hohe, mit Kupferblech beschlagene Turmspitze, die auf vier niedrigen Betonstützen steht, zwischen denen man hindurchgehen kann, weist auf die Anlage hin. 1968 wurden die Kreuzwegstationen aus Bronze außerhalb der Kirche aufgestellt.

Hauptaltar, Ambo, Sedilien, Sakramentsaltar mit Mauerscheibe und Taufbrunnen:
Blasius Gerg

Bronzeportal, Kreuzweg:
Karl Reidel
Tabernakel, Monstranz, Altarkreuz, Altarleuchter:
Erhard Hößle

Qu.: Architekt; Lit.: Christl. Kunstblätter 1966, H. 1, S. 6; Ramisch-Steiner S. 218; Georg Brenninger, Die Kirchen der Pfarrei St. Severin Garching bei München, München 1994, S. 10-13

St. Clemens (kath.)
Renatastraße 7
80634 München-Neuhausen
Beginn des Umbaues: Oktober 1966
Weihe: 12.11.1967
Architekt: Erhard Duwenhögger

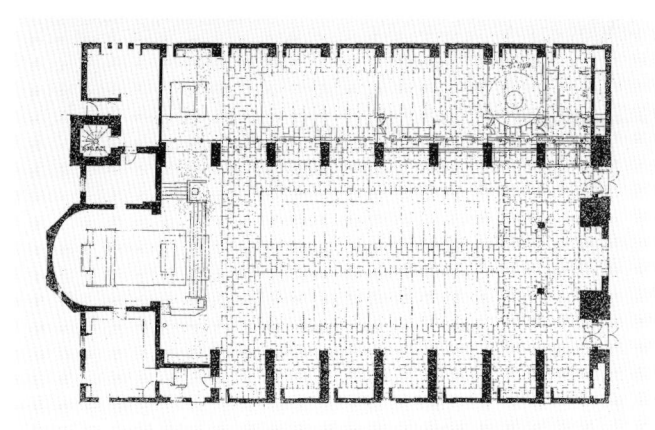

Der am 23.12.1923 eingeweihte Kirchenbau von Hans Steiner wurde 1944 durch Bomben stark beschädigt und 1947 wiederhergestellt. Der 1966/1967 durchgeführte Umbau gab der Kirche einen neuen Charakter. Unter Einbeziehung des ursprünglichen Mittelschiffes und der grau verputzten klassizistischen Giebelfassade des Vorgängerbaues entstanden an der Nord- und Südseite asymmetrische, schlichte Backsteintrakte, die, unter einem Dach zusammengefaßt, den Giebelschrägen angepaßt wurden. Aus dem einschiffigen Kirchenraum wurde eine Anlage mit tiefen Wandpfeilernischen auf der Südseite, die die Beichtstühle aufnehmen. Sieben Freipfeiler trennen das Hauptschiff vom Seitenschiff im Norden. Das Mittelschiff mündet in einen um sechs Stufen erhöhten Altarraum mit Apsis. Das große Hängekreuz ist aus Bronze, teilvergoldet und mit Bergkristallen in den Kreuzarmen versehen. Im Altarraum befindet sich auch der aus gleichem Material geschaffene Ambo sowie der auf einer Betonstele angeordnete Tabernakel, ebenfalls ein Bronzewerk, das von einer Betonmauer mit 17 Kerzenleuchtern, deren Ständer mit großen Bergkristallen geschmückt sind, umgeben wird. Im Seitenschiff ist der Taufbezirk durch den Bodenbelag aus Isarkieseln gekennzeichnet. Der Taufstein besteht aus einem Granitmonolithen mit eingelassener Schale. In der daneben aufgestellten Betonsäule sind die Taufgeräte zu sehen. Das leicht geneigte Satteldach ist innen mit Holz verkleidet. Die breiten Seitenpfeiler schneiden in die Decke ein und bewirken dadurch eine Staffelung des Raumes nach oben. Zwei Oberlichter betonen Altar und Taufstätte. Der nördliche Anbau wurde unterkellert, dadurch entstanden Gemeinderäume, die von außen zugänglich sind. Der rückwärtige Turm stammt noch vom Vorgängerbau. Ein weiteres Umbauvorhaben mit Architekt Duwenhögger sieht eine Abtrennung des Seitenschiffes vor, wodurch der Raumeindruck erheblich verändert werden würde.

*Altarkreuz, 1976, Ambo, 1977, Kreuzweg, 1976, Emporengitter (alle Bronze):
Christine Stadler*
*Tabernakel, Altarleuchter, 1967: Erhard Hößle
Statue des hl. Clemens (Holz mit Amethysten), 1976, Osterleuchter, Leuchter um Tabernakel: Wolfgang Gebauer
Bronzeportale: Manfred Bergmeister
Apostelleuchter, Weihwasserbecken: Josef Hoh*

Qu.: Pfarramt, Architekt;
Lit.: Hartig-Schnell S. 86; 60 Jahre St. Clemens, Pfarrblatt Dezember 1983; Ramisch-Steiner S. 76

Golgathakirche (evang.-luth.)
Kristallstraße 8
80995 München-Ludwigsfeld (Pfarramt: Bethanienkirche)
Grundsteinlegung: nicht bekannt
Weihe: 3.12.1967
Architekt: Otto Bartning, Neckarsteinach

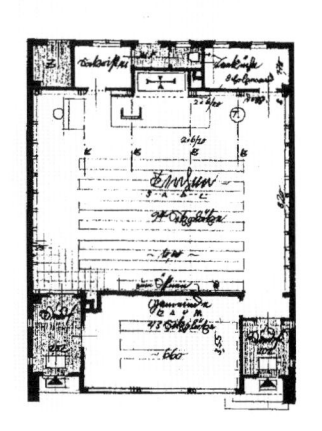

Die als Spende des Weltkirchenrates am 23. März 1952 eingeweihte Notkirche auf dem Gelände des Konzentrationslagers in Dachau war ein Typenbau von O. Bartning, der aus dem Notprogramm des Hilfswerks der evangelischen Kirchen in Deutschland hervorging und vom Evang.-Luth. Weltbund und der Evang.-Luth. Landeskirche Bayern finanziert wurde. Mit der Errichtung der Gnadenkirche in Dachau-Ost wurde die Notkirche 1964 nach Ludwigsfeld transloziert. Der hier wieder aufgestellte und als Golgathakirche geweihte Bau hat die Grundrißmaße von 11,30 x 14,47 m. An der Schmalseite führen unter dem abgeschleppten Satteldach zwei Eingänge mit Windfängen, zwischen denen ein Gemeindesaal liegt, in den quereingerichteten, rechteckigen Kirchenraum von 10,80 x 8,20 m. Er wird überspannt von einem holzverkleideten Satteldach, das eine Firsthöhe von 6 m hat.
Die seitlichen Giebelfenster lassen viel Licht in den Raum. Die um eine Stufe erhöhte flache Altarnische reicht gerade aus für den Altartisch. Seitlich zur Gemeinde hin sind Lesepult und Taufbecken angeordnet. Der Raum hat eine lose Bestuhlung für 94 Besucher. Türen in der Stirnwand führen in eine Teeküche und die Sakristei. Ein kleiner Turm auf dem First trägt seit 1993 eine etwa 200 Jahre alte Glocke aus Großhammer in Schlesien, das Geschenk eines Gemeindegliedes.

Qu.: Pfarramt, Kirchenbauamt

Heilig-Geist-Kirche (evang.-luth.)
Pixisstraße 2
82343 Pöcking
Grundsteinlegung: 18.12.1966
Weihe: 22.9.1968
Architekten: Adolf Seifert und Ernst Ziegelmaier

In unmittelbarer Nachbarschaft zum alten Pfarrhaus, das vor der Jahrhundertwende als Marstall eines Herrschaftshauses errichtet worden war und in dem jahrelang die Gottesdienste stattgefunden hatten, entstand die Heilig-Geist-Kirche. Sie besteht aus einem längsgerichteten Raum über dem Grundriß eines unregelmäßigen Fünfecks. Der Ziegelbau ist außen verputzt und innen als Sichtmauerwerk verfugt. Die schräg auf die Altarwand zulaufenden Seitenwände tragen das innen mit Holz verkleidete Satteldach. Auch die rückwärtige Empore besteht aus Holz. Vor der schmalen Stirnwand stehen auf einer kreisrunden Insel um zwei Stufen erhöht der Altarblock, rechts von ihm, um eine Stufe niedriger, der Ambo und links, zur Gemeinde hin vorgerückt, der Taufstein. Die Prinzipalstücke sind in schlichter Form aus je einem Block Muschelkalk gearbeitet. Leuchter und Buchvorlage sind Teile der Mensa. Das Altarmosaik mit dem Thema »Aufatmen sollt ihr und frei sein« entstand 1978.
Der Raum erhält reichlich Licht durch die Fenster an den Langseiten, der Rückwand und seitlich der Altarwand. Der Zugang zur Kirche erfolgt über den überdachten Vorplatz, der seitlich vom Kirchturm begrenzt wird. Die Sakristei ist als achteckiger Bau durch einen Windfang im Nordosten mit der Kirche verbunden. Der anschließende Garten leitet über zum Pfarrhaus. 1988 wurde an der Straße ein Gemeindehaus errichtet.

*Altar, Standkreuz, Taufstein, Ambo, Steinplastik an Turmfassade:
Karlheinz Hoffmann
Altarmosaik: Schwester Christamaria Schröter*

Qu.: Pfarramt; Lit.: 30 Jahre evang. Kirchengemeinde Feldafing-Pöcking 1962-1992, o. O. (1992)

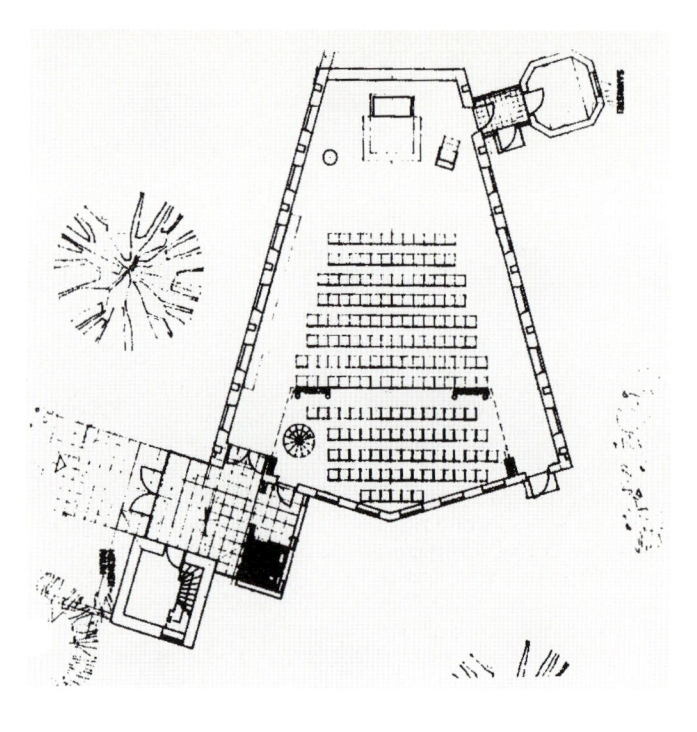

Kreuzkirche (evang.-luth.)
Hiltenspergerstraße 55
80796 München-Schwabing
Grundsteinlegung: 19.3.1967
Weihe: 29.9.1968
Architekten: Theo Steinhauser mit Götz von Ranke

Die Tochtergemeinde von St. Markus erhielt 1946 vom Weltkirchenrat eine Militärbaracke als Notkirche. An ihre Stelle kam 1950 eine Notkirche nach dem von Otto Bartning entwickelten sog. Serientyp B mit genagelten Dreigelenkbindern und abgemauertem Altarraum. Nach einem Wettbewerb 1967/1968 erhielt Theo Steinhauser den Auftrag für den Kirchenneubau. Die Kirche bildet nun zusammen mit Pfarrhäusern, Gemeindesaal, Kindergarten und freistehendem Turm ein innerstädtisches Gemeindezentrum. Von der Straße aus ist der hohe Turm weithin sichtbar, der aus der Häuserflucht hervortritt, während die Kirche selbst hinter die Baulinie zurückgeschoben ist, so daß ein begrünter Zwischenraum entsteht. Ein niedriger Windfang leitet von der Straße über zum Kircheninneren. Das Gebäude ist ein Stahlbetonskelettbau mit ausgefachten Ziegelwänden, die innen sichtbar und außen verputzt sind. Querliegende Stahlbetonträger, die nach unten dreieckförmig zulaufen, tragen die Betonflachdecke. In Höhe dieser Träger laufen zwei Fensterbänder an den Längswänden entlang und lassen Seitenlicht in den Raum einfallen.
Der Innenraum ist über einem gestreckten Sechseck errichtet, dessen längere Seiten parallel zur Straße ausgerichtet sind. Diagonal zum Eingang liegt der erhöhte Altarbereich mit Kanzel. Im Zentrum steht der Taufstein, seitlich von ihm das silberne Standkreuz mit Bergkristallen auf einer Betonsäule. Die Prinzipalstücke sind in Sichtbeton ausgeführt, die Mensa in Muschelkalk. Bankreihen, die im rückwärtigen Teil unter der Empore stehen, umschließen hufeisenförmig den Altarbereich. Der Turm ist ebenfalls aus Stahlbeton und hat zwei offene Geschosse, ein tiefer gelegenes als Bläserempore und ein zweites unterhalb des Glockenstuhls als Schallöffnung. 1968 wurde die Notkirche von O. Bartning zu Gemeindezwecken umgebaut.

*Altar, Kanzel, Taufstein, Standleuchter (Stahl), Bronzetüren, Turmkreuz: Karlheinz Hoffmann
Raumkreuz, Taufschale (Silber): Hermann Jünger
Farbglasfenster: Hubert Distler*

Qu.: Architekt; Lit.: München S. 129

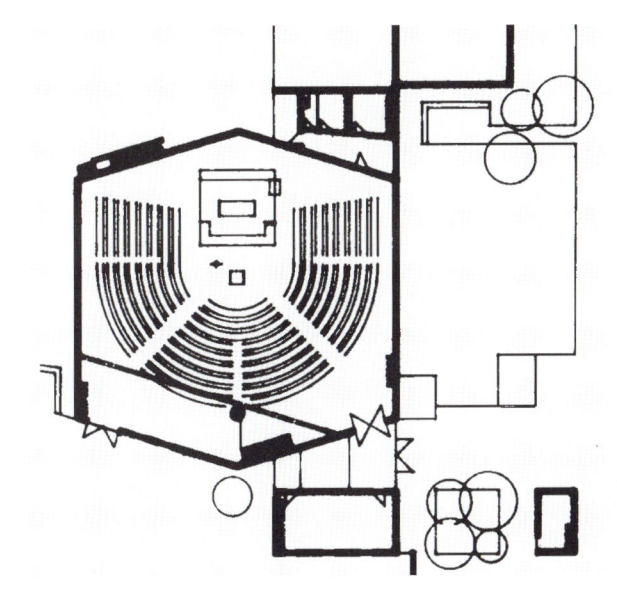

Kapernaumkirche (evang.-luth.)
Joseph-Seifried-Straße 27
80995 München-Fasanerie
Grundsteinlegung: 7.6.1966
Weihe: 6.10.1968
Architekt: Reinhard Riemerschmid

Seit den 50er Jahren kamen Flüchtlinge an den Lerchenauer See, der 1939-1942 durch Baumaßnahmen entstanden war. Zwischen den Hochhäusern und Wohnblocks wurde in städtebaulich hervorragender Lage das Gemeindezentrum erbaut. Die pyramidenförmige Kirche, das auf Säulen stehende Gemeindehaus und der freistehende Glockenturm bilden eine architektonische Einheit.
Durch die erhöhte Stellung des Gemeindehauses ist der Durchblick zum See gegeben. Der Kircheninnenraum soll als weiträumiges Zelt (über einem Grundriß von 20 x 18 m und 19 m Höhe) Symbol für das wandernde Gottesvolk sein. Wandschlitze und tiefliegende Fensterreihen erhellen den Raum. Der Blick wird angezogen von dem farbigen Fenster hinter dem Altar, das in abstrakten Formen die Beziehung zwischen Gott und der Welt symbolisieren soll. Die Altarinsel ist kreisrund ausgebildet und steht über zwei Stufen erhöht. Altartisch und Kanzel sind durch eine Mauer miteinander verbunden und verdeutlichen damit die enge Beziehung von Wort und Sakrament. Auch das Antependium, das die jeweiligen liturgischen Farben des Kirchenjahres trägt, ist hier nicht am Altartisch zu finden, sondern an der Kanzel. Das Gestühl, in Beton und Holz, umgibt als offener Ring den Ort der liturgischen Handlung. Die aus Holz und Stahl konstruierten Kirchendachflächen werden von Stahlbetonstreben unter den Pyramidengraten getragen. Die Pyramide ist außen mit Kupfer gedeckt, innen mit Naturholz verschalt. Der Turm besteht aus Fertigteilen. Das Betonrelief am Durchgang bezieht sich auf die Offenbarung des Johannes. Der Name weist auf die Stadt Kapernaum am See Genezareth (Lukas 7, 1-10; Matthäus 8, 5-13).

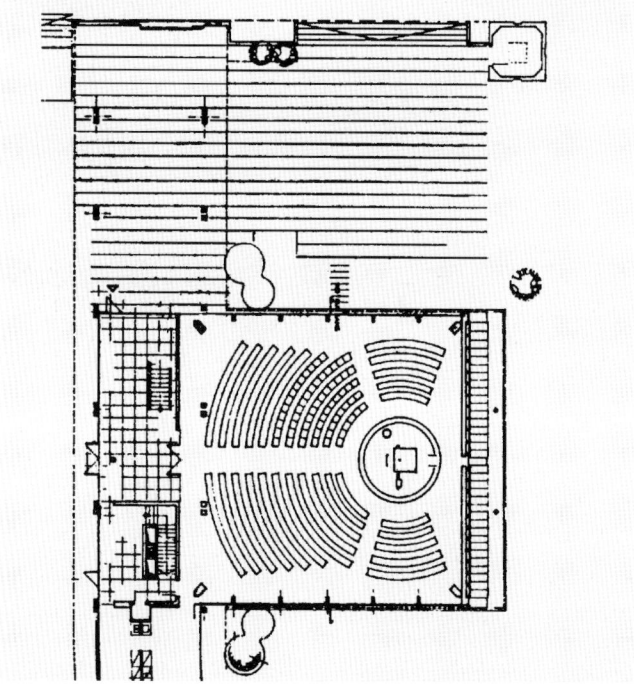

*Altarfenster: Gerd Jähnke; Ausführung: F. Mayer'sche Hofkunstanstalt
Taufschale: Erwin Sattler
Kreuz (Plexiglas), Altarleuchter: Hermann Jünger
Betonrelief (Außenwand): Karlheinz Hoffmann*

Qu.: Pfarramt; Lit.: Broschüre anläßlich des 10jährigen Kirchweihfestes im Oktober 1978, o. O. (1978); München, S. 128

St. Johannes Evangelist (kath.)
Gustav-Schiefer-Straße 23
80995 München-Fasanerie-Nord
Grundsteinlegung: 24.9.1967
Weihe: 24.11.1968
Architekten: Adolf und Helga Schnierle

Inmitten einer neungeschossigen Wohnanlage, die seit 1961 von den Architekten H. v. Werz und J. Ch. Ottow sowie A. und H. Schnierle geplant wurde, liegt das katholische Pfarrzentrum. Der Campanile an der Straße weist auf den Kirchenbau hin. An ihm vorbei führt der Weg von Süden über einige Stufen zum eigentlichen Kirchplatz, der um 1,20 m über dem Straßenniveau liegt. Diesen umgeben im Osten das Pfarrhaus, im Norden die Gemeinde- und Jugendräume, im Westen die Kirche und im Nordosten der Kindergarten. Dem Kirchenraum mit nahezu quadratischem Grundriß sind im Süden die Werktagskapelle und die um drei Stufen tiefer liegende Taufkapelle angefügt. Eine große, über drei Stufen erhöhte Altarinsel ist weit in den Raum hineingezogen und wird auf drei Seiten von sieben Bankblöcken umgeben. Der massive Altarblock besteht aus grob bossiertem, hellem Kalkstein. Aus diesem Material sind auch Altarinsel, Sängerempore, Taufstein, Tabernakelträger, Apostelleuchter und Weihwassersäulen.

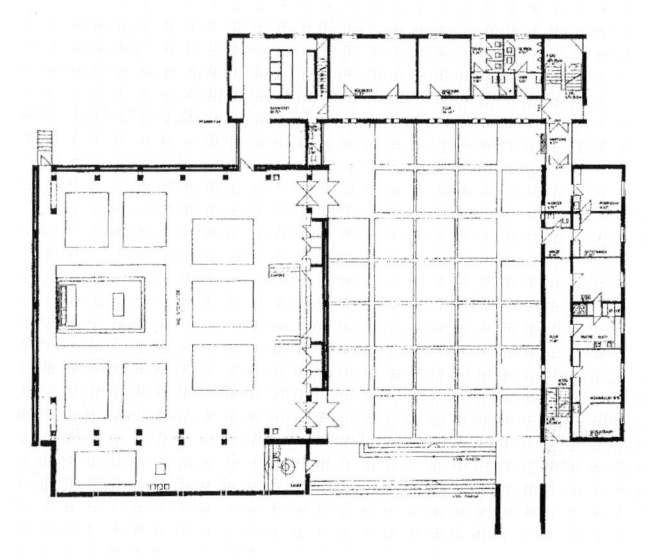

Tragende Teile der Konstruktion, wie das umlaufende Aussteifungsgebälk, konnten bereits während des Rohbaus vom Bildhauer schalungstechnisch zur Skulptur gestaltet werden, wie z.B. der Sockelbalken mit sich daraus erhebendem Kreuzgebälk im Giebelfeld. Der Innenraum wird durch waagrechte, senkrechte und am Giebel der Dachschrägung folgende schmale Fensterbänder belichtet. Der Fußboden bestand zunächst aus grünem, bruchrauhem Alpenserpentin. Bei der Kirchensanierung 1986 bis 1991 wurde er durch manganfarbene Ziegelriemchen, im Fischgrätenverband, ersetzt. Die Konstruktion des Baues besteht aus einem Stahlbetonrahmensystem mit doppelter Stützenstellung. Die tragenden Bauelemente sind in schalungsrauhem Sichtbeton, Außenwandausfachungen in Vollziegelsichtmauerwerk gehalten, die Innenwände sind weiß verputzte Ziegelmauern. Das flach geneigte Satteldach aus Stahlbeton ist in Kupfer gedeckt.

*Altartische, Altarinsel mit Sedilien, Apostelsteine, Taufbrunnen, Tabernakelstein mit Tabernakel, Weihwassersteine, Betonplastik an Altarwand, Betonplastik an der Außenwand zum Vorhof der Kirche, Reliefs an Eingangstüren, Altarleuchter, Vortragekreuz: Hubert Elsässer
Osterleuchter, Leuchter am Sakramentsaltar: Baldur Geipel
Brunnenplastik im Hof: Otto Baier*

Qu.: Pfarramt, Architekten; Lit.: Festschrift zum Tag der Weihe, Landau/Isar 1968; Das Münster 23. 1970, 346 f.; Diskussion S. 178 f.; München S.100; Ramisch-Steiner S. 122 f.

Friedenskapelle (evang.-luth.)
Kemptener Straße 73
81475 München-Forstenried (Pfarramt: Andreaskirche)
Grundsteinlegung: nicht bekannt
Weihe: 1.12.1968
Architekt: Franz Ried

In der neu entstandenen Siedlung fanden seit 1963 die evangelischen Gottesdienste in einer Notkirche in der Fritz-Beer-Straße 19 statt, bis 1968 für die zweite Pfarrstelle der Andreaskirche das Gemeindezentrum Friedenskapelle geschaffen wurde. Die Anlage hat einen quadratischen Grundriß von ca. 14 x 14 m. Von einer Halle mit Lichtkuppel werden Kirchenraum mit Sakristei und Stuhllager, Gruppenraum und Küche erschlossen. Eine Treppe führt zum Kellergeschoß mit den Jugend- und Sanitärräumen. Die gemauerten Wände sind außen und innen weiß verputzt, eine Stahlbetondecke mit Flachdach spannt sich über das Gebäude.
Der Sakralraum von ca. 8 x 10 m, der zunächst als Mehrzweckraum geplant war, nimmt den größten Bereich ein. Die Nordwand wird durch grob verfugtes, unverputztes Mauerwerk hervorgehoben; die Südseite besteht aus einer Glaswand, die den Raum zu einem ummauerten Hof öffnet. Um einen schlichten Altartisch aus Holz, der aus der Notkirche stammt, und das Taufbecken ist heute die lose Bestuhlung in drei Blöcken angeordnet.

Qu.: Pfarramt, Kirchenbauamt

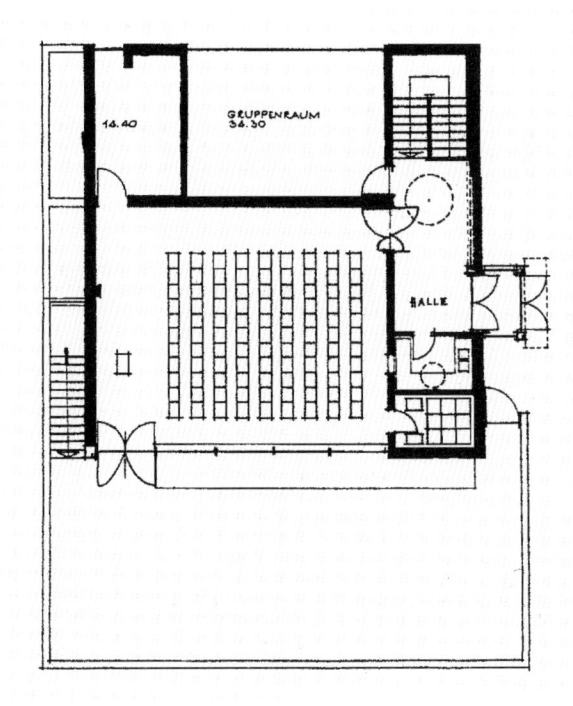

Reformations-Gedächtnis-Kirche (evang.-luth.)
Ebernburgstraße 12
81375 München-Großhadern
Grundsteinlegung: 31.10.1967
Weihe: 23.3.1969
Architekt: Gustav Gsaenger

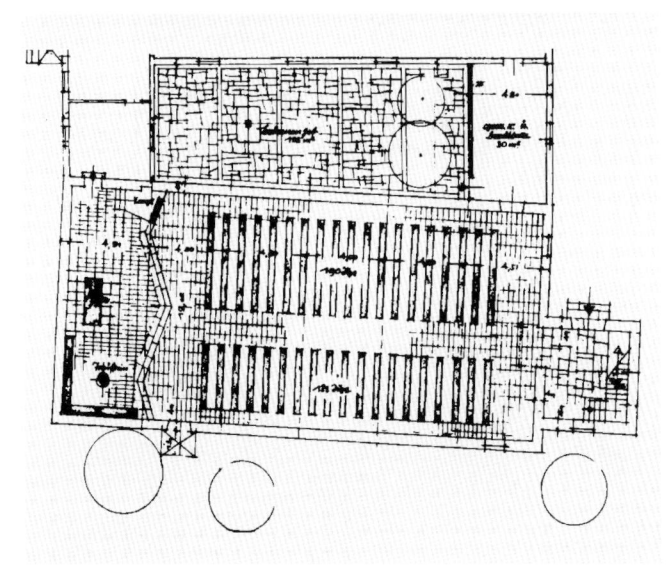

Die 1934 von G. Gsaenger errichtete Notkirche wurde 1953 um einen Gemeinderaum und einen Glockenturm erweitert. 1959 entstand das Pfarrhaus. Mit dem Bau der neuen Kirche wurde die Notkirche zum Gemeinderaum umgebaut. Ein ebenerdiger Gebäudetrakt mit Küche, Jugendräumen, Sakristei und »Brauthalle« ist um einen Innenhof gruppiert und bildet die Verbindung zwischen Notkirche und neuem Kirchenbau. Ein weiterer Jugendraum und die Sanitäranlagen sind im Keller des Gemeindehauses untergebracht. Der Kirchenraum selbst erhebt sich über einem langrechteckigen Grundriß von 28 x 13 m. Die niedrigen Umfassungsmauern aus außen verputztem und innen verfugtem Ziegelstein tragen ein steiles, innen mit Holz verkleidetes Satteldach. Die sichtbare Holzkonstruktion ruht auf einem ornamentierten Konsolengesims aus Beton. Die darüberliegenden kleinen, stichkappenähnlichen Fenster auf beiden Langseiten erhellen den Raum. Der Südgiebel ist durch ein großes Farbglasfenster mit der Darstellung des Himmlischen Jerusalem betont. Der darunter liegende, um zwei Stufen erhöhte Altarbereich nimmt Altar, Taufstein und Kanzel auf. Vor dem geschlossenen Nordgiebel befindet sich die Empore. Die Kirche hat insgesamt 300 Sitzplätze. Der Haupteingang zur Kirche liegt im Turm, der vier Glocken trägt. Seine vier Giebelflächen sind in einem ornamentalen Betongitter aufgelöst und setzen ein markantes städtebauliches Zeichen.

Glasfenster:
Angela Gsaenger
Altarkreuz, Taufschale:
August Hartle
Ehrenmal: Els Hemmeter

Qu.: Arch. Mus. TUM, Pfarramt; Lit.: München S. 130

Christuskirche (evang.-luth.)
Wiesmühlstraße 11
85625 Glonn (Pfarramt: Grafing)
Grundsteinlegung: 26.11.1967
Weihe: 15.5.1969
Architekt: Theodor Henzler

Am Rande des Ortes liegt, umgeben von Wiesen und Feldern, der ebenerdige Gebäudekomplex mit dem herausragenden, spitzen, kupfergedeckten Kirchendach. In der Planung folgte der Architekt dem Modell klösterlicher Innenhofarchitektur. Die Kirche liegt an einem abgeschlossenen Vorhof und wird selbst von einer Art Kirchhofmauer, ähnlich der Umfriedung alter Kirchhöfe, umgeben. Die Umfassungswände des inneren Hofes sind aus Sichtbeton. Die Kirche besteht aus Klinkermauerwerk und einer Ganzholzkonstruktion mit Verschalung im Innern. Der Fußboden ist mit Backstein belegt. Geprägt wird der Kirchenraum durch den zwölfeckigen Grundriß, über dem ein Zeltdach in Holzkonstruktion steht, und durch die Elemente Holz und Glas. Die rundumlaufenden Fensterwände, auf denen die Dachkonstruktion aufliegt, geben dem Zeltdach einen fast schwebenden Charakter. Der Raum öffnet sich nach allen Seiten in den »Kirchhof« mit Bäumen und Sträuchern. Altar und Taufstein sind nicht im Boden verankert. Der Altar ist leicht aus der Mitte verrückt; in der Hauptachse vor dem Altar steht der Taufstein. Beide sind aus Nagelfluh gearbeitet. Die lose, helle Holzbestuhlung mit blauen Polstern für ungefähr 130 Besucher ist in einem offenen Kreis um den Altar aufgestellt. Unmittelbar an Vorhof und Kirche angeschlossen liegen heute der Kindergarten und die Wohnung des Diakons.

Altar, Taufstein: nach Entwurf des Architekten
Leuchter, Kreuz: Manfred Bergmeister

Qu.: Pfarramt, Architekt;
Lit.: Kunst u. Kirche 1970, S.60-65; Gerhard Langmaack, Evang. Kirchenbau im 19. und 20. Jahrhundert, Kassel 1971, S. 128

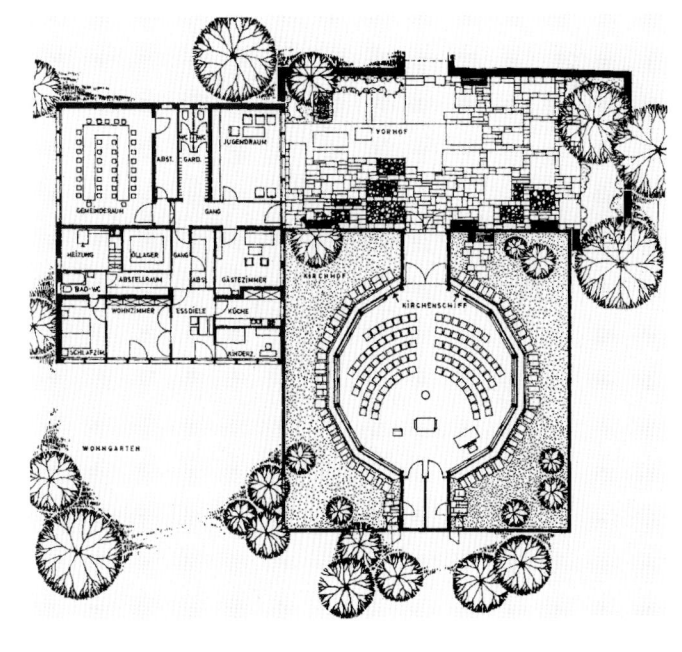

St. Bruder Klaus (kath.)
Putzbrunner Straße 272
81739 München-Waldperlach
Grundsteinlegung: 21.7.1968
Weihe: 1.6.1969
Architekten: Josef Wiedemann mit Karl Schmid und Fridolin Christen

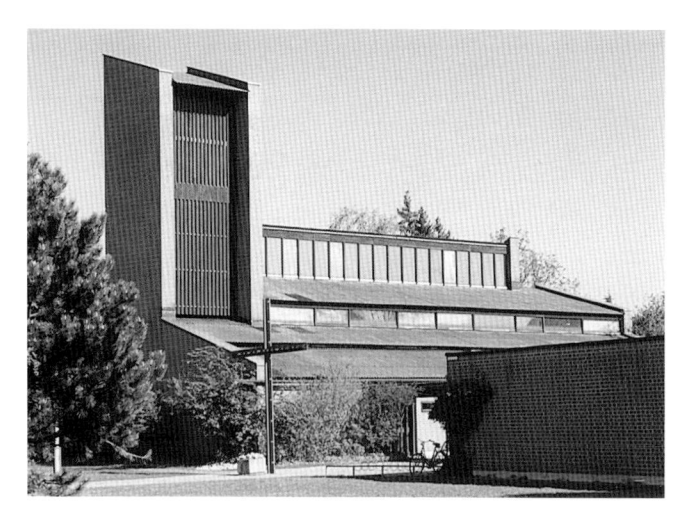

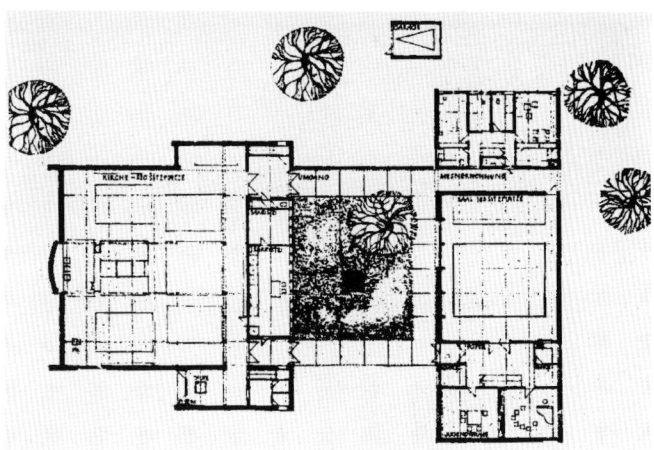

Das Kirchenzentrum befindet sich in einem Wohngebiet an der Stadtgrenze Münchens mit vorwiegend Ein- und Mehrfamilienhäusern. Der kirchliche Gebäudekomplex steht an einer langgestreckten Straßenkurve und besteht aus erdgeschossigen Bauten, die parallel ausgerichtet und der Straßenkurve folgend gestaffelt sind: Gemeindehaus, Kirche, Pfarrhaus und zwei Bauten für Kinder. Alle fünf Häuser sind in hellroten, bündig verfugten Ziegeln errichtet und mit einem Pultdach in dunklem Welleternit gedeckt. Die zur Straße hin hohe, gestufte Wand öffnet sich zwischen Kirche und Gemeindesaal zu einem geräumigen Hof. Ein eingestellter niedriger Umgang deckt die Eingänge zu Kirche und Gemeindehaus mit Mesnerwohnung und faßt den freien Raum in ein Quadrat. Die Reihung der Gebäude wird in der Kirche zu einer Steigerung geführt, die in der hochgemauerten Glockenstube gipfelt. Der Turm weist auf die Kirche als Mittelpunkt der Anlage hin. Bestimmend für den Innenraum ist die Konstruktion des Dachstuhls (Holzbinder mit Zugstangen in Stahl), die in den Druck- und Zugkräften sichtbar bleibt. Der im Grundriß quadratische Kirchenraum von 20 x 20 m hat in der Mitte der Ostseite eine kleine Apsis. Vor dieser stehen der um eine Stufe erhöhte und weit in den Raum vorgezogene Altar sowie der Ambo und die Sedilien, die ebenso wie das Podest aus Nagelfluh bestehen. Seitlich ist auf einer Stele der Tabernakel aufgestellt. Eine im Süden angefügte Kapelle nimmt die Statue von Bruder Klaus und die Orgelempore darüber auf, die Taufkapelle an der Nordseite den großen Steinblock mit der Taufschale. Der Kirchenraum wird durch das gestufte Pultdach differenziert belichtet. Die Wände sind weiß geschlämmt, der Boden ist mit Ziegeln ausgelegt und die Dachunterseite mit Fichtenholzbrettern verschalt.

Altar, Tabernakel, Ambo, Taufstein: Blasius Gerg
Altarkreuz, Statue des Schutzpatrons:
Karl Potzler
Kreuzweg:
Horst Sauerbruch

Qu.: Pfarramt; Lit.: Diskussion S. 200 f.; Festschrift 10 Jahre Bruder Klaus Pfarrgemeinde, (1979); München S. 101; Ramisch-Steiner S. 68 f.; Architekturführer S. 104; J. Wiedemann S. 17 f.

Johanneskirche (evang.-luth.)
Höhenbergstraße 10
82340 Feldafing
Grundsteinlegung: 26.7.1968
Weihe: 1.6.1969
Architekten: Theo Steinhauser mit Wolfhard Merten

Durch den Turm hindurch führt der Weg über den bedeckten Vorplatz in den Vorraum der Kirche. In einem Rechteck von 25,50 x 14 m sind Gottesdienstraum, Sakristei, Mesnerraum, Gemeindesaal und Vorraum mit Nebenräumen untergebracht. Der quergerichtete Kirchenraum von ca. 15 x 12,5 m kann seitlich um den Gemeinderaum und den Vorraum erweitert werden. Die außen und innen weiß verputzten Ziegelmauerwände tragen ein steiles Satteldach mit Holzverkleidung im Kirchenraum. Die beiden farbigen Giebelfenster mit den Darstellungen von Schöpfung (Norden) und Lebensbaum (Süden) geben dem schlichten Raum eine festliche Atmosphäre. Auf der Südseite liegt unterhalb des Fensters die Orgelempore, darunter befinden sich Sakristei und Mesnerraum.
Der Altar steht an der Längsseite auf einem zweistufigen Podest. Der Altar sowie das tiefer aufgestellte Lesepult und der Taufstein sind aus Beton und Holz gefertigt. Drei Bankblöcke aus hellem Holz sind auf zwei Seiten zum Altar hin ausgerichtet. Der 20 m hohe Kirchturm mit dem steilen, schiefergedeckten Dach trägt einen Wetterhahn.

*Altar, Taufstein, Kanzelpult, Eingangstür, Turmhahn: Karlheinz Hoffmann
Glasfenster: Rudolf Büder;
Ausführung:
Gustav van Treeck*

*Qu.: Pfarramt, Architekt;
Lit.: 30 Jahre Evang. Kirchengemeinde Feldafing-Pöcking 1962-1992, o. O. (1992)*

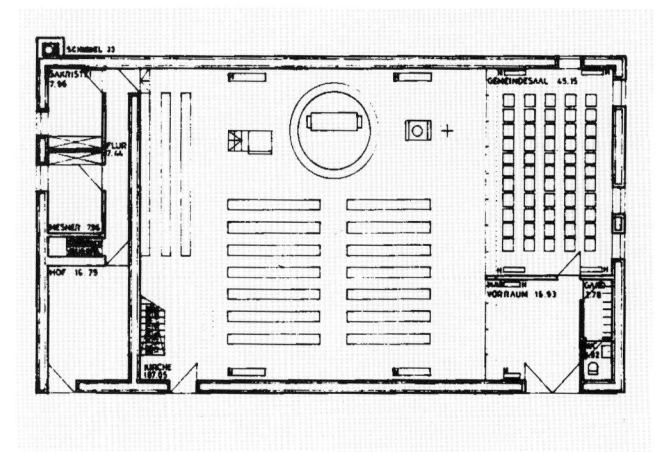

Passionskirche (evang.-luth.)
Tölzer Straße 17 (Pfarramt: Kleinstraße 2)
81379 München-Obersendling
Grundsteinlegung: 10.11.1968
Weihe: 5.4.1970
Architekt: Friedrich Zeitler

Vorgängerbauten in der Gemeinde waren eine 1933 geweihte Notkirche von Friedrich Zeitler und das 1950 vollendete Jugendheim an der Tölzer Straße, die beide nicht mehr erhalten sind. An ihrer Stelle entstand die neue kirchliche Anlage. Um einen quadratischen, zur Straße geöffneten Vorhof liegen im Norden der Turm, im Osten die Eingangsseite der Kirche und im Süden das Gemeindehaus mit einem Verbindungstrakt zur Kirche.
In dem längsgerichteten Kirchenraum von ca. 20 x 15 m, mit einem niedrigen Seitenschiff auf der Südseite und anschließenden Nebenräumen, steigt die Decke, der Pultdachneigung folgend, gegen die hochliegende seitliche Fensterzone an. Auf einem um zwei Stufen erhöhten Podest steht der Altar mit eingeritzten Symbolen auf der Frontseite frei vor der etwas ausgeknickten Rückwand. Diese trägt ein großes Wandkreuz aus Glas und Aluminium, ein Industrie-Material, das bewußt gewählt wurde. Vom Eingabeplan abweichend ist das Taufbecken vor der Stirnwand des durch runde Betonpfeiler vom Hauptraum getrennten Nebenschiffes aufgestellt. Der Taufbereich wird im Fußboden durch Mosaiksteinchen und in der Wand durch ein rundes Farbglasfenster mit der Darstellung des Heiligen Geistes als Taube besonders hervorgehoben. Auch das äußere Erscheinungsbild soll den Bezug zur Industrie darstellen: Es entstand ein Ziegelbau mit Stahlbetonkonstruktion, innen und außen in Sichtmauerwerk, mit einem kupfergedeckten Dach. Die Decke im Innenraum ist aus schmalen Holzleisten zusammengefügt. Die beiden verschieden großen Bankblöcke bestehen aus Vierkantstahlkonstruktionen mit Fichtenholzauflagen.

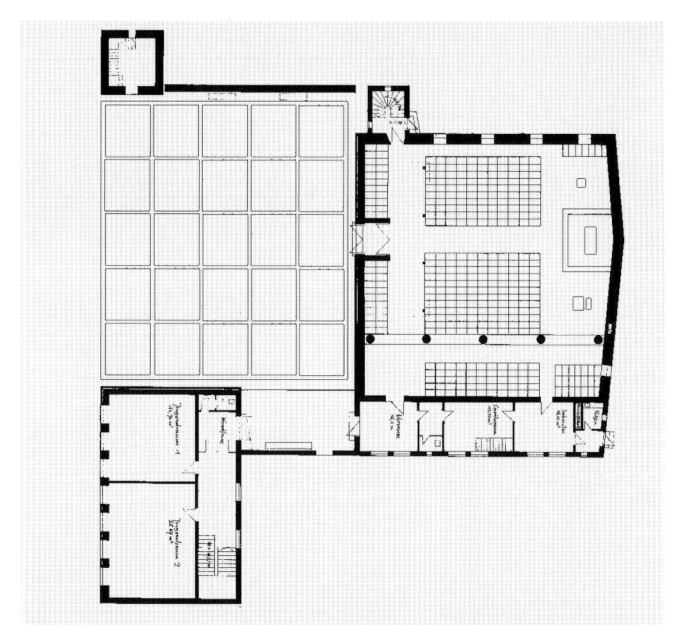

*Altar, Kanzel:
Hansjürg Zeitler
Taufstein: Friedrich Zeitler
Altarkreuz, Altarleuchter,
Taufschale:
Hermann Jünger
Rundfenster beim Taufstein: Elisabeth Zeitler
Bleiverglaste Farbfenster:
Günther Danco
Steinplastik im Vorhof:
Karlheinz Hoffmann*

Qu.: Kirchenbauamt, Hansjürg Zeitler; Lit.: Festschrift zur Einweihung der neuen Passionskirche in München-Obersendling/Thalkirchen am 5. April 1970, o. O. (1970); München S. 131

Versöhnungskirche (evang.-luth.)
Richard-Wagner-Straße 3
82538 Geretsried
Baubeginn: Juli 1969
Weihe: 21.6.1970
Architekten: Franz Lichtblau und Ludwig J. N. Bauer

Mit dem raschen Wachstum der evangelischen Bevölkerung in Geretsried wurde ein zweiter evangelischer Kirchenbau notwendig. Geplant war eine Anlage, die aus 21 Sechsecken bestehen sollte, von denen aber nur sechs ausgeführt wurden. Diese unterschiedlich hohen Sechsecke, die an Bienenwaben erinnern, stehen im Kontrast zur Hochhausbebauung der Umgebung. Der Kirchenraum ist als Hauskapelle mit etwa 100 Sitzplätzen im Gemeindehaus integriert. Er kann um die umliegenden Sechseckräume erweitert werden. Über dem Eingangssechseck befindet sich die Orgelempore. Künstlerisches Element im Kirchenraum ist ein über Türhöhe umlaufender Fries in Holzschnittechnik mit dem Thema ›Verlorener Sohn‹. Jugendräume, Nebenräume und eine Vorhalle ergänzen den Komplex. Die Kapelle überragt die übrigen Gebäudeteile, die alle mit Flachdächern versehen sind. Dem Vordach ist seitlich ein Glockenträger angefügt. Bei diesem Gebäude wurde zum ersten Mal ein Aluminiumskelettbau (Trelement) mit Dreiecksraster aus Sechsecken von je 25 qm angewendet.

Holzschnittfries:
Hubert Distler

Qu.: Pfarramt, Architekt

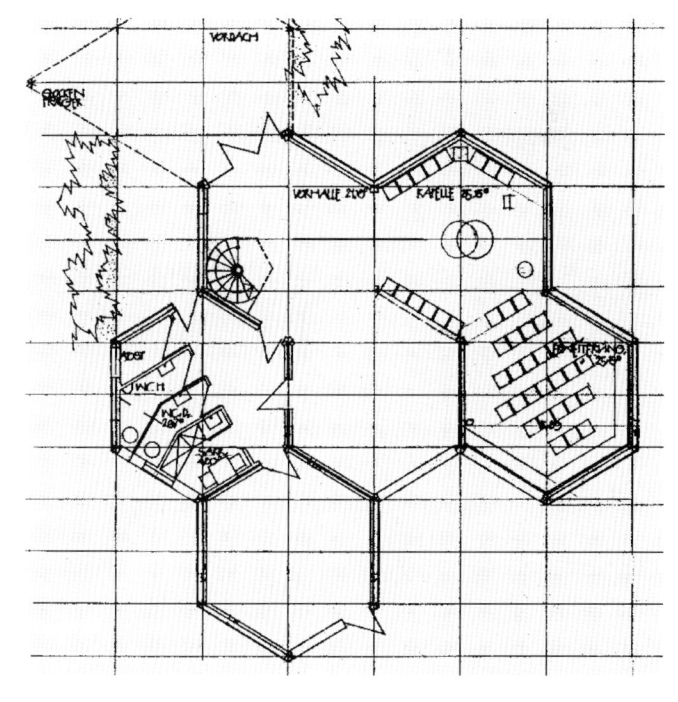

Mariä Sieben Schmerzen (kath.)
Thelottstraße 28
80933 München-Hasenbergl
Grundsteinlegung: 20.9.1969
Weihe: 20.9.1970
Architekt: Franz Ruf

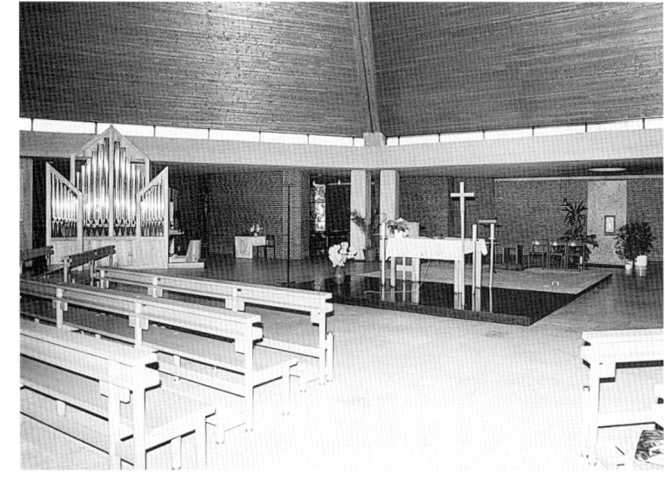

Für die Bewohner des Barackenlagers Frauenholz war am 16.5.1954 eine Notkirche aus Holz eingeweiht worden, die aber im April 1968 den Bauvorhaben der Gemeinnützigen Wohnungsgesellschaft München weichen mußte. 1969/1970 wurde das Gemeindezentrum mit dem hochaufragenden Kirchendach gebaut. Über dem quadratischen Grundriß erhebt sich ein von Doppelstützen getragenes, siebenteiliges Zeltdach in Holzkonstruktion. Während die Randbereiche nur 3 m hoch sind, erreicht der siebeneckige Dachkegel eine Höhe von 22 m. In den niedrigen Raumteilen befinden sich seitlich vom Altar Werktags- und Taufkapelle, die durch eingestellte Wände vom Hauptraum getrennt sind. Der um eine Stufe erhöhte Altar ist zur räumlichen Mitte vorgerückt und wird seit Frühjahr 1993 von drei Blöcken aus feststehenden Bänken umgeben. Der in eine Stele aus Brannenburger Nagelfluh eingelassene Tabernakel mit vergoldeten Türen ist hinter dem Altar aufgestellt und wird durch eine Lichtkuppel hervorgehoben. Die übrigen Gebäude des Pfarrzentrums liegen um einen Innenhof. Der gesamte Gebäudekomplex ist als verfugter Ziegelbau mit Flachdächern ausgeführt.

Tabernakel, Taufstein, Ambo (Mosaik), Farbglasfenster (Taufkapelle, Werktagskirche), Apostelkreuze (Mosaik), Madonna (Bronzeblech), Maria im Wald (Holz), Taufbecken: Karl Knappe
Altar, Sedilien, Bodenleuchter, Vortragekreuz: Hans Berchtenbreiter
Johannes der Täufer, (Bronze; Taufkapelle): Elmar Dietz
Altar (Werktagskirche), Osterleuchter: Max Faller
Kreuzweg (Metallätzung), 1985: Wolfram Hänsch

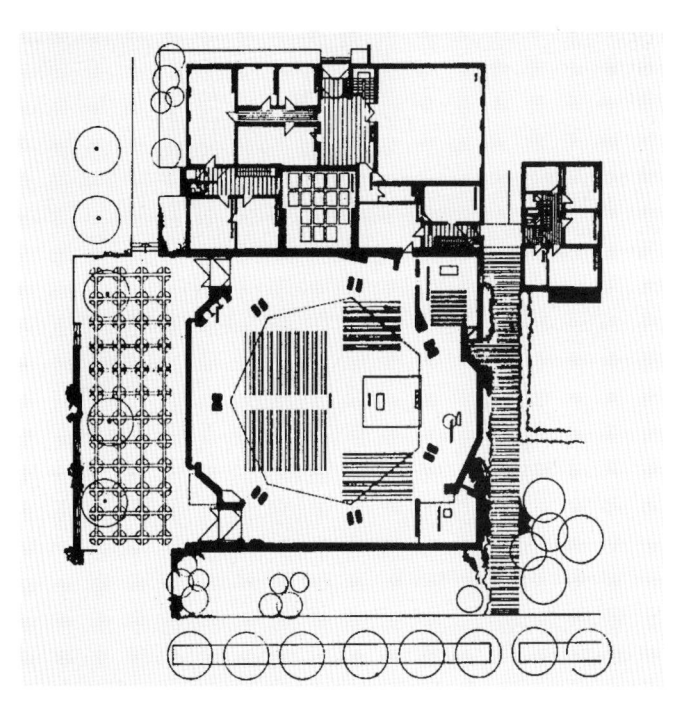

Qu.: Pfarramt; Lit.: Festschrift zur Weihe der neuen Kirche 20. September 1970, o. O. (1970); Diskussion S. 158 f.; München S. 102; Ramisch-Steiner S. 168

Erscheinung des Herrn (kath.)
Terofalstraße 66
80689 München-Blumenau
Grundsteinlegung: 16.7.1969
Weihe: 27.9.1970
Architekt: Guenter Eisele

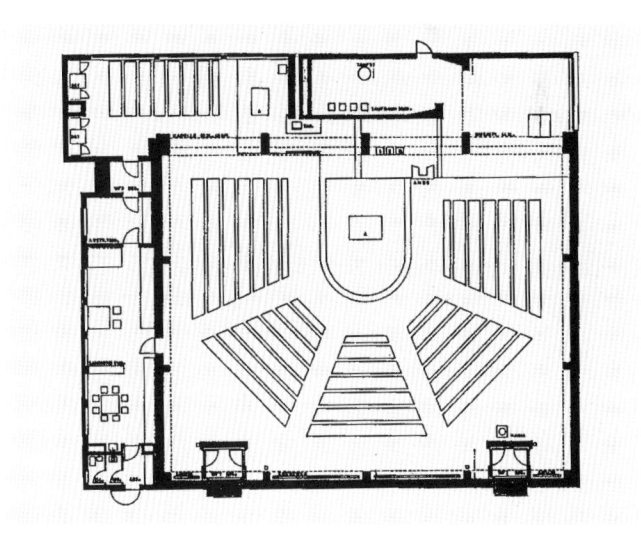

1965, ein Jahr nach Baubeginn der Parkwohnanlage Blumenau in Kleinhadern, wurde G. Eisele mit der Planung eines katholischen Pfarrzentrums beauftragt. 1966 entstand ein Rundzelt als Notbehelf. 1968 konnte mit dem Bau des Kindergartens begonnen werden und im Mai 1969 mit Kirchenbau, Pfarrheim und Pfarrhaus. Kein Kirchturm, sondern ein großes Kreuz an der Blumenauer Straße weist auf das Pfarrzentrum hin. Die Gebäude sind um einen Innenhof mit Bänken gruppiert. Im Gegensatz zu den mehrgeschossigen Wohnblocks und Hochhäusern der Umgebung sind diese Bauten mit ihren ein bis zwei Stockwerken niedrig gehalten und locker angeordnet. Das Kirchengebäude mit Pultdach und Oberlichtaufsatz akzentuiert diese Gebäudegruppe. Den Innenraum beherrscht die sichtbare Dachkonstruktion. Das Pultdach wird durch ein freigespanntes Raumfachwerk mit Druckstäben in Holz und Zugseilen getragen. Die Holzbalken scheinen zwar von der Decke zu hängen, sie ruhen aber auf einem Netz aus Stahlseilen, die in den Seitenwänden verankert sind. In dem querrechteckigen Kirchenraum steht unter dem Lichtsturz des Pultdaches der kaum erhöhte Altar. Durch eine dahinter aufgerichtete Trennwand werden Bereiche für die Sakramentskapelle und einen Nebenraum gebildet. Die Wände bestehen aus Ziegelmauerwerk, das teils rauh, teils glatt verputzt und weiß gestrichen ist. Die Tragkonstruktion ist in unbehandeltem Sichtbeton ausgeführt. Die geneigten Dächer sind mit dunkelgrauem Schiefer und die Flachdächer mit Kiespreßdach gedeckt.

Altar, Taufbecken:
Fritz Brosig
Tabernakel:
Thomas Otto Munz
Kruzifix:
Maria Munz-Natterer
Hängekreuz:
Werner Persy, Trier
Marienstatue:
Horst Schmidt

Qu.: Pfarramt, Architekt;
Lit.: Zur Weihe der Pfarrkirche Erscheinung des Herrn München-Blumenau 27. September 1970, Landau 1970; Lieb-Sauermost S. 281-284; Ramisch-Steiner S. 13 f.; Kahle S. 151; Biller-Rasp S. 293

Auferstehungskirche (evang.-luth.)
Glonner Straße 5
85567 Grafing
Grundsteinlegung: 18.10.1969
Weihe: 25.10.1970
Architekten: Franz Lichtblau und Ludwig J. N. Bauer

1924 baute German Bestelmeyer ein altes Feuerwehrhaus zur ersten protestantischen Kirche in Grafing um. Die Wandmalereien mit Christus und den vier Evangelisten schuf Josef Bergmann. Mit Kriegsende nahm der evangelische Bevölkerungsanteil sprunghaft zu, und neue kirchliche Bauten wurden notwendig. 1953 konnte das erste Gemeindehaus eingeweiht werden, 1970 die Kirche, ein Stahlbetonskelettbau mit verputzter Ausmauerung. Über sechseckigem Grundriß erhebt sich der Kirchenraum von ca. 20 x 20 m, der geprägt wird durch das zum Altar hin ansteigende Firstdach, das innen mit Holz verkleidet ist. In der nordöstlichen Ecke steht der Altar, der nicht, wie zunächst geplant war, über zwei Stufen erhöht, sondern auf dem Niveau des Gemeinderaumes aufgestellt ist. Unmittelbar hinter ihm befindet sich das große Standkreuz. Eingang, Taufe, Altar und Standkreuz sind auf einer Diagonalen angeordnet, die den Lebensweg eines Christen symbolisieren soll. Die Wände hinter dem Altar nehmen die vom Landesamt für Denkmalpflege restaurierten Wandmalereien aus der alten Kiche (mit Ausnahme der Darstellung Christi) auf. Zwei seitliche Fensterreihen und ein großes Fenster über der Empore erhellen den Raum. Eine lose aufgestellte, blau gestrichene Bestuhlung in drei Blöcken sowie eine umlaufende Wandbank umgeben den Altar. 1975 entstand das neue Gemeindehaus neben der Kirche.

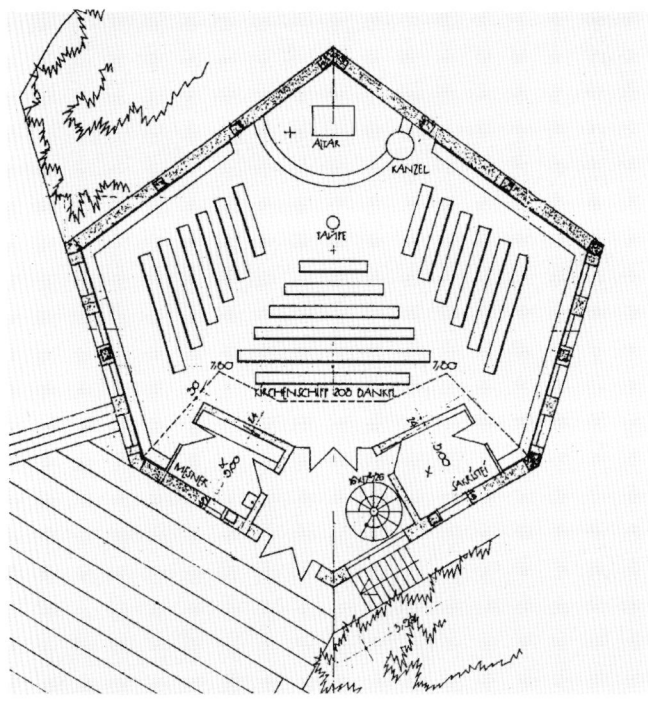

*Altar, Kanzel, Taufstein, Standkreuz, Leuchter (alle Bronze):
Manfred Bergmeister
Fenster: Hubert Distler*

Qu.: Pfarramt, Architekt

St. Andreas (kath.)
Danziger Straße 11
85386 Eching
Grundsteinlegung: 26.10.1969
Weihe: 29.11.1970
Architekt: Friedrich F. Haindl

Da das Pfarrzentrum in keine bestehende Bebauung einzubinden war, legte der Architekt auf einem Grundstück am Rande des alten Ortskernes Pfarrheim, Kindergarten und Kirche, durch einen Umgang miteinander verbunden, um einen Innenhof an. In der geschlossenen Wand der vierten Seite liegt der Eingang. Alle Gebäude haben etwa die gleiche Höhe, allein der Kirchenbau überragt sie. Sein Innenraum erhebt sich über quadratischem Grundriß von 22 m Seitenlänge. Er hat eine Höhe von 11,20 m. Das Gebäude besteht aus einem zweigeschossigen Stahlbetonskelett, dessen oberer Bereich ausgefacht ist. Darüber erhebt sich das Rohrtragwerk. Ein breites, umlaufendes Lichtband läßt die Decke über den Wänden schweben. Um den Mittelteil zieht sich ein 3,5 m hoher und 4 m breiter Umgang. Unmittelbar unter der Decke dieses Umgangs läuft ein weiteres, schmales Fensterband, in dem einige farbige Felder eingelassen sind. Bei dem um eine Stufe erhöhten Altarbereich wurden verschiedene Farben verwendet: die Leuchter sind blau, das Lesepult ist gelb und der Osterleuchter rot. Die Orgel ist in griechisch Blau bemalt. Im Westen schließen an den Umgang die Sakristei (Norden) und die Werktagskapelle (Süden) an. Für das Lesepult in dieser Kapelle nahm der Bildhauer die Spindel einer alten Weinpresse. Zwischen Werktagskapelle und Umgang steht der Tabernakel an dominierender Stelle. Zwei Reliefcollagen zum Kreuzweg befinden sich an den beiden ersten Pfeilern des Kirchenraumes. Im Hauptraum sind vier Bankblöcke mit 550 Sitzplätzen um den Altarbereich angeordnet. Der Charakter des Kirchenraumes wird bestimmt von den Sichtbetonbändern, den geschlämmten Wandfeldern, dem Rohrtragwerk und der darüber liegenden getönten Holzdecke. Da durch den benachbarten alten Kirchturm ein Glockenträger nicht nötig war, steht als Zeichen vor dem Eingang zum Atrium das 12 m hohe Kreuz aus Sichtbeton.

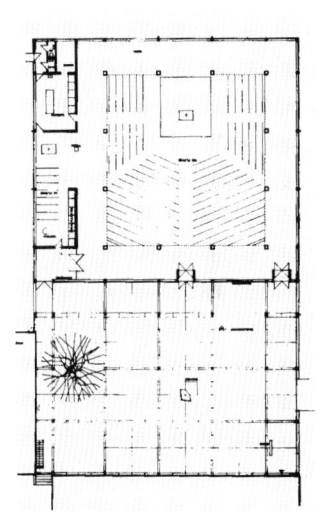

*Altar, Taufbecken, Lesepult in Werktagskapelle, Betonkreuz vor dem Atrium, Brunnen im Hof: Johannes Leismüller
Tabernakel, Farbglasfenster, Farbgestaltung von Altarbereich und Orgel: Max Seitz*

*Qu.: Pfarramt, Architekt;
Lit.: Diskussion S. 102 f.*

Emmauskirche (evang.-luth.)
Bodenstedtstraße 27
81241 München-Pasing
Richtfest: 16.10.1969
Weihe: 6.12.1970
Architekt: Herbert Fiegl

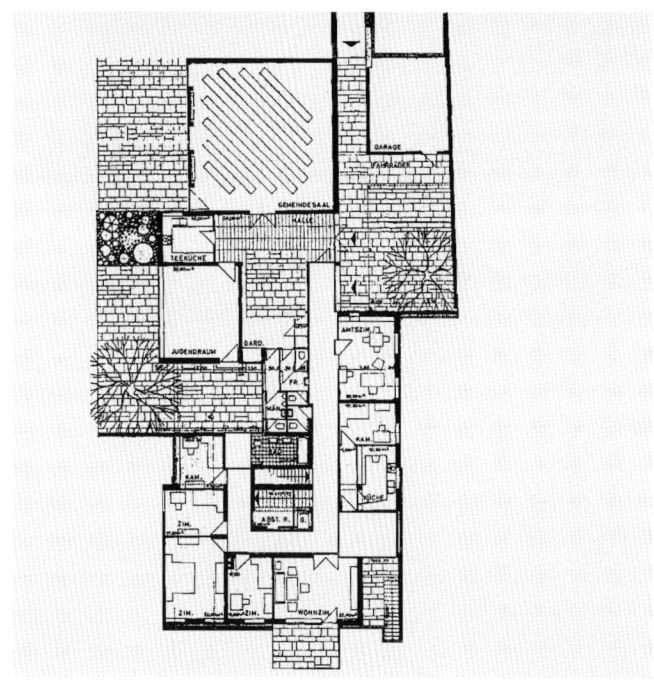

Die Emmauskirche ist ein Gemeindestützpunkt, der zur Himmelfahrtskirche in Pasing gehört. In dem langen, schmalen Grundstück liegt der Kirchenraum an der Straßenseite. Die Fassade ist durch ein Mosaik mit der Darstellung der Emmausszene gekennzeichnet. Das Gebäude besteht aus einer Betonkonstruktion mit Ziegelmauerwerk, außen unverputzt, innen verputzt und weiß gestrichen. Über einen Hof ist die Halle, an der Kirchenraum, Jugendraum und Teeküche liegen, zu erreichen. Im rückwärtigen Gebäude sind von diesem Hof aus das Büro und Wohnungen erschlossen. Der Kirchenraum hat einen quadratischen Grundriß von ca. 10 x 10 m. Er wird beherrscht von einem Kruzifix, einer Nachbildung des romanischen Großen Gottes von Altenstadt. Die Stellung des Altars war zunächst über Eck konzipiert. Heute steht er an der Ostwand mit Fensterbändern an der Nord- und Ostseite.

Mosaik am Außenbau: Walter Habdank

Qu.: Kirchenbauamt, Pfarramt

Zu den heiligen Engeln (kath.)
Schulstraße 6
82269 Geltendorf
Grundsteinlegung: 12.10.1969
Weihe: 13.12.1970
Architekt: Fritz Strunz

Das Pfarrzentrum, dessen Mittelpunkt die Kirche bildet, liegt malerisch im Wald. Durch den Turm mit drei Glocken hindurch führt der Weg unter einem gedeckten Gang an Kindergarten und Pfarrheim vorbei zu einem geräumigen Hof, an dessen Ostseite der Kirchenbau steht, sowie zum Pfarrhof. Dem Kirchenraum von ca. 31 x 22 m liegt ein quergestrecktes Sechseck zugrunde, an dessen Schmalseiten Foyer und Sakramentskapelle anschließen. Das innen mit Fichtenholz verkleidete Dach hat im First drei Oberlichter, die direkt den Altarbereich beleuchten. Abweichend vom Eingabeplan erhielt dieser während der Bauausführung eine andere Gestalt. Es entstand eine um zwei Stufen erhöhte Altarinsel, die seitlich Ambo und Taufstelle aufnimmt. Über dem Zelebrationsaltar befindet sich ein Gnadenstuhl, der von vier Engeln umrahmt wird, die auf den Namen der Kirche hinweisen sollen. Diese Großplastiken sind aus Pappelholz, mit Blattsilber überzogen. Durch die rückwärtige Glaswand wird der Raum zum Innenhof geöffnet und gleichzeitig belichtet. Die schmalen Seitenwände sind leporelloähnlich gefaltet und nehmen die Tafeln des Kreuzwegs auf. Doppelwandiges Ziegelmauerwerk mit Luftisolierung und Seitenwände aus Beton umschließen den Bau. Auf dem Klinkerfußboden stehen drei Bankblöcke aus Eichenholz, die auf den Altar hin ausgerichtet sind.

*Altar, Ambo, Taufstelle, Tabernakel, Kreuzweg, Vortragekreuz:
Klaus Backmund*

Qu.: Pfarramt

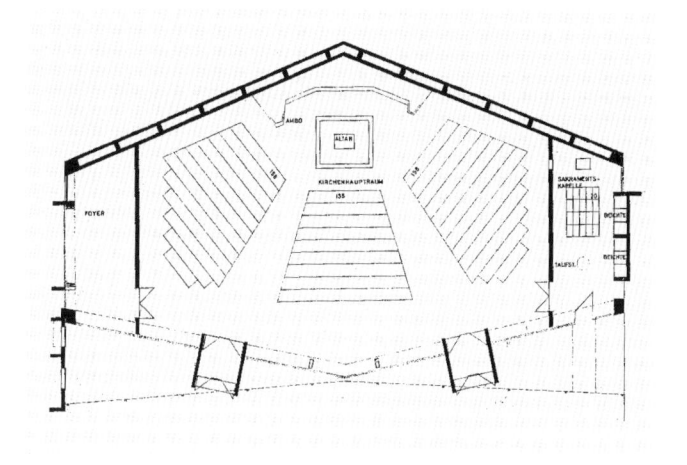

Friedenskirche (evang.-luth.)
Hauptstraße 33
82223 Eichenau
Grundsteinlegung: 2.11.1969
Weihe: 20.12.1970
Architekt: Gustav Gsaenger

1937 hatte G. Gsaenger in Eichenau eine noch völlig frei in der Natur stehende Jugend- und Freizeitenkirche mit Schlaftrakt für die evangelische Jugend Münchens gebaut. Der Kirche, die auch als Tagungsstätte diente, wurde im rechten Winkel der Schlaftrakt angegliedert. Der Architekt schloß 1969/1970 das Geviert im Westen mit dem Bau der Kirche und 1975 mit dem Kindergarten an der Parkstraße. Der gerichtete, rustikal wirkende Kirchenraum von 18 x 12 m hat ein steiles Satteldach, das die sakrale Funktion des Raumes unterstreichen soll. Der offene Dachstuhl, dessen Holzkonstruktion sichtbar ist, ruht auf innen verfugtem, außen weiß verputztem Ziegelmauerwerk. Das im Bogen auch um den Taufstein geschwungene Altarpodest ist um eine Stufe erhöht und trägt den Altarblock aus Stein. Das Farbglasfenster in der Altarwand und das große Standkreuz aus Bronze neben dem Altar sind bestimmend für den Raumeindruck. Durch Seitenfenster und ein mehrteiliges Fenster über der rückwärtigen Holzempore wird der Raum belichtet.

*Altarwandfenster:
Hubert Distler
Standkreuz (Tombak),
1971:
Karlheinz Hoffmann
Altar, Taufe, Kanzel: nach
Entwurf des Architekten*

Qu.: Pfarramt, Arch. Mus. TUM; Lit.: Hejo Busley, Die evang. Jugend- u. Freizeitenkirche in Eichenau, in: Der Landkreis Fürstenfeldbruck, Fürstenfeldbruck 1992, S. 398-402

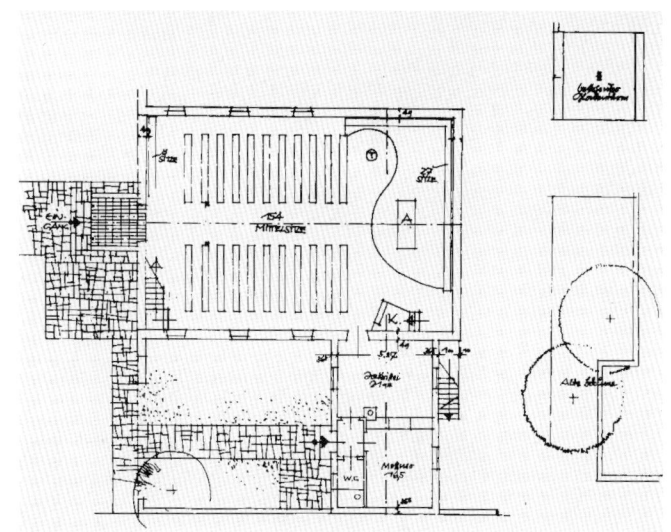

Kapelle im Roncalli-Kolleg (kath.)
Nymphenburger Straße 99
80636 München-Maxvorstadt
Baubeginn: Januar 1971
Weihe: 10.3.1971
Architekten: Carl Theodor Horn mit Peter Eggendorfer und Michael Pongratz

Das Roncalli-Kolleg ist ein Wohnheim für Studentinnen und Studenten der Fachhochschule und gleichzeitig ein Studentenzentrum. Die Kapelle war zunächst in einem der Stockwerke geplant. Im letzten Bauabschnitt des im August 1969 begonnenen Gebäudekomplexes entstand dann im Innenhof der Anlage, zwischen Vorder- und Rückgebäude, der Gottesdienstraum der katholischen Studentengemeinde. Der kreisrunde, sich nach oben verjüngende Bau besteht aus einer Sichtbetonkonstruktion und ist innen mit Lochziegeln verkleidet. Die Deckenausbildung ist eine verleimte Holzkonstruktion. Ein kreisrundes Oberlicht beleuchtet den Altar, der zur Mitte hin aufgestellt ist.
Die Wand hinter dem Altar schmückt seit 1981 ein Wandbehang. Seitlich davon ist der mit einem großen Kristall verzierte Tabernakel in die Wand eingelassen. Eine schwarz gestrichene Bank umläuft den gesamten Raum. Im Westen verbindet ein schmaler Glasbau die Kapelle mit der im Grundriß langrechteckigen Sakristei. Dieser Rundbau wurde Vorbild für die Werktagskapelle bei St. Wilhelm in Oberschleißheim und die Kapelle im Exerzitienhaus des Schlosses Fürstenried.

Altar, Ambo, Tabernakel:
Fritz Brosig
Standkreuz,
Altarleuchter:
Alfons Lindner
Wandbehang: I. Sedlmayr

Qu.: Architekten; Lit.: Das Münster 26. 1973, S. 26 f.; Architekturführer S. 50

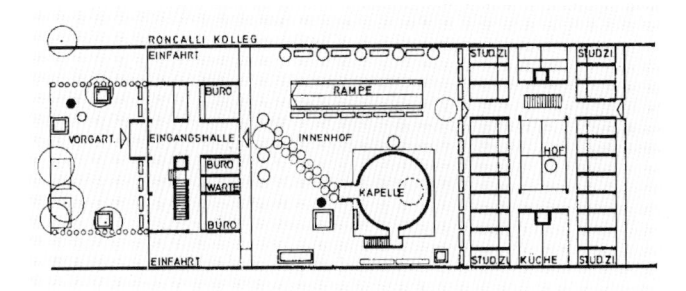

221

Friedenskirche (evang.-luth.)
Planegger Straße 16
82166 Gräfelfing
Grundsteinlegung: 28.6.1970
Weihe: 9.5.1971
Architekten: Theo Steinhauser mit Götz von Ranke

Auf dem Restgrundstück des bestehenden Pfarrhauses entstand der Kirchenneubau in Verbindung mit einem Steg über die Würm und einem öffentlichen Weg entlang der südlichen Grundstücksgrenze. In dem landschaftlich reizvollen Gelände mit altem Baumbestand nutzte der Architekt eine im Winkel zur Würm gelegene Geländemulde für die Gestaltung des Kirchenbaues. Das äußere Erscheinungsbild wird durch die zeltförmige Dachfläche bestimmt. Sie ist mit dunkelgrauem Schiefer gedeckt und kragt teilweise weit über die umschließenden Betonwände hinaus. Statt eines Turmes trägt die Spitze des Daches ein Apostelkreuz aus Schmiedebronze. »Geborgenheit und Weltoffenheit sollten spürbar werden. Ersteres durch die Form des Grundrisses und das in Holzkonstruktion ausgeführte Zeltdach, das tief heruntergezogen ist, sowie durch die weitgehende Verwendung von Holz bei Boden und Bänken; letzteres durch die Öffnung der Altarzone nach außen: Eine Glaswand gibt den Blick auf das parkartige Gelände frei« (Th. Steinhauser).

Über unregelmäßigem Grundriß erstreckt sich der Innenraum, der in der Nachformung zum Gelände mit abgestuften Bankreihen versehen ist, die auf Altar, Predigtstelle und Taufe ausgerichtet sind. Hinter dem Altar öffnet sich der Raum unter dem tief heruntergezogenen Dach und gibt den Blick frei auf Bäume, Wiese und Würm. Eine rückseitige Empore gliedert den Raum im hohen Teil noch einmal horizontal. Da der Kirchenraum auch für Laienspiele, Konzerte oder Vorträge konzipiert ist, sind Altar, Lesepult und Taufstein beweglich; der Altar ist sogar in Einzelelemente zerlegbar.

Altar, Ambo, Taufe, Standkreuz (die beiden letzten Tombak):
Karlheinz Hoffmann
Wandbehang:
Eira Ahola, Hamburg

Qu.: Pfarramt, Architekt;
Lit.: Kunst u. Kirche 36.1973, S. 200 f.; Altmann S. 43

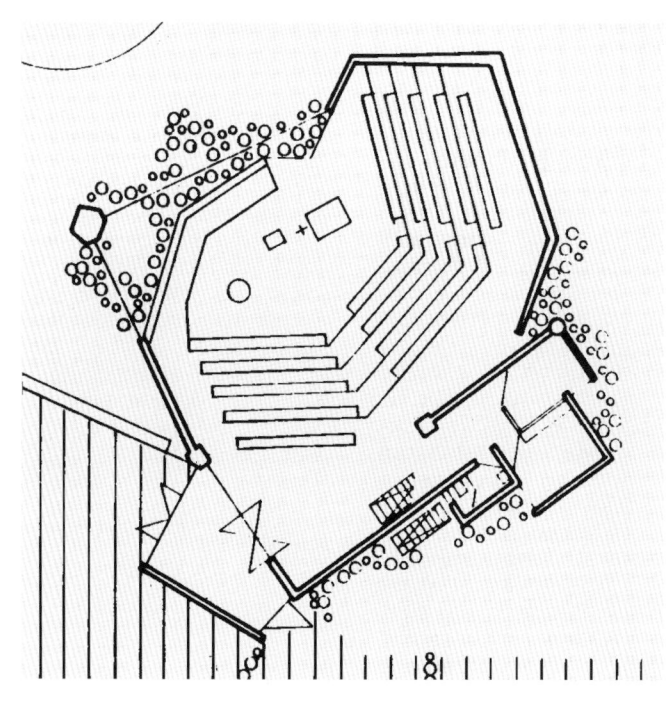

St. Franziska Romana (kath.)
Kirchstraße 7
85748 Garching-Hochbrück
Grundsteinlegung: 23.11.1969
Weihe: 16.5.1971
Architekt: Hans Knapp-Schachleiter

Seit 1958 diente die in der Gemeinde ›Zu den heiligen Engeln‹ in München nicht mehr gebrauchte Notkirche als katholischer Gottesdienstraum in Garching. Nach einem Brand im November 1967 wurde der Bau eines Gemeindezentrums innerhalb des vorhandenen Grundstückes in Angriff genommen. Bereits im November 1970 konnte der Kindergarten eröffnet werden, und wenige Monate später war die Kirche vollendet. Kindergarten, Mesnerwohnung, Pfarrsaal, Gruppenraum, Amtsräume und Sakristei werden direkt von einem Vorhof aus erschlossen. Hier befindet sich auch, seitlich der Kirche aufgestellt, der kleine freistehende Glockenträger aus Stahlbeton, in dem seit 1972 zwei Glocken hängen.
Der Kirchenraum über quadratischem Grundriß (20 m Seitenlänge) ist mit einem Pultdach, das sich zur Altarwand hin senkt, gedeckt. Der stützenlose Innenraum wird von vier Stahlbindern überspannt. Weiß geschlämmtes Mauerwerk umzieht den Raum. An der Straßenseite ist die Wand mit Fichtenholz verkleidet, ebenso die Decke. Die gesamte Altarwand wird hervorgehoben durch einen schmalen Lichtstreifen, der sie mit indirektem Licht von oben versieht. An dieser Wand befinden sich auch die zwölf Apostelleuchter. Ein Fensterband unterhalb des Daches auf der Straßenseite und zwei weitere Fenster geben dem Raum reichlich Licht. Altarinsel, Altar, Tabernakelstele und Fußboden sind aus Travertin gestaltet. Die Gemeinde umgibt auf drei Seiten den Altar, der, um eine Stufe erhöht, von der Wand abgerückt steht. Der Taufstein an der Rückwand des Raumes ist aus der Mittelachse versetzt.

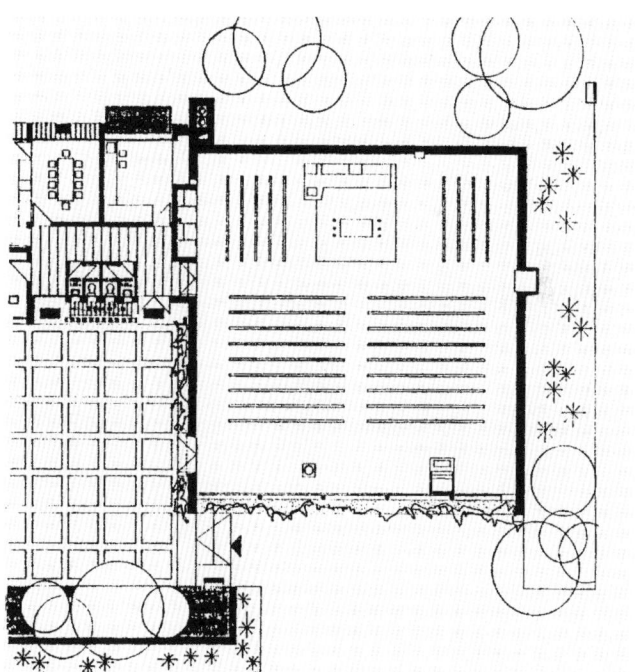

Taufstein, Weihwasserbecken, Apostelleuchter: Bruno Wendnagel
Tabernakel: Max Faller
Kreuzweg, 1973: Marlene Reidel

Qu.: Pfarramt; Lit.: Festschrift zur Kirchweihe 16.5.1971; Ramisch-Steiner S. 87; Georg Brenninger, Die Kirchen der Pfarrei St. Severin Garching bei München, Regensburg 1994, S. 13 f.

Maria am Wege (kath.)
Maria am Wege 2
86949 Windach
Grundsteinlegung: 23.11.1969
Weihe: 27.6.1971
Architekten: Josef Wiedemann mit Rudolf Ehrmann und Karl Heinz Scherrer

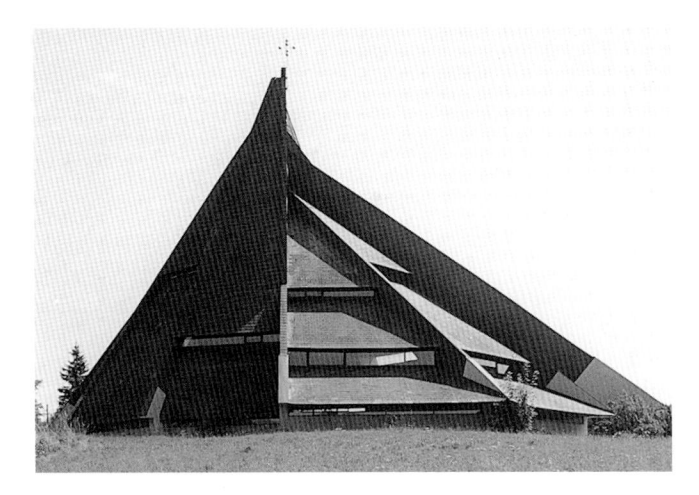

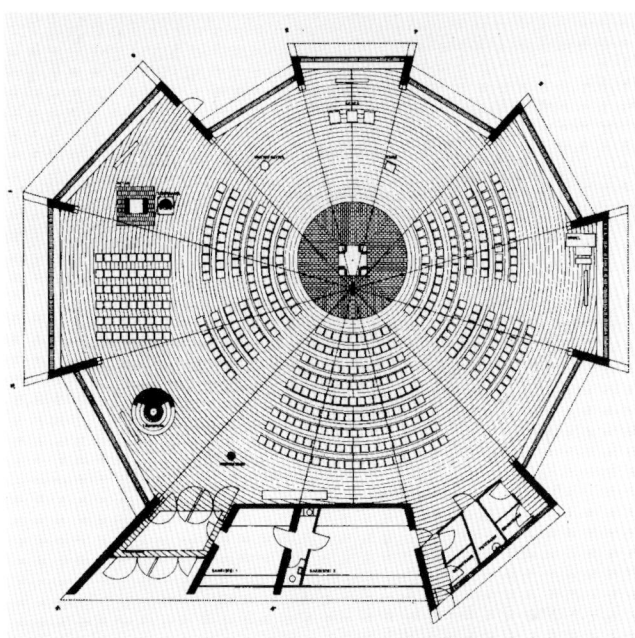

An der A 96 zwischen Ammersee und Landsberg am Lech liegt auf einem Moränenhügel das als Autobahnkirche bezeichnete Gotteshaus mit Gemeindezentrum. Ein leicht ansteigender Weg führt vom Ort vorbei an Kindergarten, Schule, Pfarrhof und Gemeindesaal unter dem Glockenständer hindurch in den umbauten Kirchhof. Hier erhebt sich auf der höchsten Stelle des Geländes der Kirchenbau. Er ist ein aus dem Zwölfeck entwickeltes Zelt, über einem inneren Kreis von 24 m Durchmesser, und hat eine Höhe von 27 m. Die strenge Regelmäßigkeit wird durchbrochen durch die Ausweitungen für Sakramentskapelle, Sakristei und Chor. Zwölf radial angeordnete, verleimte Hauptträger, auf Isolierbetonschuhen gelenkig gelagert, sind, am First um die Mittelachse spiralig versetzt, durch Stahlgelenke miteinander verbunden. Jeweils zwei gegenüberliegende Träger in einer Ebene bilden ein Dreigelenksystem. Zwischen den Hauptträgern, parallel zur Traufe, liegen Pfetten, darauf Diagonalschalung, Lattung, Konterlattung und Schieferplatten. Die verschieden geneigten Dachflächen geben ringsum ein differenziertes Licht. Der Boden, radial mit Ziegeln ausgelegt, senkt sich zur Mitte um 20 cm. Die gemauerte Bank am Rande steigert die Wirkung der Mulde, über der sich das durchlichtete Zelt erhebt. Der Altar auf dem Grunde der Mulde ist ein aus Granitplatten errichteter offener Tisch. Die vom Zenit herabhängende Scheibe in Messing, in Kreuzform durchbrochen, betont den Altar.

*Altar, Tabernakel, Hängekreuz, Ambo, Sedilien: Blasius Gerg
Kreuzweg: Max Raffler*

Qu.: Arch. Mus. TUM; Lit.: Diskussion S. 198 f.; Deutsche Bauzeitung H. 5, 1974, S. 456 f.; Ausst. Kat. Zeit im Aufriß. Architektur in Bayern nach 1945, München 1983, S. 85; Wiedemann S. 14 ff.

St. Benedikt, Werktagskapelle der Benediktiner-Abtei St. Bonifaz (kath.)

Karlstraße 34
80333 München-Maxvorstadt
Baubeginn: 1969
Weihe: 9.7.1971
Architekten: Carl Theodor Horn und Peter Eggendorfer

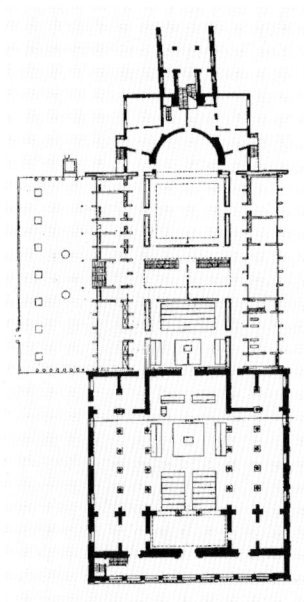

Die 1835-1850 von Georg Friedrich Ziebland errichtete fünfschiffige Basilika mit dem Kloster St. Bonifaz wurde im Krieg nahezu völlig zerstört. Hans Döllgast schuf 1948/1949 mit den Resten des Mauerwerkes in der Basilika eine Abschlußwand nach Norden und errichtete einen Notdachstuhl. Dollgasts Kirchenraum wurde mehrmals umgestaltet, zuletzt 1993/1994. Zwischen Kirchenrumpf und wieder aufgebauter Apsis wurde 1970/1971 das Seelsorgezentrum mit Werktagskirche, Saal, Jugendräumen, karitativen Büros, Studentenzimmern und Mönchsgruft errichtet. Dieser Zwischenbau aus Beton und Glas nimmt nicht ganz die Breite und Höhe der ehemaligen Basilika auf, aber in seinem Grundriß ist die fünfschiffige Anlage abzulesen. An die Basilika schließt in der Breite des Mittelschiffes die zweigeschossige Werktagskapelle an, die durch zwei seitliche Türen mit ihr verbunden ist. Dieser Raum, der auch als Taufkapelle dient, hat einen querrechteckigen Grundriß und ist auf die südliche Altarwand mit einem monumentalen Betongußrelief des hl. Benedikt als Schutzpatron des Abendlandes ausgerichtet. Die farbige Bemalung des Reliefs gibt zusammen mit dem roten Ziegelboden und dem hellen Holz der Bänke dem ganz im Grau des Sichtbetons gehaltenen Raum eine gewisse Wärme. Auch die Sockel der ebenerdig nebeneinander aufgestellten Prinzipalstücke bestehen aus kubischen Betonklötzen, Tabernakel, Taufschale und Ambo hingegen aus einem silbrigen Metall und die Altarmensa aus Holz. Die mystische Atmosphäre wird verstärkt durch den einzigen Lichteinfall, eine mit Plexiglas abgeschlossene Rundöffnung über dem Altarbereich. An die Werktagskapelle schließt jenseits des Foyers in der Breite des Mittelschiffes der große Saal an, in den die einstige Apsis miteinbezogen ist. Im Stockwerk darunter liegt die umgestaltete Unterkirche, zugleich Gruft der Äbte und Mönche von St. Bonifaz. Eigentümer: Abtei St. Bonifaz; Baumaßnahmenträger: Erzdiözese München-Freising (Baureferat)

*Altar, Tabernakel, Ambo, Taufstein, Betongußrelief, 1976, Muttergottesstatue: Friedrich Koller
Büste am Benediktusbrunnen, 1972: Josef Henselmann*

Qu.: Stiftsbibliothek; Lit.: Diskussion S. 114 f.; München S. 104 f.; Lothar Altmann, Die St.-Bonifatius-Basilika zu München, München-Zürich 1978; Ausst. Kat. Aufbauzeit, München 1984, S. 134; Ramisch-Steiner S. 67 f.; Biller-Rasp S. 155

Laetarekirche (evang.-luth.)
Quiddestraße 15
81735 München-Neuperlach
Grundsteinlegung: 6.7.1969
Weihe: 18.7.1971
Architekt: Heinrich Bäumler

Die Laetarekirche ist der Mittelpunkt des Gemeindezentrums Perlach-Nord, das aus einem offenen Wettbewerb 1967 hervorging. Kirche, Kindergarten, Gemeinderäume, Pfarramt und Mitarbeiterwohnungen umschließen den auf das Niveau der zentralen Fußgängerzone hochgelegten Kirchplatz. In dem der Straße zugewandten Sockel sind Läden und eine Sozialstation untergebracht. Die Gebäude der Gesamtanlage wurden in Sichtmauerwerk aus dunklen Vormauerziegeln ausgeführt.

Der als Solitär errichtete Kirchenbau hat einen Innenraum mit quadratischem Grundriß von etwa 17,50 m Seitenlänge, der von einer flachen Holzdecke auf mächtigen Holzbindern überspannt wird. Ein Anbau im Norden nimmt den Haupteingang, das Stuhllager und die Sakristeien sowie die Empore darüber auf. Eine im Grundriß ovale Treppenanlage führt neben dem Eingang zur Empore. Ein großes Holzkreuz betont den Altarbereich. Hier stehen auf einem beweglichen Podest Altar und Ambo frei im Raum, der Taufstein heute gesondert seitlich daneben. Die Prinzipalstücke sind handwerkliche Arbeiten, die dreiseitig von Stühlen umgeben werden. Die Orgel wurde 1991 als Turm seitlich vom Altar in den Raum gestellt. Hochliegende Fenster und ein Fensterband belichten den Raum. Zum einheitlichen Raumeindruck tragen Boden und Wände aus dem gleichen Ziegelmaterial bei. Die flache Holzdecke ruht auf mächtigen Holzbindern. Der zunächst als Mehrzweckraum geplante Bau wird ausschließlich für den Gottesdienst genutzt.

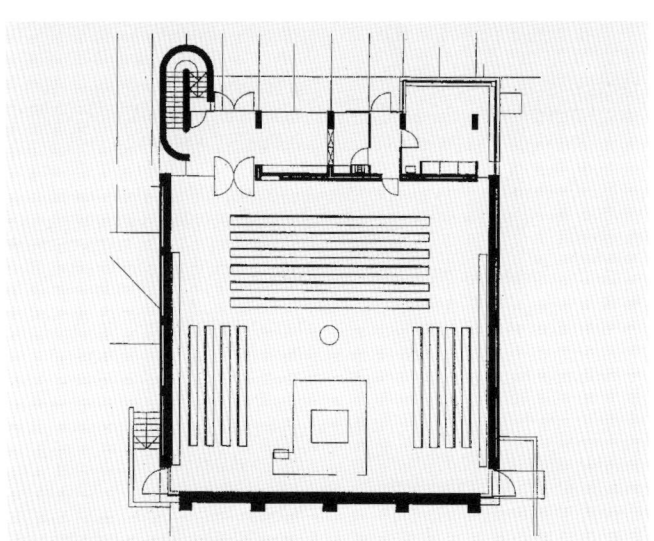

Kreuz, Altar, Kanzel, Taufe: nach Entwurf des Architekten

Qu.: Pfarramt, Architekt; Lit.: Festschrift zur Einweihung des Gemeindezentrums Laetare-Kirche Neu-Perlach, München 1971; München, S. 132

St. Birgitta (kath.)
Parkstraße 11
82008 Unterhaching
Grundsteinlegung: 27.9.1970
Weihe: 19.9.1971
Architekt: Franz Xaver Gärtner

In der 1967 bezogenen Siedlung Fasanenpark fand das kirchliche Leben der katholischen Gemeinde zunächst im evangelischen Gemeindehaus statt. Mit dem neuen Pfarrzentrum entstand für die Katholiken ein eigener Ort der Begegnung. Kirche, Gemeindesaal, Jugendheim und Pfarrhaus werden von einem zentralen Innenhof erschlossen, der mit dem Fußgängerbereich des Einkaufszentrums verbunden ist und von der Parkstraße aus erreicht werden kann. Der Hof ist bepflanzt und mit Bänken und Tischen als Versammlungsort vor oder nach dem Gottesdienst ausgestattet. Der Kirchenbau ist ein schlichter Kubus über den Grundmaßen von 24 x 24 m. Eine Betonkassettendecke mit Oberlicht überspannt den Raum. Auf der Westseite trennt eine Wand aus unregelmäßigen Pfeilern, wie Lamellen angeordnet, die Sakramentskapelle vom Hauptraum. Der in Betongrau gehaltene Kirchenraum wird durch farbige Felder an den Wänden, das rote Gestühl und die grüne Orgel belebt. Alle Bauteile wurden, mit Ausnahme der großen Wandtafeln, vorfabriziert und vor Ort zusammengefügt. So gliedert sich der Kirchenbau in 8 Hauptträger, 42 Aussteifungsteile, 28 Wandplatten und 4 Winkelplatten. Sie wurden in zwölf Tagen aufgestellt und sind durch einen Ringanker zusammengehalten. Architektur und Raumform sind von der Gliederung der Konstruktion geprägt.
Die gesamte Anlage fügt sich so unauffällig in die Umgebung ein, daß allein die große Stahlplastik, eine Meditation um das Kreuz, auf das Gemeindezentrum aufmerksam macht. 1969 war bereits der Pfarrkindergarten bezugsfertig.

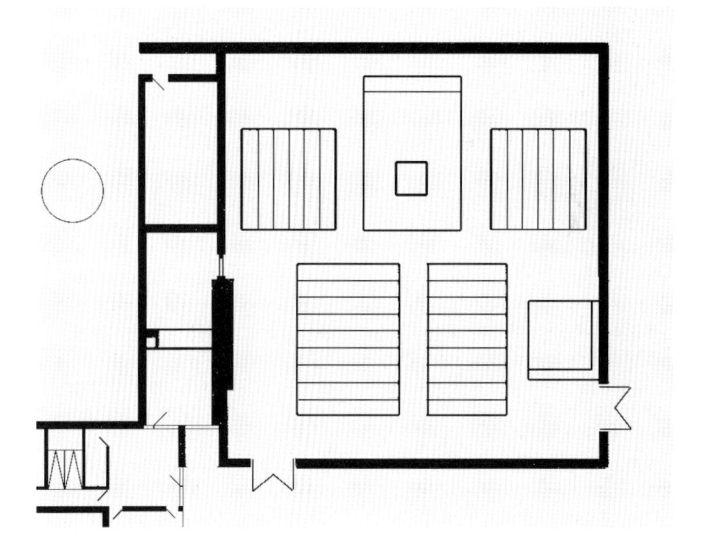

*Altar, Ambo, Sedilien, Stele für Madonna, Taufbecken, 1988, Kreuzweg, 1990: Hubert Elsässer
Altarkreuz (versilbert), Tabernakel in Kapelle, Osterkerzenständer (alle Bronze): Max Faller
Stahlplastik im Hof: Karl J. Schwalbach
Farbflächen: Emil Kiess*

Qu.: Pfarramt; Lit.: Geleitschrift zur Kirchweihe von St. Birgitta Unterhaching-Fasanenpark, Unterhaching 1971; Das Münster 25. 1972, S. 31; Diskussion S. 92f.; Amperland 13. Jg. 1977, H.2, S. 221-224; Ramisch-Steiner S. 64

St. Christoph (kath.)
Am Blütenanger 7
80995 München-Fasanerie-Nord
Grundsteinlegung: 16.9.1970
Weihe: 17.10.1971
Architekten: Erhard Fischer mit Klaus Weissenfeldt

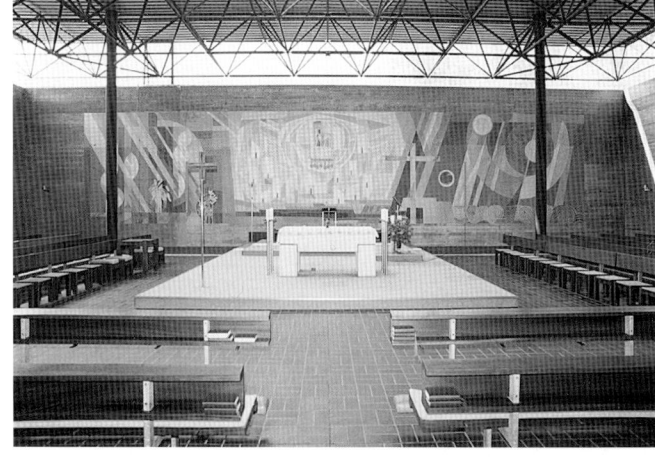

Für die Errichtung des Gemeindezentrums stand ein verhältnismäßig kleines Grundstück zur Verfügung, so daß eine stark zentrierte Anlage konzipiert werden mußte. Deren Mittelpunkt ist der Kirchenraum. In unmittelbarer Verbindung mit ihm stehen die Sakramentskapelle und ein Gemeinderaum im Pfarrheim, um den der Kirchenraum erweitert werden kann. Pfarrhof und Pfarramt schließen die bauliche Einheit. Zwei Treppen führen zum Vorhof, der von Kirche, Turm und Mesnerwohnung begrenzt wird. Der Kirchenraum selbst hat, einschließlich der Eingangsbereiche, einen nahezu quadratischen Grundriß; er bietet 370 Sitzplätze und weitere 40 auf der rückwärtigen Empore. Entscheidend für den Raumeindruck ist die Decke, die sich über einem Lichtband von den Betonwänden abhebt und darüber zu schweben scheint. Der Raum wird durch ein auf vier runden Stahlstützen ruhendes Raumtragwerk überspannt. Die Umfassungswände bestehen aus horizontal geschaltem Sichtbeton.
Der langrechteckige und um eine Stufe erhöhte Altarbereich ist weit zur Raummitte vorgezogen und wird auf drei Seiten von Bankblöcken umgeben. Das durch eine große Glaskuppel einfallende Licht betont den Altar. Den Raum beherrscht seit 1982 ein mächtiges, dreiteiliges Altarbild ›Schöpfung – Erlösung – Vollendung‹. Dieses wurde 1983 ergänzt durch das Bild ›Taufe‹ an der Westwand. 1984 erhielt die Werktagskapelle ein Wandmosaik und ein Mosaikkreuz. Die Kreuzwegstationen in der Werktagskapelle stammen aus dem Vorgängerbau. 1993/1994 wurde der Turm neu aufgebaut.

*Tabernakel, Wandbilder und Mosaiken:
Edzard Seeger*

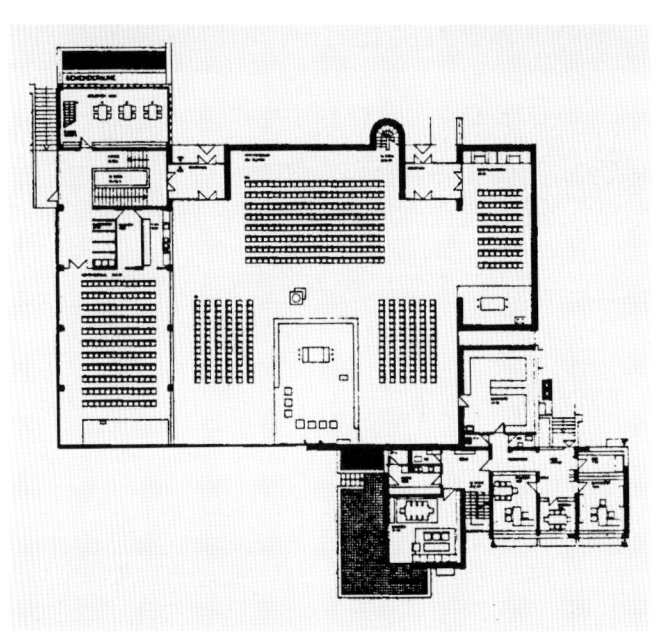

*Qu.: Pfarramt, Architekt;
Lit.: Festschrift zur Einweihung am 17.10.1971, München 1971; Baumeister 70.1973, S. 1018; Das Münster 25.1972, S. 34; DBZ 5/72, S. 835-838; München S.103; Ramisch-Steiner S. 74; Architekturführer S. 70*

Zum Heiligen Geist (kath.)
Schulstraße
82211 Breitbrunn/Ammersee (Pfarramt: Seefeld)
Grundsteinlegung: 10.10.1970
Weihe: 24.10.1971
Architekt: Theo Wieland

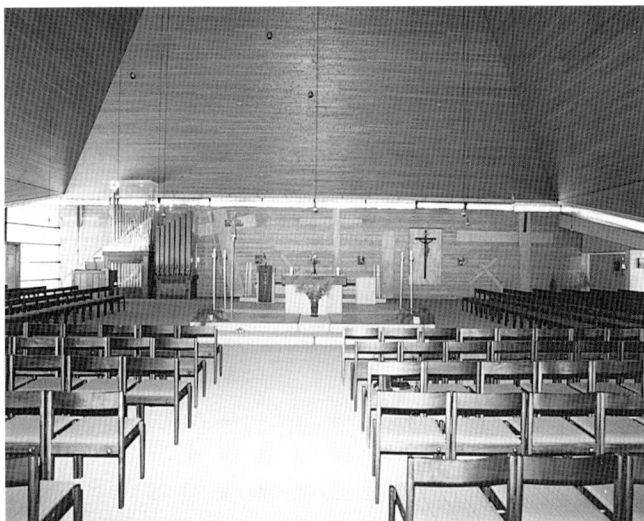

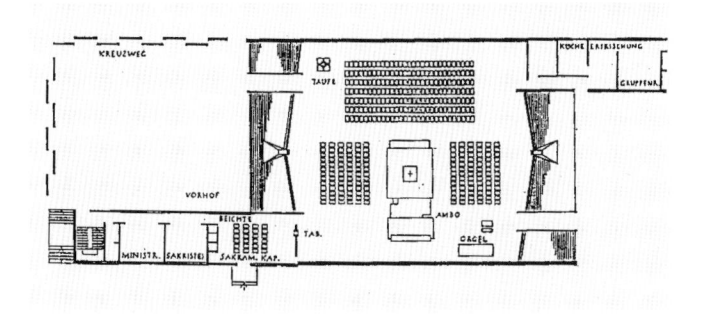

Da die alte Kirche St. Johannes der Täufer aus Denkmalschutzgründen nicht erweitert werden konnte, begannen Planungen für einen Neubau. Mit der Stiftung eines Grundstücks 1962 in unmittelbarer Nähe des neuen Friedhofs konkretisierte sich das Projekt. Bei der Wettbewerbsausschreibung wurde unter sieben Entwürfen der Plan von Th. Wieland zur weiteren Bearbeitung ausgewählt. Der quadratische Grundriß mit Zeltdach und zentraler Stellung des Altars wurde auch nach der Reduzierung des Projektes auf eine Seitenlänge von 24 m und eine Höhe von 22,5 m, beibehalten. Auf Nebenräume wie einen Pfarrsaal etc. mußte verzichtet werden. »Die Schlichtheit und Einfachheit der Gesinnung sollte auch ihren baulichen Ausdruck finden«, in der Reduzierung auf Beton, Holz und Glas. Die Architektur ist so gewählt, »daß das Erlebnis der Baukörper wie der Freiräume zu dem Hauptraum hinführt. In diesem Sinne ist auch der Vorhof zu verstehen, der durch vierzehn Kreuzwegtafeln nicht im Sinne einer Mauer von der Umgebung getrennt wird, sondern mit Durchblicken in diese hineinwirkt« (Theo Wieland).
Der Raumeindruck wird bestimmt von der enormen Höhe des holzverschalten, tief heruntergezogenen Pyramidendaches, das von den Betonwänden durch ein schmales Lichtband abgehoben wird und damit seine Leichtigkeit erhält. Der zur Raummitte vorgerückte Altar steht um zwei Stufen erhöht. Der Tabernakel ist in der Wand zur Werktagskapelle eingelassen und von beiden Räumen aus sichtbar. Die Wände sind mit Betonreliefs geschmückt. Die diagonal angeordneten Eingänge führen über Wasserbecken, die nur nach heftigem Regen gefüllt sind. Diagonal angelegt sind auch die Anbauten von Sakristei und Andachtskapelle (im Westen) sowie der Gemeinderäume (im Osten).

Altarinsel, Altar, Ambo, Taufbecken, Tabernakel, Tabernakelwand:
Blasius Gerg
Altar- und Vortragekreuz, 1975: Rath
Gestaltung der Sichtbetonwände:
Fritz Winter

Qu.: Bischöfl. Ordinariat Augsburg, Kunstreferat;
Lit.: Gemeindezentrum zum Heiligen Geist Breitbrunn am Ammersee, Innsbruck 1971

St. Stefan (kath.)
Bahnhofstraße 20
82166 Gräfelfing
Grundsteinlegung: 6.12.1970
Weihe: 7.11.1971
Architekten: Carl Theodor Horn und Peter Eggendorfer

Auf dem Areal der in den 30er Jahren von Georg W. Buchner errichteten Herz-Jesu-Kirche entstand der Neubau. Im Südwesten, an städtebaulich markanter Stelle einer Straßenkreuzung, steht der 22,5 m hohe Campanile. Über einem querrechteckigen Grundriß von 25 x 30 m erheben sich der Kirchenbau mit der im Norden angefügten Werktagskapelle sowie Sakristei mit Ministrantenraum. Das schlichte Gebäude besteht aus einer Stahlbetonkonstruktion mit tief heruntergezogenem Satteldach mit einer Firsthöhe von 13,7 m und innen abgehängter Holzdecke. Die aus hellem Klinker gemauerten Seitenwände sind vorgezogen, so daß sich im Westen der Kirche ein abgeschirmter Vorplatz ergab, der durch einen Brunnen belebt wird. Die oben verglasten Giebelseiten bestehen aus zweischaligen Betonfertigteilen. Der Kirchenraum erhält reichlich Licht durch die zwei großen Giebelfenster sowie ein schmales, umlaufendes Fensterband. Der Raum bietet 450 Sitzplätze. Auf der um eine Stufe erhöhten Altarinsel steht der einfache Altarblock aus Muschelkalk. Der Tabernakel ist in einem Eckpfeiler der zum Hauptraum geöffneten Werktagskapelle eingefügt. Zwischen den beiden Eingängen befindet sich das Podest für Orgel und Chor.

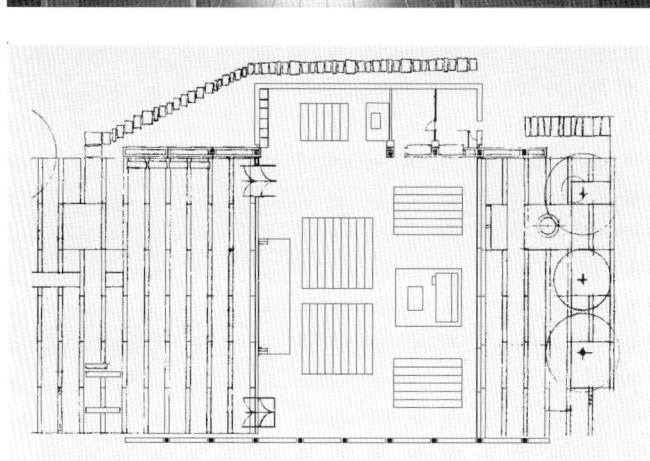

Altarbereich, Brunnen auf Vorplatz: Friedrich Koller
Tabernakel: Wilhelm Müller
Taufbecken: Fritz Brosig

Qu.: *Pfarramt, Architekten;* Lit.: *Pfarrkirche St. Stephanus Gräfelfing o. O., o. J.; Baumeister 70. 1973, S. 1021; Diskussion S. 116 f.; Ramisch-Steiner S. 221 f.; Altmann S. 43*

St. Wilhelm (kath.)
Theodor-Heuss-Straße 25
85764 Oberschleißheim
Grundsteinlegung: 29.11.1970
Weihe: 28.11.1971
Architekten: Carl Theodor Horn und Peter Eggendorfer

In einer Notkirche, die dem hl. Wilhelm von Aquitanien geweiht war, fand von 1966 bis 1971 der katholische Gottesdienst in Oberschleißheim statt. Damit begann das Pfarrleben von St. Wilhelm. Seit 1967 bestanden bereits Planungen für die neue Kirche und das Pfarrzentrum. 1968 konnte hier der erste ökumenische Kindergarten in Bayern eingeweiht werden. Ab Mai 1970 wurden im zweiten Bauabschnitt Kirche, Werktagskapelle, Sakristei, Pfarrheim, Pfarramt und Pfarrwohnung errichtet. Mit dem Pfarrzentrum wollten die Architekten die »aktuelle Gesinnung im Bekenntnis zum Einfachen aus der Erinnerung kirchlicher Lehre heraus« dokumentieren. Seit 1985 markiert ein schlanker, achteckiger, 24 m hoher Campanile, bekrönt mit einem vergoldeten Kreuz, das Kirchenzentrum. Bänder mit ornamentaler Ritzzeichnung beleben das geschlossene Betonuntergeschoß. Einen markanten Gegensatz zum Turm bildet der kubische Kirchenbau. Er besteht aus zweischaligen Stahlbetonfertigteilen mit einer Kaltdachkonstruktion aus verleimten Holz- und Vollwandbindern. Durch horizontale Querstreben erhält das Bauwerk Stabilität und gleichzeitig eine optische Gliederung in zwei Stockwerke. Der quadratische Kirchenraum ist nach Norden gerichtet. Ein umlaufendes Fensterband am Ansatz der flachen Holzdecke erhellt den Raum. Durch neun Lichtkuppeln wird der Altar, der auf einer weit in den Raum vorgeschobenen Insel um eine Stufe erhöht steht, hervorgehoben. Den Altarbereich beherrscht das 1987 entstandene, siebzehnteilige Tafelbild mit der Darstellung ›Wiederkunft Christi in Herrlichkeit‹. Die beiden seitlichen Prophetenbilder kamen im Dezember 1990 hinzu. Seit Juni 1973 regen fünfzehn in starkem Farbkontrast graphisch gestaltete Kreuzwegstationen an den Seitenwänden zur Meditation an. Im Osten liegt, durch einen verglasten Zwischenbau mit der Kirche verbunden, die kreisrunde Werktags- und Sakramentskapelle; an der Westseite ist die rechteckige Sakristei angebaut.

Altarkreuz, Leuchter, Tabernakel, Kreuzweg, Vortragekreuz, Osterleuchter: Edzard Seeger
Gemälde: Karl Köhler
Säule und Brunnen der Außenanlage: Friedrich Koller

Qu.: Architekten; Lit.: Festschrift zur Weihe St. Wilhelm Oberschleißheim, Worfelden (1971); Ramisch-Steiner S. 237; 20 Jahre Pfarrei St. Wilhelm, Scheinfeld (1991)

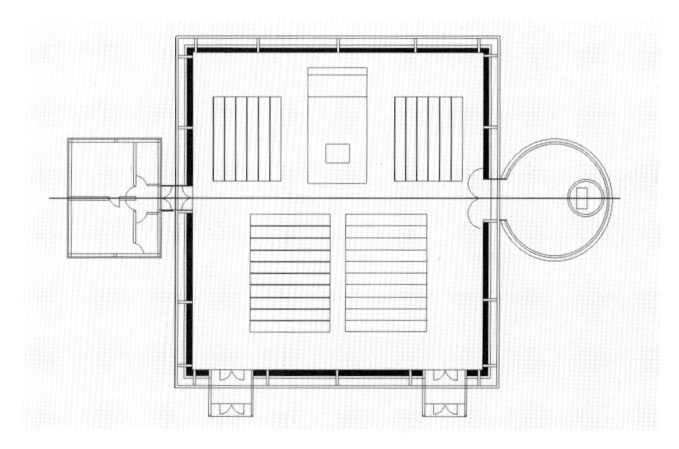

Evang.-Luth. Gemeindezentrum
Zugspitzstraße 12
82299 Türkenfeld (Pfarramt: Grafrath)
Grundsteinlegung: 1971
Weihe: 23.1.1972
Architekten: Albert Fersch und Waldemar Seunig

An der Ecke Zugspitz-/ Egerländerstraße entstand durch private Initiative ein Ensemble mit Kirche, drei privaten Wohnhäusern und Garagen. Im nordöstlichen Teil der Anlage befindet sich der Kirchenraum von 8,70 x 6,78 m, in den zwei Eingänge führen. Das weiß verputzte Mauerwerk trägt einen in Fachwerk ausgeführten und in dunklem Farbton gestrichenen Dachstuhl. Durch sieben Oberlichtfenster auf der Nordseite wird der Raum erhellt. Taufe und Kanzel wurden von der Kirchengemeinde Puchheim erworben. Die Konstruktion von Taufe und Kanzel bestand aus einem Stahlgerüst mit Steinplattenverkleidung, die durch Teakholz ersetzt wurde. Der Wandbehang hinter dem Altar zeigt christliche Symbole. Der Kirchenraum ist vom Jugendraum durch eine flexible Wand getrennt. In einem zweiten Bauabschnitt, den Bodo Schmidt 1981 durchführte, entstand durch Überbauung des Innenhofes der Jugendraum mit Küche und WC.

Altarkreuz, Leuchter, Wandbehang: Wolfgang Remshard; Ausführung der Schmiedearbeiten: Fa. Thalmayr; Ausführung des Wandbehangs: Emma Schöpp, Zankenhausen

Qu.: Pfarramt

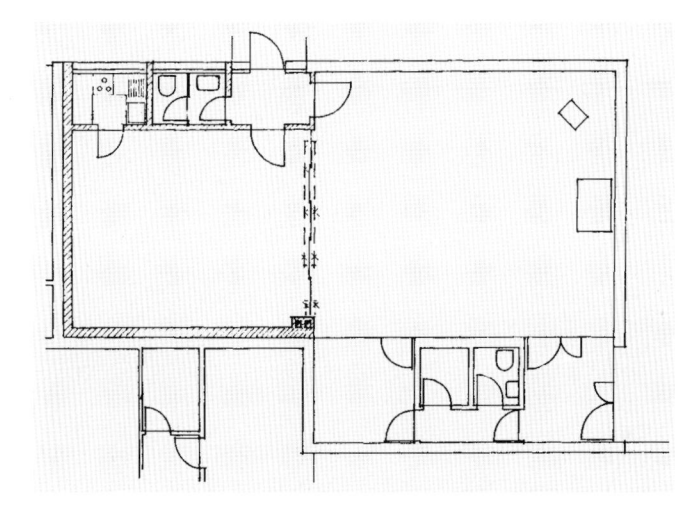

St. Peter (kath.)
Elzerberg
82541 Ammerland (Pfarramt: Münsing)
Grundsteinlegung: Juli 1969
Weihe: 5.3.1972
Architekt: Hans Heps

Am Ostufer des Starnberger Sees, frei auf einem Hügel gelegen, erhebt sich der Kirchenbau über rechteckigem Grundriß von 14,80 x 24,80 m mit einem steilen Satteldach und einem vorgebauten, langen, überdeckten Gang. Der Vorraum, der durch Schiebetüren vom Kirchenraum getrennt ist, wird durch eine seitliche Fensterwand erhellt; ihr gegenüber liegt die Sakristei. Der Kirchenraum erhält seine Prägung durch die mit einem Lichtband abgesetzte südliche, weiß verputzte Giebelwand. Vor ihr steht der um eine Stufe erhöhte Altarbereich. Er trägt den Altar in Form eines Marmorblockes sowie den seitlich davon angeordneten Ambo und das Vortragekreuz. Diese sind aus Bronze gearbeitet und mit Amethysten und Bergkristallen geschmückt. Neben der Altarinsel befinden sich Tabernakel und Ewiges Licht auf und in einer Marmorstele. Die Decke sowie die rückwärtige Wand mit Orgelempore sind mit Holz verkleidet. Durch das große Giebelfenster über der Empore fällt helles Licht in den Raum. An den weiß verputzten Wänden hängen seit 1985 Ölgemälde in kräftigen Farben. Vom Vorraum führt eine Treppe zum Gruppenraum in den Keller. Ein zunächst geplanter, kleiner Turm fiel Sparmaßnahmen zum Opfer. Bei der Renovierung der Kirche setzte der Architekt Michael Pongratz 1989 einen Dachreiter auf den Kirchengiebel.

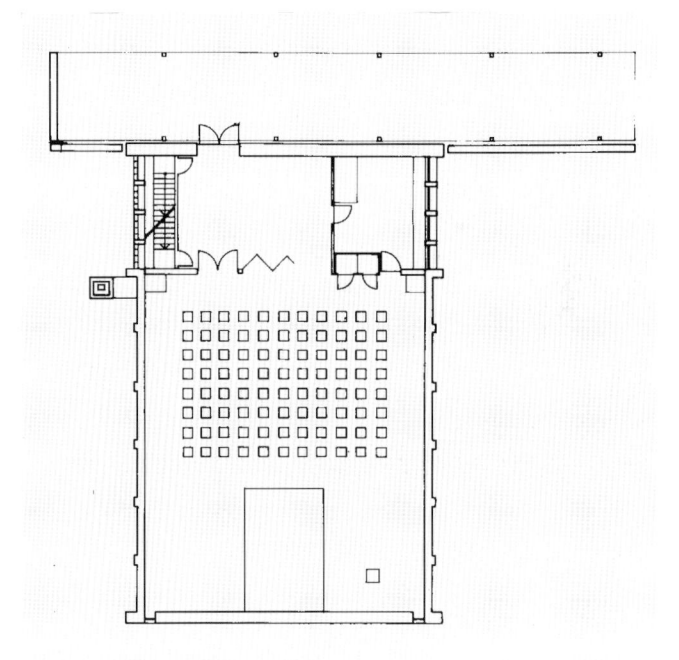

Ambo, Tabernakel, Vortragekreuz, Altarleuchter: Christine Stadler
Ölgemälde: Karl Köhler

Qu.: Pfarramt

Maria Trost (kath.)
Rueßstraße 47
80997 München-Untermenzing
Grundsteinlegung: 6.9.1970
Weihe: 16.4.1972
Architekt: Josef Ferdinand Jechart

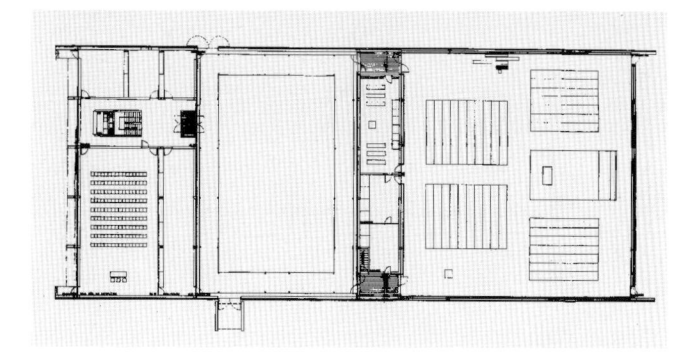

Für die Heimatvertriebenen, die in den drei Lagern von Allach notdürftig untergebracht waren, und für die Bewohner der Angerlohsiedlung entstand 1958 eine Notkirche, die 1970 einem Kirchenneubau mit Pfarrzentrum weichen mußte. Eine über 70 m lange Mauer schirmt Gemeindehaus, Innenhof und Kirche vom Straßenverkehr ab. Der Eingang im Glockenturm führt in den überdeckten Umgang des Innenhofes, an dessen Ostseite die beiden Kircheneingänge liegen. Der niedrige Bau zwischen den Eingängen nimmt Beicht- beziehungsweise Ministrantenraum, Sakristei und Sakramentskapelle auf.
Der Kirchenraum selbst hat einen quadratischen Grundriß von 26,70 m Seitenlänge. Die Wände sind mit naturfarbenem Holz verkleidet. Unter dem dunkelblauen Anstrich der Decke ist die Konstruktion sichtbar. Ein auf allen vier Seiten in halber Höhe umlaufendes Fensterband umschließt den Raum. 1989 wurde der Altarbereich von Josef Hamberger neu gestaltet. Der um eine Stufe erhöhte Altar ist nun weit in die Raummitte vorgezogen und wird in einem Dreiviertelkreis von einer losen Bestuhlung umgeben. Die Orgel, die nach geänderter Planung gegenüber dem Altar aufgestellt wurde, verdeckt die Zugänge zu Sakramentskapelle und Sakristei. Die gesamte Anlage besteht aus einer Sichtbetonkonstruktion.

Tabernakel, Boden-, Altarleuchter, Standkreuz (alle Aluminiumguß), Altar, Lesepult, Sedilien (alle Bronze poliert): Josef Hamberger

Qu.: Pfarramt, Architekt; Lit.: Festschrift Maria Trost München, Stuttgart o. J.; Hartig-Schnell S. 94 (Notkirche); Ramisch-Steiner S. 168 f.

St. Matthäus (kath.)
Eduard-Spranger-Straße 46
80935 München-Hasenbergl
Grundsteinlegung: 20.2.1971
Weihe: 4.6.1972
Architekt: Sepp Pogadl

Im Mai 1960 wurde der Grundstein zur Großwohnanlage auf dem Hasenbergl gelegt, in der Sepp Pogadl bereits die Punkthäuser und das Ladenzentrum errichtet hatte. Seit 1967 diente eine Notkirche dem katholischen Gottesdienst. 1968 wurde der Kindergarten erbaut. Im 1971/1972 entstandenen Pfarrzentrum ist ein zentraler Eingangsbereich als Kirchenvorplatz an die vorhandenen Fußwege der Wohnanlage angebunden. Er wird von kubischen Bauten umschlossen: im Süden Kindergarten und Pfarrhaus, im Osten das Pfarrheim und im Norden die Kirche mit Glockenträger für ein kleines Geläut. Der Kirchenraum erhebt sich über einem quadratischen Gundriß, dem im Norden Werktagskirche und Sakristei sowie ein halbkreisförmiger Beichtraum angefügt sind. Der Altar, das seitlich angeordnete Lesepult und die rückwärtigen Sedilien sind aus Beton und stehen auf einem um eine Stufe erhöhten, weit in den Raum vorgezogenen Podest. Die Wand hinter dem Altar schmückt seit 1990 ein Retabel. Verschieden große Bildtafeln zeigen den auferstandenen Christus, der seiner Gemeinde Wegweisungen nach der Bergpredigt gibt. In der Werktagskapelle befindet sich seit 1981 ein neuer Tabernakel mit einer vollplastischen Figurengruppe, die Christus, umgeben von der Gemeinde, darstellt. Die Altarbereiche der Haupt- und der Werktagskirche werden durch Oberlichter hervorgehoben. Ziegelmauerwerk mit rauhem, weißem Putz und dunkle Naturholzfenster prägen einheitlich das Äußere und Innere des Baues.

Tabernakel, 1982, Altarkreuz, Ewiglicht: Klaus Backmund
Retabel: Klaus Balke, Köln
Altäre, Sedilien, Bodenleuchter, Glasfenster, Taufstein: Josef Hoh

Lit.: *Pfarrkirche Sankt Matthäus. Zum Tag der Weihe 4. Juni 1972*, München (1972); Ramisch-Steiner S. 176; *Gemeinde St. Matthäus München 1967-1992*, o. O. (1992)

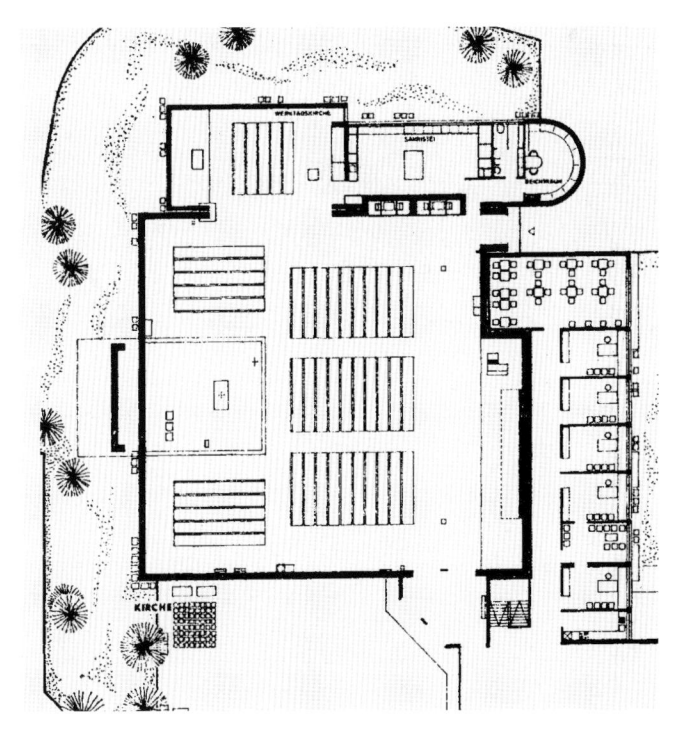

St. Lukas (kath.)
Aubinger Straße 63
81243 München-Neuaubing
Grundsteinlegung: 25.4.1971
Weihe: 16.7.1972
Architekt: Hans Hofmann

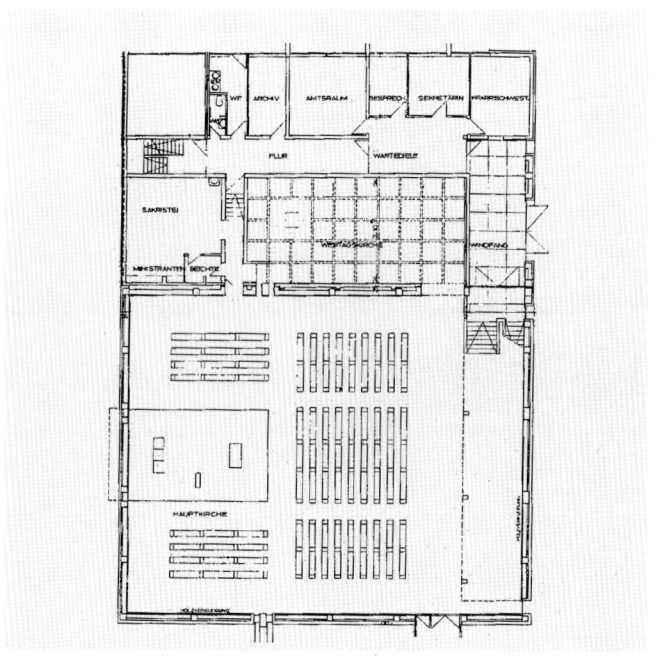

In Neuaubing gab es seit Dezember 1966 in der Mainaustraße eine Notkirche. Mit der Planung der Siedlung Am Westkreuz entstand das neue Gemeindezentrum. Eingebettet in eine großzügige städtische Grünanlage am Ufer eines Sees und dem zwanzigstöckigen Hochhaus Ramses gegenüber, liegt am Schnittpunkt mehrerer Fußwege das zweigeschossige Kirchengebäude. Die Kirchenanlage bildet zusammen mit den Gemeinderäumen und den Wohnungen eine geschlossene Einheit, ein echtes ›Domus Ecclesiae‹. Der langrechteckige Kirchenraum von ca. 21 x 27 m wird von einer Holzdecke überspannt. Die Umfassungsmauern bestehen aus modelliertem Sichtbeton. Das Innere ist mit Brettern verschalt, die reliefartig gegeneinander versetzt sind. 400 Besucher finden Sitzplätze in dem Raum. Über die große rückwärtige Empore ist der Sakralraum direkt mit dem Pfarrsaal und den Gemeinderäumen verbunden. Der Altar wird durch ein Oberlicht betont. Die seitlich angefügte Werktagskapelle mit Tabernakel hat ebenfalls einen langrechteckigen Grundriß; über dem Altar befindet sich auch hier ein Oberlicht. An den Wänden zeigen Sandsteinreliefs die Kreuzwegstationen.

Kreuzweg, Taufstein, Stein unter der Empore: Claus Bastian
Ambo, Tabernakel, Leuchter, Sedilien (Bronze), Ständer für Madonna: Manfred Bergmeister
Altarkreuz, Madonna: Christian Wagner

Qu.: Pfarramt, Architekt; Lit.: Festschrift zur Kirchweihe 16. Juli 1972, München 1972; Ramisch-Steiner S. 150

Wiederkunft des Herrn (kath.)
Allgäuer Straße 40
81475 München-Forstenried
Grundsteinlegung: 18.10.1970
Weihe: 26.11.1972
Architekt: Robert Gerum

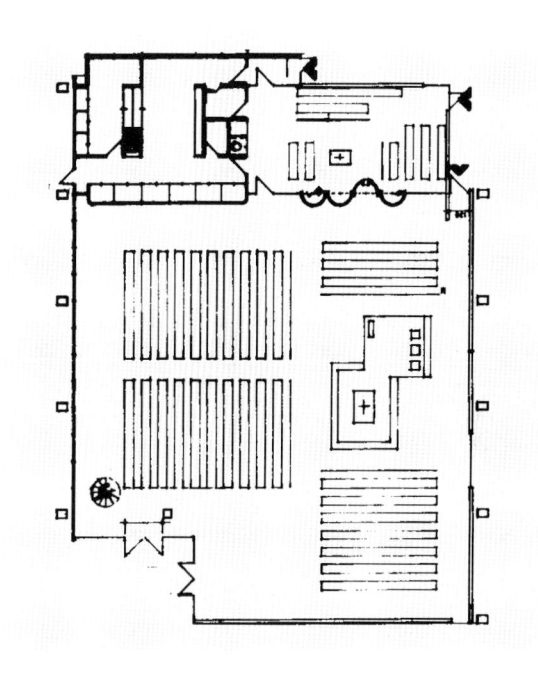

In einem Rundzelt begannen 1966 die Zusammenkünfte in der Pfarrkuratie ›Wiederkunft des Herrn‹. An der Straßenkreuzung Allgäuer/Königswieser Straße entstand 1970 bis 1972 das Pfarrzentrum, das sich im Baustil nicht von den Gebäuden der Umgebung abhebt. Die Anlage ist ca. 1,5 m über dem Straßenniveau errichtet. Die Gebäude bestehen aus einer Skelettkonstruktion in vorgefertigtem Stahlbeton, mit Spannbetonstützen und -bindern. Die Seitenwände sind eine nichttragende Stahl-Glas-Konstruktion. Da der Außenbau kein kirchliches Zentrum erkennen läßt, sind an der östlichen Außenwand Bildtafeln angebracht, die Texte aus dem Buch Jesaja illustrieren. An den Innenwänden des Kirchenraumes sind Großfotos aus dem Gemeindeleben zu sehen.
Über einen Vorplatz und das Foyer werden Kirchenraum, Pfarrsaal, Pfarrbüro und Sozialstation erschlossen. Der Kirchenraum kann im Westen durch den Pfarrsaal mit 200 Plätzen erweitert werden. Der Gottesdienstraum selbst hat einen quadratischen Grundriß von ca. 22 m Seitenlänge, mit der als Eingang gestalteten Ecke im Südwesten. Über diesem Eingangsbereich ist die Empore eingebaut, zu der eine Wendeltreppe führt. Im Norden sind dem Kirchenraum Sakristei und Werktagskapelle angefügt. Hauptraum und Werktagskapelle werden durch eine Wand mit konkaven und konvexen Halbzylindern getrennt. In einer dieser Rundungen ist der Tabernakel eingelassen, so daß er von beiden Räumen aus gesehen werden kann. In einer weiteren Rundung steht zum Gemeinderaum das Taufbecken. Eine lose Bestuhlung umgibt in acht Blöcken U-förmig den um eine Stufe erhöhten Altarbereich. Die Kapelle ist auch von außen zugänglich.

*Altar, Tabernakel, Taufstein, Kruzifix, Marienfigur, gesamte Farbgestaltung:
Reinhold A. Grübl*

*Qu.: Pfarramt, Architekt;
Lit.: Festschrift Wiederkunft des Herrn München-Neuforstenried. Zur Einweihung am 26.11.1972, Worfelden (1972);
Ramisch-Steiner S. 236*

Verklärung Christi (kath.)
Adam-Berg-Straße 40
81735 München-Ramersdorf
Grundsteinlegung: 4.7.1971
Weihe: 3.12.1972
Architekten: Fritz Lill, Köln; Ludwig Spaenle

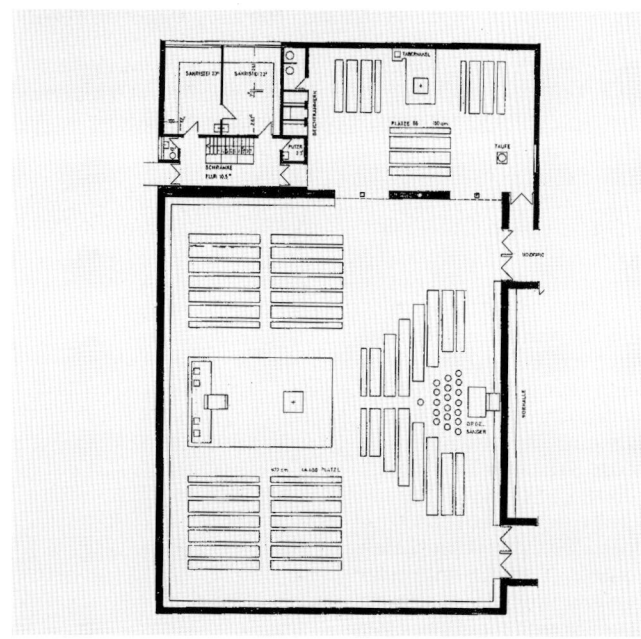

Für einen Kirchenbau in dem Siedlungsgebiet zwischen Ramersdorf und Neuperlach wurde seit 1961 ein Bauplatz gesucht. 1964 legte Hansjakob Lill Pläne für ein Pfarrzentrum an der Adam-Berg-Straße vor. Die Planung verzögerte sich durch schwierige Grundstücksverhandlungen. Ab Oktober 1965 fanden Gottesdienste in einem Zelt statt. 1966 lagen die Eingabepläne vor, im Februar 1967 starb H. Lill. Sein Kirchenentwurf entwickelte sich »aus der strengen Ordnung von 7 Quadraten und einem halben Quadrat, die in der Höhenentwicklung unterschiedlich die einzelnen Orte des Feierns und der Sakramente bezeichnen« (Das Münster). Sein Bruder Fritz Lill in Köln übernahm die Plandurchführung. Aufgrund von Preissteigerungen wurde eine Vereinfachung des Projektes notwendig und im August 1968 ein völlig neuer Bebauungsplan angeordnet. 1970 wurde Ludwig Spaenle mit dem Projekt betraut. Es entstand ein querrechteckiger, heller Kirchenraum mit geschlossenen Wänden, rauh verputzt, einer flachen, gebretterten Decke, aus deren Schacht das Licht gebündelt auf den Altar fällt, während indirekte Seitenlichtbänder dem Raum mäßiges Licht zuführen. Der um eine Stufe erhöhte Altar ist ein stereometrischer Block aus lombardischem Konglomeratstein. Als Hauptausstattungsstück bildet ein spätromanisches Kruzifix den Blickpunkt im Raum. Der Passionsweg ist in Natursteinmosaik ausgeführt. Im Kontrast zur hellen Weite des Kirchenraumes steht die im Norden angebaute Werktagskapelle. Kindergarten und Wohnungen für kirchliche Bedienstete ergänzen den Komplex.

*Tabernakel, Leuchter, Vortragekreuz:
Manfred Bergmeister
Kreuzweg:
Bruder Benedikt Schmitz;
Ausführung 1981/1982:
F. Mayer'sche
Hofkunstanstalt
Muttergottes (Holz), um
1971: Georg Wissmeier*

*Qu.: Pfarramt; Lit.: Das
Münster 21. 1968, S. 397
(Entwurf von Hansjakob
Lill); Schnell S. 214;
Ramisch-Steiner S. 234*

Name Jesu (kath.)
Saherrstraße 15
80689 München-Laim
Grundsteinlegung: 20.2.1972
Weihe: 10.12.1972
Architekt: Hans Schedl

Nach dem Krieg war die 1934 von Georg Berlinger errichtete Kirche zu klein geworden. Erweiterungen wurden geplant. 1972 entstand der Neubau, für den im Jahr zuvor die alte Kirche abgerissen werden mußte. Das neue Kirchenschiff ist wie der Vorgängerbau mit dem Satteldach in West-Ost-Richtung orientiert. Über einem rechteckigen Grundriß von 22 x 33 m erhebt sich der Kirchenraum, der nach Westen verschoben wurde, um durch eine größere Breitenentwicklung geeigneteren Platz für einen Altarraum nach den neuen Liturgiebestimmungen zu schaffen. Der Haupteingang blieb weiterhin an der Ostseite, dem Platz zugewandt. Ihm wurde eine offene Halle vorgelegt, die mit dem erhaltenen Turm bündig schließt. An der Südseite setzt ein überdeckter Gang an, der zum Pfarrhof führt. Im Gegensatz zur schlichten Innenraumarchitektur steht die reiche Ausstattung. Das Zentrum bildet der vor der Mitte der Südwand aufgestellte und um eine Stufe erhöhte Altarbereich, der durch ein Oberlicht direkt beleuchtet wird. Den Altarblock zieren auf beiden Langseiten Bronzereliefs: Jesusmonogramm und Heilige Dreifaltigkeit. Die Wand hinter dem Altar trägt einen 2,80 m hohen und mehr als 6 m breiten, dreiteiligen Wandteppich, auf dem in kräftigen Rot- und Goldtönen das Abendmahl, das Himmlische Jerusalem und die Himmelfahrt Christi dargestellt sind. Mit ihm korrespondieren auf der gegenüberliegenden Langseite die Wandteppiche des Kreuzwegs, der eine wirkliche Wegführung durch alle Bilder zeigt. Getönte Fensterbänder auf beiden Langseiten erhellen den Raum. An der Westseite liegen Sakristeiräume und die Werktagskapelle. Über dieser ist die Orgelempore eingebaut.

*Wandteppiche, Kreuzweg: Schwester Regina Holzhauser
Apostelleuchter, Bronzeabdeckung des Taufbeckens, Tabernakel und Gitteraufsätze (Werktagskapelle): Josef Forster
Altarleuchter, Ambo, Tabernakel, Osterleuchter (alle Bronze), Altar: Michael Veit*

Lit.: *Name Jesu München 1934-1984, Festschrift zur 50-Jahr-Feier, München 1984;* Ramisch-Steiner S. 190

St. Elisabeth (kath.)
Bräuhausstraße 5
82152 Planegg
Grundsteinlegung: 26.9.1971
Weihe: 17.12.1972
Architekten: Carl Theodor Horn und Peter Eggendorfer

Die im September 1921 errichtete Notkirche St. Elisabeth erhielt 1933 von Architekt Schwarzmeier einen Turm mit Zwiebelhaube. Die Notkirche wurde baufällig, und nach ihrem Abbruch entstand das neue Pfarrzentrum. An einer erweiterten Straßenkreuzung sind das dreigeschossige Pfarrheim mit Jugendräumen und Wohnungen sowie die Kirche im rechten Winkel zum Platz angeordnet, in dessen Mitte der alte Turm erhalten blieb. Die Bauten sind als kubische Blöcke innen und außen in Sichtbeton und die Kirche mit außen umlaufenden Stahlbetonstützen ausgeführt.

Die Deckenkonstruktion besteht aus Hetzerträgern. Über einem quadratischen Grundriß erhebt sich der Kirchenraum mit der im Westen angefügten, rechteckigen, niedrigen Werktagskapelle und Sakristei. Schmale Fensterbänder unterhalb des Dachansatzes erhellen gleichmäßig den Gemeinderaum und die Werktagskapelle. Vier große Lichtkuppeln geben dem Altarbereich im Kirchenraum direktes Licht. Die um eine Stufe erhöhte Altarinsel wird auf drei Seiten von Bankblöcken umgeben. Altarblock und Taufstein sind aus Brannenburger Nagelfluh gemei-

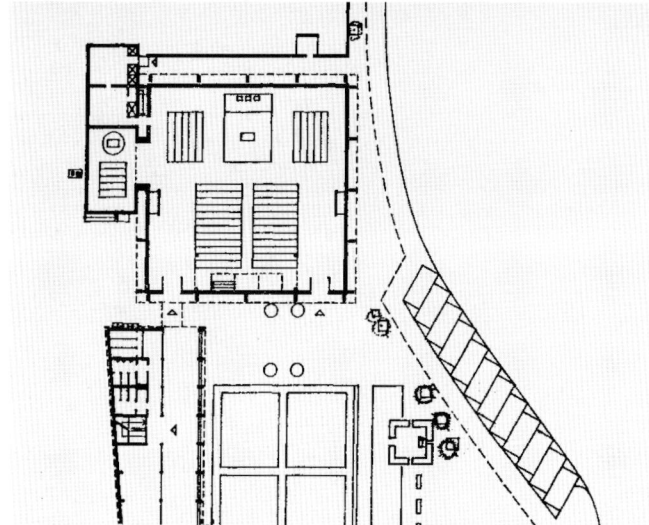

ßelt. Der Taufstein trägt die Taufschale und die Taufkerze. Eine Nische im Stein dient zur Aufbewahrung der Taufgeräte. Zwischen den beiden Eingängen befindet sich die Orgelempore mit blau gestrichener Emporenverkleidung und ebensolchem Orgelprospekt. Der strenge Kirchenraum, dessen Betonwände durch Quadrate gegliedert sind, hat eine kostbare Ausstattung mit Kunstwerken der

Spätgotik sowie des 17. und 18. Jahrhunderts, die zumeist aus dem Vorgängerbau übernommen wurden.

Altar, Ambo, Taufe: Manfred Bergmeister

Qu.: Pfarramt, Architekten; Lit.: Festschrift zur Einweihung Pfarrzentrum St. Elisabeth, Planegg, am 17.12.1972, Worfelden (1972); Ramisch-Steiner S. 81 f.; Altmann S. 35 f.

Evangelisches Gemeindezentrum
Schillerstraße (Pfarramt: Danziger Straße 17)
85386 Eching
Grundsteinlegung: nicht bekannt
Weihe: 17.12.1972
Architekt: Fritz Barth, Fellbach

Die zweite Pfarrstelle in Eching hat ihre kirchlichen Räume in einem Fertigteilgebäude der Firma Fritz Barth, Fellbach bei Stuttgart. In dem Montagebau von 21 x 11 m nimmt neben Gemeindesaal, Küche und Nebenräumen der Kirchenraum ungefähr die Hälfte des gesamten Grundrisses ein. Im Gegensatz zu den übrigen weiß gestrichenen Wänden ist die Wand hinter dem Altar mit Holz verkleidet.
Altartisch, Lesepult und Taufbecken sind ebenfalls aus Holz, schwarz gebeizt. Eine lose Bestuhlung umgibt im Halbkreis diesen Bereich. Das Kruzifix aus Bronze ist ein Geschenk der Kirchengemeinde Moosburg. Auf dem großen, freien Grundstück, auf dem der Montagebau steht, soll ab 1997 ein neues Gemeindezentrum errichtet werden. Rüdiger Möller wurde nach einem Wettbewerb die Planung übertragen, die inzwischen abgeschlossen ist.

Altar, Lesepult, Taufstätte:
Gunther Schingnitz

Qu.: Pfarramt; Lit.: Bauwelt 1992, H. 18, S. 1029 (Wettbewerb)

Erlöserkirche (kath.)
Graf-Ulrich-Str. 14
85614 Eglharting (Pfarramt: Kirchseeon)
Grundsteinlegung: 1972
Weihe: 14.1.1973
Architekt: Peter Eggendorfer

Der um wenige Stufen erhöhte Kirchplatz wird eingerahmt von dem gedeckten Gang auf der Westseite, der am Campanile entlang zum Kircheneingang führt, der Kirche im Süden und dem Pfarrzentrum im Osten, das um einen weiteren Hof angelegt ist. Ein Betonbrunnen ziert den Platz. Der Kirchenraum erhebt sich über einem quadratischen Grundriß von 22 m Seitenlänge. Er wird überspannt von einer Kassettendecke aus Holz, in die über dem Altarbereich vier runde Oberlichter eingefügt sind. Die langrechteckige, um eine Stufe erhöhte Altarinsel ist weit in den Raum vorgezogen und bietet neben dem Altar und den Sedilien Platz für den Ambo. Vier Bankblöcke umgeben in Hufeisenform diesen Bereich. Eine Besonderheit stellt das dreiteilige Altarmosaik dar, das ein heute in Amerika lebender Künstler schuf. Dargestellt sind in der Mitte das Lamm Gottes zu Füßen des Gekreuzigten und die Engel des Jüngsten Gerichts. Weitere Farbakzente setzen in dem Kirchenraum die rückwärtige Empore mit blauer Brüstung und die grünen Türen. Im Westen ist die Sakristei angebaut. Die Kirche ist ein Betonbau mit Kalksandstein-Wänden. West- und Ostseite sind außen und innen mit Holz verkleidet.

Das Pfarrzentrum erhielt 1980 bis 1984 eine Erweiterung mit Kindergarten, Personalhaus, Garagen und Pfarrheim; 1985 bis 1988 wurde das Kirchendach mit Titanzink erneuert, das Flachdach in ein Zeltdach geändert und 1988/1989 der 30 m hohe Turm mit dem gedeckten Gang zur Kirche errichtet.

*Ambo, Tabernakel,
Vortragekreuz:
Manfred Bergmeister
Altarmosaik:
Franz Schröder;
Ausführung: F. Mayer'sche
Hofkunstanstalt*

Qu.: Pfarramt, Architekt

Dietrich-Bonhoeffer-Kirche (evang.-luth.)
Goethestraße 30
82110 Germering
Grundsteinlegung: 4.10.1970
Weihe: 29.4.1973
Architekten: Adolf Seifert; Ernst Ziegelmaier und Paul Grimm

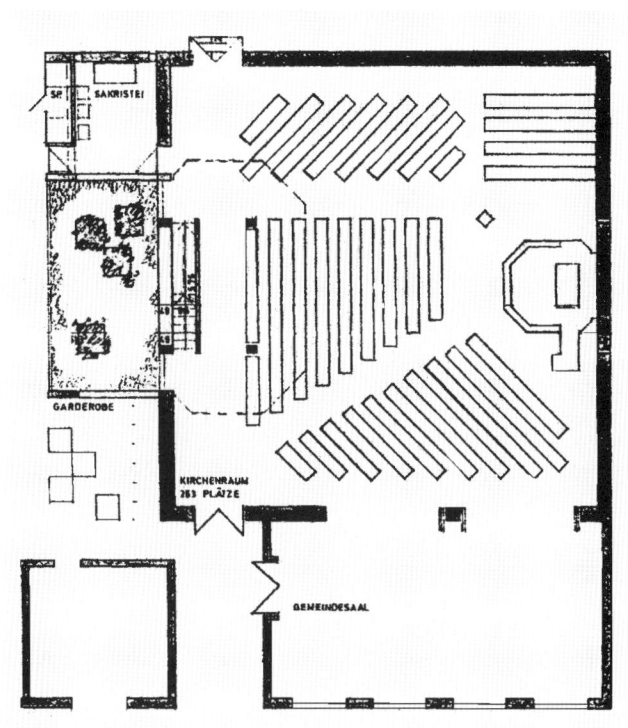

Von der Straße aus ist der Kirchenraum über einen Vorhof und einen Vorraum innerhalb des Gemeindezentrums zu erreichen. Über quadratischem Grundriß von ca. 16 m Seitenlänge erhebt sich der Innenraum, eine Betonkonstruktion mit innen verfugtem und außen verputztem Ziegelmauerwerk. Das Zeltdach ist innen mit Holz verkleidet, ebenso die Brüstung der weit in den Raum ragenden Empore. Die Stirnwand wird durch ein einfaches Holzkreuz hervorgehoben. Davor steht der um zwei Stufen erhöhte Altar. Seitlich von ihm sind Taufbecken und Lesepult angeordnet. Diese Prinzipalstücke wurden aus Ziegelsteinen gemauert, ebenso das Altarpodest. Die im Plan eingetragenen, festen Bankreihen wurden durch eine lose Bestuhlung für ungefähr 250 Besucher ersetzt. Nord- und Südgiebel sind durch große Fenster geöffnet und zwei weitere Fenster unter der Empore geben den Blick frei in den bepflanzten Innenhof, in dem ein Glockenträger mit der Beschriftung »Konfirmation 1976« steht. Im Süden schließt ein Gemeindesaal an, der bei Bedarf zum Kirchenraum geöffnet werden kann.

Qu.: Pfarramt, Kirchenbauamt

St. Philipp Neri (kath.)
Kafkastraße 17
81737 München-Neuperlach
Erdaushub: Oktober 1972
Weihe: 25.11.1973
Architekten: Otto Steidle und Partner

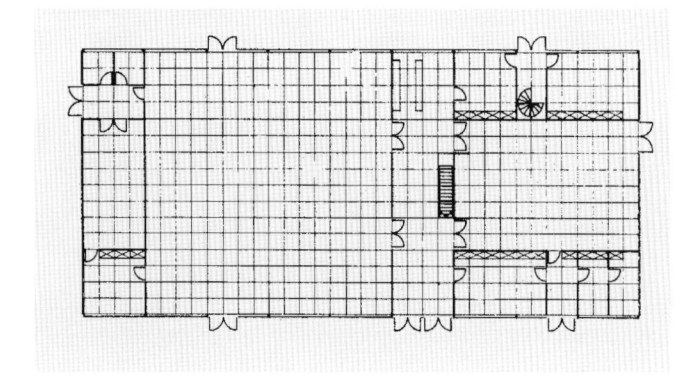

Mit dem dritten Bauabschnitt der Großsiedlung Neuperlach entstand das Pfarrzentrum St. Philipp Neri nach dem für Serienbau entwickelten Entwurfssystem der Architekten O. Steidle und Partner. Der flache, ebenerdige Baukörper besteht aus einer Stahlkonstruktion, die im Kontrast zu den Hochhäusern der Umgebung teils aufgeglast und teils mit blauen Metallplatten geschlossen ist. Ein großzügiges Foyer erschließt den Gottesdienstbereich und die Gemeinderäume. Der Grundriß des Kirchenraumes ist ein Quadrat von 20 m Seitenlänge. In der sichtbaren Tragkonstruktion gliedern schwarze Stahlbinder im Abstand von 5 m den Raum. Weiße Wandelemente schließen ihn nach vorne und rückwärts ab, die Seitenwände bestehen aus tiefblauen Fassadenplatten, zu denen die gelben Türen einen reizvollen Kontrast bilden. Ein Lichtband aus Thermoluxglas umläuft in Höhe der Träger den Raum. Auf der Altarinsel, einem flachen Podest, wurden 1985, nach den Weisungen des II. Vaticanums, Priestersitz, Lesepult und Altar angeordnet. Zwischen Altar und Gemeinde steht das auffallend große Taufbecken. Altar, Tabernakelstele, Lesepult und Priestersitze sowie Apostelleuchter sind einheitlich aus feuerverzinktem Metall gestaltet, das wie Silber wirkt. Mit dem goldglänzenden Tabernakel erhielt der nüchterne Raum einen deutlichen Akzent. Den Abschluß der Altarwand bilden die Reproduktionen von drei russischen Ikonen mit Themen aus der Heilsgeschichte. Eine kleine Werktagskapelle, in ähnlicher Weise wie der Kirchenraum gestaltet, hat einen gesonderten Eingang von außen. Statt eines Turmes weisen ein großes Kreuz und der Philipp-Neri-Brunnen, der 1980 aufgestellt wurde, auf das Pfarrzentrum hin.

Kreuz, Altar, Tabernakel, Ambo, Altarleuchter, Apostelleuchter, Ewiglicht, Sedilien, Altar in Kapelle: Friedrich Koller

Qu.: AEM Baureferat Nr. 5602; Lit.: Pfarrgemeinde St. Philipp Neri München-Neuperlach, o. O., o. J.; Ramisch-Steiner S. 210

St. Thomas (kath.)
Cosimastraße 204
81927 München-Englschalking
Grundsteinlegung: 10.12.1972
Weihe: 2.12.1973
Architekt: Carl F. Raue

Das Gemeindezentrum vermittelt zunächst den Eindruck eines Profanbaues, wenn nicht das 1977 angebrachte goldschimmernde Kupferkreuz auf die sakrale Nutzung hinweisen würde. In diesem Mehrzweckbau sind unter einem Dach Kirche, Werktagskapelle, Pfarrhaus, Pfarrbüro und verschiedene Versammlungsräume sowie die Caritas-Bezirksstelle und eine Mesnerwohnung untergebracht. Der kubische Skelettbau mit Füllwänden, der außen durch ein strebepfeilerartiges Stützengerüst und umlaufende Horizontalbänder gegliedert wird, hebt sich mit der großzügig gestalteten Freitreppenanlage aus der Umgebung der modernen Trabantenstadt ab. Der Kirchenraum im Obergeschoß ist über die Freitreppe zu erreichen. Er ist ein schlichter, querrechteckiger Raum, der mit einer Kassettendecke, die dem Rastersystem des gesamten Baukomplexes entnommen ist, abschließt. Sie wird unterbrochen durch eine quadratische Lichtkuppel, die sich über dem nach Süden vorgeschobenen Altar öffnet. Schmale Fensterbänder an West- und Ostseite geben dem Raum weiteres Licht. Die Altarinsel ist um eine Stufe erhöht, Altar und Tabernakelsäule sind aus Nagelfluh. Eine Mauer hinter dem Altar schließt den Bereich ab. Bronzetafeln an der Ostseite zeigen die Kreuzwegstationen. 1988 kamen die großen Altarbilder in den Raum. Im Erdgeschoß befindet sich die Werktagskapelle, die ebenso durch ein großes Altargemälde geschmückt wird.

*Altarkreuz, Tabernakel, Ambo, Kandelaber und Sedilien (Bronzewerke), 14 Kreuzwegstationen, 1974, Taufbecken, Kupferkreuz: Max Faller
Altarbilder: Karl Köhler*

Lit.: Lothar Altmann, München-Johanneskirchen, München-Zürich 1980, S. 12-14; Ramisch-Steiner S. 228; Sabine Fuchs, Chronik 20 Jahre Seelsorge in Sankt Thomas, o. O. (1988)

Hl. Familie (kath.)
Johannisplatz 21
82538 Geretsried-Gartenberg
Grundsteinlegung: 30.7.1972
Weihe: 9.12.1973
Architekten: Herbert Groethuysen und Detlef Schreiber

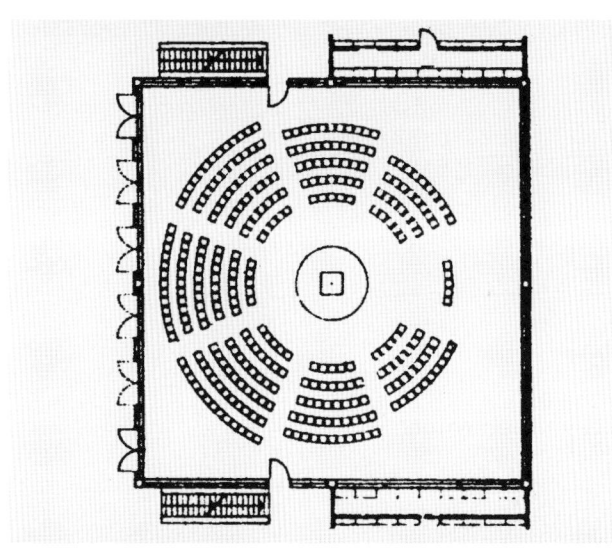

Der zweite katholische Kirchenbau in Geretsried entstand im jüngsten Stadtteil Gartenberg. Nach einem Wettbewerb 1969 entschied sich die Kirchenverwaltung einstimmig für den Entwurf von H. Groethuysen und D. Schreiber. Inmitten der Hochhäuser steht das zweigeschossige Gemeindezentrum, als Kubus über einem quadratischen Grundriß von 45,5 m Seitenlänge. Im Zentrum liegt der Kirchenraum, der über zwei Stockwerke reicht. Im Erdgeschoß umgeben ihn eine große Vorhalle, die Sakramentskapelle und der Kindergarten, im Obergeschoß Pfarrsaal, Pfarrbüro und Dienstwohnungen. Auch der Kirchenraum hat einen quadratischen Grundriß (23 x 23 m). Der Raum wird durch Öffnungen in der Kassettendecke und ein schmales umlaufendes Fensterband direkt unter dem Dachansatz gleichmäßig belichtet. Der Altar, der auf Fußbodenniveau steht, ist nur wenig aus der räumlichen Mitte versetzt. Er wird in einem Kreis von der lockeren Bestuhlung und den Sedilien umschlossen. Die Wände sind durch breite Betonstreifen horizontal gegliedert. Seitenwände und Rückwand tragen seit 1983 auf dem mittleren Streifen Kreuzwegstationen aus Bronze. Decke, Wände und Fußboden sind aus Holz und geben dem Raum einen warmen Charakter. Sechs Doppeltüren führen in die Vorhalle, um die der Kirchenraum bei Bedarf erweitert werden kann. Von dem Vorraum aus ist auch die Sakramentskapelle zu erreichen. Der ebenerdige Raum ist ebenfalls mit Holzvertäfelung und einer Kassettendecke ausgestattet. Die Konstruktion des Gebäudes besteht aus einem Stahlbetonskelett mit dem Grundmaß von 11,25 m. Der gesamte Bau ist so konzipiert, daß sämtliche Zwischenwände in nicht gefliesten Räumen Montagewände mit hohem Schallschutz sind, so daß bei späterer Nutzungsänderung ein Umsetzen möglich ist. Auf einen Turm wurde mit Rücksicht auf die umliegenden Häuser verzichtet. Ein großes Kreuz aus Aluminiumguß und eine Glocke stehen auf dem Vorplatz und weisen auf das Pfarrzentrum hin.

Tabernakel, Altarkreuz, Außenkreuz: Blasius Gerg
Kreuzweg: Christoph Smolka;
Ausführung: Anton Wagner
Madonna in Sakramentskapelle: Anton Wagner
Heilige Familie, Statue in Vorhalle: Hans Griessmeyer

Lit.: *Baumeister 70. 1973, S. 1017; Architekturführer S. 241*

St. Markus (kath.)
Wiesentfelser Straße 49
81249 München-Neuaubing-West
Grundsteinlegung: 22.10.1972
Weihe: 3.2.1974
Architekt: Josef Ferdinand Jechart

Im Sommer 1965 wurde mit dem Bau der Siedlung Neuaubing-West begonnen. Der katholischen Gemeinde diente von 1968 bis 1972 eine Behelfskirche als Gottesdienstraum. 1969 konnte ein Kindergarten und 1970 das Pfarrheim eingeweiht werden. 1972 bis 1974 entstand an der Wiesentfelser Straße der Kirchenneubau, der einige Stufen unterhalb des Straßenniveaus liegt. Das aus vorgefertigten Stahlbetonstützen erbaute und von vorgehängten Betonplatten umschlossene, innen mit hellen gelbbraunen Ziegeln ausgemauerte Gebäude hat einen quadratischen Grundriß von ca. 24 m Seitenlänge, dem im Osten die Werktagskapelle und Nebenräume angefügt sind. Den Innenraum überspannt eine Stahlbetonkassettendecke mit Holzeinlagen. Ein schmales Fensterband umläuft unterhalb des Deckenansatzes den Raum. Auf der zur Mitte hin ausgerichteten kreisrunden, um eine Stufe erhöhten Insel steht der Altar; auf einem ebensohohen Sockel die Sedilien vor der Stirnwand. Hinter dem Altar hängt seit 1979 ein Wandteppich mit dem ›Erhöhten Herrn‹. Vier Bankblöcke umgeben in einem Dreiviertelkreis den Altar. In der südwestlichen Ecke befindet sich der Taufbrunnen, dessen Taufschale von Bögen in Kreuzform überwölbt wird. Die zwischen den Eingängen angeordnete langrechteckige Werktagskapelle trägt an der Altarwand ein großes Steinrelief mit dem Lebensbaum, in dem der Tabernakel eingelassen ist. Pergolen neben und hinter dem Kirchenbau umschließen einen Hof und führen zum Pfarrheim mit Büro und Wohnung sowie dem Kindergarten.

*Wandteppich:
Anemone Schneck-Steidl
Kreuzweg (Bronze-Emaille): Egino Weinert, Köln
Altar, Altarkreuz, Taufbrunnen, Leuchter, Lesepult, Sedilien, Wandgestaltung in Werktagskapelle mit Tabernakel:
Friedrich Koller*

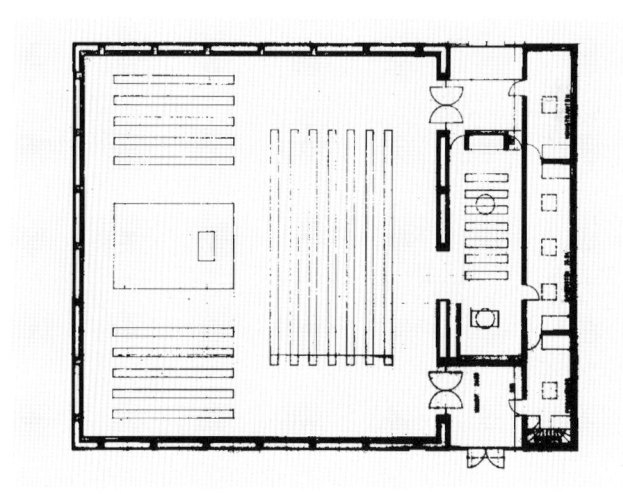

Qu.: Pfarramt; Lit.: 25 Jahre St. Markus München Neuaubing-West, München o. J.; Ramisch-Steiner S. 170

Ökumenisches Zentrum: Frieden Christi (kath.) und **Olympiakirche** (evang.-luth.)
Helene-Mayer-Ring 23 und 25 (Pfarrämter: Straßbergerstraße 3 und 5)
80809 München-Olympisches Dorf
Grundsteinlegung: 16.9.1970
Weihe: 31.3.1974
Architekten: Bernhard Christ und Josef Karg

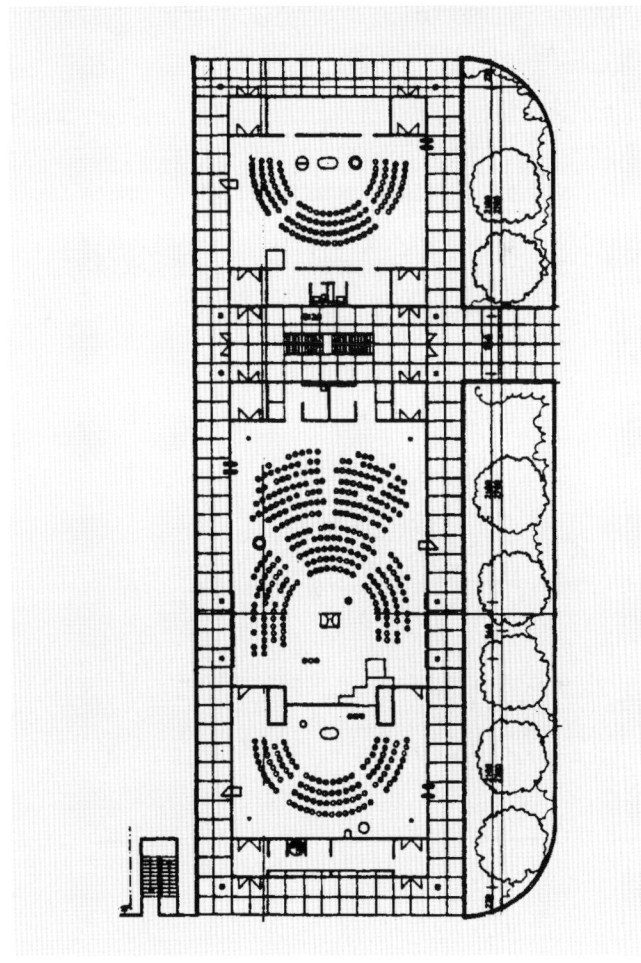

Für die Olympischen Spiele in München 1972 planten die Erzdiözese München-Freising und das Evangelisch-Lutherische Dekanat ein ökumenisches Zentrum. Nach einem Wettbewerb 1968 unter 18 eingeladenen Architekten wurden B. Christ und J. Karg mit der Ausführung der Begegnungsstätte für Sportler während der Olympischen Spiele beauftragt. Aus dieser Anlage entstanden später die beiden Gemeindekirchen im Olympischen Dorf. Erstmals sind hier in München evangelischer und katholischer Kirchenraum unter einem Dach vereinigt. Sie werden von einem gemeinsamen Foyer aus erschlossen. Der langrechteckige Baukörper von 27 x 81 m, ohne Turm und Glocken, besteht aus zwei Ebenen. Die untere nimmt die Jugend- und Clubräume sowie weitere Säle auf, die obere die Kirchenräume. Allen Bau- und Konstruktionsteilen liegt eine einheitliche Maßordnung zugrunde. Auf einem Großmodul von 180 cm basieren alle Großelemente. Ein Stahlrohrraumfachwerk auf zwölf Stahlbetonstützen schafft eine »durchgängige, einheitliche und kristalline Dachkonstruktion, in deren Zone auch die Belichtung der Kirchenräume erfolgt. Als Baukonstruktion dient ein Stahlbetonskelett mit Stützen, Balken und Ortbetonplatten (Stützenabstand 10, 8/10, 8 m).
Alle Innenwände sind aus nichttragenden Kalksandsteinmauern, Fenster und Türen sind verschiedenfarbig behandelt im Spektrum der Olympia-Farben« (J. Karg in Festschrift).
Das vergoldete Kreuz kam erst 1987 an die äußere Südseite des Gebäudes und wächst gleichsam aus der katholischen Kirche heraus.
Der katholische Kirchenbereich ist etwa doppelt so groß wie der evangelische. Er wird in einen großen, langrechteckigen Raum für den Sonntagsgottesdienst und einen kleineren, querrechteckigen für Meditation und Werktagsgottesdienste gegliedert. Der evangelische Kirchenraum hat ebenfalls einen querrechteckigen Grundriß in der Größe der Werktagskirche. In allen drei Räumen umgibt eine lose Bestuhlung halbkreisförmig den ebenerdigen beziehungsweise im katholischen Kirchenraum um eine Stufe erhöhten Altarbereich.
Im katholischen Kirchenraum sind Altar, Ambo und Sedilien in blauer Farbe gehalten, der Taufstein lila. In der Meditationskapelle haben Altar und Sedilien einen grünen Anstrich. Bei den Prinzipalstücken herrscht die Form des Zylinders vor. In beiden Räumen hängt ein rotes Emaillekreuz über dem Altarbereich. In der breiten Altarnische der Meditationskapelle befindet sich ein dreiteiliger Wandbehang, und in der Hauptkirche wird die Taufstätte durch einen Taufteppich hervorgehoben.
Im evangelischen Kirchenraum wird auf Wunsch der Gemeinde der Altarbe-

reich zur Zeit umgestaltet, um einen Kirchenraum zu erhalten, der der heutigen Gemeinde besser entspricht. In diesem Raum nimmt erstmals in München der runde Altartisch die Taufschale (Zinn) auf und symbolisiert damit die enge Verbundenheit der Sakramente Taufe und Abendmahl.

*Wandteppiche:
Christine Prechtl,
Innsbruck
Kreuz an Fassade:
Fritz Brosig
Osterleuchter:
Christine Stadler
Altäre, Ambonen,
Sedilien, Taufe: nach Entwurf der Architekten*

*Qu.: Pfarrämter; Lit.:
Kunst u. Kirche 34.
1971, S. 26 f.; Diskussion
S. 126 f.; Festschrift zur
Weihe und Übergabe am
31. März 1974, Landau/
Isar (1974); München
S. 106; Ramisch-Steiner
S. 94 f.*

Gnadenkirche (evang.-luth.)
Martin-Luther-Str. 1
82256 Fürstenfeldbruck
Grundsteinlegung: 10.3.1974
Weihe: 23.6.1974
Architekten: Theo Steinhauser mit Wolfhard Merten

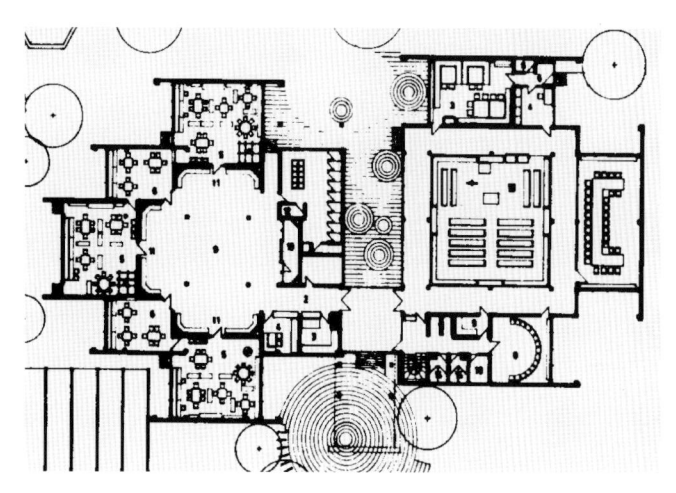

Aus einem beschränkten Wettbewerb 1969 entstand das Gemeindezentrum mit Kirche, Kindergarten und Gemeinderäumen. Zur Bauausführung wurde ein Fertigteilsystem aus Betonstützen, Wand- und Deckenplatten der ortsansässigen Firma Hebel verwendet. Damit waren für die Konstruktion ein quadratisches Raster von 6 m und ein Flachdach vorgegeben. Ein gemeinsamer Eingang mit Innenhof erschließt die beiden Raumbereiche von Kindergarten und Kirche mit Gemeinderäumen. Der quadratische Kirchenraum hat einen allseitigen Umgang von 2 m Breite, an dem auch die Gemeinderäume liegen. Der Innenbereich mit Altarzone, Bänken und freistehender Orgel ist vom Umgang um zwei Stufen abgesenkt. Die Zwischenzone nimmt ein allseitig umlaufendes Fensterband auf. Mit dem Einbau der farbig gefaßten Orgel 1983 wurde die Inneneinrichtung um 90 Grad gedreht, so daß der Altar vor der Glaswand des Innenhofes steht. Der Altarbereich ist auf drei Seiten von Bankblöcken umgeben. Standkreuz, Altar und Lesepult sind nebeneinander aufgestellt, Taufe und Osterkerze in der Mittelachse hinter dem Altar. Die gesamte Ausstattung besteht aus Holz. Die Decke wurde mit Acrylmalerei auf Holz versehen. Der größere Gemeindesaal kann durch Öffnen von Schiebeelementen mit der Kirche verbunden werden. Eine gesonderte Meditationskapelle im Untergeschoß hat ebenfalls einen quadratischen Grundriß. Die eingezogene runde Apsis wird von zwei Farbglasfenstern flankiert. Für die nachträglich gewünschte Aufhängung von Glocken wurde über dem Eingang eine Holzkonstruktion mit Pultdach errichtet. 1986/1987 erhielt der Gemeinderaum eine einachsige Erweiterung.

*Deckenmalerei, Fassung der Orgel, 1983, Glasfenster in Meditationskapelle, 1987: Hubert Distler
Altar, Taufe, Kreuz, Lesepult, Standkreuz, Altarleuchter; Wandkreuz und Tisch (beide Holz) in Meditationskapelle: Karlheinz Hoffmann*

Qu.: Pfarramt, Architekt

St. Jakobus (kath.)
Quiddestraße 35b
81735 München-Neuperlach
Grundsteinlegung: 2.12.1972
Weihe: 8.12.1974
Architekt: Guenter Eisele

Mit der Errichtung eines Kindergartens und einer Behelfskirche begann im Frühjahr 1969 das Gemeindeleben der neu errichteten Kuratie. Zwischen den Hochhäusern der Satellitenstadt entstand später das niedrige, kirchliche Zentrum, das aus drei Teilen besteht: Gemeindezentrum mit Kirche, Kindergarten und Wohnbereich für kirchliche Bedienstete sowie Büroräumen. Der Hof, um den sich die Gebäude gruppieren, ist an eine Fußgängerbrücke angebunden, die zum Einkaufszentrum führt. Das Gemeindezentrum erhielt im Erdgeschoß eine kreisrunde Werktagskapelle. Über eine große Treppe und ein weiträumiges Foyer werden im ersten Stockwerk Pfarrsaal und Kirche erschlossen. Ein auf drei Seiten umlaufendes Fensterband erhellt den querrechteckigen Kirchenraum mit der weit zur Mitte vorgezogenen Altarinsel, die zusätzliche Oberlichter hat. Ambo und Tabernakel sind seitlich hinter dem Altar angeordnet, die Taufstätte an der Eingangsseite. Die Prinzipalstücke sind aus Holz und die Wände mit hellem Holz verkleidet. Grün gestrichene Bänke umgeben im Halbkreis den Altarbereich. Das Gebäude ist ein Beton-Ziegel-Bau, von Holzleimbindern mit Shedaufsätzen überspannt. Zwei Rundtürme markieren den kubischen Bau; sie dienen als Fluchttreppen von Kirche und Pfarrsaal. Zunächst waren weder Kirchturm noch Kreuz geplant, da kein äußeres Zeichen für die Kirche gesetzt werden sollte. Darüber wird inzwischen jedoch diskutiert.

Altar, Tabernakel, Ambo, Taufbecken, Apostelleuchter, Osterleuchter, Sedilien:
Hans Berchtenbreiter
Kreuzweg: Reinhold Först
Farbkonzept:
Peter Burkart

Qu.: Architekt; Lit.: Ramisch-Steiner S. 114

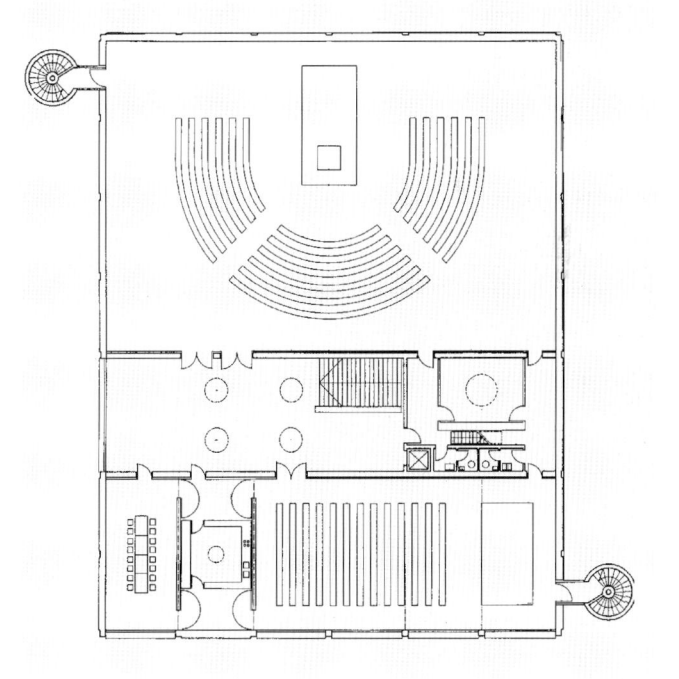

Ökumenisches Gemeindezentrum: St. Ansgar (kath.) und **Petruskirche** (evang.-luth.)
Gulbranssonstraße 30 und Stockmannstraße 45a
81477 München-Solln-Parkstadt
Grundsteinlegung: 14.12.1974
Weihe: Petruskirche 12.3.1975; St. Ansgar 14.12.1975
Architekt: Ernst Maria Lang

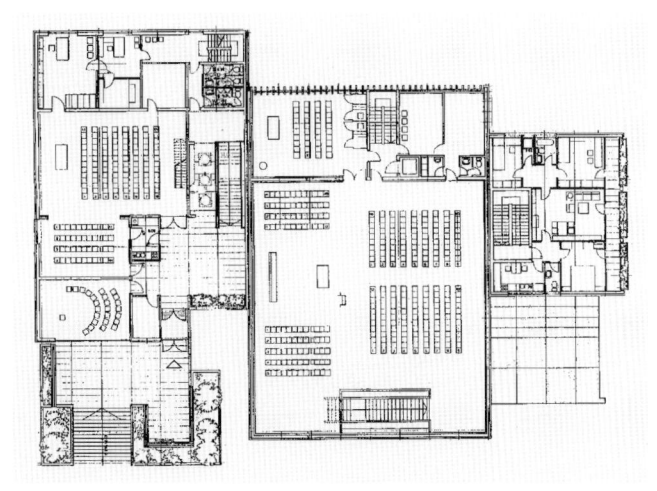

St. Ansgar und die Petruskirche bilden nach der Anlage im Olympischen Dorf das zweite ökumenische Zentrum in München mit Kirchen-, Gemeinde- und Amtsräumen sowie Kindergarten und Wohnungen. Die Gebäude stehen zwischen Gulbransson- und Stockmannstraße. Der weite Kirchplatz an der Stockmannstraße wird seitlich von einem Ladenzentrum und dem Kindergarten begrenzt. An diesem Platz liegen die Zugänge zu dem katholischen Bereich und über eine Terrasse zur evangelischen Kirche, sowie ein Durchgang zum evangelischen Gebäudetrakt. Beide Sakralbauten sind durch die zueinander aufsteigenden Pultdächer und die niedrigen Verbindungsbauten deutlich gegeneinander abgesetzt. Die Gottesdiensträume liegen im ersten Stockwerk. Auf einem Stahlbetonfundament stehen die zweischaligen Außen- und Trennwände aus Kalksandstein. Das Dachtragwerk des katholischen Kirchenraumes ist eine sichtbare Holzkonstruktion. Die auf der Massivkonstruktion aufgelagerten und verankerten Pultdächer sind mit Welleternit gedeckt. Das Dach über dem katholischen Kirchenraum ruht auf Fachwerkbindern, über dem evangelischen auf V-förmig geleimten Trägern. Der gesamte Baukörper ist über dem Erdgeschoß mit dunklen Platten verkleidet.

St. Ansgar: Über das Foyer im Erdgeschoß mit großer Glaswand führt ein breiter Treppenaufgang direkt in den katholischen Kirchenraum. Dieser hat einen nahezu quadratischen Grundriß von ca. 20 m Seitenlänge mit seitlich angebauter Werktagskapelle. Unter dem zum Altar hin ansteigenden Pultdach ist die Altarwand im oberen Drittel aufgeglast. Durch vier Oberlichtschächte aus Holz und eine große Öffnung über dem Altar erhält der Raum weiteres Licht. Vier Bankblöcke umgeben auf drei Seiten den um eine Stufe erhöhten Altarbereich. Die Werktagskapelle auf der Nordseite, die mit einer flachen Holzdecke überspannt ist, nimmt den Tabernakel auf.

Petruskirche: Über die Terrasse oder einen Treppenaufgang mit Foyer im

Obergeschoß ist der evangelische Kirchenraum zu erreichen. Im rechteckigen Innenraum von ca. 8 x 12,5 m wird die Altarwand durch ein Betonrelief mit der Darstellung des Abendmahls (Bronze) hervorgehoben. Die Anzahl der 104 Sitzplätze kann durch eine Schiebefaltwand um den Gemeindesaal mit 44 Plätzen erweitert werden. Die aus Holz gefertigten Prinzipalstücke, die dunkle, mehrfach längs gefaltete Holzdecke, die hölzerne Empore und die kräftig grün gestrichene Bestuhlung geben dem Kirchenraum eine warme Atmosphäre.
Eine Steinstele am Kirchplatz und ein schlichtes Kreuz (seit 1987) an der Stockmannstraße weisen auf das Kirchenzentrum hin.

St. Ansgar: Altar, Ambo, Tabernakel, Steinstele: Blasius Gerg
Petruskirche: Relief, Altarkreuz, Altarleuchter: Josef Fromm

Qu.: Lokalbaukommission München; Kath. Pfarramt; Lit.: Ramisch-Steiner S. 56 f.

253

Johannes-Kirche (evang.-luth.)
Wolfstraße 11
82140 Olching
Grundsteinlegung: 5.10.1952
Weihe: 13.9.1953; 28.5.1975
Architekten: Peter Handel; Alexander Oppermann und Manfred Daub

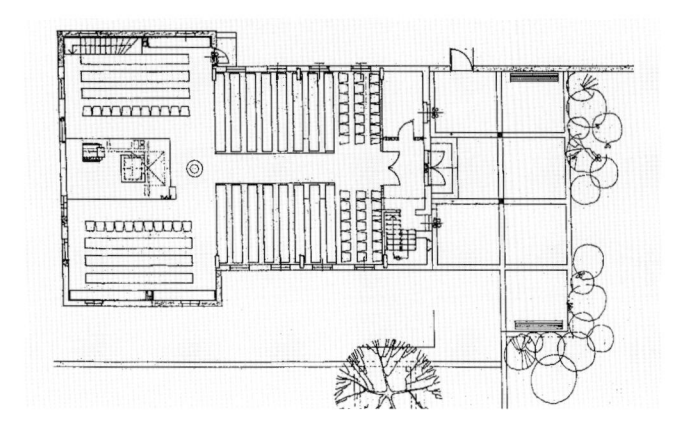

34 Jahre dauerte es, bis aus der Planung ein Kirchenbau wurde. Der Gottesdienst fand zunächst in den Räumen der Alten Knabenschule statt. 1936 erhielt die Gemeinde durch die Spende des Ehepaares Margareta und Theodor Cronenberg das Grundstück, auf dem heute das Gemeindezentrum steht. Spenden, Zuschüsse und eine Eigenleistung von 1700 Arbeitsstunden trugen zu der Errichtung des schlichten Kirchenbaues bei. Da von Anfang an große Enge herrschte, erfolgte 1974/1975 eine Erweiterung des Innenraumes unter dem bestehenden Dach. Die Innenwände der Mesnerwohnung wurden samt den Stockwerksdecken abgebrochen. Der gleichseitig erweiterte Raum nahm den neuen Altarbereich auf. Die Einrichtung wurde um 180 Grad gedreht und der Altarbereich mit einer Firstlaterne bekrönt. Kanzel und Ambo, beide aus Holz gestaltet, und darüber das große österliche Hängekreuz aus Holz, mit Blattsilber belegt, sind ebenerdig angeordnet. Die vorhandenen Buntglasfenster wurden in die Altarwand eingesetzt. Sie zeigen Darstellungen aus dem Alten Testament sowie die Gestalt Johannes des Täufers. Auf drei Seiten umgeben Bänke und Stühle den Altarbereich. Ihr grünweißer beziehungsweise grüner Anstrich steht im Einklang mit der Farbgebung der Decke und dem roten Fußboden. Der jetzige Eingang mit Sakristei und neuer Empore liegt im Südosten. Er wird gekennzeichnet durch eine Glockenwand im Giebel. Die Konstruktion des alten Bauteiles mit Holzbindern und Pfetten wurde im Neubauteil im Prinzip in gleicher Weise mit einem Stahlbinder fortgeführt. Das Mauerwerk ist außen und innen weiß verputzt. Im April 1971 wurde das Gemeindehaus eingeweiht und 1988 der Kindergarten bezogen.

Glasfenster:
Günther Danco;
Ausführung:
Josef Peter Bockhorni
Altar, Ambo, Taufe,
Hängekreuz:
Karlheinz Hoffmann
Farbgebung des
Innenraumes:
Walter Senf

Qu.: Kirchenbauamt, Architekt M. Daub

Evang.-Luth. Gemeindezentrum
Dr.-Schmitt-Straße 10
85737 Ismaning
Grundsteinlegung: 27.10.1974
Weihe: 20.7.1975
Architekten: Theo Steinhauser mit Alfred Sunder-Plassmann und Josef Krautmann

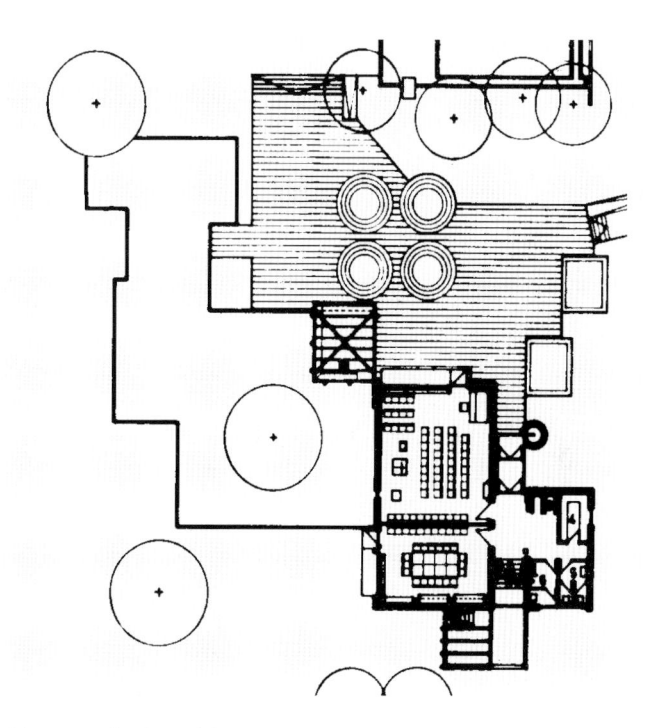

Aus dem 1969 ausgeschriebenen Wettbewerb für eine evangelische Kirche mit Gemeindezentrum und Pfarrhaus an der Schmalseite des Platzes, gegenüber der katholischen Kirche, ging der heutige Bau hervor. Der Entwurf sah zunächst zwei sich aneinanderlehnende Baukörper mit Pultdächern vor.
Bei der Ausführung mußte das Projekt aus finanziellen Gründen auf den Bau des Gemeindehauses reduziert werden, das nun aber auch die Funktion eines Gottesdienstraumes übernehmen sollte. Das Gebäude besteht aus einem verputzten Mauerwerksbau mit Holzpultdach. Der Kirchenraum ist innen weiß gestrichen und hat eine Betonrippendecke mit aufgeschraubten Holzleisten. Der Gottesdienstraum liegt im Erdgeschoß, Gemeinde- und Jugendräume sind im ersten Obergeschoß und im ausgebauten Dach untergebracht. Ein zentraler Eingang führt in die Kirche und in das Treppenhaus zu den Gemeinderäumen. Im Kirchenraum sind an der Langseite Ambo, Altar und Taufe ohne Erhöhung nebeneinander aufgestellt. Das schmale Farbglasfenster hinter dem Lesepult und das Wandkreuz akzentuieren den Altarbereich. Der hölzerne Glockenträger im Hof wurde später errichtet.

Altar, Ambo, Altarleuchter, Wandkreuz, Taufe:
Karlheinz Hoffmann
Farbfenster:
Hubert Distler

Qu.: Architekt

St. Georg (kath.)
Lindenring 56
82024 Taufkirchen
Grundsteinlegung: 6.7.1974
Weihe: 20.10.1975
Architekt: Guenter Eisele

Am südlichen Rand der Hochhaussiedlung Am Wald liegt das Pfarrzentrum, dessen Komplex Raumgruppen mit unterschiedlichen Verwendungszwecken umfaßt. Der zweieinhalb Geschosse hohe Kirchenraum ist in den Bau integriert und wird über ein Treppenhausfoyer im Norden und über einen zweiten Zugang von Süden her erschlossen. Der Raum erhebt sich über nahezu quadratischem Grundriß. Seine Decke ist als Stahlkonstruktion im Quadrat-Raster-System (Vierendeel) ausgeführt. Dieses Raumfachwerk blieb als Gestaltungselement sichtbar. Es trägt vier quadratische Lichtkuppeln, die neben der Belichtung des Raumes auch die Entlüftung übernehmen. Innenwände und abgehängte Decke sind aus Holz. Der Altar, um eine Stufe erhöht auf einer runden Insel, steht vor der nordöstlichen Raumecke und ist zur Mitte hin vorgerückt. Er wird kreisförmig von drei Bankblöcken und den Sedilien umgeben. Diese Anordnung entspricht dem Muster im Steinfußboden. Der für die Konstruktion verwendete Stahl wurde auch bei der Innenausstattung (Altar, Altarkreuz, Tabernakel und Ewiges Licht) übernommen. Die Türen sind aus verzinktem Stahl. Eine vom Kirchenraum abgetrennte Kapelle befindet sich im Erdgeschoß. Die 1991 eingebauten Farbglasfenster geben ihr eine besonders feierliche Atmosphäre. In diesem Gebäude liegen im Untergeschoß Räume für gesellschaftliche Veranstaltungen (u.a. eine Kegelbahn); das 1. Obergeschoß ist den Büros vorbehalten; im 2. Obergeschoß sind Wohnungen für die kirchlichen Bediensteten.

*Altar, Tabernakel,
Hängekreuz, Ambo,
Ewiges Licht:
Blasius Gerg
Kreuzweg, 1980/1983:
Werner Persy
Glasfenster in Kapelle:
Rincón Mora,
Santo Domingo*

Qu.: Pfarramt, Architekt;
Lit.: Kirchweihfest Oktober 1975 Katholisches Pfarrzentrum St. Georg Taufkirchen, Mühldorf a. Inn (1975); Ramisch-Steiner S. 104

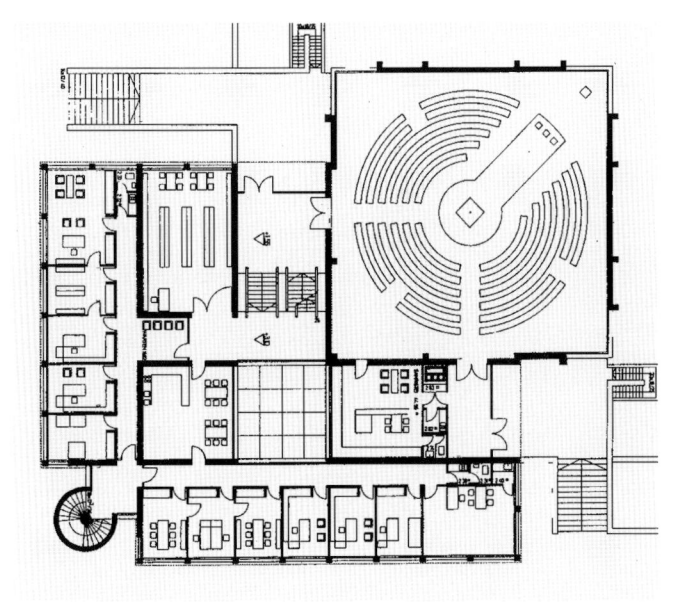

St. Johann Baptist (kath.)
Kirchplatz 1 (Pfarramt: Gottfried-Ziegler-Straße 6)
85737 Ismaning
Grundsteinlegung: 1.12.1974
Weihe: 30.11.1975
Architekten: Adolf und Helga Schnierle

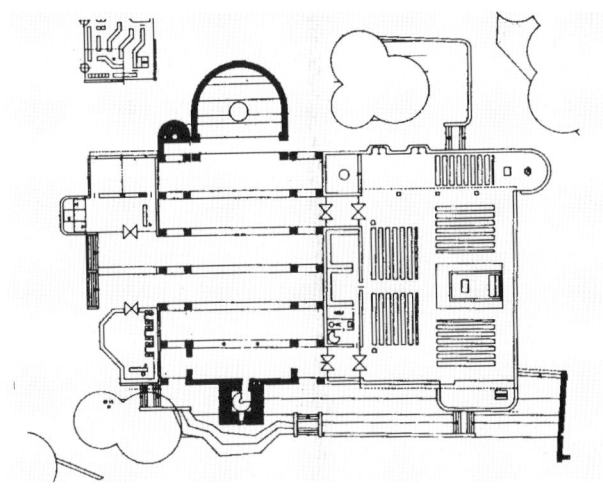

Nach Abbruch einer Kirche aus dem 17. Jahrhundert, von der allein der Turm stehenblieb, errichtete 1903/1904 Hans Schurr einen neoromanischen Kirchenbau. Dieser wurde aus Sicherheitsgründen 1969 geschlossen. Nach dem Abbruch der Seitenkapellen und der Abtragung des Hauptdaches und der Hauptschiffdecke sowie des Turmüberbaus und der Sicherung beziehungsweise Restaurierung der zu erhaltenden Altbauteile wurde der ehemalige Kirchenraum zu einem mit alten Granitsteinen gepflasterten Kirchhof. Der neue Kirchenbau entstand an der Südflanke und das zweigeschossige Pfarrheim an der Nordflanke des Langschiff-Kirchplatzes. Die Westempore blieb als Verbindung zwischen Kirche und Pfarrheim in zwei Ebenen bestehen. Die Öffnungen von Kirche und Pfarrheim gehen teilweise in die Bogengänge und damit zum Kirchplatz, ebenfalls in zwei Ebenen. Die Apsis blieb als östlicher Kirchplatzabschluß erhalten. Der Grundriß des neuen Gotteshauses ergibt zusammen mit den Nebenräumen ein Quadrat, dem seitlich, durch Pfeiler abgetrennt, die Werktagskapelle mit rundem Abschluß angefügt ist. Hier steht die Tabernakelsäule. In der Verlängerung der Werktagskapelle liegt neben dem östlichen Kircheneingang, um drei Stufen abgesenkt, die Taufkapelle. Der Innenraum selbst ist als Zentralraum gestaltet, dessen Altarbereich, um zwei Stufen erhöht, von der Gemeinde auf drei Seiten und dem Präsidium umgeben wird. Von der Altarseite aus steigt das steile Pultdach bis zur Höhe des alten Kirchenschiffes an. Dadurch entstand über der Sakristei eine Orgel- und Sängerempore. Ein umlaufendes Oberlicht erhellt den Raum. Alte und neue Mauerwerksteile sind innen und außen rauh und weiß verputzt. Das Gesamttragwerk ist eine Konstruktion in Holz-Leimbauweise mit eigenständiger, von den Umfassungsmauern unabhängiger Stützenkonstruktion. Die gesamte Ausfachung wurde in Holzbauweise ausgeführt. Alle Böden sind mit dunkelrotbraunen Klinkerriemchen im Fischgrätenverband ausgelegt. Der Turm wurde auf die Originalhöhe reduziert und in der alten romanischen Form wieder hergestellt.

Altäre, Tabernakel, Taufstein, Ambo, Vortragekreuz, Aposteleuchter, Bronzetüren:
Hubert Elsässer
Kreuzweg, 1977:
Wolfgang Gebauer
Wandteppich mit Darstellung Johannes des Täufers, 1984: Benediktinerabtei St. Gertrud, Tettenweis b. Pocking

Qu.: Pfarramt, Architekten; Lit.: Kunst u. Kirche 37. 1974, S. 132 (Wettbewerb) Ramisch-Steiner S. 119; Architekturführer S. 194

Hauskapelle im Schloß Fürstenried (kath.)
Forst-Kasten-Allee 103
81475 München-Fürstenried
Grundsteinlegung: nicht bekannt
Weihe: 11.12.1975
Architekt: Carl Theodor Horn

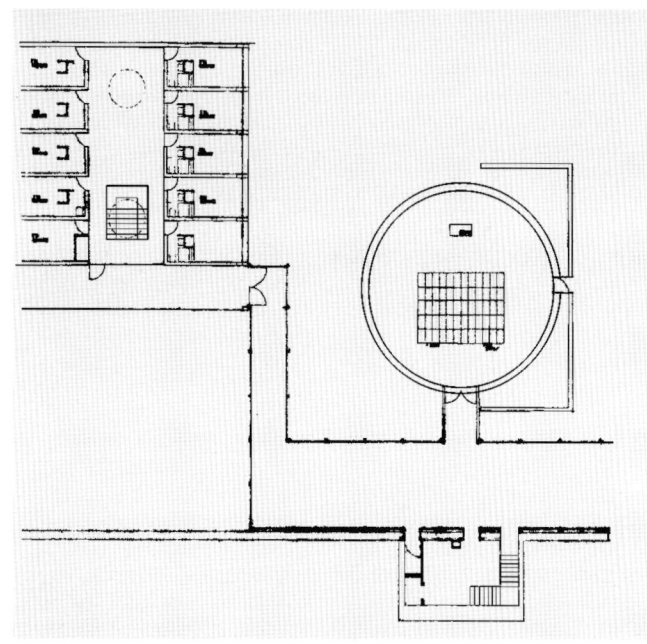

Das Exerzitienhaus Schloß Fürstenried betreuen die Schwestern vom Göttlichen Erlöser (Niederbronner Schwestern). In der Hauptansicht des Schlosses, von der ehemaligen Allee (heute Autobahn Richtung Garmisch), ist der Erweiterungsbau nicht zu sehen. Das an der Schloßmauer gelegene, nordwestliche Parterre wurde für die Errichtung der zweigeschossigen Exerzitienhäuser und der Kapelle abgesenkt. Am Verbindungsgang vom Nordtrakt des alten Schlosses zu den Exerzitienwohnhäusern befindet sich die Kapelle. Über einen Steg ist der als Rundbau errichtete Sakralraum zu erreichen. Er wurde innen in geschlämmtem Mauerwerk mit einer Holzdecke ausgeführt, das Äußere zeigt weißen Rauhputz. Der Lichteinfall erfolgt über vier Lichtkuppeln in der Decke. Die über dem Altarblock schwebende versilberte Tabernakeltaube betont das Zentrum des Raumes.

Die Kirchenbänke sind, anders als im Plan angegeben, segmentartig auf den Altar hin ausgerichtet.
Im Erdgeschoß liegt der Meditationsraum. Im Park steht seit 1981 ein Kreuzweg aus Bronze.

*Altar, Ambo, Tabernakel, Kreuzweg im Park:
Max Faller*

Qu.: Architekt; Klosterarchiv; Lit.: Ramisch-Steiner, S. 86; Architekturführer S. 117

Carolinenkirche (evang.-luth.)
Sarasatestraße 16
81247 München-Obermenzing
Grundsteinlegung: 22.9.1974
Weihe: 21.12.1975
Architekt: Alexander Pagenstecher

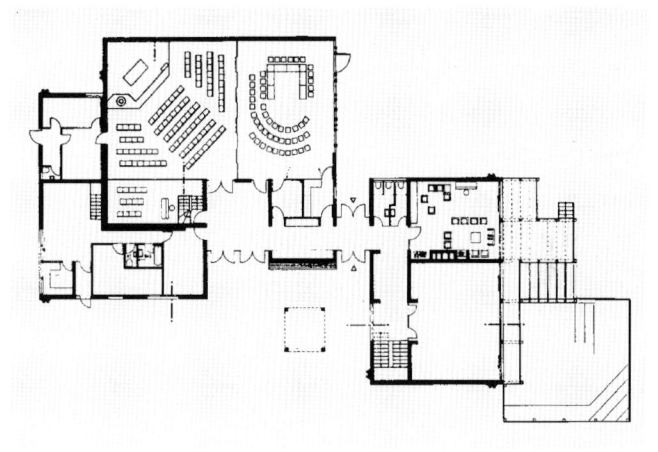

Zunächst fanden die evangelischen Gottesdienste in einer Montagekirche an der Karwinskistraße statt. Im Zuge der Stadtentwicklung erwarb die evangelische Kirchengemeinde 1970 von der Deutschen Bundesbahn ein geeignetes Baugrundstück am Durchblick. Hier wurde das Gemeindezentrum als geschlossene Anlage errichtet, die sich gegen die mehrgeschossige Bebauung der Umgebung behauptet. In dieser einheitlichen äußeren Form sind die einzelnen Raumgruppen klar voneinander abgesetzt. Drei niedrige Gebäude umfassen einen leicht erhöhten Hof. Kindergarten und Jugendräume sind im Osten zu einem eigenen, nach außen abgeschlossenen Bereich zusammengefaßt. Pfarrhaus und Mitarbeiterwohnungen liegen nach Süden und Westen. Im Norden schließen Kirche und Versammlungsräume den Hof. Alle Gebäude sind in Stahlbeton ausgeführt.
Die Decke des Kirchenraumes schließt mit Betonkassetten mit 11 Oberlichtern ab. Ein umlaufendes Fensterband unterhalb des Daches erhellt den Raum. Die östliche Wand ist aufgeglast und gibt den Blick in die Grünanlage frei. Die innen mit Holz verkleideten Wände und der rote Ziegelfußboden bewirken zusammen mit der hellen Bestuhlung die freundliche Atmosphäre des Raumes.
Kirchenraum und angefügter Gemeindesaal ergeben einen langrechteckigen Grundriß, dem an der Südseite eine über sechs Stufen erhöhte Empore angefügt ist.
Der Altar in der Nordwestecke steht auf einem Podest von zwei Stufen, das auch Taufe und Lesepult aufnimmt. Podest und Prinzipalstücke bestehen aus Muschelkalk. Der Glockenturm im Blickpunkt der drei Eingänge trägt ein Geläut, das früher auf dem 56 m hohen Roten Turm des Münchener Messegeländes hing. Die Kirchengemeinde hatte es beim Abbruch erworben. Der Name der Kirche geht zurück auf die erste Königin von Bayern, Caroline Friederike von Baden, die mit ihrem Hofstaat die erste evangelische Gemeinde in München bildete.

Altarkreuz, Taufbecken, Opferstöcke, Turmkreuz (Entwurf/Ausführung): Manfred Baier

Qu.: Pfarramt; Lit.: Bauwelt 1981, H. 16, S. 657 ff.; Altmann S. 58

St. Bonifatius (kath.)
Jagdfeldring 13
85540 Haar
Grundsteinlegung: 15.5.1976
Weihe: 25.9.1977
Architekten: Peter Biedermann und Werner Böninger

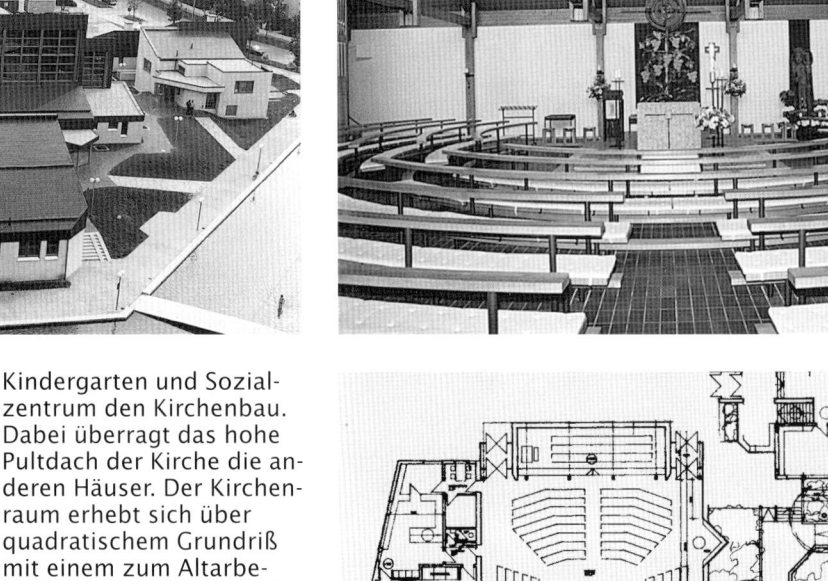

Seit 1972 fanden die Gottesdienste der Wohnanlage Am Jagdfeld in einer Notkirche statt, bis an dem künstlich angelegten See neben hohen Wohnhäusern, Einkaufszentrum, Schulzentrum, Kindergärten u.s.w. auch ein katholisches Pfarrzentrum errichtet wurde. Bei einem offenen Wettbewerb 1973 erhielten die Architekten Biedermann, Böninger u. Partner einen 2. Preis und nach einer Überarbeitung den Bauauftrag. Im Gegensatz zu den Hochhäusern der Umgebung wurde das Pfarrzentrum in loser Gruppierung der einzelnen Bauten mit großen Dächern konzipiert, die dorfähnlichen Charakter assoziieren sollen. Den etwas höher gelegenen Kirchplatz, der sich zum See hin öffnet, umschließen auf drei Seiten die Kirche mit Werktagskapelle, Pfarrheim mit Kegelbahn und Jugendheim. Im Westen und Süden umgeben das Pfarramt, Wohnungen, Kindergarten und Sozialzentrum den Kirchenbau. Dabei überragt das hohe Pultdach der Kirche die anderen Häuser. Der Kirchenraum erhebt sich über quadratischem Grundriß mit einem zum Altarbereich hin abfallenden Pultdach, dessen Holzkonstruktion sichtbar ist. So entstand eine Fensterwand über der Eingangsseite. Der um zwei Stufen erhöhte Altarbereich ist zur Mitte hin vorgezogen und wird von einem geschmiedeten Strahlenkreuz beherrscht. Die im Westen angebaute Werktagskapelle nimmt den Tabernakel auf. Im Erker an der Ostseite steht die Taufstätte. Die Bänke umgeben, anders als im Plan eingezeichnet, kreisförmig den Altarbereich. Der durch Stützen abgetrennte Raum zwischen den beiden Eingängen war zunächst für den Chor vorgesehen, wird aber nun in den allgemeinen Kirchenraum mit einbezogen.

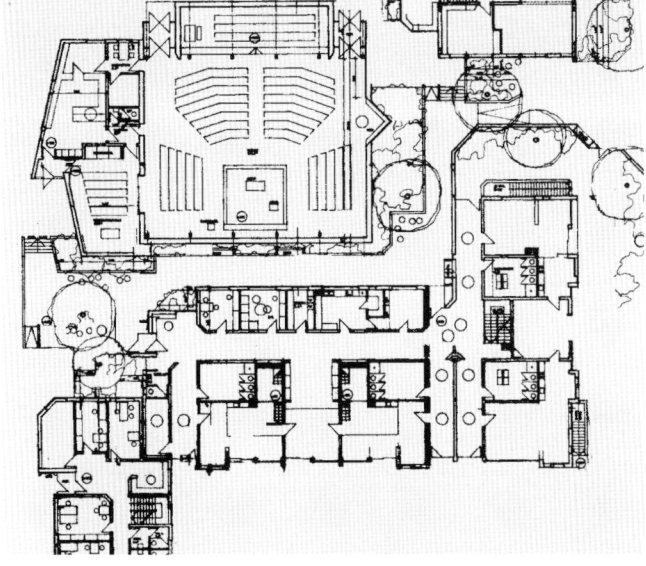

*Strahlenkreuz, Tabernakel, Apostelleuchter, Ambo, Taufe, Vortragekreuz: Manfred Bergmeister
Altar: Max Faller
Schutzmantelmadonna: Matthäus Bayer*

Qu.: Pfarramt, Architekt; Lit.: Kunst u. Kirche 37. 1974, S. 128 (Wettbewerb); Ramisch-Steiner S. 66 f.; Festschrift zur Weihe der kath. Pfarrkirche am 25. September 1977, München 1977

St. Albertus Magnus (kath.)
Albert-Schweitzer-Straße 2
85521 Ottobrunn
Grundsteinlegung: 20.3.1976
Weihe: 2.10.1977
Architekten: Hubert Caspari mit Kurt Seidel, Ludwig Ruhstorfer, Veit Lindner

Bei einem offenen Wettbewerb wurden 1973 Hubert Caspari und H. Meyer mit einem 2. Preis für das Pfarrzentrum St. Albertus Magnus ausgezeichnet und letztlich mit der Bauausführung betraut. In einem ungegliederten Neubaugebiet entstand der Gebäudekomplex, der im Norden mit dem niedrigen, dem Kleinkind angemessenen Gebäude des Kindergartes beginnt und, parallel zur Straße verlaufend, den Höhepunkt im Glockenturm der Kirche findet. Von einem Hof, der zum geselligen Beisammensein einlädt, können Kirche, Pfarrheim, Pfarramt und die Wohnungen erreicht werden. Der Kirchenraum hat einen unregelmäßigen Grundriß und wird von einer Decke überspannt, deren mächtige Holzkonstruktion den Raumeindruck bestimmt. Das Tragwerk aus Holz und plastisch geformte, verputzte Wände prägen die Innenräume von Kirche, Pfarrheim, Kindergarten und Hort. Die unterspannten Hängestützen der Dachkonstruktion rahmen und betonen den Altarbereich. Dieser ist um zwei Stufen erhöht und nimmt neben dem Altar auch den Ambo und die Sedilien auf. Kindergarten und Hort haben direkten Zugang von der Straße.

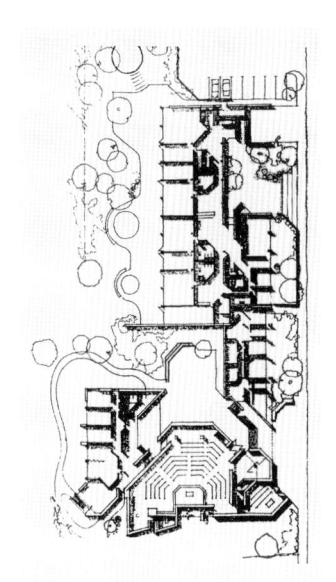

*Altar, Tabernakel,
Kreuz, Ambo:
Klaus Backmund*

*Qu.: Architekt; Lit.: Kunst
u. Kirche 37.Jg. 1974,
S. 123 (Wettbewerb);
Ramisch-Steiner S. 46;
Architekturführer S. 225*

St. Stephan (kath.)
Zillertalstraße 47
81373 München-Untersendling
Grundsteinlegung: 17.10.1976
Weihe: 23.10.1977
Architekt: Gerhard Haisch

Beim Wettbewerb 1974 erhielt G. Haisch einen der drei gleichrangigen Preise neben Alexander von Branca und Herbert Groethuysen. Sein Projekt wurde letztlich zur Ausführung bestimmt. Die Lage des Pfarrzentrums, an einer stark befahrenen Durchgangsstraße, führte zur Planung einer geschlossenen Gebäudegruppe um einen lärmgeschützten Hof. Der Komplex besteht aus einem zweigeschossigen Pfarrhaus mit Pfarramt, dem Kirchenbau mit angefügter Sakristei und dem eingeschossigen Pfarrheim mit Kindergarten. Der Zugang erfolgt von Süden durch portalartige Öffnungen und von Norden durch einen Weg entlang an versetzten Mauern. Der Innenhof dient nicht nur als Versammlungsraum für kirchliche und gesellige Veranstaltungen, sondern bildet zugleich eine Übergangszone vom Profan- zum Sakralbereich. In dem Kirchenraum über unregelmäßigem Grundriß bekrönt eine achteckige Oberlichtkuppel den Altarbereich. In drei Bankblöcken ist die Gemeinde auf diesen ausgerichtet. Eine Wandscheibe trennt die Werktagskapelle mit Orgel und Sängerestrade vom Gemeinderaum. Alle Gebäudeteile sind Massivbauten in Ziegelmauerwerk. Die Dachkonstruktion über dem Kirchenraum wird von acht zweifach geknickten Brettschichtträgern getragen, die nach dem zweiten Knick über dem Altarraum in einen einteiligen Träger mit unterspanntem waagrechten Zugstab übergehen und in der Altarkuppel sternförmig zusammenlaufen. Die Deckenuntersichten sind über den Trägern brettverschalt. Den schrägstehenden Lichtbändern im Deckenverlauf wurden raumseitig jeweils engstehende Holzlamellen eingehängt. Drei Farbglasfenster, die Pfingsten 1983 vollendet waren, unterbrechen die weißen Wände. 1990 kam die frei im Raum stehende Christusstatue hinzu. Auf die starren Kreuzesbalken wurde verzichtet. Die Dornenkrone ist abgelegt, die Nägel stecken im Stumpf der Wurzel. Der Tabernakel hat die Form einer aufbrechenden Knospe. Neben dem Eingang befindet sich die polygonale Taufkapelle.

Glasfenster:
Ebtehag Becheir,
Alexandria-München;
Ausführung: F. Mayer'sche
Hofkunstanstalt
Christusstatue, Altar,
Tabernakel, Taufschale,
Ambo: Hans Ladner

Qu.: Pfarramt; Lit.: Kunst u. Kirche 37. 1974, S. 130 f. (Wettbewerb); Detail H. 2. 1981, S. 173 ff.; Ramisch-Steiner S. 221

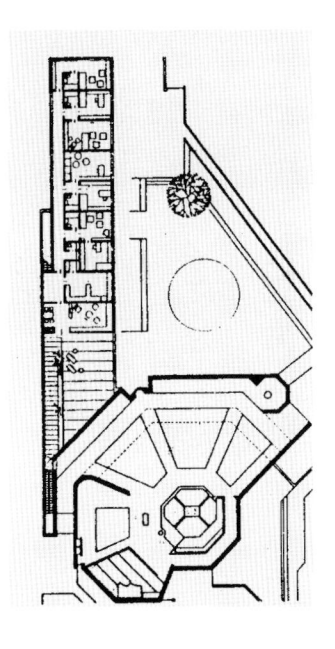

Samariterkirche (evang.-luth.)
Georg-Wopfner-Str. 3
80939 München-Freimann
Baubeginn: 21.3.1977
Weihe: 29.4.1978
Architekten: Franz Lichtblau und Ludwig J. N. Bauer

In ein bestehendes Gemeindehaus wurde im Hochparterre durch Zusammenlegung mehrerer Räume ein Gottesdienstbereich eingebaut. Der Raum von ca. 10 x 12 m kann durch Hinzufügung eines Gemeinderaumes auf 18 m Länge erweitert werden. Vor der östlichen Langseite sind Lesepult, Altar und Taufe, alle aus Holz, nebeneinander aufgestellt. Die Farbglasfenster dahinter und die Deckenmalerei betonen den Altarbereich. Die lose, grüne Bestuhlung und der helle Parkettfußboden tragen zur freundlichen Atmosphäre des Raumes bei. Fenster auf drei Seiten geben dem Raum helles Licht. Vom Kirchenraum führt eine Treppe zum Pfarramt.
Das Gebäude wurde in verputztem, innen und außen weiß gestrichenem Mauerwerk ausgeführt.

*Altar, Altarleuchter, Ambo, Taufe, Standkreuz: Karlheinz Hoffmann
Farbverglasung, Deckenmalerei: Gerd Jähnke*

Qu.: Architekt

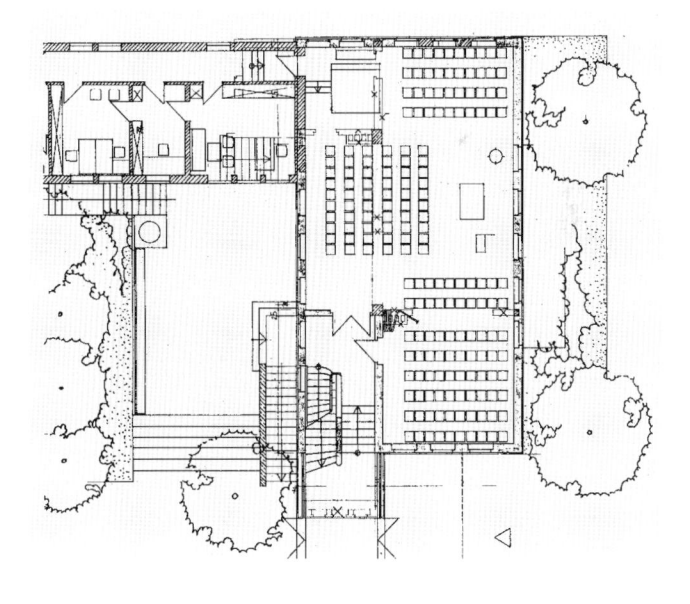

St. Ignatius (kath.)
Guardinistraße 83
81375 München-Kleinhadern
Grundsteinlegung: 23.10.1977
Weihe: 28.1.1979
Architekten: Josef Wiedemann mit Fridolin Christen und Volker Westermayer

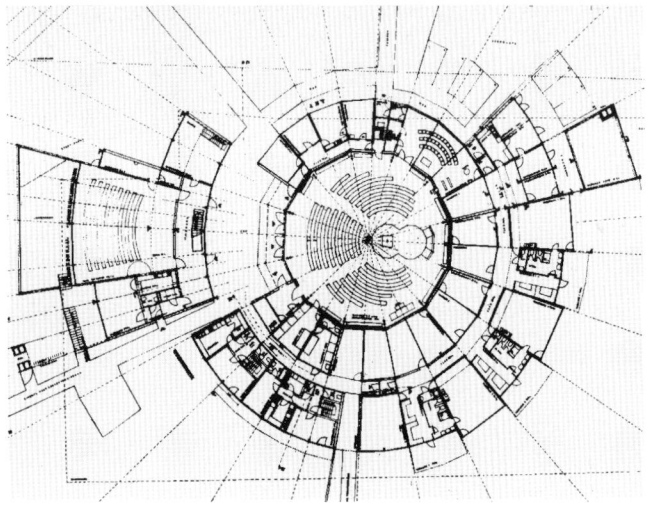

Bei der Wettbewerbsentscheidung für dieses Gemeindezentrum wurden 1973 drei gleichrangige 3. Preise vergeben: an E. M. Lang, J. Wiedemann und R. Disse. Mit J. Wiedemann führte der Bauausschuß der Gemeinde weitere Verhandlungen. Der Architekt entwickelte inmitten eines Wohngebietes mit einer bis zu 22 m hohen Bebauung eine Anlage, deren Mittelpunkt der Kirchenraum ist. In konzentrischen Kreisen sind die übrigen Räume um den inneren Kern gelegt: Pfarrsaal, Sakristei, Wohnhaus, Kindergarten, Werktagskapelle und Pfarramt. Von dieser Mitte aus ist das Gebäude in einer Zwölfteilung gegliedert. Den Kirchenraum von 22 m Durchmesser umschließt eine massive, zwölfeckige, sechs Meter hohe Wand, die sich weit zum Hof hin und zur anliegenden Werktagskapelle öffnet. Diese Umfassungsmauer ist an einer Stelle wandhoch aufgeschlitzt. Hier ist der Tabernakel, ein Bronzewürfel mit Blattgold, eingefügt, der sowohl vom Kirchenraum als auch von der Werktagskapelle aus sichtbar ist. Der wenig aus der räumlichen Mitte gerückte Altar wird ringförmig von Bankblöcken und der Sedilienbank umgeben. Aus dieser Mitte heraus entwickelt sich auch das Fußbodenornament, das sich in der Wand fortsetzt und hier Ähren bildet, so daß die Wand insgesamt zum Sinnbild, zum Symbol wird. Der zeltförmige Dachstuhl steht frei im Raum. Zwölf Doppelstützen aus geschälten Baumstämmen mit je vierseitig sich gabelnden Rundstreben tragen wie stilisierte Bäume die radial laufenden Zangenbinder, auf denen das Dach ruht. Dieses ist um zweieinhalb Meter von der Mauerkrone abgehoben und läßt durch das Fensterband reichlich Licht in den Raum. Alle gemauerten Wände sind außen weiß verputzt, innen geschlämmt, die dazwischengespannten Holz-Glas-Elemente außen anthrazitgrau lasiert. Fenster und Türen setzen sich blau ab. Die Dächer sind in Kupfer gedeckt.

*Wand- und Fußbodenornament: Josef Wiedemann und Blasius Gerg
Altäre, Tabernakel, Ambo, Vortragekreuz, Apostelleuchter, Altarleuchter, Taufstein: Blasius Gerg
Triptychon (Kapelle), Wandbehang, Bilder in Saal und Vorraum, Marienstatue: Renate Gier
Altarkreuz, Taufbecken: Erhard Hößle*

Qu.: Pfarramt, Arch. Mus. TUM; Lit.: Kunst u. Kirche 37. 1974, S. 125 ff. (Wettbewerb); Detail H. 1, 1983, S.19-22; München S. 107; Ramisch-Steiner S. 112; Architekturführer S. 121; Biller-Rasp S. 135; Wiedemann S. 18 f.

Ökumenisches Zentrum: St. Stephan (kath.) und **Lätarekirche** (evang.-luth.)
Lüdersstraße 12 und Theodor-Heuss-Platz 5
81737 München-Neuperlach-Mitte
Grundsteinlegung: 23.10.1977
Weihe: 15.7.1979
Architekten: Carl F. Raue, Eike Rollenhagen, Gerd Lindemann, Günter Grossmann

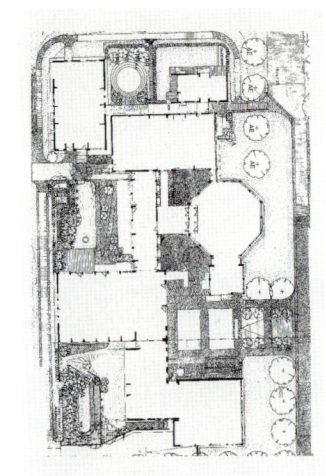

Vor den bis zu 19 Stockwerken hohen Wohnblöcken stehen am Rande einer Grünanlage die kirchlichen Bauten. Ein Wettbewerb 1973 entschied, daß das katholische Pfarr- und das evangelische Gemeindezentrum auf getrennten Grundstücken ausgeführt werden sollten. Sie wurden räumlich verbunden durch das Kirchliche Sozialzentrum Neuperlach, das von beiden Kirchengemeinden zusammen mit Caritas und Innerer Mission betrieben wird. Neu in diesem dritten ökumenischen Zentrum Münchens ist die zwar räumliche Trennung und verschiedenartige Architektur der Kirchenräume, aber die zugleich gemeinsame Nutzung einzelner Bereiche. Die beiden Gottesdiensträume werden über einen allgemeinen Hof erschlossen, sind aber in ihre jeweiligen Funktionsbereiche eingebunden. Im Süden liegt die evangelische Lätarekirche. Sie wird im großen Gemeindesaal durch Trennwände als Quadrat ausgeschieden. Das ansteigende, innen offene Dach erreicht über dem Altar seinen höchsten Punkt. Auf dem Dach ist diese Stelle durch ein Kreuz gekennzeichnet. Der Altar steht auf einem einstufigen Podest und wird durch ein schlichtes hölzernes Hängekreuz betont. Seitlich des Altars befindet sich die Kanzel; die Taufstelle ist zwischen Altar und Gemeinde aufgestellt. Ein Fensterband über dem Altarbereich und wandgroße Fenster auf den

Seiten geben dem Raum reichlich Licht. Die Wände stehen auf Betonfundamenten und haben außen und innen verputztes Ziegelmauerwerk (Kalksandstein), der Fußboden ist mit Parkett ausgelegt. Die katholische Kirche St. Stephan ist ein achteckiger Zentralbau mit Kegeldach. Zwischen Dachansatz und den mit weißem Rauhputz versehenen Wänden umläuft ein Fensterband den gesamten Raum. Die blau gestrichenen Stützen der Dachkonstruktion setzten in dem Raum farbige Akzente. Der Altar steht auf einer kreisrunden Insel, um eine Stufe erhöht, und wird ringförmig von Bankreihen und Sedilien umgeben. Eine niedrige Sakramentskapelle über quadratischem Grundriß ist dem Raum seitlich angefügt. Amts- und Gemeindetrakt, Haus der Jugend und Pfarrhaus ergänzen den Bereich. Vor der Anlage ist eine Plastik mit dem hl. Stephanus aufgestellt.

Altar, Apostelleuchter, Ambo: Karl Reidel
Farbglasfenster: Marlene Reidel
Tabernakel, Kreuze auf beiden Kirchen: Peter Verburg
Stephanusfigur: Hans Kastler

Qu.: Pfarramt St. Stephan, Kirchenbauamt; Lit.: Kunst u. Kirche 37. 1974, S. 134-139 (Wettbewerb); Ramisch-Steiner S. 220

Maria Königin (kath.)
Brunnenstraße 1
85598 Baldham
Grundsteinlegung: 21.5.1977
Weihe: 30.9.1979
Architekt: Robert Gerum

Seit 1952 fanden katholische Gottesdienste an verschiedenen Stellen in Baldham statt, unter anderem im Gebäude des Bildhauers Thorak. 1955 und 1973 wurde das heutige Kirchengrundstück erworben. Beim Architekten-Wettbewerb erhielt R. Gerum für seinen Entwurf den 1. Preis zugesprochen und die Ausführung des Baues übertragen. Die städtebauliche Situation, an der Kreuzung zweier Hauptstraßen und in unmittelbarer Nähe von Schule, Geschäften, Post- und S-Bahn-Station gelegen, machen das Kirchenzentrum zum Mittelpunkt der weitläufigen Gemeinde Baldham. Von drei Straßen begrenzt, liegen um einen Hof, der zur Brunnenstraße offen ist, Pfarrheim, Kirche, Kindergarten und Pfarrhaus mit Amtsräumen und Wohnungen der kirchlichen Bediensteten. Der Kirchenraum, der sowohl von dem Hof als auch von der Baldhamer Straße zugänglich ist, überragt alle Bauten mit Ausnahme des Wohnhauses.

Das Kirchengebäude besteht aus einem reinen Skelettbau mit vorgefertigten Stahlbetonstützen, Holzleimbindern und verputztem Mauerwerk. Der Kirchenraum über nahezu quadratischem Grundriß hat eine flache Holzdecke mit hohen, verleimten Holzbindern, die den Raum entscheidend prägen. Das letzte Drittel ist nach Westen hochgeklappt, so daß ein Pultdach mit großen Fensteröffnungen zwischen den Bindern entsteht.

Im Kirchenraum ist der Altar, ein behauener, massiver Steinblock, zur Fensterwand hin gerückt. Er steht um zwei Stufen erhöht. Über die gesamte Altarwand ziehen sich farbige Darstellungen aus der Offenbarung des Johannes. Fünf Bankblöcke von naturbelassenem Holz umgeben den Altar. In der nordwestlichen Ecke des Raumes ist ein Bezirk ausgespart. Er liegt eine Stufe niedriger und nimmt in seiner Mitte die Taufstätte und den Osterleuchter auf. An dieser Seite befindet sich auch der Zugang zur Werktagskapelle mit dem Tabernakel in der Altarwand.

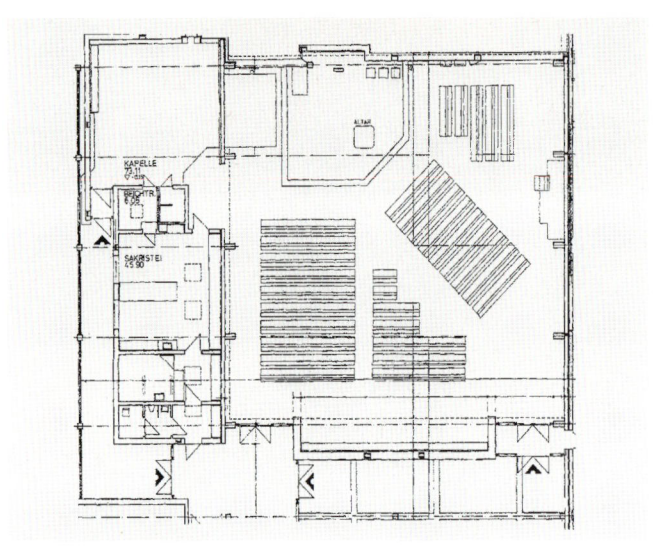

Altar, Ambo, Taufstätte, Osterleuchter, Tabernakel, Altarleuchter, Vortragekreuz, Sedilien, Wandmalereien, Taufbecken: Reinhold A. Grübl

Qu.: Pfarramt, Architekt;
Lit.: Kunst u. Kirche 37. 1974, S. 122 (Wettbewerb); Festschrift zur Weihe des Pfarrzentrums Maria Königin Baldham 30.9.1979, Hallbergmoos (1979); Ramisch-Steiner S. 166

Stephanuskapelle (evang.-luth.)
Gartenstraße 13
85630 Neukeferloh (Pfarramt: Baldham)
Erster Spatenstich: 28.10.1978
Weihe: 21.10.1979
Architekt: Fritz Barth, Fellbach

Das Gemeindehaus ist ein ebenerdiger Fertigteilbau aus hölzernen Rahmentafeln und beidseitiger Beplankung in einem Rastersystem 1,25 x 1,25 m. Die Stephanuskapelle als Hauptraum sowie Sakristei, zwei Gruppenräume und Nebenzimmer sind in einem Grundriß von ca. 21 x 10 m untergebracht. Der Kirchenraum mit den Ausmaßen von 8,5 x 10 m hat auf zwei Seiten Fensterreihen und ist mit einer umlaufenden Holzblende ausgestattet. Das flache Satteldach und die Altarwand sind mit Holz verkleidet. Der Wandteppich an der Stirnwand mit dem Thema ›Stephanus – durch Leid zur Herrlichkeit‹ beherrscht den Raum. Altar und Lesepult, beide aus Holz, sind ebenerdig aufgestellt.
Eine lose Bestuhlung ist auf den Altar ausgerichtet. Grüne Fenster- und Türrahmen geben dem Raum farbige Akzente.
In gleicher Konstruktion, Größe und Gestaltung wurden mehrere Gemeindezentren im bayerischen Raum errichtet, unter anderem in Oberpfaffenhofen.

Wandteppich:
Heiner Schumann

Qu.: Kirchenbauamt, Pfarramt

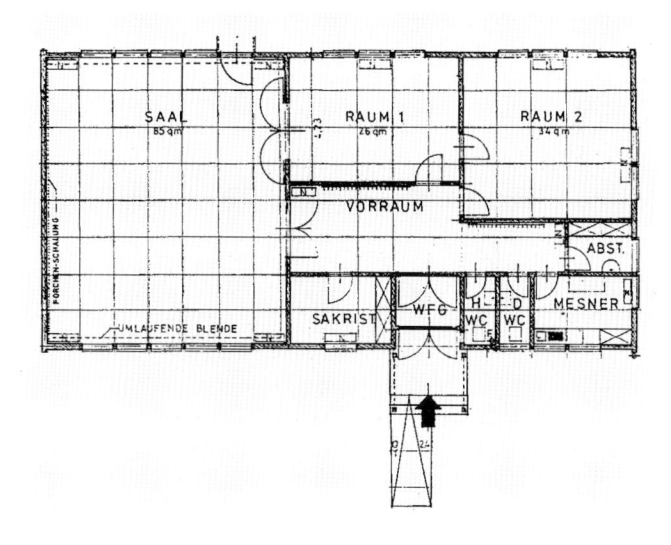

Vaterunserkirche (evang.-luth.)
Fritz-Meyer-Weg 9
81925 München-Johanneskirchen
Grundsteinlegung: 12.11.1978
Weihe: 10.2.1980
Architekten: Franz Lichtblau und Ludwig J. N. Bauer

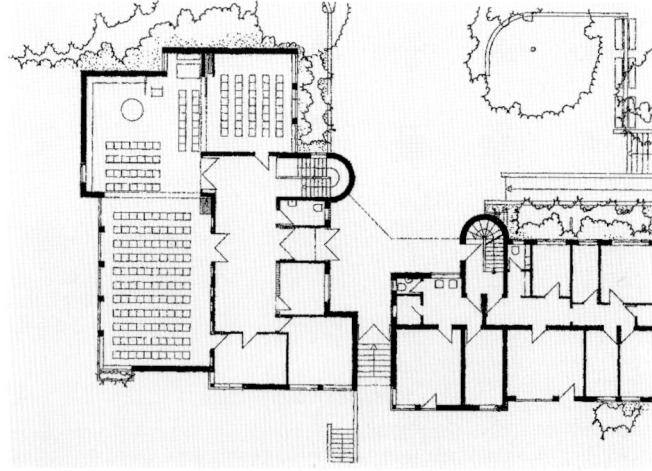

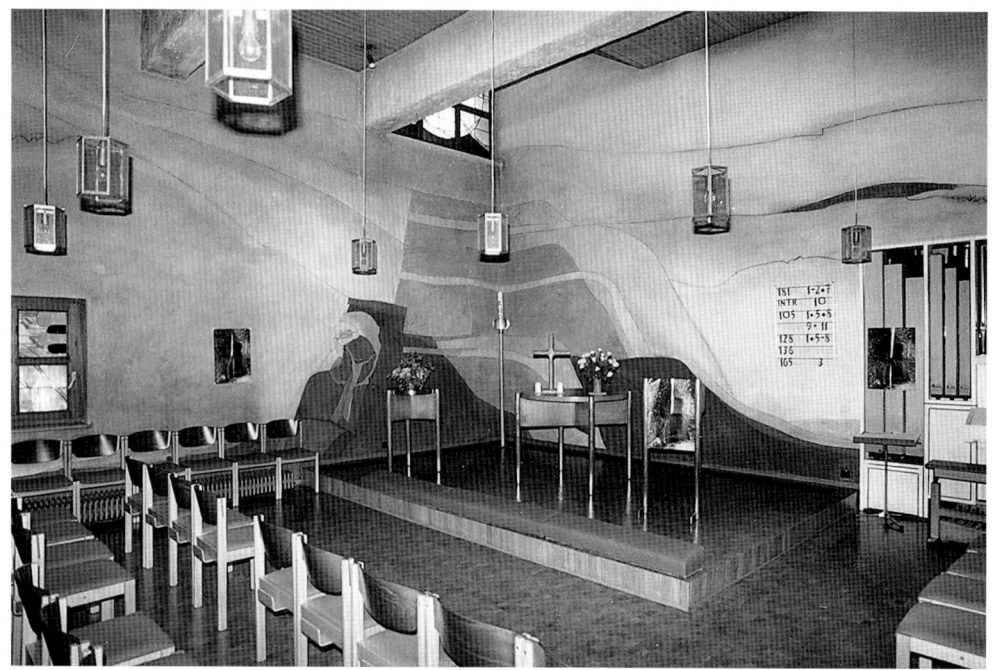

Der darunterliegende Altarbereich ist um eine Stufe erhöht und nimmt neben dem Altar auch Kanzel und Taufe auf. Im Keller befindet sich die Kinderkirche. Im Äußeren wird der Kirchenraum durch die hochgezogene Gebäudeecke mit dem Kreuz betont. Das Gebäude ist ein verputzter Massivbau.

Raumausmalung, Oberlichtfenster:
Hubert Distler
Altar, Kanzel, Taufstein:
Friedrich Koller

Qu.: Pfarramt, Architekt

Das ursprüngliche Gemeindehaus, ein Montagebau, wurde am 25.4.1980 abgebrochen. Nach einem Wettbewerb entstand das Gemeindezentrum mit integrierter Kirche und Wohnungen. Auf einen Kirchturm wurde verzichtet. Über eine Halle werden der Kirchenraum und das Gemeindezentrum erschlossen. Der Gottesdienstraum von ca. 7,5 x 7,5 m in Gestalt einer Hauskapelle ist mit einer Orgelnische ausgestattet. Er kann durch zwei Gemeindesäle erweitert werden. Die Wände des Kirchenraumes und auch der anschließenden Räume sind ausgemalt. Die Farbfassung des gesamten Raumes verdichtet sich zum Altarbereich, an dessen Rückwand Taube und Sonne in einem großen quadratischen Farbglasfenster dargestellt sind.

Evang.-Luth. Kirchenzentrum
Schulstraße 1
85586 Poing-Bergfeld
(Pfarramt: Markt Schwaben)
Montage: 23.11.1965
Weihe: 28.9.1980

Der Fertigteilbau war 1965 von der politischen Gemeinde als Grundschule errichtet und am 8. Mai 1966 eingeweiht worden. 1980 wurde er für das Gemeindezentrum umgebaut. Es entstand ein querrechteckiger Kirchenraum, der durch einen Wandteppich in Applikationstechnik an der Altarwand und die Malerei an Decke und Wänden gestaltet wird.
Die südliche Fensterwand sowie zwei Oberlichter in der Flachdecke über dem Altarbereich geben dem Raum reichlich Licht. Taufbecken, Altar und Kanzel, alle aus Eichenholz, sind ebenerdig nebeneinander aufgestellt. Die Wände an West- und Ostseite haben Holzverkleidung.

Wand- und Deckenmalerei, Wandteppich:
Hubert Distler
Altar, Taufe, Ambo, Standkreuz:
Karlheinz Hoffmann

Qu.: Pfarramt

Jakobuskirche (evang.-luth.)
Hermann-Seitner-Platz 1
82049 Pullach
Grundsteinlegung: 13.12.1953
Weihe: 19.9.1954; 21.12.1980
Architekten: Wilhelm Becker; Georg Küttinger und Ingrid Küttinger

Die 1953/1954 erbaute Jakobuskirche steht in einem Villenvorort im Südwesten Münchens. 1960 kamen das Pfarrhaus, 1964 der Turm, 1976 ein kleines Gemeindezentrum, alle nach Plänen von Wilhelm Becker, hinzu. 1980 veränderten Georg und Ingrid Küttinger den nüchternen und niedrigen Kirchenraum durch Umstellung und Neugestaltung der Möblierung von einem Längsbau zu einem quer eingerichteten Kirchenraum. Eine neu angebaute glasgedeckte Apsis an der Südseite erweitert den Altarbereich. Die Deckenschalung des alten Tonnengewölbes wurde abgenommen und die Dachkonstruktion mit ihren Bindern in den Innenraum einbezogen. Dadurch konnte eine Empore im Osten über dem ehemaligen Altarraum eingebaut werden, die durch eine Holzwendeltreppe aus dem Kirchenraum erschlossen wird. Die Gestaltung des Treppen- und Emporengeländers wurde mit breiten, unbehandelten Fichtenholzbrettern in der Deckenverkleidung der Dachschräge fortgesetzt. Statt der Bänke ist nun eine lose Bestuhlung im Halbkreis um den Altar angeordnet. 1982 erhielt die Apsis des Kirchenraumes ein mehrteiliges Farbglasfenster mit der Darstellung der Emmausgeschichte. Mit dem 1991/1992 im Norden errichteten Gemeindezentrum durch Georg und Ingrid Küttinger umschließen nun Kirche und Gemeindezentrum zusammen mit den bestehenden Gemeinderäumen und dem Büro einen Hof. In dem Kirchturm werden in der Kugel unter dem Hahn Dokumente über den Bau und die Einweihung 1954 aufbewahrt.

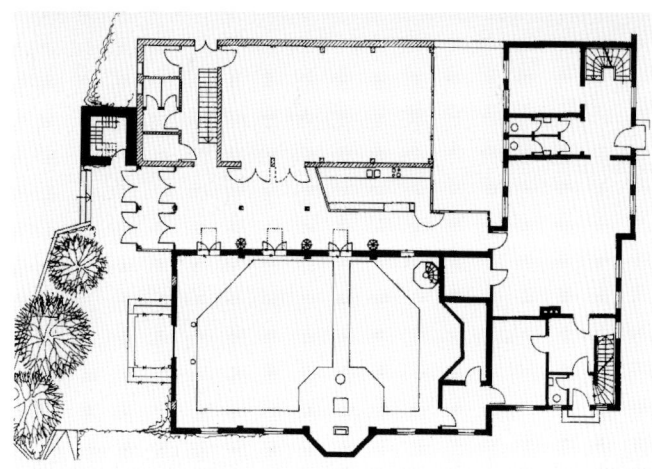

*Altar, Kanzel, Taufgestell, Lampen, Kreuzgruppe, Stühle: nach Entwurf von G. und I. Küttinger
Taufschale und Osterkerzenständer: K.-P. Scherer
Farbglasfenster: Franz Bernhard Weißhaar*

Qu.: Pfarramt, Architekten; Lit.: Architekturführer S. 236

Evang.-Luth. Gemeindezentrum
Lusstraße 17
82216 Maisach
Grundsteinlegung: 7.4.1980
Weihe: 15.2.1981
Architekten: Georg Küttinger und Ingrid Küttinger mit Urs Köhler und Tobias Köhler

Um das neue Pfarrzentrum in den alten Ort Maisach einzufügen, haben die Architekten die einfachen Bauformen und Materialien der umgebenden Bebauung aufgegriffen, wie weiß verputztes Mauerwerk, rote Dachziegel, Fenster und Türen aus Holz. Das Gemeindezentrum umschließt einen kleinen Innenhof. Die Außenwände sind von schützender Geschlossenheit. Die Pultdächer neigen sich zum Gartenhof hin; die Wände sind hier aufgeglast. Alle Räume werden von einem Foyer erschlossen, das zugleich die Verbindung zwischen Straße und Garten herstellt. Dem Gottesdienstraum ist eine kleine, rechteckige Apsis angefügt, die seit 1985 mit Wandbehang in Applikationstechnik und Farbglasfenster den Hintergrund für Altar und Kanzel bildet. Kanzel, Altar und Taufstein stehen, anders als im Plan eingezeichnet, nach alter protestantischer Sitte hintereinander und werden auf drei Seiten von der Gemeinde umgeben. Das Pultdach, das von der Fensterwand zur Altarwand hin ansteigt, zeigt innen die offene Holzkonstruktion. Mit Holz ist auch der Fußboden ausgelegt. Auch die Möblierung mit den maßgerechten Stühlen wurde aus diesem Material hergestellt. Altar und Kanzel liegt die Form eines Achtecks zugrunde. Der Kirchenraum kann bei Bedarf durch den Gemeinderaum erweitert werden.

*Altar, Lesepult, Taufbecken, Stühle: nach Entwurf der Architekten
Wandbehang, Glasfenster: Hubert Distler*

Qu.: Pfarramt, Architekten; Lit.: architektur + wettbewerbe 115, 1983, S. 31; Architekturführer S. 147

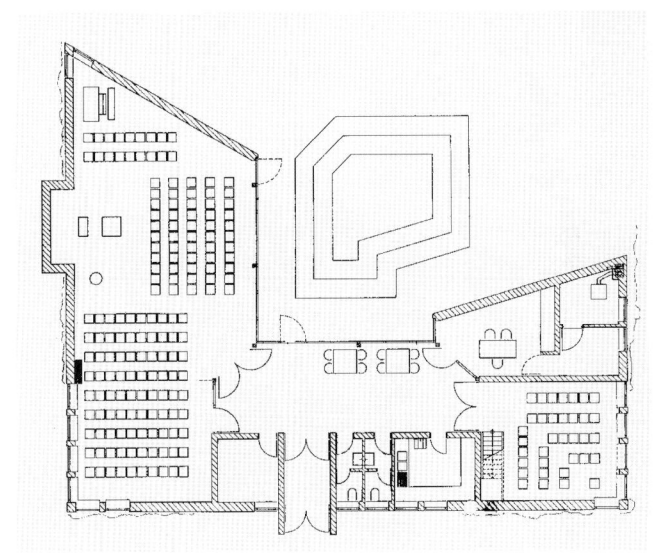

Jerusalemkirche (evang.-luth.)
Eichenstraße 18
82024 Taufkirchen
Grundsteinlegung: 14.10.1979
Weihe: 22.2.1981
Architekten: Franz Lichtblau und Ludwig J. N. Bauer

Evangelische Gottesdienste fanden in Taufkirchen seit September 1963 in der katholischen Pfarrkirche statt. 1970/1971 entstand für die wachsende protestantische Gemeinde und die neue Siedlung Taufkirchen am Walde in einem ersten Bauabschnitt der Gemeindestützpunkt mit Kindergarten und integriertem Kirchenraum, der zu verschiedenen Zwecken diente. Die in Aluminiumskelettbauweise ausgeführten Räumlichkeiten haben alle einen sechseckigen Grundriß, ähnlich einer Bienenwabe. Im zweiten Bauabschnitt kam das neue Kirchengebäude in Massivbauweise hinzu. Über eine zentral gelegene Halle sind Gemeindesaal, Gottesdienstraum und weitere Gemeinderäume erschlossen. Der Kirchenraum von ca. 8 x 9 m mit einer Orgelnische kann auf zwei Seiten durch Gemeinderäume erweitert werden. Dem zur Altarseite hin ansteigenden Pultdach entspricht ein niedrigeres auf der Eingangsseite mit hoch angeordneten Farbglasfenstern. Die aus Holz gestalteten Prinzipalstücke sind nebeneinander aufgestellt. Der Taufbereich wird betont durch drei seitliche Farbglasfenster. Ein Wandkreuz, ebenfalls aus Holz, aber mit Blattsilber belegt, ziert die Altarwand, die mit zwei weiteren kleinen Holzreliefs aus Tombak im Taufbereich ausgestattet ist. Der holzverkleideten Decke entspricht der Parkettfußboden. Die lose Bestuhlung ist in zwei Blöcken zum Altar hin ausgerichtet. Die Straßenfront des Kirchenraumes hat als Signum das Emblem von Taufkirchen mit einem Kreuz aus Rüsterholz, mit Metall beschlagen. Die Kirchengemeinde plant inzwischen die Errichtung eines Glockenturmes.

Glasfenster:
Hubert Distler
Altar, Ambo, Taufe, Wandkreuz, zwei Wandreliefs:
Karlheinz Hoffmann

Qu.: Pfarramt, Architekt

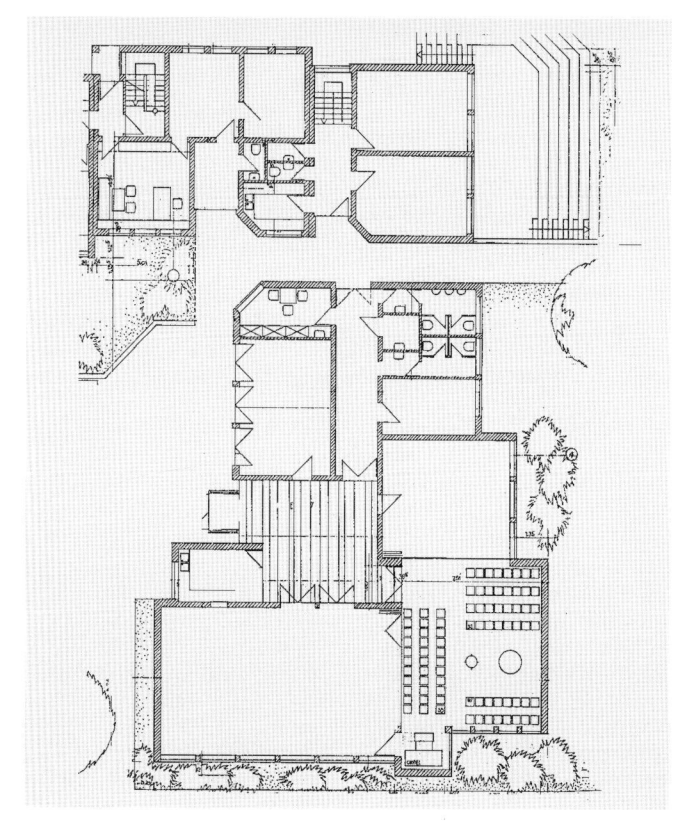

St. Stephan (kath.)
Klosterhof 10a
86911 Dießen a. Ammersee
Baubeginn: Anfang 1979
Weihe: 21.6.1981
Architekten: Josef Wiedemann mit Helmut Klessinger, Heinz Klessinger und Volker Westermayer

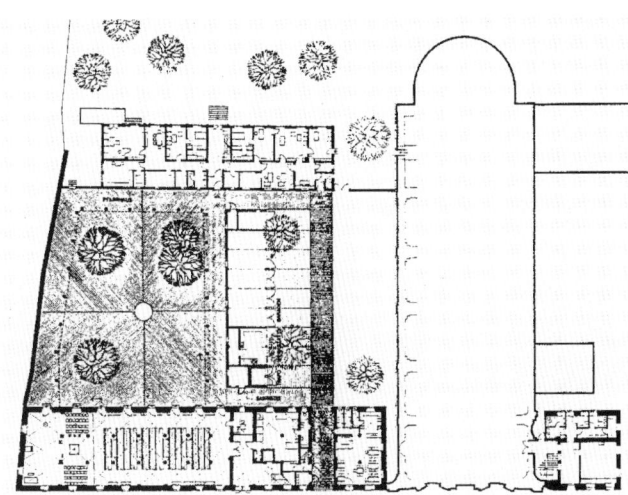

Unmittelbar an die Kloster- und Wallfahrtskirche von Johann Michael Fischer schließt im Norden das neue Gemeindezentrum Mariä Himmelfahrt an. Das ehem. Ökonomiegebäude, das aus dem Marstall der Augustinerchorherren, einer Wohnung im Obergeschoß, und einem hohen Getreideboden (»Traidtcasten«) mit Auffahrt und Laderampe zwischen den Gebäuden der Ställe bestand, war zum Abbruch freigegeben worden. Als die Klosterkirche acht Jahre lang für Sanierung und Renovierung geschlossen wurde und später ohne Heizung bleiben mußte, sollte der ehemalige Ökonomietrakt für einen Neubau mit beheizbarer Gemeindekirche und einem Saal abgerissen werden. Statt dessen entstand aber in dem alten Gebäude das neue Kirchenzentrum. Der ganze Bau wurde gründlich saniert und die Säulen durch Stahlträger unterfangen. Um den auf drei Seiten überdachten St.-Stephanus-Hof liegen im Westen die Winterkirche, im Osten Pfarrhaus und Pfarramt und im Süden Garagen, eine Werkstatt und Trafostation. Der Stall, eine große dreischiffige Halle aus dem Jahre 1626 mit Kreuzgewölben auf gemauerten runden Säulen, wurde zum Kirchenraum für 320 Besucher, der ehemalige Getreideboden zum Gemeindesaal mit Galerie. Durch die Anordnung des Altars, der Bestuhlung, des Tabernakels bis hin zur querlaufenden Plattenteilung aus handgeschlagenen Ziegelplatten (Cotto) erhielt der unregelmäßige Längsraum eine Ausrichtung auf den Altar. Der Altarbereich liegt um eine Stufe erhöht und nimmt den Altarblock aus weißem Kelheimer Travertin auf. In der Mittelachse steht auch der Tabernakel: ein in Kreuzform geteilter Steinblock mit einem in gelber Bronze gegossenen Gehäuse. Der Ort der Taufe wird durch eine im Boden eingelassene, weiße Steinplatte markiert. Fenstertüren im Osten öffnen den Kirchenraum zum Hof und geben dem Längsraum Weite. Die Maßnahmen für die Nutzung als Kirche ergaben einen neuen Eingang an der Westseite.

Altar, Tabernakel, Ambo, Apostelleuchter, Taufe: Blasius Gerg

Qu.: Festschrift St. Stephan zu Ehren, Dießen (1981); Detail H. 3, 1983, S. 227-232; Architekturführer S. 252; Wiedemann S. 24 ff.

St. Elisabeth (kath.)
Schloßstraße 10
82140 Esting b. Olching
Grundsteinlegung: 27.4.1980
Weihe: 27.9.1981
Architekten: Lothar Maria Keiner, Rainer Köhler, Jochen Sütfels

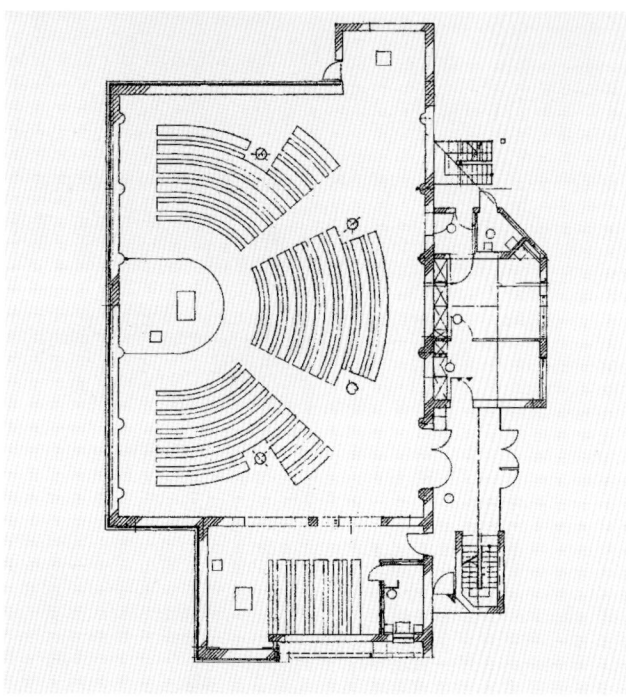

Als Verbindung zwischen dem alten Dorf Esting und der Siedlung Neuesting entstand das Pfarrzentrum St. Elisabeth von Thüringen, das aus Kirche, Pfarrsaal, Jugendräumen, Pfarramt und Wohnungen besteht. Um zwei Höfe, den Kirchhof und den Pfarrhof, sind jeweils der öffentliche und der private Bereich gruppiert. Der Kirchhof, durch den Glockenturm am Aufgang gekennzeichnet, erschließt die Kirche, den Pfarrsaal und die Amtsräume. Der Pfarrhof liegt auf der rückwärtigen, verkehrsruhigen Seite und ist von Wohnungen umgeben. Alle Gebäude haben Umfassungsmauern aus Sichtbeton mit weiß verputztem Mauerwerk und roten Ziegeldächern, die zu den Höfen heruntergezogen sind. Vordächer schützen die Eingänge. Der Kichenraum erhebt sich über querrechteckigem Grundriß, dem seitlich die Werktagskapelle angefügt ist. Das von der Altarwand zur Empore ansteigende Pultdach hat eine offene Dachkonstruktion aus Fichtenholz. Der Raum wird durch Rundpfeiler gegliedert, die auch die Orgelempore tragen. Die Synthese von rechteckigem Raum und konzentrischer Anordnung der Bänke wird durch die Stellung der Pfeiler, den radial verlegten Fußboden aus Klinkerplatten und die Bündelung des Lichtes durch einen Oberlichtschacht über dem Altar erreicht.

*Wandteppich:
Hans Herpich und
Schwester Agape Bittl
Altar, Tabernakel,
Ambo, Leuchter:
Andreas Sobek,
Wenigmünchen*

*Qu.: Pfarramt, Architekt;
Lit.: Festschrift zur Weihe der kath. Pfarrkirche und des Pfarrzentrums St. Elisabeth in Esting, Olching 1981*

Laudate-Kirche (evang.-luth.)
Niels-Bohr-Straße 3
85748 Garching
Grundsteinlegung: 22.6.1980
Weihe: 4.10.1981
Architekt: Theodor Henzler

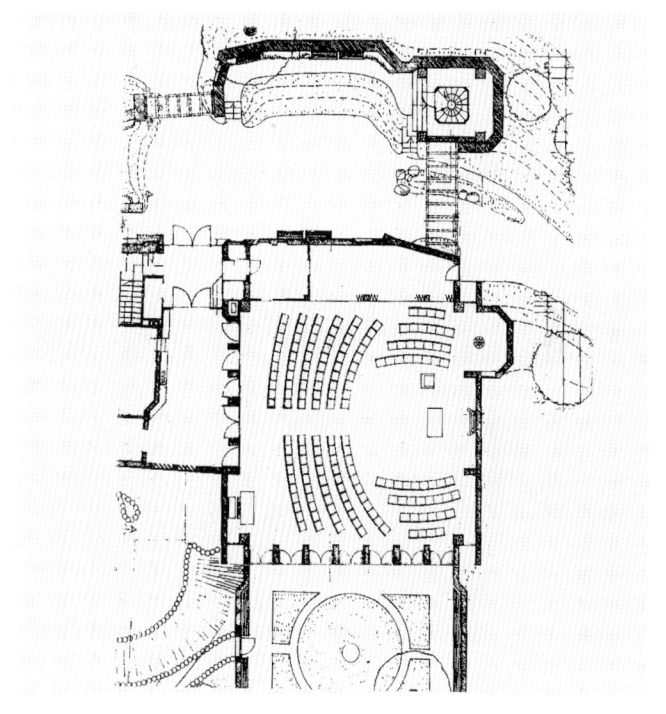

Im 1968 errichteten Gemeindehaus fanden bis zur Kircheneinweihung auch die Gottesdienste statt. 1969 kam der Kindergarten hinzu. Mit dem 1980/1981 entstandenen Kirchengebäude erhielt die Gesamtanlage burgähnlichen Charakter. Die verschieden hohen Gebäudeteile mit den roten Ziegeldächern auf dem weiß verputzten Mauerwerk heben den Gebäudekomplex deutlich von der Umgebung ab. Über einen ummauerten Vorhof mit mächtigem Turm ist das Foyer zu erreichen, an dem die Zugänge zu Gemeindehaus und Kirche liegen. Für Th. Henzler ist »der klassische meditative Raum quadratisch, im Grundriß mandalaartig (Mandala = mystisches Kreis- oder Vieleckbild, indisch) und zum Himmel offen« (Wohnung und Gesundheit). In diesem Sinne ist auch die Laudate-Kirche konzipiert, über quadratischem Grundriß mit hohem, holzverkleidetem Zeltdach, das sich nach oben öffnet. Der geschlossene Raum wird auf der Altarseite durch die polygonale Taufkapelle erweitert. Zum Raum schrieb Th. Henzler: »Die vertikale Mitte stellt die senkrechte Achse unter der Zeltdachspitze dar. Der Fußboden ist in diesem Bereich völlig unversehrt. In spiritueller Gemeinschaft bleibt die Raummitte immer leer ... In der Garchinger Kirche schließen Altar, Kanzel und Kreuz die U-förmige Bestuhlung so ab, daß sich die im Altarraum Handelnden in den Kreis der Gemeinde einreihen und sich auch auf derselben Ebene ohne Podest befinden.« Fenstertüren leiten über in den Meditationsgarten, der bei Th. Henzlers Kirchenbauten eine große Bedeutung hat, vgl. Jesaja-Kirche in München-Fasangarten. Zur Belichtung heißt es: »In Garching gibt es zwei Arten von Fenstern, die Gauben im Zelt des Daches und die Fensterwand im Erdgeschoß. Die hochliegenden Fenster symbolisieren das Licht von oben ... Besonders wichtig ist die Fensterwand, welche die Verbindung zum Meditationsgarten herstellt. Diese Anordnung sagt, daß das Heil nicht nur direkt von der höheren Führung zu erwarten ist, sondern uns über unsere Umwelt und unsere Mitmenschen erreicht.«

Altar, Kreuz, Leuchter, Standkreuz, Ambo, Taufe, Osterleuchter: Karlheinz Hoffmann

Qu.: Architekt; Lit.: Sonntagsblatt für Bayern, März 1982, S. 16 f.; Wohnung + Gesundheit 12/1993, S. 5-8

St. Monika (kath.)
Max-Kolmsperger-Straße 5
81735 München-Neuperlach
Grundsteinlegung: 1.5.1980
Weihe: 29.11.1981
Architekten: Josef Wiedemann mit Rudolf Ehrmann und Volker Westermayer, Heinz Klessinger

Das Pfarrzentrum steht in unmittelbarer Nähe des Karl-Marx-Zentrums. Den Mittelpunkt bilden Kirche und Glockenturm. Im Westen schließen der Pfarrsaal und über einen Hofraum das Haus für die Jugend, Hort und Kindergarten an. Nach Norden liegen Pfarrhaus, Amtsräume und Hausmeisterei. Ein 40 m hoher, freistehender Turm, durch den der Ost-West-Fußweg der neuen Stadt geführt wird, markiert die Anlage und nimmt den Höhenmaßstab der umliegenden Bebauung auf. Die Kirche selbst wird vom Schnittpunkt der beiden Fußwege und zur Öffnung des Karl-Marx-Zentrums hin erschlossen. Der Kirchenraum erhebt sich über einem sechseckigen Grundriß. Die Wand hinter dem Altar weitet sich in einem Bogen, dessen Ziegelverband eine große Sonne bildet, in der ein vergoldetes Kreuz hängt. Der Altar steht auf einer runden, die Sedilien an der Rückwand mit einbeziehenden Insel, die um eine Stufe erhöht ist. Ringförmig umgeben ihn drei Bankblöcke und die Sedilien. Der mit Ziegeln ausgelegte Boden senkt sich zur Mitte hin um 20 cm. Der weiße Donaukalkstein von Altar, Ambo, Taufstein und Priestersitzen wiederholt sich in der Teilung des Bodens und bei den Apostelleuchtern an der Wand. Der weite, hohe Kirchenraum ist mit brettverleimten Fischbauchbindern, auf verleimten Doppel- beziehungsweise Dreifachstützen mit schichtverleimten Horizontalpfetten überspannt. Eine geräumige Empore aus Holz ist zwischen vier Stützen gespannt. Die verschieden gestuften Dachflächen ergeben Lichtbänder. Dem Kirchenraum ist an der Ostseite die Werktagskapelle mit dem hier aufgestellten Tabernakel angefügt. Alle Bauten zeigen außen und innen Sichtziegel, die Eingangsseite ist in Holz und Glas geöffnet.

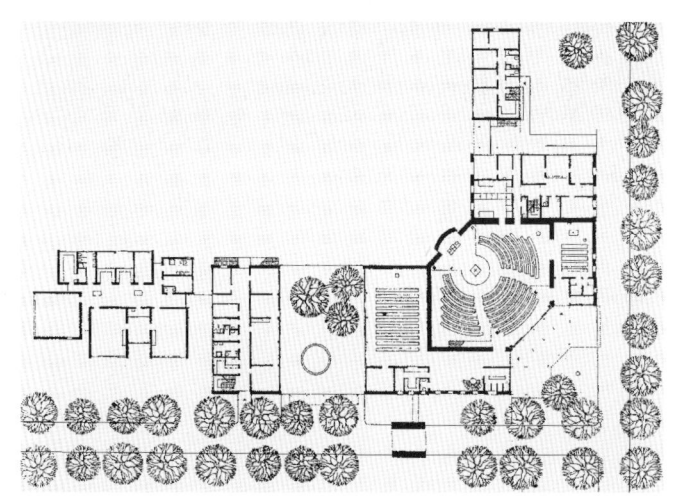

Altar, Ambo, Taufstätte, Tabernakel, Ornamente und Schrift im Ziegelverband: Blasius Gerg

Qu.: Arch. Mus. TUM; Lit.: Festschrift zur Weihe des Pfarrzentrums St. Monika München-Neuperlach 29.11.1981, o. O. (1981); München S. 108; Ramisch-Steiner S. 189 f.; Wiedemann S. 22 f.

Evang.-Luth. Gemeindezentrum
Brucknerstraße 1
82216 Gernlinden (Pfarramt: Maisach)
Baubeginn: Frühjahr 1980
Weihe: 21.3.1982
Architekten: Hans Hessel und Partner

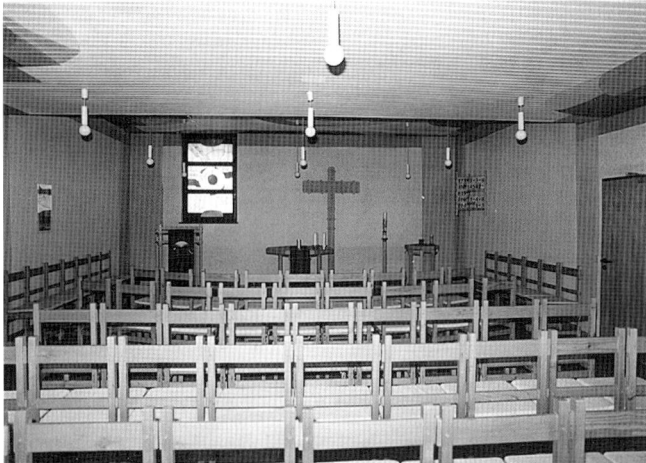

Am 1. Januar 1953 wurde die Schreinerwerkstatt bei Hirschler als Betsaal gemietet; von 1965 bis 1972 fanden die evangelischen Gottesdienste in der unteren Aula der Volksschule Maisach statt, dann im Pfarrsaal des katholischen Gemeindezentrums. Mit der Erbauung des Bürgerzentrums erhielten die Protestanten einen eigenen Gemeindebereich im ersten Stockwerk, der von Georg und Ingrid Küttinger ausgestaltet wurde. Die Bedeutung des schlichten, ca. 7 x 11 m großen Sakralraumes liegt in der Raumgestaltung mit Malerei und Ausstattungsgegenständen. Das Grundthema der Malerei ist Himmel und Erde. »So stehen die Formen und Farben an den Randbezirken der Deckenmalerei [Kunstharzbinder mit lichtechten Freskofarben] als Sinnbilder für die vielfältige Welt (Landschaften, Hügel, Inseln, Licht und Dunkelheit). Über dem Altarbereich liegt die Zentralscheibe (Gott?!), die das Geheimnis aller Herkunft symbolisiert, eine Kraft, der wir uns allemal zuwenden« (H. Distler in Festschrift). Die Wandflächen sind in die farbliche Gestaltung miteinbezogen. Im Fenster aus verbleitem Antikglas in der Stirnwand sollen gottnahe Flügelwesen (Engel und Seraphim) die Verkündigung ausdrücken, daß in allem Höheres zu sehen ist. Die einfachen, maßgerechten Modellstühle aus Naturholz, die geometrische Struktur von Altar, Kanzel und Taufstätte, ebenfalls aus Naturholz, geben mit den handgearbeiteten Altargeräten aus Messing diesem Raum ein harmonisches Gesamtbild.

Ornamentale Wand- und Deckenfassung, Farbglasfenster, Wandkreuz (Holz):
Hubert Distler
Altar, Lesepult, Taufbecken, Stühle:
Georg Küttinger

Lit.: Festschrift zur Einweihung des Evang. Gemeindezentrums Gernlinden, o. O. 1982

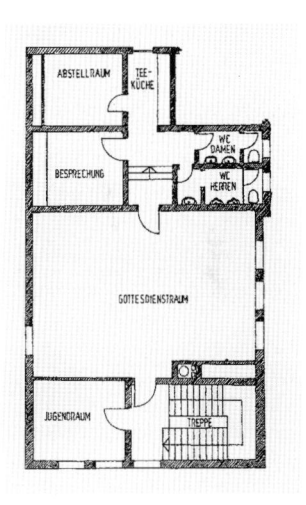

St. Philippus (kath.)
Westendstraße 249
80686 München-Westend
Grundsteinlegung: 5.7.1981
Weihe: 17.10.1982
Architekt: Peter Biedermann

Seit 1970 fanden katholische Gottesdienste in der Notkirche am Viebigplatz statt. 1973 entstand nach einem Wettbewerb der erste Entwurf für das Pfarrzentrum. Als 1978 die Grundstücksfragen geklärt waren, konnte die Planung fortgesetzt werden. Der 1981/1982 errichtete Gebäudekomplex, bestehend aus Kirche, Pfarrheim, Sozialstation, Kinderhort, Kindergarten und Pfarramt, ist um einen dorfähnlichen Platz angelegt. Die Kirche beherrscht als Mittelpunkt die gesamte Anlage. Die vom Platz aus erschlossenen Bauten sind wie einzelne Häuser individuell gestaltet. Als Baumaterialien dienten Holz und Ziegel. Die außen und innen weiß verputzten Wände tragen die sichtbare Holzkonstruktion des Daches. Der geostete Kirchenraum erhebt sich über einem sechseckigen Grundriß. Über die Langseite ist der First des Satteldaches gestellt, der durch ein breites Pultdachfenster unterbrochen wird. Der Altar aus Stein steht auf einem um zwei Stufen erhöhten Podest. Eine Säulenbasis trägt die Mensa, die mit einem Weinrebenornament versehen ist. Das 1991 entstandene, fünfteilige Gemälde zieht als Wandelaltar in diesem Raum die Aufmerksamkeit auf sich. Hier wird das »Heilswirken Gottes in Schöpfung, Erlösung und Vollendung« dargestellt. Fünf Bankblöcke aus hellem Holz sind um den Altar angeordnet. Im Süden schließt eine niedrige, polygonale Sakramentskapelle an, in der auch das Taufbecken aufgestellt ist. Der Glockenturm an der Straße weist auf das Pfarrzentrum hin, das im Westen durch Mauerstücke von der Straße getrennt wird.

Altar, Tabernakel, Ambo, Apostelleuchter, Osterleuchter, Sedilien; in Werktagskapelle: Altartisch, Ambo, Taufstein:
Hubert Elsässer
Madonna mit Stele, Gedenktafel f. Pfarrer Stadler: Klaus Backmund
Gemälde Lebensbaum: Philipp Reisacher
Altarkreuz: Patricia Karg, Innsbruck-Arzl/Tirol
Altargemälde:
Emil Wachter, Karlsruhe

Qu.: Pfarramt, Architekt; Lit.: Festschrift zur Weihe des Pfarrzentrums St. Philippus München-Laim 17.10.1982, München (1982); Ramisch-Steiner S. 209 f.

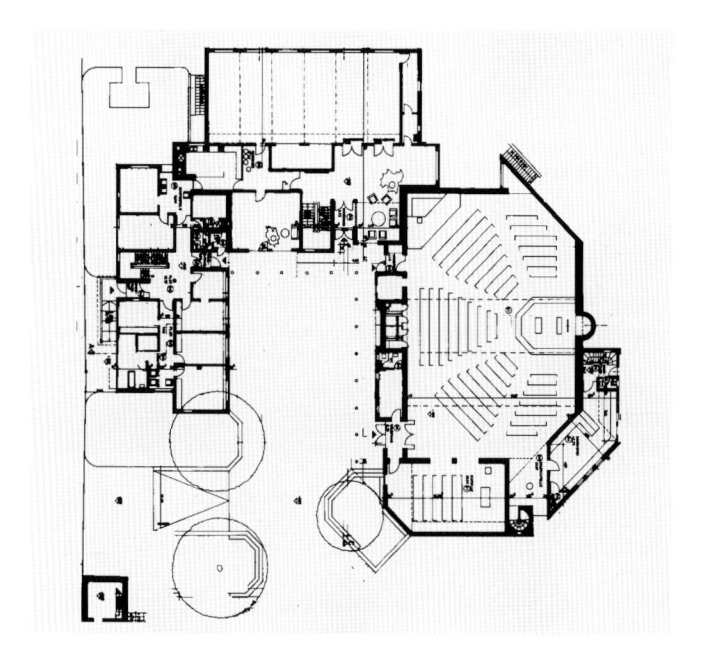

Michaelskirche (evang.-luth.)
Lochhamer Straße 67
82166 Lochham
Grundsteinlegung: 22.4.1950; Beginn des Umbaues 3.5.1982
Weihe: 10.12.1950; 12.12.1982
Architekten: Hans Stierhof; Theo Steinhauser mit Dieter Adam

Der 1950 von H. Stierhof errichtete, einschiffige Kirchenbau mit eingezogener Apsis, flach gedecktem Innenraum und hohem Satteldach wurde 1981/1982 durch eine Erweiterung in seinem Charakter völlig verändert. Mit dem Abbruch der östlichen Längswand konnte ein rechteckiger Anbau angefügt werden, in dem sich der um zwei Stufen erhöhte, nun nach Osten ausgerichtete Altarraum befindet. Damit verbunden war die Drehung der Bänke um 90 Grad und die Umwandlung der ehemaligen Altarapsis zur Orgelnische. Der Eingang von der Straßenseite und die darüberliegende Empore mit dem großen Holzkreuz blieben bestehen. Die alte Holzdecke wurde entfernt, der Dachstuhl offengelegt und durch einen Fachwerkträger anstelle der abgebrochenen Wand abgefangen. Ein neuer Dachstuhl schließt rechtwinklig an. Entlang dem First öffnet sich das Dach in ein Oberlichtband, das über die Altarwand hinausgeht und in ein sechseckiges Fensterprisma mündet. Über dieses Prisma und zwei seitliche Eckfenster erhält der Altarraum viel Licht und setzt sich dadurch von dem dunkleren Kirchenschiff ab. Mit der künstlerischen Ausstattung des Altarraumes war Helmut Amann vom Pfarramt beauftragt worden. Altar, Kanzel und Taufstelle waren ursprünglich aus Holz und mit Stoff bespannt. Die neue Gestaltung des Altarraums schließt auch das Wandmosaik mit der Darstellung des Erzengels Michael ein. Mit der Erweiterung entstanden im Untergeschoß neue Gemeinderäume, die, um eine große Diele angeordnet, über eine Außentreppe erschlossen werden.

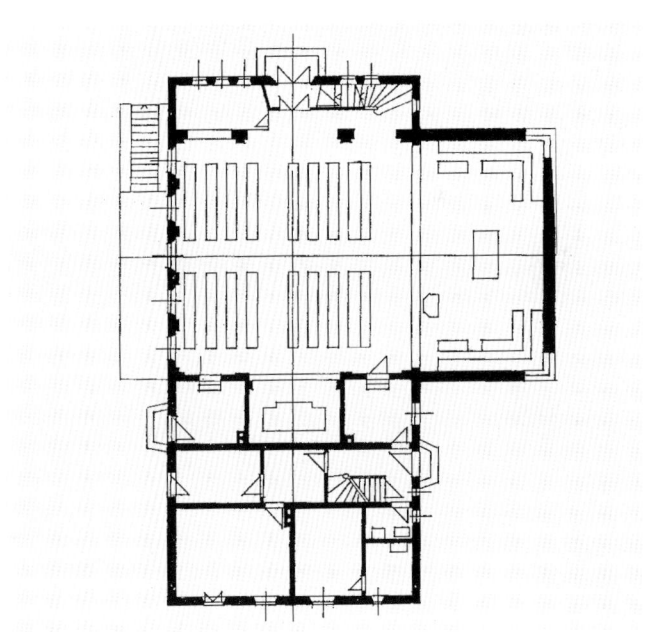

*Mosaik, Kreuz über Empore, Altar, Altarkreuz, Kanzel, Taufe, Osterleuchter: Helmut Amann
Deckenmalerei: Hubert Distler*

Qu.: Architekt Th. Steinhauser; Lit.: Altmann S. 44

Emmaus-Kirche (evang.-luth.)
Mareis-Ring 1
83620 Feldkirchen (Pfarramt: Bruckmühl)
Grundsteinlegung: 1.8.1982
Weihe: 27.11.1983
Architekten: Johannes Ludwig mit Volker Westermayer

Der Kirchenraum, der zunächst mehreren Zwecken dienen sollte, wurde auf Wunsch der Gemeinde mit einem kreuzgangähnlichen Hof verbunden. Damit nahm das Bauvolumen der zunächst kleiner geplanten Anlage zu, hob sich aber dadurch deutlich gegen die Bebauung der Umgebung ab. Im Erdgeschoß des Gemeindezentrums sind neben dem Vorraum mit Garderobe und Toiletten der Kirchenraum, die Sakristei und eine Küche untergebracht. Im Obergeschoß liegt ein großer Gemeinderaum mit Emporencharakter, da er zum Kirchenraum hin geöffnet ist. Der ausschließlich als Sakralraum genutzte, quadratische Saal von 11,76 m Seitenlänge wird strukturiert durch die umlaufende Wandgliederung, aus der sich die dreifache, unterschiedlich hoch gewölbte Saaldecke ergibt, durch die lose Bestuhlung im Halbkreis um den Altar und durch die Lichtführung, deren wesentlichen Bestandteil die vier Türen zum Hof bilden. Beherrscht wird der Raum von einem großen Holzkreuz, dessen Balkenenden in stilisierte Blütenblätter auslaufen, die das Kreuz als Lebensbaum interpretieren. Ein zweiteiliger Wandteppich zeigt die Emmausgeschichte nach Lukas 24. Die hochliegenden Fenster der Seitenwände sind durch Holzlamellen abgeblendet. Der an den Kirchenraum anschließende Innenhof mit überdachtem Umgang und dem etwa 150 Jahre alten Brunnen aus Niederbayern lädt in der Art von mittelalterlichen Kreuzgängen zur Meditation ein. Die schlichte Fassade mit versetzten Fenstern wird von einem Giebelreiter mit Kreuz bekrönt, der ebenfalls an frühmittelalterliche Kapellen besonders in Griechenland und Italien erinnert. Die Sockelsteine links und rechts vom Eingang zeigen Darstellungen nach Jona 1, 9-12; 2, 1 und 2, 2-11.

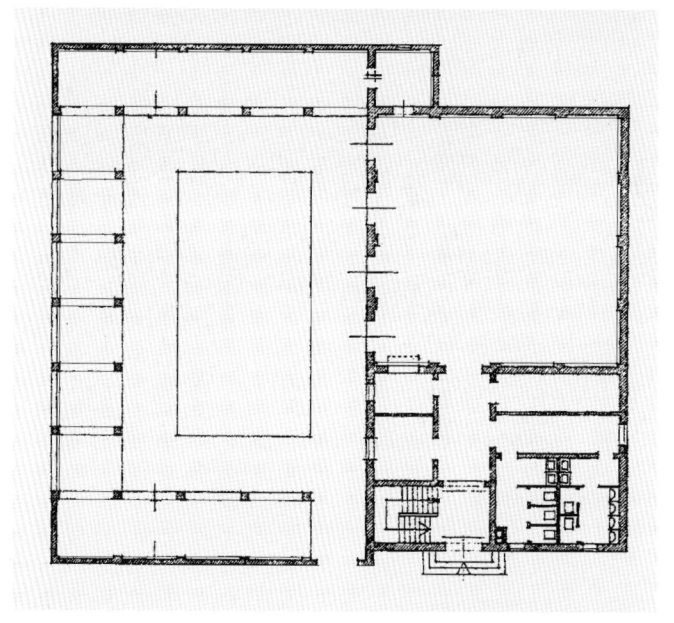

*Altarkreuz, Kreuz über Glockenträger:
Blasius Gerg
Altar, Taufstein, Kanzel (alle Holz): nach Entwurf des Architekten;
Ausführung:
Günter Kuhnt
Wandteppich, Sockelsteine:
Alpheda Puluj-Hohenthal*

Qu.: Pfarramt, Arch. Mus. TUM; Lit.: Ludwig S. 83-86

Gemeindestützpunkt Unterföhring (evang.-luth.)
St.-Florian-Straße 3
85774 Unterföhring (Pfarramt: Ismaning)
Grundsteinlegung: 17.7.1983
Weihe: 2.12.1984
Architekten: Heinz A. Musil und Otto von Kotzebue

Dem Grundplan des Gemeindestützpunktes Unterföhring mit Gottesdienstraum, Gemeinde-, Jugend- und Mehrzweckräumen sowie Wohnungen liegt ein Raster von 2,25 m zugrunde. Auf Stahlbetonfundamenten erhebt sich das außen und innen weiß verputzte Ziegelmauerwerk mit rotem Ziegeldach. Der Kirchenraum im Südwesten des Gebäudes hat die Maße 11,25 x 9 m. Bei Bedarf kann ein Gemeinderaum von 6,75 x 4,50 m hinzugefügt werden. Das zur Straße hin abfallende Pultdach, dessen Holzkonstruktion innen sichtbar ist, ermöglicht eine rückwärtige Empore. In dem diagonal ausgerichteten Gottesdienstraum sind vor der südwestlichen Ecke die aus Holz gefertigten Prinzipalstücke und das aus Holz geschaffene und mit Blattsilberauflage versehene Standkreuz ebenerdig aufgestellt. Dieser Altarbereich wird durch wandhohe, über Eck gestellte Farbglasfenster betont. Die Holzrahmung der Fenster sowie die in Holz ausgeführte Innenausstattung geben dem Raum zusammen mit der Holzdecke und den braungrünen Fliesen einen warmen Charakter. Der hölzerne Glockenständer wurde, anders als im Plan zunächst angegeben, 1985 im Vorhof aufgestellt.

Altar, Ambo, Taufe, Standkreuz: Karlheinz Hoffmann

Qu.: Kirchenbauamt, Pfarramt

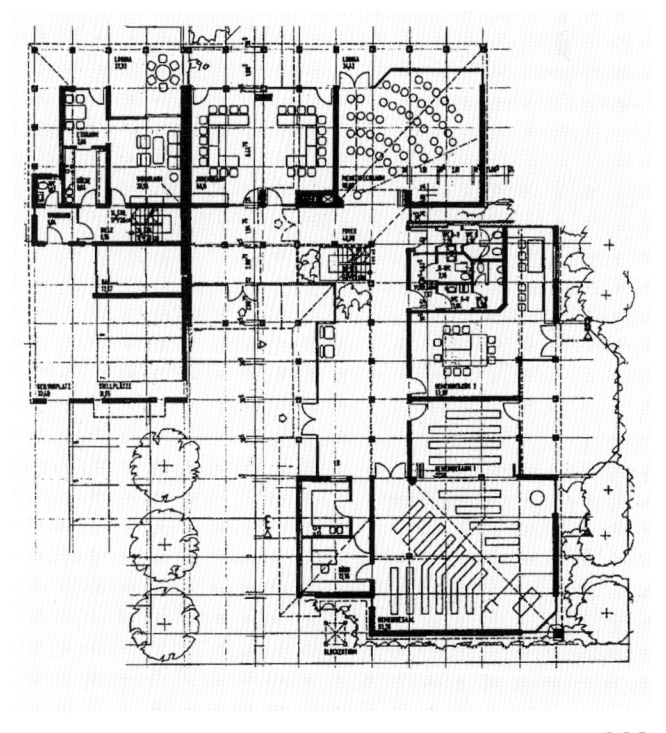

St. Lantpert (kath.)
Kepserstraße 2
85356 Freising-Lerchenfeld
Grundsteinlegung: 17.9.1983
Weihe: 9.12.1984
Architekten: Hans Hofmann mit Franz Altmann

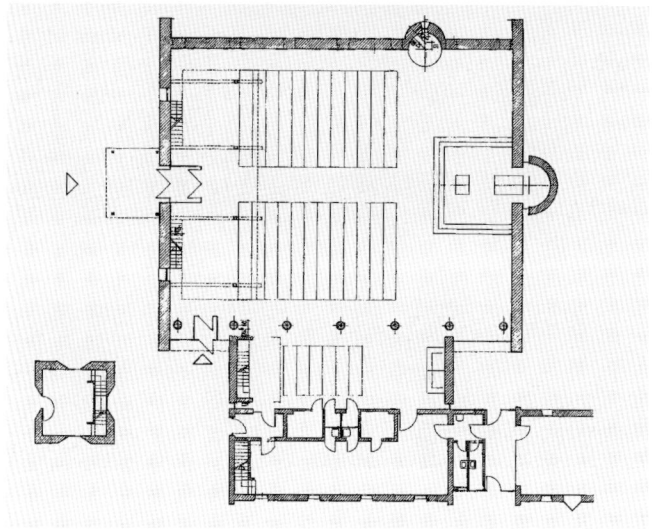

Die 1937 errichtete Kirche wurde für die ständig wachsende Gemeinde des Ortsteiles Lerchenfeld zu klein, so daß man seit 1965 einen Neubau plante. An der Stelle des alten Kirchenbaues entstand der neue mit seitlicher Werktagskirche, Sakristei mit darüberliegendem Meditationsraum und Bibliothek; ein Umbau und die Erweiterung des Pfarrhofes mit Brunnenhof wurde ebenfalls durchgeführt. Die Kirche ist ein Mauerwerksbau von 19 x 25 m mit freigespannter Holzbinderkonstruktion und Rundpfeilern als Abtrennung zur Werktagskirche (7 x 15 m). Der Raumeindruck wird geprägt durch eine gotisierende Dachkonstruktion und durch die Wandmalereien in der halbkreisförmigen Apsis im Osten und der Taufkonche an der Nordseite. Die hohe, schmale Ostapsis erhält eine besondere Betonung durch die dezente seitliche Lichtführung, die die Darstellung der Glaubensgeschichte mit Gnadenstuhl hervorhebt. Ein großes Farbglasfenster auf der Südseite verstärkt die Lichtführung zum Altar.
Auf der Nordseite dienen sieben schlanke Fenster mit durchlaufender Binderkonstruktion und Oberlicht als Lichtquellen für den Kirchenraum. Der Boden ist mit Ziegelsteinen ausgelegt, deren graphische Anordnung das Kirchengestühl miteinbezieht.
In der Werktagskirche steht als Sakramentsaltar der barocke Hochaltar des Vorgängerbaues.
Vor der Westseite der Kirche erhebt sich der 41 m hohe Campanile mit pyramidalem Dach, Glockenstube für fünf Glocken und mit Kriegergedächtnisstätte im Erdgeschoß.

Altar, Ambo, Vortragekreuz, Altarleuchter, Reliquiengrab, Taufstein, Apostelleuchter, Gnadenstuhl in Apsis, Weihwasserbecken, Brunnen im Innenhof:
Wilhelm Breitsameter
Wandbemalung von Apsis und Taufkonche, Westgiebelfenster:
Bernhard Weißhaar

Qu.: Architekt; Lit.: Das Münster 45. 1992, H. 4, S. 311

Dietrich-Bonhoeffer-Haus (evang.-luth.)
Einsteinstraße 9
82166 Martinsried (Pfarramt: Gräfelfing)
Grundsteinlegung: 16.9.1984
Weihe: 20.1.1985
Architekten: Theo Steinhauser mit Dieter Adam

Für die rasch wachsende Gemeinde in dem Neubaugebiet Martinsried wurde ein Gemeindehaus in Holzfertigbauweise erstellt. In einem langgestreckten, ebenerdigen Baukörper mit ziegelgedecktem Satteldach und seitlichem Eingangsvorbau sind die Gemeinderäume angeordnet. Die große Diele mit dem gemauerten Ofen in der Mitte, der Treppe und Galerie im Obergeschoß, der offenen Thekenküche, der großzügigen Verbindung zum Gemeindesaal und dem Glasoberlicht über dem offenen Dachraum ist Mitte des Hauses, Erschließungs- und Kommunikationsraum gleichermaßen. Der Kirchenraum mit sichtbarer Binderkonstruktion, offenem holzverschaltem Dachraum und Empore ist hell und weiträumig.
Der Fußboden ist mit verfugten Ziegelsteinen ausgelegt, die im Altarbereich kreisförmig angeordnet sind. Eine Holzbestuhlung mit blauen Polstern ergänzt die Raumausstattung. Seitliche Fenster und ein weiteres im Giebel erhellen den Raum.
Ein Gruppenraum mittlerer Größe und ein Besprechungszimmer liegen im östlichen Gebäudeteil.

Innenausstattung, Prinzipalstücke: nach Entwurf des Architekten

Qu.: Architekt; Lit.: Altmann S. 43

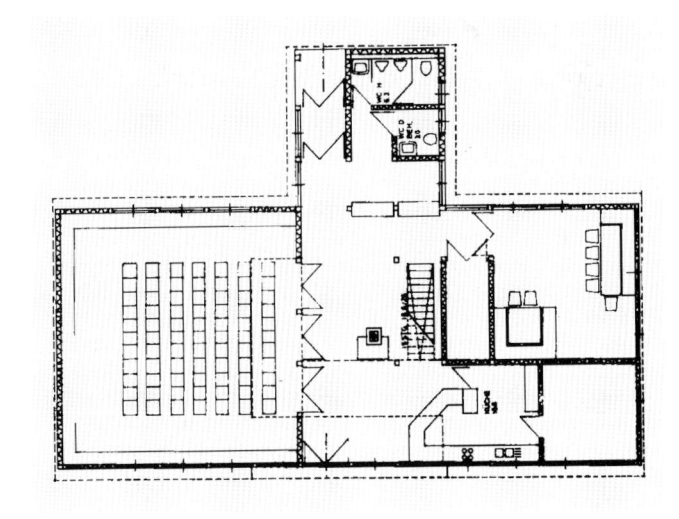

Evang.-Luth. Gemeindezentrum
Wendelsteinstraße 1
85579 Neubiberg
Grundsteinlegung: 2.7.1983
Weihe: 16.3.1985
Architekten: Helmut von Werz, Johann Christoph Ottow, Erhard Bachmann, Michel Marx

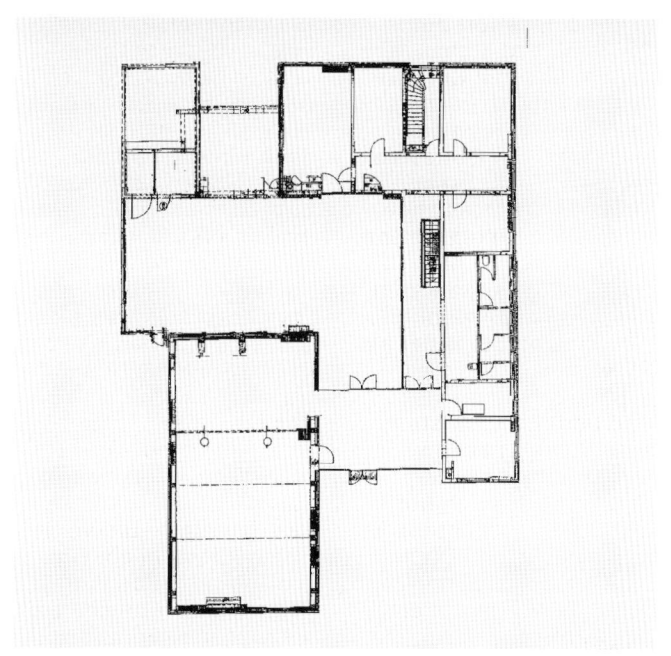

In einem beschränkten Wettbewerb erhielt die Planung von Werz, Ottow und Partnern den ersten Preis. Bei einem verhältnismäßig ungünstigen Grundstückszuschnitt, mit einer Straßenfrontlänge von nur ca. 31 m, lag eine nach innen orientierte Lösung nahe. Es entstand ein Gebäudekomplex in Form von zwei gegeneinandergestellten Winkeln, die einen Eingangshof umschließen, der Veranstaltungen im Freien ohne Störung der Nachbarn erlaubt. Da der tragfähige Boden wegen einer früheren Kiesgrube erst in einer Tiefe von ca. 7 m unter Terrain lag, mußten Pfahlgründungsmaßnahmen bis in etwa 10 m Tiefe durchgeführt werden.

Die nach außen fallenden gestuften, kupfergedeckten Pultdächer geben dem Bauwerk zusammen mit einer Sichtziegelaußenwand in der indifferenten Wohnhausumgebung ein signifikantes Erscheinungsbild. Über ein Foyer werden die auch getrennt funktionierenden Bereiche mit Gemeindesaal und Gemeinschaftsraum sowie Amtsräume und alle sonstigen Bereiche erschlossen. Der Haupteingang liegt an der Wendelsteinstraße. Die Hausmeisterwohnung und das Gastappartement haben getrennte Eingänge.

Der Kirchenraum mit den Maßen von ca. 9 x 12 m kann durch eine bewegliche Trennwand um einen Gemeinderaum erweitert werden. Zwei große Fenstertüren führen in den Hof. Ambo, Altar und Taufstätte sind nebeneinander ebenerdig aufgestellt. Ein Kruzifixus hebt die Altarwand hervor. Falls der Erwerb des westlichen Nachbargrundstückes möglich wird, ist ein weiterer Gebäudewinkel zur Vergrößerung des Hofes geplant. Ein von den Architekten gestaltetes Kreuz im Zugangsbereich setzt das Zeichen für das sakrale Gebäude. Das kirchliche Zentrum dient nicht nur als Stützpunkt der evangelisch-lutherischen Gemeinde von Neubiberg, sondern ebenso der Hochschulgemeinde der Bundeswehr.

Altar, Ambo, Kreuz an Außenwand: nach Entwurf der Architekten

Qu.: Architekten

Cantate-Kirche (evang.-luth.)
Martin-Luther-Straße 7
85551 Kirchheim (Pfarramt: Feldkirchen)
Grundsteinlegung: 6.5.1984
Weihe: 5.5.1985
Architekten: Franz Lichtblau und Ludwig J. N. Bauer

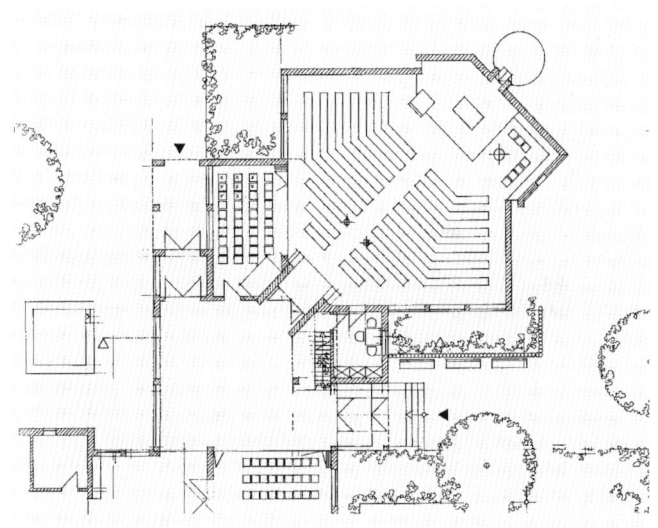

Kirchheim gehört zum Pfarramt Feldkirchen, einer der ältesten Gemeinden im Raum München. Seit 1971 wurden die evangelischen Gottesdienste in der katholischen Kirche St. Andreas abgehalten. Aus einem Wettbewerb, zu dem acht Architekten eingeladen waren, ging der Entwurf von F. Lichtblau und L. Bauer als Sieger hervor. Da die Gemeinde den Kirchenbau traditionell nach Osten ausgerichtet haben wollte, wurde der Baukörper der Kirche aus den übrigen Gebäudefluchten ausgeschwenkt. Am Drehpunkt, dem höchsten Punkt der Anlage, steht der 14 m hohe Turm, der, mit einem vergoldeten Bronzekreuz bekrönt, gleichsam das Portal zur Kirche bildet. Die sich einander zuneigenden Flächen des Holzdachstuhls mit diagonal verlaufender Kehle fallen zum Altar hin ab, während im hohen Eckteil die Empore eingezogen ist. Die umschließenden Wände geben in der diagonalen Raumachse ein schmales Farbglasfenster nach Osten frei. In dem um eine Stufe erhöhten Altarbereich entsprechen Altar, Kanzel und Taufstein, als schlichtes, gekalktes und geschlämmtes Mauerwerk mit massivem Eichenholzaufsatz ausgeführt, der Formensprache des Kirchenraumes. Das große, mit Blattsilber belegte Holzkreuz über dem Altar beherrscht den Raum. Das Altarfenster mit dem Thema Ostern sowie das Fenster neben der Taufe setzen den Altarraum vom Gemeinderaum ab. Ein umlaufendes Putzband zeigt sechs figürliche Darstellungen in Sgraffitotechnik. Fünf davon beziehen sich auf die von Pfarrer A. Hildmann gedichtete und von H. Lammel vertonte »Kirchheimer Cantate«. Das sechste Bild stellt das Lamm Gottes auf dem Buch mit den sieben Siegeln dar. Der Kirchenraum wird durch große Fenster erhellt. Er kann durch den rückwärtigen Gemeindesaal erweitert werden. Die Kirche ist in Massivbauweise ausgeführt, außen und innen weiß verputzt.

*Altar, Kanzel, Taufstein, Putzband, Hängekreuz, Fenster im Altarraum: Hubert Distler;
Ausführung der Fenster: Fa. Sattler, Scheuring
Altarkreuz, Leuchter: Karlheinz Hoffmann
Turmkreuz: Manfred Bergmeister*

Qu.: *Pfarramt, Architekt;*
Lit.: *Die Cantate-Kirche Kirchheim und die Evang.-Luth. Kirchengemeinde Feldkirchen, Feldkirchen 1985; Kirche u. Kunst 1988, H.1, S. 31-36*

Auferstehungskirche (evang.-luth.)
Allinger Straße 24a
82178 Puchheim
Richtfest mit Grundsteinlegung: 31.10.1984
Weihe: 21.7.1985
Architekten: Alexander Oppermann, Udo Graefe, Eberhard Hetzel

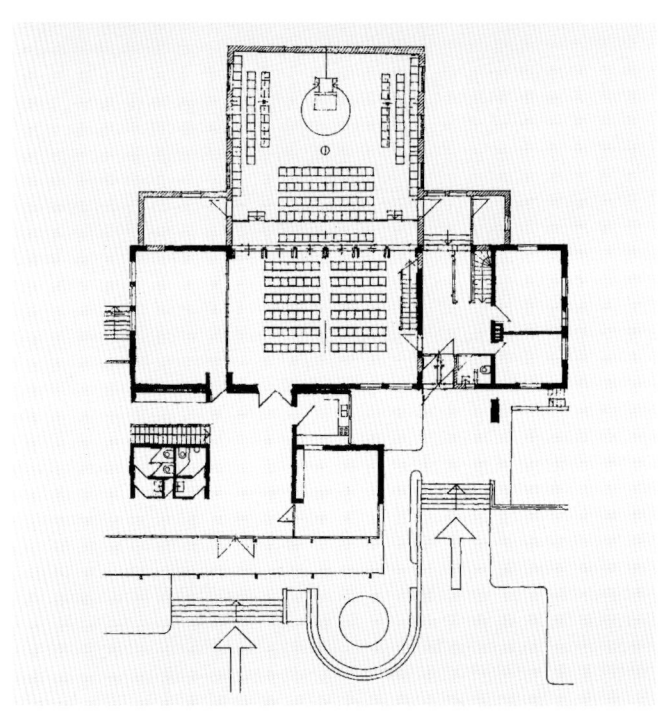

Seit Mai 1959 fanden evangelische Gottesdienste im Kellerraum des katholischen Pfarrhauses statt. Im Januar 1963 wurde ein Grundstück gekauft, 1964 das Gemeindehaus von Luit Hager errichtet, 1974-1976 kamen Kindergarten und Gemeinderäume von Reinhold Claus und 1978 das Pfarrhaus hinzu. An Gemeinderäume und Pfarrbüro anschließend entstand über einem quadratischen Grundriß von 12,5 m Seitenlänge der Kirchenraum. Die Anordnung von Altar und Orgel steht in der Tradition reformatorischer Sakralbauten, und die Schlichtheit des Raumes erinnert, wie auch die umlaufende Empore, an Hugenottenkirchen. Der zur Mitte hin vorgerückte und um eine Stufe erhöhte Altar und der dahinter aufragende Lebensbaum bilden das Zentrum des Kirchenraumes. Dieses wird auf drei Seiten von einer losen Bestuhlung umgeben. Die Deckenbemalung und die Glasfenster in den Farbtönen Beige, Ocker, Braun und Graublau geben zusammen mit dem roten Ziegelsteinboden dem Raum eine warme, kontemplative Atmosphäre. Dazu trägt auch die Verwendung von Holz bei den Prinzipalstücken, der Empore und dem Dach, dessen Konstruktion sichtbar ist, bei. Eine im First über dem Altar aufgesetzte Laterne und zahlreiche Fenster geben dem Raum viel Licht. Der zur Straße hin anschließende Gemeindesaal ist mit großen Fenstertüren zum Kirchenraum zu öffnen. Das Gebäude besteht aus Ziegelmauerwerk, außen und innen verputzt.

Ornamentale Deckenmalerei (Acryl), Glasfenster:
Hubert Distler
Altar, Kanzel, Taufe, Lebensbaum, Altarkreuz, Altarleuchte, Emporenbrüstung:
Karlheinz Hoffmann

Qu.: Architekt, Kirchenbauamt; Lit.: Auferstehungskirche Puchheim, Alling (1985)

Jesaja-Kirche (evang.-luth.)
Balanstraße 361
81549 München-Fasangarten
Grundsteinlegung: 14.10.1984
Weihe: 8.12.1985
Architekt: Theodor Henzler

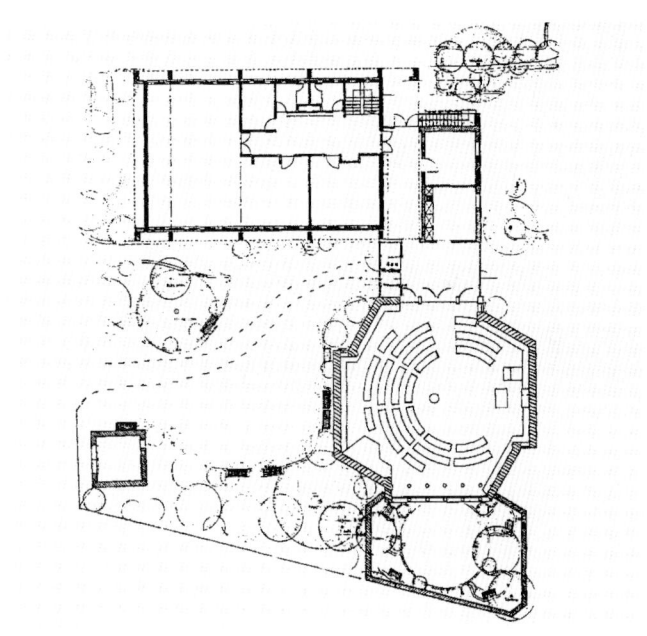

In dem ehemaligen Wald- und Wiesengebiet Fasangarten an der südlichen Stadtgrenze bildete sich die kleinste protestantische Gemeinde Münchens. Ihre Gottesdienste fanden seit 1961 in der Aula der Balanschule statt. 1962 schenkten die Geschwister Barbara und Maria Seemüller der Gemeinde das Grundstück, auf dem 1967/1968 das Gemeindehaus mit Gottesdienstraum errichtet wurde. 1971 entstand das Pfarrhaus aus Fertigteilen. Beim Architektenwettbewerb für den Kirchenbau fiel 1982 die Entscheidung für den Entwurf von Th. Henzler. Von der Straße führt der Weg am Turm vorbei zum Foyer von Kirche und Gemeindehaus. Der Kirchenraum hat den Grundriß eines unregelmäßigen Achtecks. Der verglasten Eingangswand gegenüber liegt der Meditationsgarten, den eine Glasschiebetür vom Kirchenraum trennt. Diese Anordnung ist ein immer wiederkehrendes Motiv bei den Kirchenbauten Th. Henzlers: »Wenn Fenster glasklar sind, bis zum Boden reichen und die Verbindung zu einem Meditationsgarten herstellen, ja, wenn sie wie eine Schiebewand weggeschoben werden können, so daß weder Glas noch Fensterrahmen die Verbindung zum Garten trennt, dann heißt das, daß man Gottes Lichteinfall direkt für unser Leben auf Erden erwartet.« Zu den Fenstern im Dachbereich sagte Henzler, sie »sollen spüren lassen, daß das Kirchendach zum Himmel nicht wie eine geschlossene Trennwand wirken soll. – In dieser Weise sprechen alle Formen, der Taufstein im Mittelpunkt der Kirche, das Mandala im Mittelpunkt der Sitzkreise, die Form von Altar und Kanzel, das Material des Bodens u.s.w.« Das Gebäude besteht aus unbehandeltem Holz und Glas, gebrannter Erde (Ton) und Kalk. Der Ausstattung des Kirchenraumes legte der Architekt den Gedanken zugrunde, »daß Jesus ein Obergewand getragen hat, das aus einem Stück gewebt war. Dieses Leitbild führte zu dem Entschluß, Altar, Kanzel und Taufstein aus massivem Naturmaterial ohne Verwendung von Leim und Metallverbindungsteilen und ohne filmbildende Oberflächen herzustellen.« Der Außenbau ist weiß verputzt und mit roten Ziegeln gedeckt.

Innenausstattung: nach Entwurf des Architekten

*Qu.: Pfarramt, Architekt;
Lit.: Unsere Jesaja-Kirche und die Evang.-Luth. Jesajagemeinde München-Fasangarten, München (1985); Kirche u. Kunst 1986, H.1, S. 11-15*

St. Ulrich (kath.)
Im Klosterfeld 14
85716 Unterschleißheim
Grundsteinlegung: 30.9.1984
Weihe: 13.7.1986
Architekt: Hans Maurer

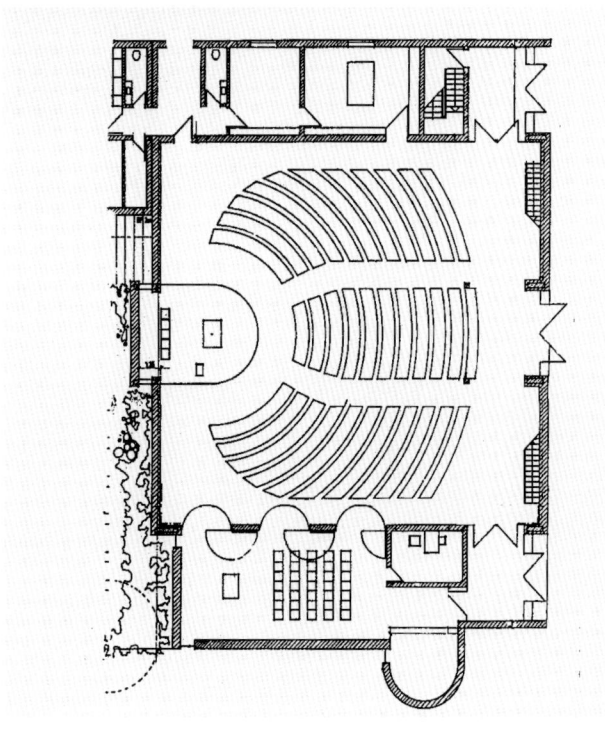

Die Bevölkerungzunahme nach dem Krieg erforderte die Teilung des Sprengels und damit auch den Bau einer neuen Kirche. Seit Weihnachten 1973 diente eine Holzkirche als Provisorium, bis das neue Kirchenzentrum entstand. Auf dem handtuchartigen Grundstück sind die einzelnen Häuser so konzipiert, daß die Kirche den Mittelpunkt bildet. Durch die gestaffelte Anordnung von Pfarrhaus, Kindergarten, Sozialzentrum, Hausmeisterwohnung, Pfarr- und Jugendzentrum entstand unter dem abgeschleppten, großen Kirchendach ein Gebäudekomplex, der sich zum Kirchplatz Im Klosterfeld öffnet. Kirchplatz und Gebäude liegen ca. 80 cm höher als die sie umschließenden Straßen. Sie sind damit von der Umgebung abgehoben. Der alle Bauten überragende Kirchenraum hat einen annähernd quadratischen Grundriß von 20 x 21,5 m. Das von Ost nach West verlaufende Satteldach ist dreifach gestuft und erreicht seine größte Höhe über dem Altarbereich. Durch die Stufung entstehen Lichtbänder, die die Lichtführung zum Altar steigern. Altarinsel und Priestersitz sind um je eine Stufe erhöht. Im Innenraum zieht das Bronzerelief an der Stirnwand über dem Altar alle Aufmerksamkeit auf sich. Auf der Südseite liegt unter dem abgeschleppten Dach in der Verlängerung der Werktagskapelle der halbkreisförmige Taufraum.

Das Mauerwerk der Kirche ist zweischalig, mit inneren Sichtziegelwänden, die Dachkonstruktion ist in Holz ausgeführt. Die Holzleimbinder sind geteilt und haben eine Stahlunterspannung im Knickbereich. Der Fußboden in Ziegelornament entspricht den Ziegelwänden, die innen durch Rollschichten gegliedert werden. Das Dach ist in Kupferblech so eingedeckt, daß die Stehfälze in die Glassprossen der Oberlichte übergehen. Der Turm, eine Stahlbetonkonstruktion, ist im oberen Bereich mit Holzlamellen ausgefacht und mit Blei gedeckt, um das Geläute zu dämpfen.

Altar, Tabernakel, Taufe, Leuchter: Blasius Gerg
Altarwand:
Josef Hamberger

Qu.: Pfarramt; Lit.: architektur + wettbewerb 115/ 1983, S. 51 f.; Weihe der Kirche St. Ulrich Unterschleißheim, 13.7.1986, München (1986)

Jubilate (evang.-luth.)
Waldperlacher Straße 48
81739 München-Waldperlach
Grundsteinlegung: 27.4.1986
Weihe: 7.12.1986
Architekten: Theo Steinhauser mit Susanne Haarth

1967 erhielt Waldperlach das erste Montagegemeindehaus neben dem 1918 errichteten Wasserturm, der 1980 zu einem ansehnlichen Glockenturm umgebaut wurde. Mit dem neuen Kirchenbau wurde aus der Notkirche das Gemeindehaus. Der Neubau ist in Holzfertigteilbauweise nach einem vom Technischen Referat der Evangelischen Landeskirche entwickelten System erstellt. Er besteht aus Holzstützen mit äußerer Holzverschalung, Wärmedämmung und innerer Rigipsplattenverkleidung zwischen den Stützen. Die Holzstützen in einem Raster von 187,5 cm bleiben innen und außen sichtbar. Der Kirchengrundriß zeigt ein Kreuz. Über allen vier Armen liegen Satteldächer mit innerer Holzverschalung, wobei die Querarme ein durchgehendes Dach mit Oberlicht haben, an das die niedrigeren Dächer über den Längsarmen anschließen. Der querrechteckige Kirchenraum mit den Maße von 20,90 x 9,37 m hat eine halbkreisförmige Taufapsis an der Ostseite. Im Zentrum des Kirchenraumes befindet sich der Altar auf einer kreisrunden Insel mit dem davor aufgestellten räumlichen Kreuz. In der Eingangsachse sind Kreuz, Altar, Kanzel und Taufstein hintereinander aufgereiht. Eine mit Kreuzmotiven gestaltete Gittertüre schließt den Vorraum gegen den Gottesdienstraum ab. Seitliche Treppen führen zu den Emporen, von denen die nördliche die Orgel aufnimmt. Neben dem Oberlicht über dem Altar geben die Farbglasfenster, die an allen Ecken des Raumes eingestellt sind, sowie das Giebelfenster über der Südempore diesem Sakralraum warmes Licht.

*Altar, Altarleuchter, Ambo, Taufe, Osterleuchter, Standkreuz: Karlheinz Hoffmann
Glasfenster: Siegfried Ehrenfeld*

Qu.: Pfarramt, Architekt; Lit.: Jubilate Deo. Festschrift zur Einweihung der neuen Jubilatekirche München-Waldperlach am 7.12.1986, Neubiberg (1986)

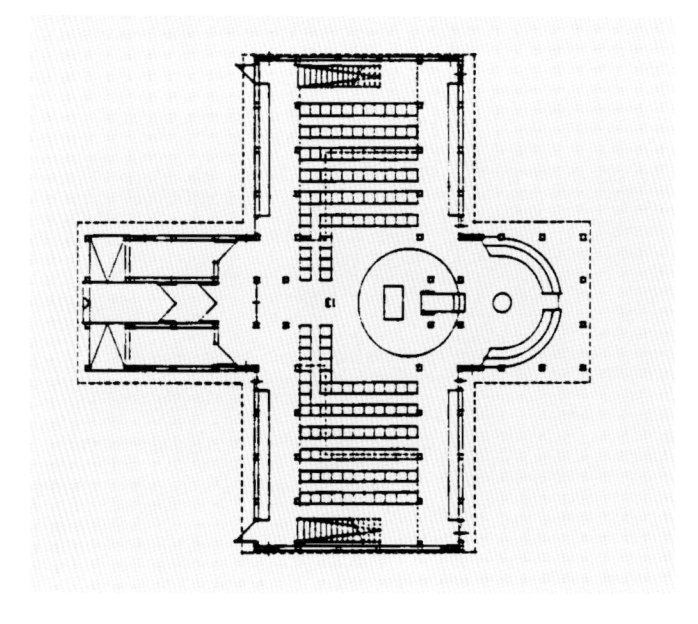

St. Rita (kath.)
Daphnestraße 27
81925 München-Bogenhausen
Grundsteinlegung: 18.11.1984
Weihe: 11.10.1987
Architekten: Adolf und Helga Schnierle

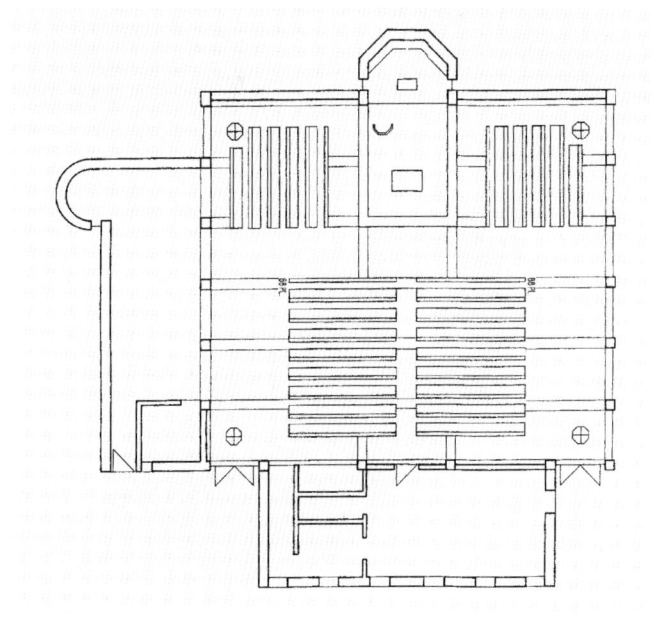

1968 wurden in der Arabellastraße eine Notkirche und 1976 ein provisorisches Gemeindehaus, beide aus Holzfertigteilen, errichtet. 1984 bis 1987 entstand das Pfarrzentrum. Die Architekten planten in Anlehnung an die im Norden und Westen kleinteilige Wohnbebauung eine ebenfalls gegliederte Gebäudegruppe, die allseitig einen eigenständigen, zentralen Begegnungshof umschließt. Den Hof umgeben die Kirche mit einem hohen Kirchturm, Pfarrheim mit Pfarrsaal, Jugend- und Altenräume, die Sozialstation für das Dekanat, kirchliche Wohngebäude und der Kindergarten. Über rechteckigem Grundriß mit stark eingezogener Apsis erhebt sich der Innenraum der Kirche, der von einem Satteldach mit seitlichen Gaupen überspannt ist. Rechteckige Öffnungen mit aufgesetzten Rundbögen gliedern die Seitenwände. Sie sind auf der Ostseite als Fenster gestaltet, auf der Westseite neben dem Altarfenster als offene Durchgänge zur Sakramentskapelle. Diese ist als langrechteckiger Bau mit runder Taufstätte dem Kirchenraum angefügt. Auf der Südseite sind zwischen den Eingängen unter der Empore die Sakristeien untergebracht. Das Zentrum des Kirchenraumes bildet die Apsis mit dem großen Kruzifix. Die um zwei Stufen erhöhte Altarinsel ist weit in den Raum vorgezogen und wird auf drei Seiten von Bankblöcken umgeben. Die Steinstele mit Tabernakel ist eingebunden in das Mauerwerk der Altarwand. Der Tabernakel besteht aus einem vergoldeten Gehäuse, besetzt mit zwölf Bergkristallen. Dem Altar, als Kubus über einem achteckigen Grundriß gestaltet, sind fünf Kreuze zur Erinnerung an die fünf Wundmale Christi eingemeißelt. Der Taufbrunnen, ein achteckiger Quader aus Glas, ist Sinnbild für das neue Leben nach der Taufe.
Die Gebäude bestehen aus 49 cm starkem, außen und innen rauhverputztem Ziegelmauerwerk und verputztem Stahlbeton. Die brettverleimten Holz-

pfetten des Dachstuhls sind in Giebelrichtung als Holzzangenkonstruktion mit Stahlseilunterspannung ausgeführt. Fußboden und Altarinsel sind in sägerauhem Granit ausgeführt, unterteilt durch Friese in Ziegelriemchen.

Altäre, Ambo, Sedilien, Tabernakel, Taufbecken (Stein und Acrylglas), Hochkreuz, Apostelleuchter, Weihwasserstein: Wilhelm Breitsameter Brunnen im Innenhof: nach Entwurf der Architekten

Qu.: Pfarramt, Architekten; Lit.: Festschrift zur Weihe der Kirche St. Rita München 11. Oktober 1987, München (1987); Das Münster 45. 1992, H. 4, S. 312

St. Christophorus (kath.)
Saarlandstraße 10
85630 Neukeferloh (Pfarramt: Vaterstetten)
Grundsteinlegung: 5.10.1986
Weihe: 29.11.1987
Architekten: Helmut Gebhard und Günter Wagmann

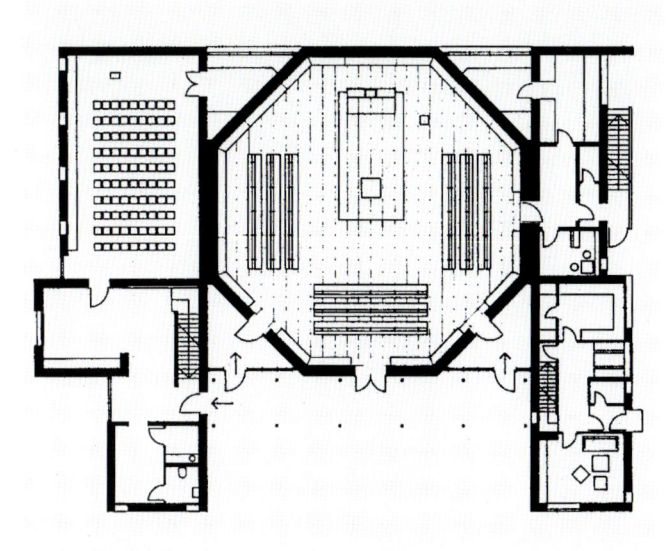

1969 wurde eine Behelfskirche errichtet, in der auch die evangelische Petrigemeinde mehrere Jahre zu Gast war. Das 1986/1987 neu erbaute Pfarrzentrum öffnet sich nach Süden. Zwischen den beiden Flügelbauten mit einer überdachten Vorhalle liegen die Zugänge zur Kirche. Der seitlich angefügte Turm wirkt als Wahrzeichen der Kirche über die Grünanlage hinaus in die umgebende Wohnbebauung. Das Zentrum der Anlage bildet der achteckige Kirchenraum mit dem Altar unter der Lichtkuppel. Der aus einem Block hellen Jurakalks gehauene, quadratische Altartisch steht auf einem weit in die Mitte des Raumes vorgezogenen Podest, auf dem auch Ambo und Sedilien angeordnet sind. Der aus Bronze gegossene Tabernakel ist seitlich davon aufgestellt. Das Altarbild mit dem Lamm Gottes gibt dem Kichenraum einen farbigen Akzent. Die Kirchenbänke umschließen auf drei Seiten den Altar.
Die weiß geschlämmten Ziegelmauerwände und der helle Juramarmorboden verleihen dem Innenraum, zusammen mit den bronzefarbenen Geräten, den hölzernen Kirchen-

bänken und den Naturholzportalen, einen festlichen, von Naturfarben geprägten Charakter. »Das Dachtragwerk besteht aus einer Konstruktion, deren Zugstäbe die Achteckbinder nach unten verankern und zum mittigen Oberlicht hin eine große Leichtigkeit erreichen« (Festschrift). Zur Verbesserung der Akustik sind in den Seitenwänden schmale, senkrechte Öffnungen unterhalb des Kranzgesimses eingefügt. Die beiden seitlichen Flügelbauten nehmen den Pfarrsaal und die Jugendräume sowie auf der Gartenseite die Sakristei und die Hausmeisterwohnung auf.

Altar, Tabernakel, Ambo, Sedilien: Blasius Gerg
Altarbild: Ernst Strom

Qu.: Pfarramt; Lit.: Festschrift zur Weihe von Kirche und Zentrum Sankt Christophorus, Neukeferloh 29.11.1987, Neukeferloh (1987)

Patrona Bavariae im Priorat St. Pius X. (kath.)
Johann-Clanze-Straße 100
81369 München-Mittersendling
Grundsteinlegung: 6.7.1987
Weihe: 20.12.1987
Architekten: Heinz Klessinger mit Helmut Klessinger

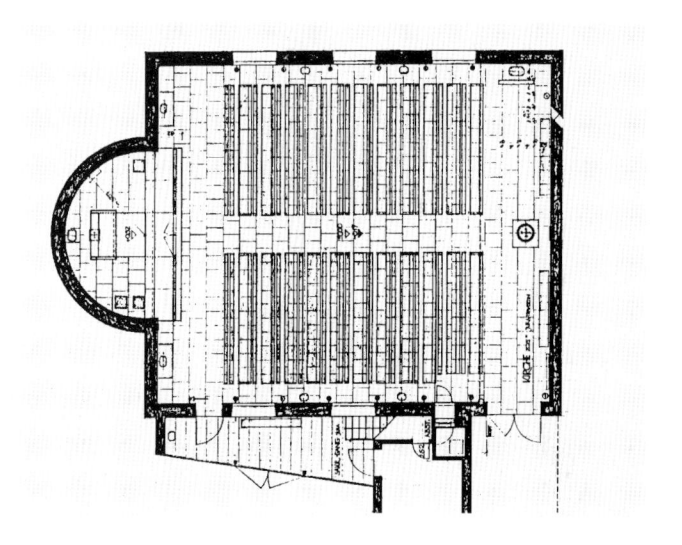

Zum Priorat gehören neben der Kirche ein Saal, Jugendräume, das Amt und Wohnungen. Mit dem Umbau und Teilabbruch eines Betriebsgebäudes bis zur Kellerdecke entstand der Neubau der Kirche mit 250 Sitzplätzen, mit einer Empore für Schola und Orgel über dem Kellergrundriß und einer Apsiserweiterung über der bestehenden Tiefgarage. Während der Bauzeit diente der Keller als Notkirche. Von der Straße erfolgt der Zugang über einen Vorplatz mit Brunnen zum Kirchenraum über rechteckigem Grundriß (12,39 x 15 m). Der Altarbereich liegt um vier Stufen erhöht. Die neogotische Ausstattung aus Belgien kam 1992 in den Raum. Der moderne Taufstein steht in der Hauptachse, dem Altar gegenüber. Die Kirchenwände sind zweischalig, innen Sichtmauerwerk leicht transparent gekalkt, außen weiß verputzt. Die Halbkuppel über der Apsis ist ohne Schalung frei gemauert. Das Satteldach wurde ohne Stützen und Binder, um Höhe und Volumen des Raumes nicht zu beeinträchtigen, als Faltwerk, aufgelöst in zwei schrägliegende Fachwerkträger, gestaltet. Eigentümer und Baumaßnahmenträger: Vereinigung St. Pius X. e. V.

Giebelkreuz, Kommunionbank, Taufstein, Brunnen:
Blasius Gerg
Kreuzigungsgruppe:
Nikolaus Dierig,
Überlingen

Qu.: Architekten

Mariae Heimsuchung (kath.)
Ludwigstraße 14
86919 Utting a. Ammersee
Grundsteinlegung: 28.5.1987
Weihe: 25.9.1988
Architekten: Leonhard Riemerschmid mit Peter Edenhofer und Thomas Riemerschmid, Panayotis Victoratos

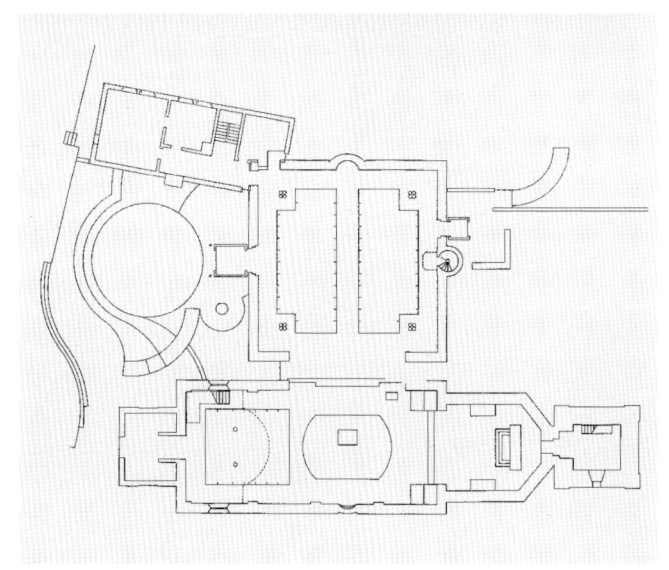

Für die wachsende katholische Gemeinde in Utting wurde die spätbarocke Kirche zu klein, aber die Gemeinde wünschte deren Erhaltung; so brachte der Wettbewerb 1981, den L. Riemerschmid gewann, folgende Lösung: Um den vorhandenen Kirchenbau nicht zu entwerten, wurde ein eigenständiger Erweiterungsbau mit Sakristeitrakt auf der Nordseite dem alten Langhaus angefügt und durch einen schmalen Glaszwischenbau mit diesem verbunden. Das ehemalige Langhaus mit seiner alten Ausstattung dient nun als Altarbereich für den großen Gemeinderaum. Dieser hat einen quadratischen Grundriß.

Das Dach ruht auf vier Pfeilerbündeln. Da der Baugrund umfangreiche Bohrpfahlgründungen nötig machte, konnte eine Reduzierung der Lasten auf die Umfassungsmauer erreicht werden.

Der moderne Stahlbau ermöglichte es, großdimensionierte Rohre auch gekrümmt zu verwenden, so ergab sich eine besondere Freiheit zur Gestaltung des Sakralraumes. Verbindungs- und Übergangsteile der Konstruktion, gedreht aus massiven Stükken, wurden im Wechselspiel zur alten Kirche zu Architekturelementen geformt. Die leichte, filigrane Stahlträgerkonstruktion der Kuppelschale verbindet neues und altes Kirchenschiff zu einer Raumeinheit, indem sie auf spätbarocke Elemente des Korbbogengewölbes und der Stichkappen Bezug nimmt. Mit dem baldachinartig auf freistehende Pfeiler gesetzten Kuppelgewölbe und der lichtführenden Umfassungsmauer wurde eine Erweiterung geschaffen, die die Architektur der alten Kirche nicht zerstört, sondern ergänzt. Diese Umfassungsmauern bestehen aus innen und außen verputztem Ziegelmauerwerk. Altar, Ambo und Weihwasserbecken sind aus Muschelkalk, der Tabernakel ist aus Messing.

Die Gebäude sind so zueinander gestellt, daß auf der Westseite ein Vorhof entsteht, an dem alle Eingänge liegen.

Altar, Ambo, Tabernakel, Weihwasserbecken:
Reinhold A. Grübl

Qu.: Architekt; Lit.: Detail H. 4, 1989, S. 352-355

Evangelisches Gemeindezentrum
Lauscherwörth Straße 1
82275 Emmering (Pfarramt: Fürstenfeldbruck)
Grundsteinlegung: 19.7.1987
Weihe: 27.11.1988
Architekten: Hubert Caspari mit Michael Caspari, Kurt Seidel, Martin Maurer

In der Aulandschaft am Ortsrand von Emmering entstand ein Gemeindezentrum in zwei Bauabschnitten. Städtebaulich ist dieses Gebiet durch vereinzelte Ein- und Mehrfamilienhäuser und durch eine Mehrzweckhalle mit Bürgerhaus bestimmt. Zwischen diesen als unmittelbaren Nachbarn und dem Gemeindezentrum sollte ein öffentlicher Raum geschaffen werden. Im 1. Bauabschnitt wurde über einer Grundfläche von 15 x 22 m das Gemeindehaus errichtet. In der Nordostecke ragt der Glockenturm aus dem Baukörper heraus. Als Verbindung dient eine über eine einläufige Treppe erreichbare Terrasse, unter der sich die Sakristei befindet. Über den Eingang an der Nordseite gelangt man in das Foyer, das Kirchenraum, Gemeinderaum, Küche und Sanitärräume erschließt. Durch den Einbau mobiler Trennwände kann der Gottesdienstraum im Bedarfsfall um das Foyer und den Gemeinderaum erweitert werden. Im Kirchenraum neigt sich das Pultdach zum Altar hin. Der um eine Stufe erhöhte Altarbereich in der Grundform eines Dreiecks durchbricht die Außenfront. Ein Lichtspalt öffnet die schmale Wand und den Teil des Daches über dem Altarbereich. Die seitlich des Altarbereichs angeordneten Fenster geben dem Raum viel Licht. Im 2. Bauabschnitt wurde das Pfarrhaus mit Garage errichtet. Der zwischen Gemeindehaus und Pfarrhaus entstandene ebenerdige Raum ist mit einem Flachdach überdeckt. Er dient gleichzeitig als Bindeglied zwischen den beiden Bauten sowie als Zugang für das im Pfarrhaus befindliche Pfarramt. Beide Bauteile bestehen aus einer Betonkonstruktion mit Mauerwerk. Die beiden gegeneinander gerichteten Pultdächer sind als Holzdächer mit Kupferdeckung ausgeführt. Um die 9 m Spannweite des Kirchenraumes zu bedecken, wurde ein Stahlrahmen als sichtbare Subkonstruktion für die darüberliegenden Dreieckstrebenbinder gewählt. Das Mauerwerk ist außen und innen weiß verputzt.

Altar, Lesepult, Taufstein: nach Entwurf des Architekten H. Caspari

Qu.: Architekt

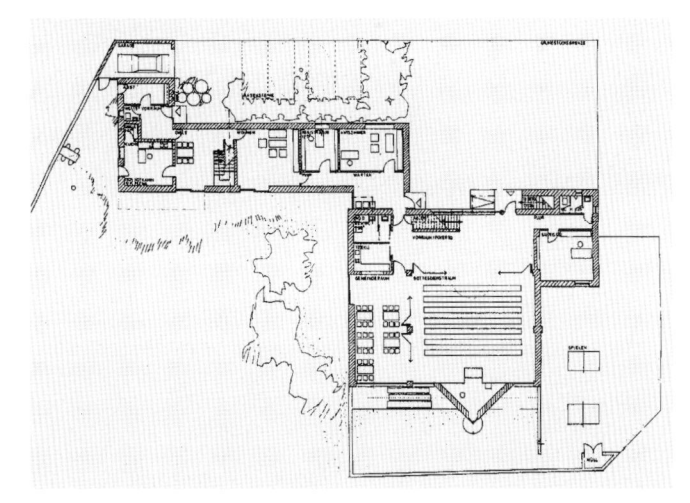

Maria-Magdalena-Haus (evang.-luth.)
Ettenhofener Straße 16
82234 Oberpfaffenhofen (Pfarramt: Gilching)
Baubeginn: Ende 1970
Weihe: 24.9.1989
Architekten: Eberhard Hetzel und Heinz Drees

Ein Montagegemeindehaus von Fritz Barth aus Fellbach, das am 14. März 1971 eingeweiht wurde, diente in Oberpfaffenhofen als kirchliches Mehrzweckgebäude, unter anderem auch für die evangelischen Gottesdienste. Als 1987 der Kindergarten in ein eigenes Gebäude umzog, wurden eine gründliche Renovierung mit Reparaturen sowie kleinere Umbauten notwendig. Ein Abriß für einen langlebigen Neubau erschien zunächst wirtschaftlich sinnvoller. Da aber die evangelisch-lutherische Landeskirche über viele Behelfskirchen ähnlichen Typus und ähnlichen Alters verfügte, wurde eine Weiterverwendung des Gebäudes für nochmals 15 bis 20 Jahre gewünscht. Die Landeskirche unterstützte das Vorhaben in Oberpfaffenhofen als ein besonders förderungswürdiges Pilotprojekt. So erhielt der bestehende Bau eine neue Raumaufteilung und einige Veränderungen. In dem rechteckigen, ebenerdigen Gebäude von ca. 19 x 10 m sind von der Diele aus ein Gruppenraum mit Nebenräumen, die Teeküche und der große Saal zu erreichen, der für die Gottesdienste ausgestattet ist. Eine kleine Sakristei wurde eingebaut und ein Anbau mit Stuhllager im Osten angefügt. Der Gottesdienstraum wird beherrscht von dem großen Wandbehang in Applikationstechnik hinter dem Altar. Seitliche Fensterreihen geben dem Saal viel Licht. Der Parkettfußboden und die mit Lasurfarben bemalte Holzdecke stehen in Kontrast zu den weißen Wänden. Die Prinzipalstücke sind aus Holz.

Ornamentale Deckenfarbfassung, Altar, Taufbecken, Lesepult, Wandteppich: Hubert Distler

Qu.: Architekten

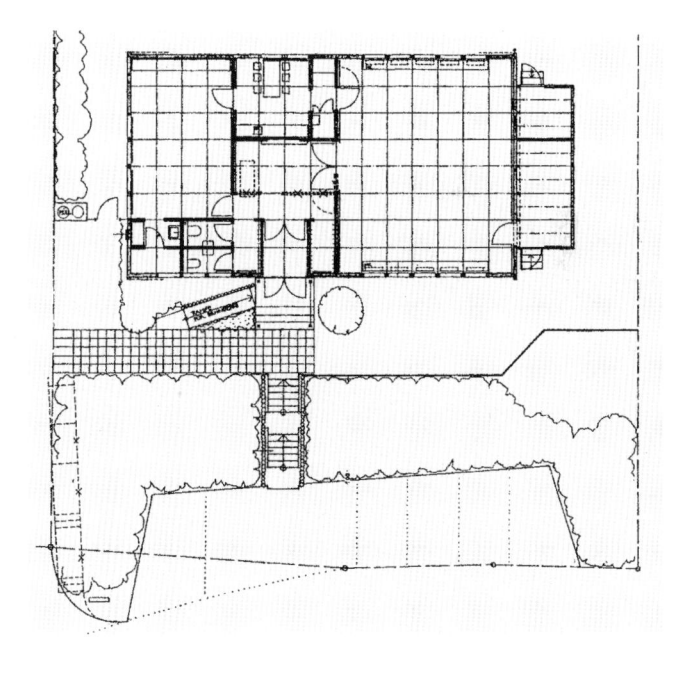

Magdalenenkirche (evang.-luth.)
Ohlauer Straße 14
80997 München-Moosach
Grundsteinlegung: 16.9.1988
Weihe: 22.10.1989
Architekten: Wilfried Claus und Günter Forster mit Dagmar Rother und Roland Schuster

Aus einem Wettbewerb 1982/1983 ging die Planung von W. Claus und G. Forster hervor. Der evangelische Gemeindestützpunkt entstand an dem Schnittpunkt zweier Grünflächen, die im rechten Winkel aufeinandertreffen. Über ein Foyer sind die einzelnen Räume erschlossen. Für den Kirchenraum wurde eine quadratische Grundform gewählt »mit einer archaisch einfachen Dachform, als ›Schirm‹ ausgebildet« (Zitate aus Baumeister). »Die Dachkonstruktion wird von freistehenden Holzstützen getragen, die nur durch Stahlbänder mit den Wänden verbunden sind; auf diese Weise kann das feingliedrige Oberlichtband durchlaufen, was die Schirmwirkung des Daches betont.« Die Wände sind aus Ziegelmauerwerk, das aus akustischen Gründen teilweise mit offenen Fugen versehen wurde. Die Fassaden bestehen aus weiß gestrichenem Putz und Holz. Die Materialien sollen verschiedene Nutzungen kennzeichnen: »Die Holzschalung an Nord- und Ostseite sowie der Orgelnische, die vorbildlich an einen verputzten Mauervorsprung anschließt, soll auf Nebennutzungen hinweisen«. Der Kirchenraum ist in der Diagonalen ausgerichtet. Über Eck gestellte Fenster betonen den Altarbereich. Hier sind Lesepult, Altar und Taufstein nebeneinander sowie ein großes Kreuz angeordnet. 1993 wurde das Fenster hinter dem Altar durch ein farbiges Glasfenster ersetzt, das die Begegnung Maria Magdalenas mit dem auferstandenen Christus zeigt. Bei Bedarf kann der Kirchenraum um einen Gemeinderaum erweitert werden.

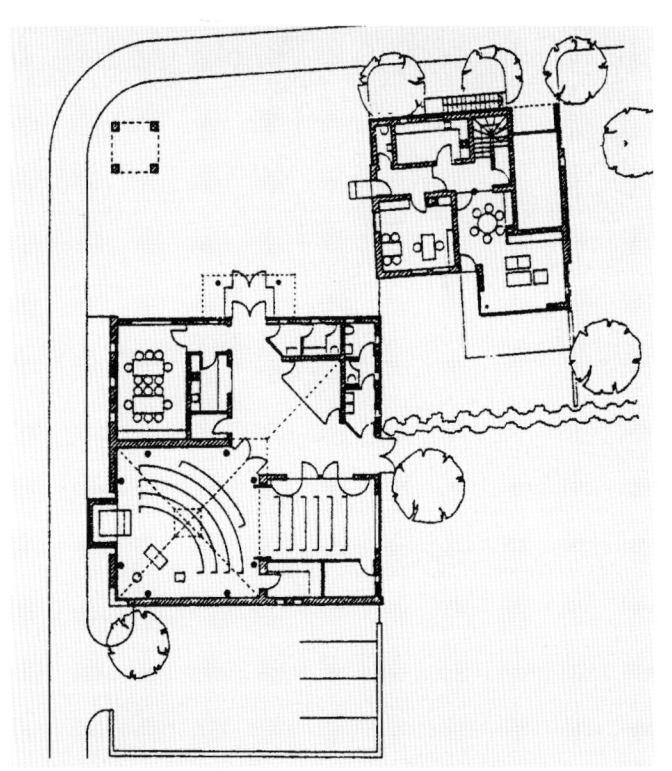

Farbglasfenster:
José Rincón Mora;
Ausführung:
Gustav van Treeck
Altar, Lesepult, Taufstätte:
nach Entwurf der Architekten

Qu.: Pfarramt, Architekt;
Lit.: Baumeister 1990, H.9, S. 56-59

Christophoruskirche (evang.-luth.)
Lindenstraße 13
85604 Zorneding (Pfarramt: Baldham)
Grundsteinlegung: 6.11.1988
Weihe: 10.12.1989
Architekten: Klaus G. Kastner und Helmut Scheidel

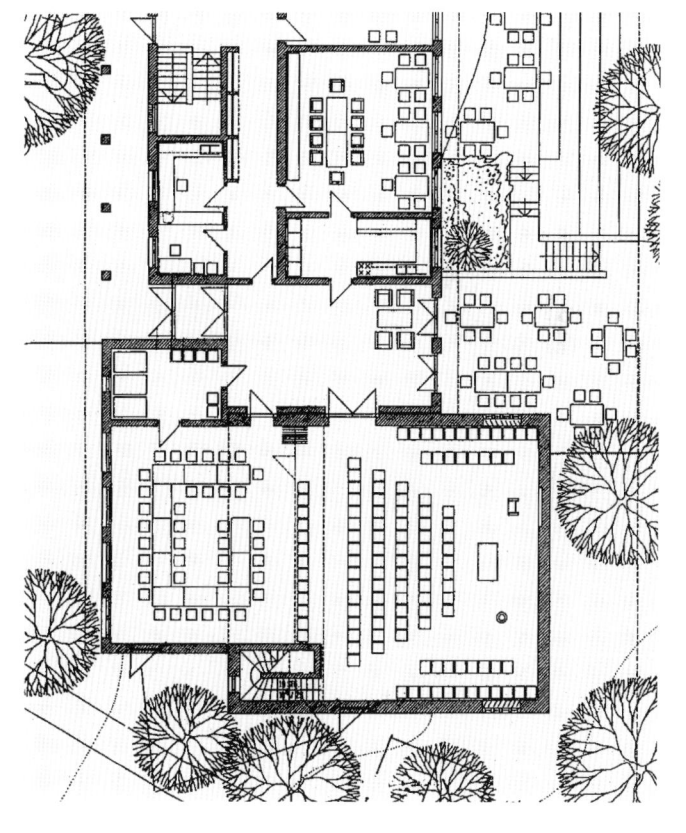

Seit 1968 diente den Protestanten in Zorneding für den Gottesdienst ein Montagebau, die Christophoruskapelle in Pöring. 1988 wurde diese abgetragen und von der politischen Gemeinde transloziert. Aus einem Wettbewerb heraus entstand der Gemeindestützpunkt Daxenberg. Da keine ortsplanerischen Bindungen vorlagen, wurde das geforderte Raumprogramm in zwei einander gegenüberliegende Gebäude mit unterschiedlicher Höhenentwicklung aufgeteilt. Zusammen mit dem Glockenturm bilden sie eine in sich geschlossene Anlage mit einem öffentlichen Zwischenbereich, der die Lindenstraße und den Park miteinander verbindet. Gegenläufige Pultdächer fassen den Innenbereich, an dem sämtliche Eingänge liegen, mit hohen Schildmauern baulich ein. Über die Terrasse und das Foyer ist der Kirchenraum zu erreichen. Er hat einen quadratischen Grundriß und kann durch eine Schiebewand um den Gemeinderaum erweitert werden, über dem sich die Empore befindet. Zwei seitliche Farbglasfenster erhellen den Altarbereich. Die aus Holz gefertigten Prinzipalstücke sind nebeneinander aufgestellt. Das vorhandene Grundstücksgefälle wurde genutzt, um die Jugendräume im Untergeschoß unterzubringen.

Kreuz, Farbglasfenster: Joachim Schuster

Qu.: Pfarramt; Lit.: Christophoruskirche Zorneding. Festschrift zur Einweihung 10.12.1989, o. O. (1989)

St. Nikolaus (kath.)
Bahnhofstraße 4
82211 Herrsching
Grundsteinlegung: 16.9.1988
Weihe: 17.6.1990
Architekten: Leonhard Riemerschmid mit Peter Edenhofer, Thomas Riemerschmid und Stefan Holzfurtner

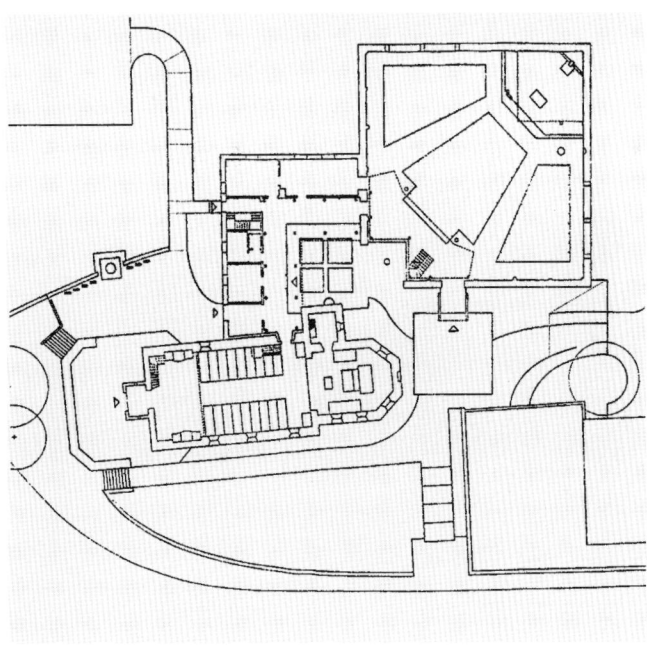

Bereits 1926/1927 wurde die 1216 erstmals erwähnte Pfarrkirche St. Nikolaus durch ein Oktogon von Max Rehm im Westen erweitert. Dieses wurde 1989 mit der Errichtung des Neubaues wieder abgerissen. 1976 waren Pfarrzentrum und Kindergarten im Mitterweg bezugsfertig. Beim Wettbewerb 1983 für einen Kirchenneubau gab es keinen ersten Preisträger; vier Entwürfe wurden zur weiteren Überarbeitung ausgewählt und letztlich L. Riemerschmid mit der Ausführung beauftragt. Hinter der Apsis der alten Pfarrkirche wurde der Neubau so angeordnet, daß ein über Eck geführter Verbindungsgang, an dem die Sakristeiräume liegen, beide Bauten miteinander verbindet und gleichzeitig ein kleiner Hof entstand. Am Fuße des Turmes, der den Mittelpunkt zwischen altem und neuen Bau bildet, ist ein Nikolausbrunnen errichtet. Der Innenraum des neuen Kirchenschiffes erhebt sich über einem quadratischen Grundriß von 24 m Seitenlänge, genau der doppelten Breite des alten Kirchenschiffes. Der Raum wird über Eck erschlossen. Dadurch entsteht eine diagonale Raumachse, die vom Altar zur Glaswand dem Turm gegenüber ansteigt. An dieser Achse sind der Altarraum, die strahlenförmige Anordnung der Dachbinder, das Gestühl und die Empore angeordnet. Der Kirchenraum wird durch die auf vier Masten ruhende Dachkonstruktion, die sich über der Empore in ein fächerförmiges Tragwerk auflöst und sich über dem Altarraum mit einem gläsernen Dach zum Himmel öffnet, überspannt. Die Wände des Altarraumes sind ausgefüllt mit einem Fresko, das den Regenbogen als Zeichen des Bundes zwischen Gott und den Menschen versinnbildlicht. In diese Malerei einbezogen ist der skulpturale Tabernakel. Altar, Ambo und ebenso der Fußboden sowie die Kreuzwegstationen sind aus Jura Rahmweiß hergestellt. Das Gebäude ist eine Stahlbetonkonstruktion mit vorgesetztem und hinterlüftetem Ziegelmauerwerk, außen und innen verputzt. Die Dachkonstruktion ist ein abgestrebtes Holztragwerk, brettschichtverleimt und außen mit Blech eingedeckt.

Altar, Ambo, Tabernakel, Kerzenleuchter, Standkreuz:
Blasius Gerg
Fresko, Glasfenster:
Georg Bernhard

Qu.: Pfarramt, Architekt;
Lit.: Pfarrkirche
St. Nikolaus Herrsching,
St. Ottilien (1990)

St. Katharina von Siena (kath.)
Pferggasse 2a
80939 München-Freimann
Grundsteinlegung: 3.12.1989
Weihe: 23.6.1991
Architekten: Hans Maurer + Partner

An der Nahtstelle zwischen der Grusonsiedlung und der neuen Gartenstadt Heidemannstraße liegt das Kirchenzentrum St. Katharina von Siena. Um das 1973 von Michael Auer und Karl-Georg Stork errichtete zweigeschossige Pfarrheim wurde der Gebäudekomplex so angelegt, daß er von der Heidemannstraße im Süden und von der Grünanlage im Nordosten den städtebaulichen Blickpunkt bildet. Wie ein Bug schiebt sich das Kirchenschiff mit dem Turm zur Straße. Die einzelnen Gebäudeteile sind durch Dachflächen und Gänge mit der Kirche verbunden. Der Kirchenraum von ca. 20 x 20 m wird mittig von einem Stahlrasterträger, an dem das ganze Dach aufgehängt ist, überspannt. Dieser von West nach Ost verlaufende und bis ca. 20 m ansteigende Träger bestimmt den Charakter des Kirchenraumes. Durch das Ansteigen des Trägers nimmt die beidseitige Laternenverglasung und damit die Lichtfülle im Altarbereich zu. Die Bedeutung dieses Raumes wird durch das Ziegelornament und das Kreuz in der Rosette an der zwischen zwei Farbglasschlitzen eingespannten Altarwand verstärkt. Auch die übrigen Ziegelwände sind mit einer Bänderung versehen und sollen in der Farbe der Ziegel und dem Streifenornament an Bauten in Siena erinnern. Die Altarinsel ist in der Breite der Altarrückwand um zwei Stufen erhöht in den Raum hineingeführt. Die Werktagskapelle im Südosten des Raumes beherbergt in einer Dreiecksapside zwischen zwei Farbglasfenstern den Tabernakel. In ähnlicher Weise ist der Taufbereich an der nordwestlichen Ecke gestaltet. Das Kirchenschiff steigt zur hohen Wohnanlage an und überragt diese weit mit dem Turm. Die Gebäude haben außen verputztes Mauerwerk, die Dachdeckung ist in Titanzinkblech ausgeführt, Umgänge und Dachüberstände haben sichtbare Holzkonstruktion. Die charakteristischen Schallamellen am Turm sind so gestaltet, daß der durch die holzverkleidete Glockenstube gedämpfte Ton horizontal in die Ferne getragen wird.

Glasfenster:
Heidi Bayer-Wech;
Ausführung:
Fa. Max Pauliel
Altäre, Tabernakel, Taufstein, Kreuze, Sedilien: Wilhelm Breitsameter

Qu.: Architekt; Lit.: Diskussion S. 26 f. (Pfarrheim); Weihe der Kirche St. Katharina von Siena am 23. Juni 1991, Gräfelfing 1991; Das Münster 45. 1992, H. 4, S. 312

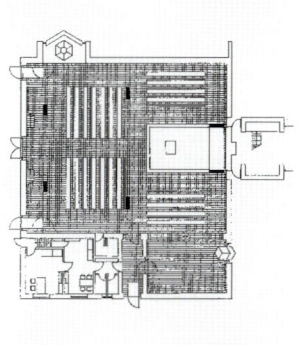

St. Peter (kath.)
Maria-Glasl-Straße 16
85622 Heimstetten
Grundsteinlegung: 29.4.1990
Weihe: 30.6.1991
Architekt: Alexander Freiherr von Branca

In den noch landwirtschaftlich geprägten Ort kamen nach 1953 viele Heimatvertriebene, die hier die Möglichkeit erhielten, sich ein eigenes Heim zu errichten. 1971 schenkte die Bäuerin Maria Glasl der katholischen Pfarrgemeinde ein Grundstück. Bereits im Spätherbst des Jahres entstand darauf der Kindergarten St. Franziskus. Seit 1975 fand der katholische Gottesdienst in einem scheunenartigen Holzbau, dem »Hallelujastadel«, statt; 1988 erfolgte der Umzug in die umgestaltete Halle der Familie Kraft, die als Gottesdienstraum bis zur Erbauung des neuen Pfarrzentrums diente. Dieser Neubau setzte mit dem hohen spitzen Turm an der Nahtstelle der zusammenwachsenden Doppelgemeinde Kirchheim-Heimstetten einen Akzent. Das Pfarrzentrum besteht aus der Pfarrkirche mit angeschlossener Werktagskapelle, Pfarrsaal mit mehreren Tagungs- und Funktionsräumen einschließlich separatem Jugendbereich sowie dem Kindergarten. Der achteckige Zentralbau, dessen Zeltdach von einer Laterne bekrönt wird, hat eine Höhe von ca. 20 m. Der Altarbereich ist um vier Stufen erhöht und nimmt neben dem Altar Lesepult und Vortragekreuz auf. Die Wand hinter dem Altar zeigt Petrusbilder, die bereits in der Notkirche den Altarraum geschmückt hatten. Ein Umgang, der von einer Art Apsis unterbrochen wird, umschließt diesen Raum. Die Kirche ist mit ungefähr 300 Sitzplätzen konzipiert und die südlich angebaute Werktagskapelle hat nochmals 40. Zwischen Kirche und der ebenfalls achteckigen Werktagskapelle steht der als Sakramentshaus gestaltete Tabernakel. Symmetrisch zur Hauptachse liegt gegenüber der Werktagskapelle die polygonale Taufkapelle mit dem Taufstein in der Mitte und Glasfenstern, die in leuchtenden Farben die aufgehende Sonne symbolisieren.

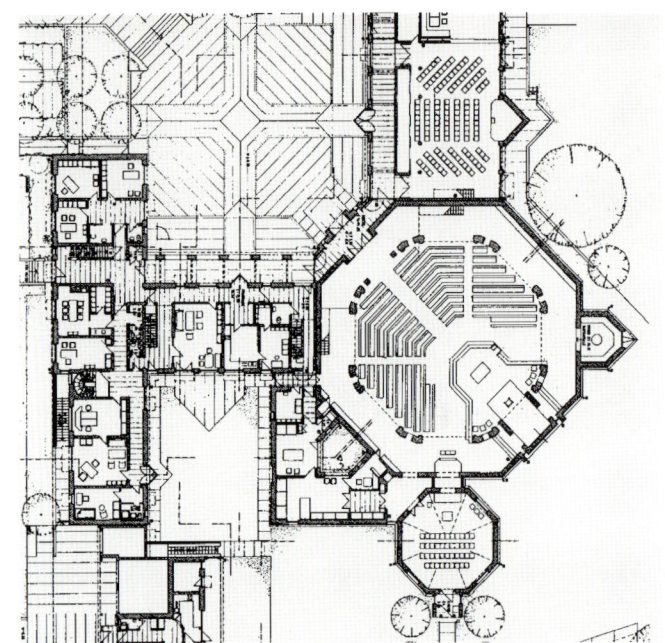

*Tabernakel, Kerzenleuchter, Apostelleuchter, Vortragekreuz, Ambo: Hermann Jünger;
Ausführung: Manfred Bergmeister
Altar, Taufstein: nach Entwurf des Architekten
Glasfenster in Taufkapelle: Hubert Distler
Petrusbilder: Karl Köhler*

Qu.: Pfarramt; Lit.: SZ Nr. 100 v. 2.5.1990; Festschrift St. Peter Heimstetten. Bild einer Gemeinde, Kirchheim 1991; Baumeister 1992, H.9, S. 10; St. Peter-Heimstetten. Wissenswertes rund um das Pfarrzentrum, Kirchheim 1993

Epiphanias-Zentrum (evang.-luth.)
Angerbrunnen 10 (Pfarramt: Himmelfahrtskirche)
85356 Freising-Lerchenfeld
Baubeginn: 1990
Weihe: 1.12.1991
Architekt: Martin Weber

Das Epiphanias-Zentrum ist ein Pilotprojekt der Gemeinde, errichtet mit Unterstützung des Dekanats Landshut und des Kreisdekans in Regensburg. In dem Freisinger Stadtteil Lerchenfeld fanden die Gottesdienste zunächst im katholischen Pfarrheim von St. Lantpert statt. Die durch die Ausweisung mehrerer Baugebiete in den letzten Jahren sprunghaft angestiegene Bevölkerung in diesem Stadtteil brauchte dringend einen Versammlungsraum für die evangelischen Christen. In einem reinen Industriebau fand die Gemeinde ihren Kirchenraum: im Obergeschoß der Fa. Meuvo für Solartechnik und Dachbedeckung. Hier war zunächst ein Großraumbüro konzipiert, das dann als Kirchenraum über nahezu quadratischem Grundriß eingerichtet und dessen Dach später durch ein Oberlicht erweitert wurde. Eine Außentreppe führt in den Kirchenraum. Ein flaches Satteldach, innen holzverkleidet, ruht auf runden Holzpfeilern. Auf drei Seiten geben Fenster den Blick in die Umgebung frei. Altar, Lesepult und Taufe, alle aus Holz, werden von einer losen Bestuhlung für maximal 200 Besucher auf drei Seiten umgeben. Der Altar und das Holzkreuz mit Darstellungen aus dem Leben Jesu sind Stiftungen aus Privatbesitz. Außerdem gehören zu dem Gemeindestützpunkt ein an den Kirchenraum anschließender Gemeindesaal und eine Küche. Das Epiphanias-Zentrum ist von der evangelischen Kirchengemeinde Freising angemietet.

Altar: Elisabeth Sieber
Taufschale (Keramik): Bärbel Fürst

Qu.: Hildburg Radde, Freising

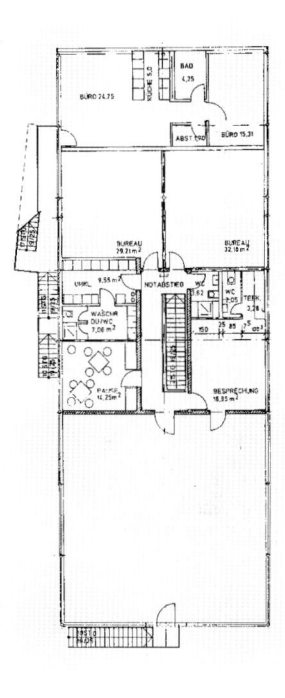

Christophorus-Kapelle im Flughafen München (ökumenisch)
Flughafen-Zentralbereich
85334 München-Flughafen
Richtfest: 11.9.1989
Weihe: 17.5.1992 mit der Einweihung des Flughafens
Architekt: Hans Busso von Busse

Die Christophorus-Kapelle, ein ökumenischer Andachtsraum, liegt im Zentralgebäude des Flughafens, wo alle Wege der Passagiere zusammenlaufen. Auch konstruktiv ist der Kapellenraum Teil der gesamten Tragwerksstruktur, eines Stahlbetonskeletts.

Die Wände bestehen aus industriell gefertigten Paneelen, denen das Modulmaß von 1,20 m zugrunde liegt, das den gesamten Flughafenbereich bestimmt. Diese nichttragenden Wände sind aus weiß beschichteten Aluminiumprofilen und -blechen mit Dämmeinlagen entwickelt. Im oberen Bereich sind sie verglast, wobei das Material und dessen Ausformung Teil des künstlerischen Konzeptes sind. Die blaue Decke ist aus Rigipsplatten, die auf Schablonen aufgebracht sind. Für den Fußboden wurde Granit verwendet (wie im übrigen Gebäude). Das diagonal zur Raumstruktur entwickelte Ornament folgt dem übergeordneten Modulmaß und greift über den eigentlichen Kapellenraum hinaus. Damit verweist es auf die besondere Stellung und Bedeutung des Kapellenraumes innerhalb des multifunktionalen Bauwerkes.

Außenwände, Altarwand, Altarplatte, Glaskreuz:
Florian Lechner
Standkreuz:
Hermann Jünger
Stele und Relief am Eingang (Zinnguß):
Blasius Gerg

Qu.: Architekt

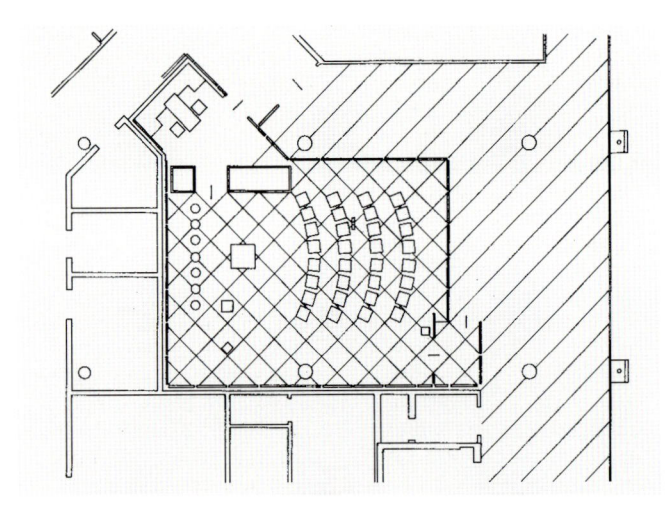

Zum guten Hirten (evang.-luth.)
Alpenstraße 7
82041 Oberhaching
Baubeginn: August 1992
Weihe: 20.7.1993
Architekt: Theo Steinhauser

1934 entstand auf dem Kyberg die Notkirche von Max Unglehrt, 1959 der Turm mit Zwiebelhaube. Die erste Erweiterung erfolgte 1961/1962. Dreißig Jahre später wurde eine zweite für etwa 180 Besucher geplant, durch die der Bau einen völlig neuen Charakter erhielt. Die gesamte Westseite des zuvor längsgerichteten Kirchenraumes wurde abgebrochen, die Sparren der westlichen Dachhälfte entfernt und der Raum durch einen dreieckigen Anbau erweitert. Mit der Drehung von Hauptachse und Altarzone um 90 Grad wurde die frühere Längsseite zur Querachse. Ein offener zeltdachförmiger Dachstuhl über der Erweiterung schließt an das alte Dach an. Die Ostseite und die beiden Giebel blieben erhalten, ebenso die Dachbinder an den Giebelwänden und in der Mitte, die nun im Raum sichtbar sind. Die ursprüngliche Holzflachdecke über dem Kirchenraum wurde auf der Westseite zur Hälfte zurückgeschnitten und durch neue Holzstützen abgefangen und dient jetzt als Empore, zu der eine Stahlwendeltreppe führt. An der Nahtstelle zwischen altem First und neuem Zeltdach belichtet ein großes Dreieckfenster den Raum. Schmale Wandfenster vom Fußboden bis zur Traufe, deren untere Hälfte in vorwiegend blauen Farbtönen gestaltet ist, geben Seitenlicht aus allen Richtungen. Mit der Drehung der Hauptachse war die Neuordnung der Bänke verbunden, die nun die Gemeinde enger um den Altar versammelt als es zuvor bei der frontalen Gegenüberstellung möglich war. Der Altar steht ebenerdig vor der kleinen Apsis, die die Taufstätte aufnimmt. Neben Dachstuhl, Empore und Fußboden sind auch die Prinzipalstücke aus Holz gestaltet.

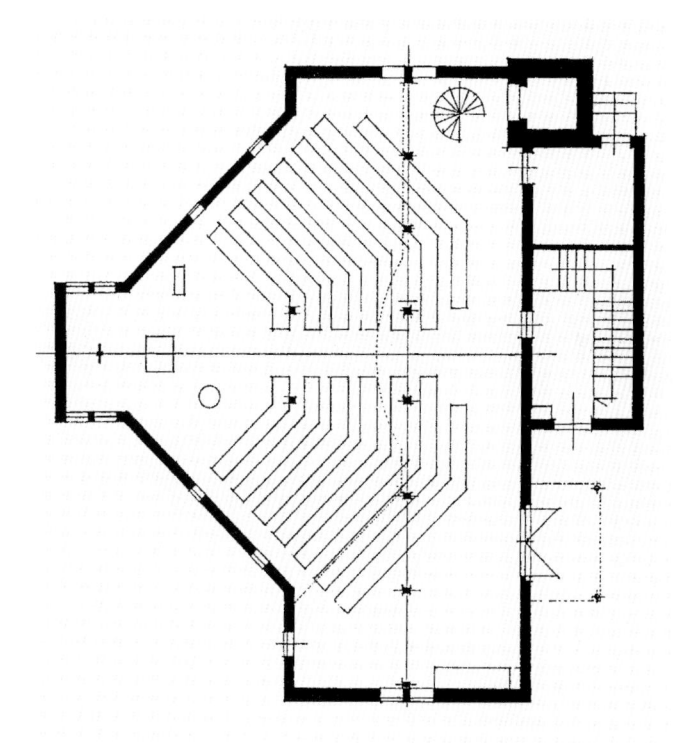

Farbgebung im Raum, Bleiglasfenster:
Hubert Distler
Altar, Ambo, Taufe, Standkreuz, Osterleuchter:
Karlheinz Hoffmann

Qu.: Pfarramt, Architekt

Ökumenisches Zentrum: St. Stephan (kath.) und **St. Martin** (evang.-luth.)
Glonner Straße 19
85640 Putzbrunn
Grundsteinlegung: St. Stephan 6.7.1991; St. Martin 14.9.1991
Weihe: 18.9.1993
Architekten: Helga und Adolf Schnierle

Das vierte ökumenische Kirchenzentrum der Landeshauptstadt ging 1985 aus einem beschränkten Wettbewerb hervor. H. und A. Schnierle erhielten den Planungsauftrag. Den Mittelpunkt der Anlage, die von dem alten Gemeindefriedhof und der Glonner Straße aus zugänglich ist, bildet ein weitläufiger Hof mit Brunnen und 35 m hohem Glockenturm. Unter den weit heruntergezogenen, schutzgebenden Dächern liegen alle Zugänge. Da die Häuser der beiden Kirchengemeinden aus dem ebenen Baugelände herausragen sollten, wurden die einzelnen den Hof umgebenden Gebäude halbgeschossig versetzt. Alle Gebäudeteile bestehen aus glatt verputztem, weißem Ziegelmauerwerk, für die durchgängig geneigten Dächer wurden geschalte Holzkonstruktionen verwendet. Die Kirchen haben offene Dachkonstruktionen aus stahlseilunterspannten Brettschichthölzern und darübergeführten, farbgebeizten Vollholzsparren mit Sichtschalungsabdekkung, gedeckt mit Ziegelpfannen; die Fußböden sind mit Ziegelplatten belegt.

St. Martin: Die evangelischen Gottesdienste fanden zunächt im Rathaus statt, dann im Bürgerhaus und später in einem Ladengeschäft. Der neue Sakralraum hat 110 Sitzplätze und der zuschaltbare Gemeinderaum nochmals 50. Zwei Studenten von der Akademie der bildenden Künste haben als Gewinner eines Wettbewerbs die Ausgestaltung von St. Martin übernommen. Sie schufen das Wandfresko und gestalteten Altar, Lesepult, Taufstein und Osterleuchter aus Holz und Zinn. Das Altarbild, in Fresco-secco- (Kalkkasein-) Technik ausgeführt, hat als Thema Christusmotive. Angepaßt an die Raumverhältnisse wurde eine klare Symbolform gewählt, die einen symmetrischen Aufbau von Kreis und Quadrat zeigt, mit dem Andreaskreuz in der Mitte. Die Prinzipalstücke, in einfachsten Formen gehalten, heben sich durch Metalleinlegearbeiten von der Bestuhlung ab. Auch bei Taufbecken, Oster- und Tischleuchter setzt sich die Einlegung aus Zinnbändern fort. Als Material wurde für alle Ausstattungsstücke Birnbaumholz verwendet.

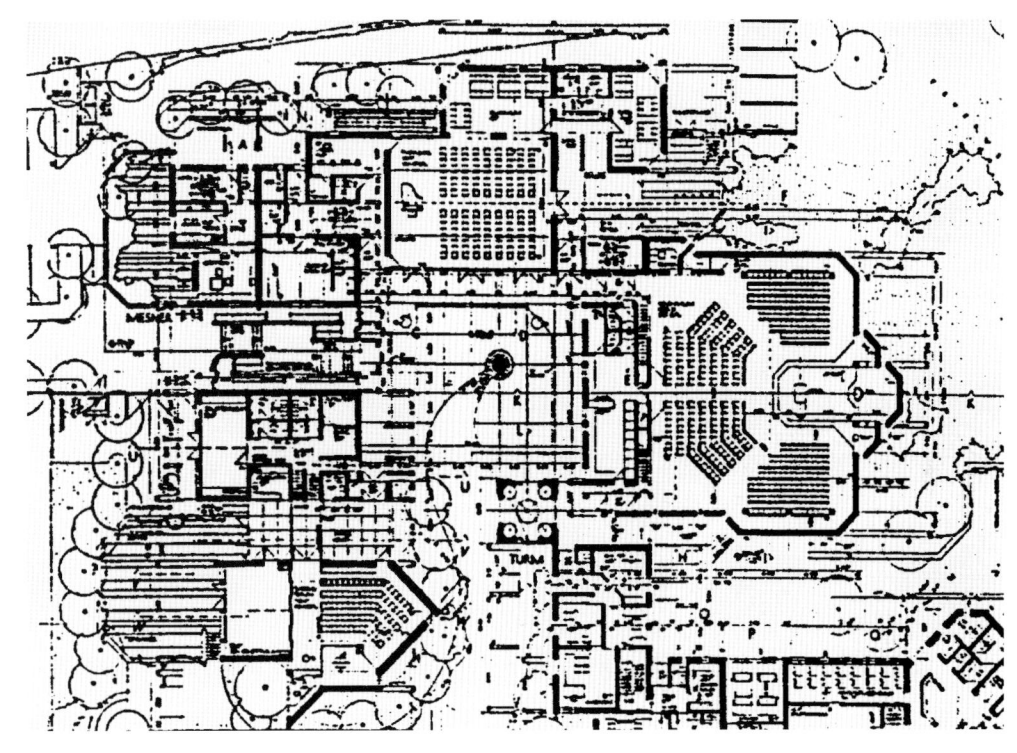

Die Konstruktion des Kirchenraumes zeigt pultdachbildende Pfetten, auf Außenmauern auflagernd.

St. Stephan: Die Besonderheit im katholischen Kirchenraum sind die drei geknickten Wandscheiben im Chor, zwischen denen Licht einfällt. Vor der großen Mittelnische steht der in den Gemeinderaum weit vorgerückte Altar. Dieser hat eine Stipes in Kreuzform. An den Seiten der Mensa sind eucharistische Symbole dargestellt. In der nördlichen Nische steht die Taufschale aus Bronze auf einem Stein, an dessen vier Ecken die Paradiesströme eingemeißelt sind. In der südlichen Nische befindet sich der Tabernakel, dessen Bronzeverkleidung den brennenden Dornbusch zeigt. Auch die Sedilien sind in Bronze ausgeführt. Zusammengefaßt werden die Wandöffnungen durch das dreiteilige Fresko, das die Apostelgeschichte zum Thema hat. Dieses wird in den Farbglasfenstern weitergeführt.

Das Kirchendach besteht aus giebelförmigen Bindern, von den Außenmauern unabhängig aufgelagert auf zwölf holzausgefütterten Kreuzstützen aus geschweißten Stahlblechen.

St. Martin:
Wandfresko, Altar, Lesepult, Taufstein, Osterleuchter:
Julia Elsässer und Wolfgang Eckert
St. Stephan:
Wandgemälde:
Ebtehag Becheir;
Altar, Tabernakel, Ambo, Leuchter, Taufstein:
Hubert Elsässer

Qu.: Architekten; Lit.: Festschrift zur Einweihung des ökumenischen Pfarrzentrums St. Stephan und St. Martin, Neubiberg 1993

Hoffnungskirche (evang.-luth.)
Carl-Orff-Bogen 215
80939 München-Freimann
Grundsteinlegung: 4.10.1992
Weihe: 20. 11.1994
Architekten: Johann Christoph Ottow, Erhard Bachmann, Michel Marx, Georg Brechensbauer

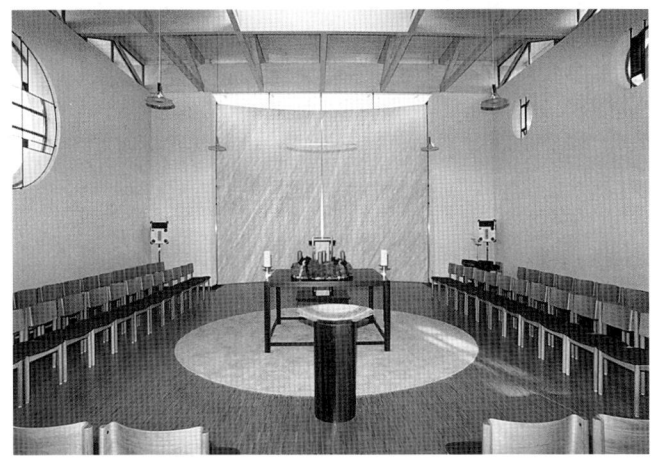

Der Carl-Orff-Bogen führt von Norden kommend in einer Kurve direkt auf den Vorplatz des Gemeindezentrums der Hoffnungskirche. Bei einer ansteigenden Höhenentwicklung, von einer Grünanlage im Westen nach Osten ist der Gebäudekomplex in einzelne Baukörper mit dazwischenliegenden Höfen gegliedert. »Begrünte Dächer auf einer Holzskelettkonstruktion mit außenliegenden Stützen, Fassaden als Pfosten-Riegel-Fassade, in geschlossenen Bereichen mit Paneelen« sollten durch »die Konstruktion die Steigerung der Transparenz und den Kontakt zur Natur noch deutlicher machen« (Architekten). Die Anlage besteht aus drei parallel angeordneten langrechteckigen Baukörpern, die durch überdachte Quergänge miteinander verbunden sind: Kirche mit Gemeindesaal und Jugendbereich, Pfarrwohnung mit Pfarramt und Mehrzweckräumen, Kindergarten. Ein freistehender Glockenträger in Stahlkonstruktion markiert den Haupteingang und bildet den Blickpunkt aus verschiedenen Richtungen. Im östlichen Gebäude werden über das Foyer der Kirchenraum sowie der Gemeinderaum und der Jugendbereich erschlossen. Foyer und Gemeinderaum können durch bewegliche Trennwände zum Kirchenraum geöffnet werden. Der eigentliche Kirchenraum hat die Maße von ca. 16 x 9 m. Die Nordwand erweitert sich zu einer flachen, runden Apsis mit seitlichen schmalen Fensterschlitzen. Die abstrakte Ausmalung der Altarwand soll das Thema Hoffnung darstellen. Ein schlichtes, versilbertes Holzkreuz dominiert auf dieser Wand. Die hintereinander ebenerdig angeordneten Prinzipalstücke sind auf dieses Kreuz ausgerichtet. Der Altar erhält durch eine Laterne im offenen Holzdachstuhl zusätzliches Licht. Die hohen Seitenwände sind auf der Westseite durch ein großes, kreisrundes Fenster, auf der Ostseite durch vier kleinere unterbrochen, denen Farbglasscheiben in den Kirchenfarben vorgestellt sind. Das Gebäude steht auf einem Betonfundament, hat außen und innen weiß verputztes Ziegelmauerwerk und ist mit einem Flachdach gedeckt.

Altar, Kreuz, Ambo, Taufbecken, Glasfenster, Apsismalerei: Manfred Mayerle

Qu.: Pfarramt, Architekten

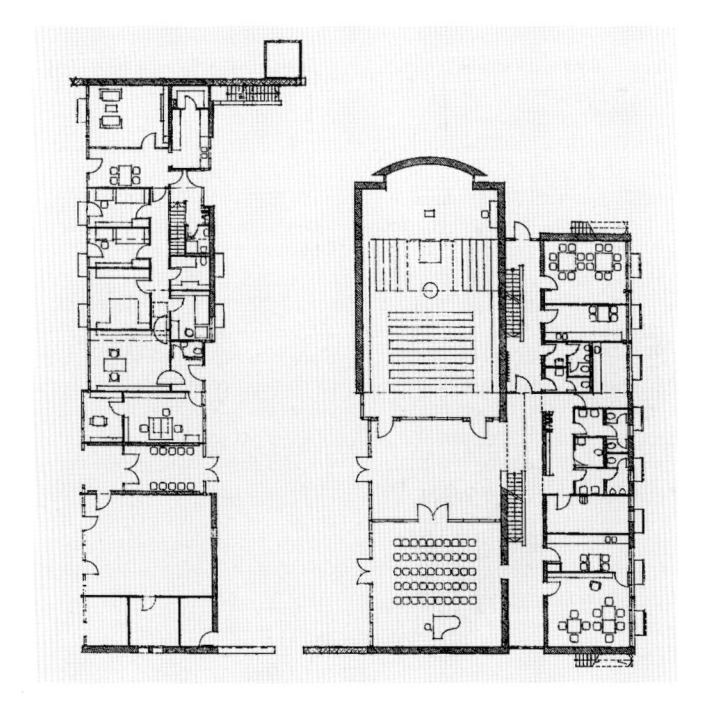

St. Elisabeth (kath.)
Breisacher Straße 9a
81667 München-Haidhausen
Richtfest: 23.2.1995
Weihe: 26.11.1995
Architekt: Herbert Groethuysen

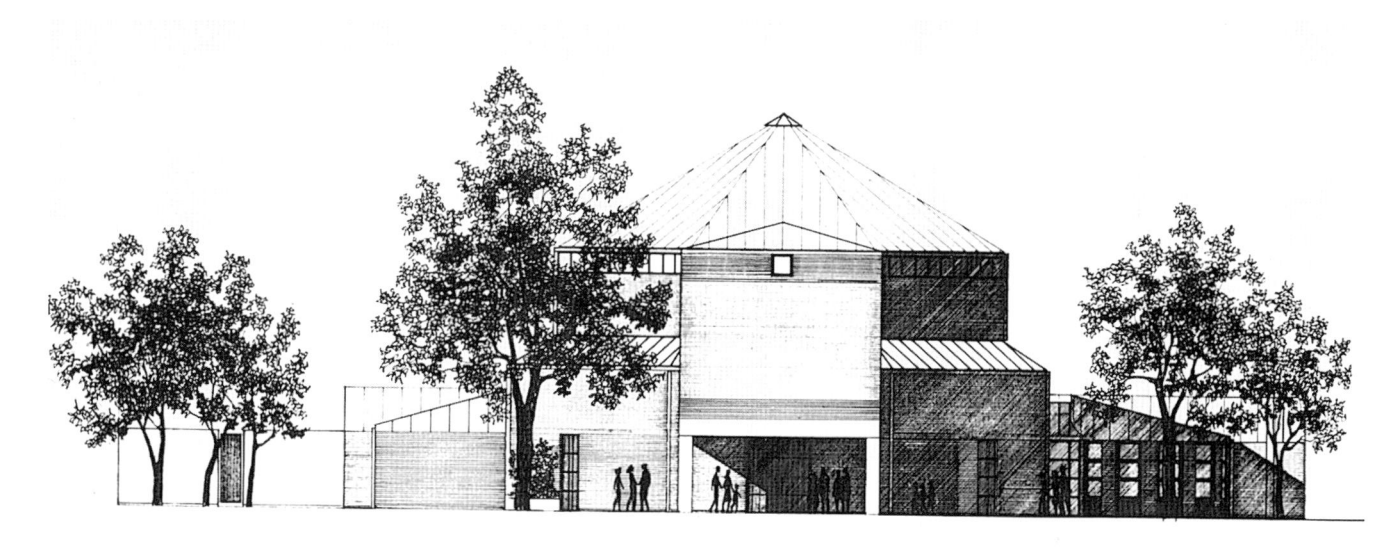

Der 1955/1956 von Michael Steinbrecher errichtete Kirchenbau St. Elisabeth mußte wegen gravierender Bauschäden 1993 abgerissen werden. Auf dem äußerst ungünstig geschnittenen Grundstück entsteht seit 1994 an gleicher Stelle ein neues Gemeindezentrum. Den Mittelpunkt der Anlage bildet ein regelmäßiger, achteckiger Kirchenbau von ca. 21,50 x 21,50 m. Im Westen schließen die Sakristeiräume und im Norden das Pfarrheim an. Der in zwei Höhenstufungen gegliederte Kirchenbau wird auf drei Seiten von diesen erdgeschossigen Begleitbauten umgeben. Das Kirchendach fällt über den Achteckseiten in zwei Stufen nach außen ab. Eine Ausnahme bildet die Eingangsseite, an der der zweigeschossige Emporenanbau bis zur Traufe des oberen Kirchendaches reicht. Der nach Norden ausgerichtete Kirchenraum besteht aus zweischaligem Sichtmauerwerk mit Ringankern. Die Halle wird überspannt von einer hölzernen Dachkonstruktion aus acht radial angeordneten Hauptträgern (Gratbalken) und dazu quer aufliegenden Pfettensparren, alle als verleimte Brettschichtträger ausgebildet. Es ist vorgesehen, den Kirchenraum mit einer weit in die Mitte des Raumes vorgezogenen, um zwei Stufen erhöhten Altarinsel und einer im Halbkreis angeordneten Bestuhlung von 200 Sitzplätzen auszustatten. Ein umlaufendes Fensterband unterhalb des Dachansatzes wird dem Raum gleichmäßiges Licht geben. Ein Ring mit sieben Leuchten ist Bestandteil der Altarausstattung; er hebt durch festlichen Glanz die Bedeutung des Altars im Raum hervor. Der weithin sichtbare Turm, in den die zuvor angebaute alte Trafostation eingebaut wurde, blieb am Treppenaufgang an der Breisacher Straße bestehen.

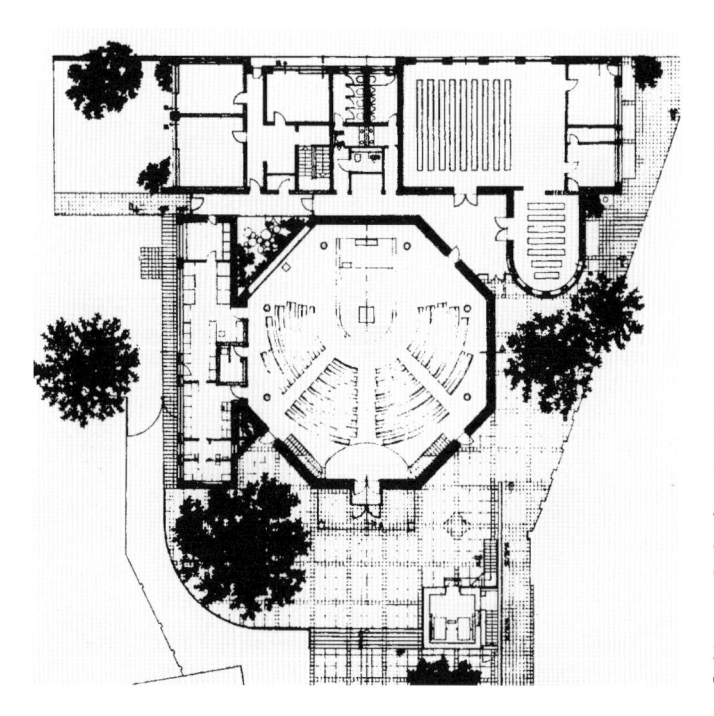

Tabernakel: Blasius Gerg

Qu.: Architekt

St. Maximilian Kolbe (kath.)
Therese-Giehse-Allee 53
81739 München-Neuperlach-Süd
Grundsteinlegung: 16.4.1994
Weihe: Ende 1996
Architekten: Hubert Caspari mit Michael Caspari, Johanna Orzessek, Kurt Seidel, Martin Maurer, Christiane Wahls

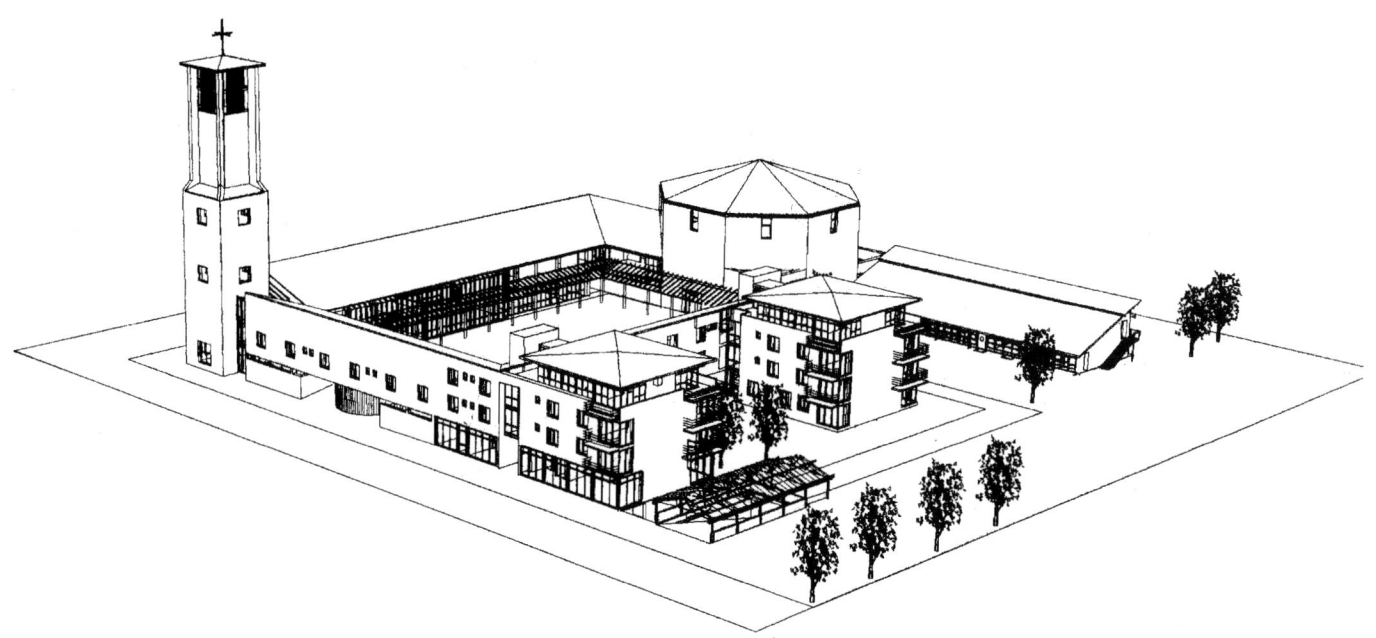

In der weiterhin wachsenden Siedlung Neuperlach besuchen die Katholiken seit 1982 zum Gottesdienst eine Holzbaracke in der Helmut-Käutner-Straße. Das im Bau befindliche Kirchenzentrum ist städtebaulich hervorgehoben durch den 35 m hohen Turm in der Nordwestecke des Grundstücks am Kreuzungspunkt der Therese-Giehse-/Maximilian-Kolbe-Allee. Nahe beim Turm liegt in der Maximilian-Kolbe-Allee der Zugang zum rechteckigen Innenhof, der axial in Längsrichtung auf den oktogonalen Kirchenbau mit angefügter quadratischer Werktagskapelle ausgerichtet ist. Dieser mit einem Kreuzgang umstellte Hof dient der zentralen Erschließung von Kirche und kirchlichen Einrichtungen an der Maximilian-Kolbe-Allee (Wohnungen, Pfarramt, Pfarrsaal) sowie den Bauten an der Therese-Giehse-Allee mit vermietbaren Einheiten, dem Jugendheim und der Hausmeisterwohnung. Die südöstliche Langseite des Hofes wird begrenzt durch einen 48 m langen zweigeschossigen Wohnungsbau, in dessen Erdgeschoß die Sozialstation untergebracht ist. An den Enden dieses Baukörpers schließen viergeschossige Wohnbauten an, in deren Erdgeschoß die Begegnungsräume der Caritas liegen. Im ruhigsten Bereich des Komplexes befindet sich der an die Kirche angebaute Kindergarten. Alle Gebäude werden aus Ziegelmauerwerk errichtet unter Verwendung von Beton, wo dieser zur Konstruktion notwendig ist. Bei Kirche und Pfarrsaal werden Tragwerke in Holz-Stahl-Konstruktion zur Ausführung kommen. Der Innenhof erhält eine einheitliche Fassadenkonstruktion im Raster des glasüberdachten Kreuzganges, die übrigen Außenfassaden Putz. Bauherr und Grundeigentümer für die kirchliche Anlage ist die Kath. Kirchenstiftung St. Maximilian Kolbe, München-Neuperlach Süd, und für den Wohnungsbau sowie die Sozialstation das Kath. Siedlungswerk der Erzdiözese München-Freising.

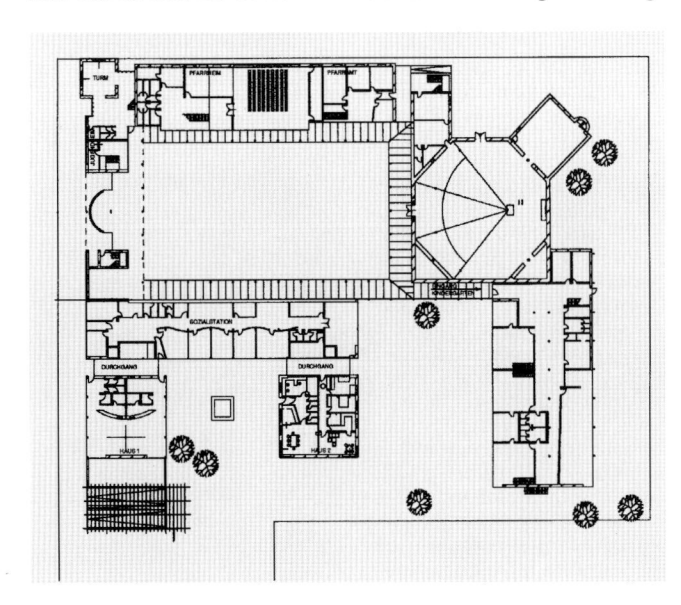

Qu.: Architekten

Ortsregister

Ammerland, St. Peter 233
Aßling, Evang.-Luth. Betsaal 82

Baierbrunn, St. Peter und Paul 95
Baldham, Maria Königin 268
Baldham, Petrikirche 44
Breitbrunn/Ammersee, Zum Heiligen Geist 229
Bruckmühl, Johanneskirche 43

Dachau, Friedenskirche 34
Dachau, Gnadenkirche 153
Dachau, Heilig Kreuz 151
Dachau, Karmel Heilig Blut
    im ehemaligen Konzentrationslager 167
Dachau, Mariä Himmelfahrt 64
Dachau, Versöhnungskirche
    im ehemaligen Konzentrationslager 194
Deisenhofen, St. Bartholomäus 192
Dießen/Ammersee, St. Stephan 275

Ebenhausen, St. Benedikt 173
Ebersberg, Heilig Geist 83
Eching, Evangelisches Gemeindezentrum 241
Eching, St. Andreas 217
Eglharting, Erlöserkirche 242
Eichenau, Friedenskirche 220
Eicherloh, Maria Himmelfahrt 84
Eichenried, St. Josef 39
Emmering/Fürstenfeldbruck,
    Evangelisches Gemeindezentrum 300
Erding-Klettham, Erlöserkirche 137
Erding-Klettham, St. Vinzenz 182
Esting/Olching, St. Elisabeth 276

Feldafing, Heilig Kreuz 174
Feldafing, Johanneskirche 211
Fischerhäuser St. Koloman 30
Feldkirchen/Bruckmühl, Emmaus-Kirche 282
Freising, Christi Himmelfahrt 27
Freising, Paul-Gerhardt-Haus 184
Freising-Lerchenfeld, Epiphanias-Zentrum 309
Freising-Lerchenfeld, St. Lantpert 284
Fürstenfeldbruck, Gnadenkirche 250
Fürstenfeldbruck, St. Bernhard 159

Garching, Laudate-Kirche 277
Garching, St. Severin von Noricum 199
Garching-Hochbrück, St. Franziska Romana 223
Geltendorf, Zu den heiligen Engeln 219
Geretsried, Maria Hilf 160
Geretsried, Petruskirche 108
Geretsried, Versöhnungskirche 213
Geretsried-Gartenberg, Hl. Familie 246
Germering, Dietrich-Bonhoeffer-Kirche 243
Germering, Jesus-Christus-Kirche 81
Germering, St. Cäcilia 106
Germering, St. Johannes Bosco 67
Germering, St. Martin 198
Germerswang, St. Michael 85
Gernlinden, Bruder Konrad 156
Gernlinden, Evang.-Luth. Gemeindezentrum 279

Gilching, Johanneskirche 135
Gilching, St. Sebastian 145
Glonn, Christuskirche 209
Goldach, Herz Jesu 110
Gräfelfing, Friedenskirche 222
Gräfelfing, St. Stefan 230
Grafing, Auferstehungskirche 216
Grafrath-Wildenroth, Michael-Kirche 168
Greifenberg, Maria Immaculata 101
Gröbenzell, Zachäuskirche 63
Großhesselohe, Heilige Dreifaltigkeit 28
Grünwald, Maria Königin 89

Haar, Jesuskirche 125
Haar, St. Bonifatius 260
Heimstetten, St. Peter 308
Hebertshausen, Zum Allerheiligsten Welterlöser 119
Herrsching, Erlöserkirche 68
Herrsching, St. Nikolaus 304
Höhenkirchen, Kreuz-Christi-Kirche 114
Höhenrain-Berg, Herz-Jesu 22
Holzkirchen, St. Josef der Arbeiter 123

Icking, Auferstehungskirche 187
Icking, Heilig Kreuz 33
Ismaning, Evang.-Luth. Gemeindezentrum 255
Ismaning, St. Johann Baptist 257
Ismaning, St. Koloman 30

Karlsfeld, Korneliuskirche 148
Karlsfeld, St. Anna 32
Karlsfeld, St. Josef 197
Kirchheim, Cantate-Kirche 287
Kirchseeon, Johanneskirche 126

Lochham, Michaelskirche 281
Lochham, St. Johannes der Täufer 52
Lochham, St. Johannes Evangelist 20

Maisach, Evang.-Luth. Gemeindezentrum 273
Markt Schwaben, Philippus-Kirche 45
Martinsried, Dietrich-Bonhoeffer-Haus 285

München Allach, Maria Himmelfahrt 48
– Altstadt, Herzogspitalkirche Mater dolorosa 58
– Altstadt, St. Jakob am Anger 65
– Altstadt, St.-Matthäus-Kirche 56
– Berg am Laim, Offenbarungskirche 128
– Blumenau, Erscheinung des Herrn 215
– Bogenhausen, Nazarethkirche 121
– Bogenhausen, St. Johann von Capistran 103
– Bogenhausen, St. Rita 293
– Denning, Immanuelkirche 188
– Englschalking, St. Thomas 245
– Fasangarten, Jesaja-Kirche 289
– Fasanerie, Kapernaumkirche 204
– Fasanerie, St. Christoph 228
– Fasanerie, St. Johannes Evangelist 205
– Feldmoching, Bethanienkirche 158
– Flughafen, Christophorus-Kapelle 310
– Forstenried, Friedenskapelle 207

- Forstenried, Wiederkunft des Herrn 237
- Freimann, Allerheiligen 77
- Freimann, Hoffnungskirche 314
- Freimann, Michaelskirche 78
- Freimann, Samariterkirche 263
- Freimann, St. Katharina von Siena 306
- Fürstenried, Andreaskirche 144
- Fürstenried, Hauskapelle im Schloß Fürstenried 258
- Fürstenried, St. Karl Borromäus 170
- Fürstenried, St. Matthias 176
- Gern, St. Laurentius 53
- Giesing, Philippuskirche 154
- Giesing, St. Helena 162
- Großhadern, Reformations-Gedächtnis-Kirche 208
- Haidhausen, St. Elisabeth 315
- Haidhausen, St. Wolfgang 180
- Harlaching, Emmauskirche 161
- Harlaching, Maria Immaculata 96
- Harthof, St. Gertrud 71
- Harthof, Versöhnungskirche 72
- Hartmannshofen, Bethlehemskirche 120
- Hasenbergl, Evangeliumskirche 132
- Hasenbergl, Mariä Sieben Schmerzen 214
- Hasenbergl, St. Matthäus 235
- Hasenbergl, St. Nikolaus 140
- Isarvorstadt, Herz Jesu 46
- Isarvorstadt, St. Andreas 40
- Isarvorstadt, St.-Martins-Kapelle 136
- Johanneskirchen, Vaterunserkirche 270
- Kleinhadern, Simeonskirche 165
- Kleinhadern, St. Ignatius 264
- Laim, Fronleichnam 76
- Laim, Name Jesu 239
- Laim, Paul-Gerhardt-Kirche 61
- Laim, St. Willibald 91
- Laim, Zu den heiligen zwölf Aposteln 37
- Lerchenau, St. Agnes 74
- Lochhausen, Bartimäus-Gemeindezentrum 175
- Ludwigsfeld, Golgathakirche 201
- Ludwigsfeld, St. Johann Nepomuk 115
- Maxvorstadt, Kapelle im Roncalli-Kolleg 221
- Maxvorstadt, St. Benedikt, Werktagskapelle der Benediktiner-Abtei St. Bonifaz 225
- Milbertshofen, Dankeskirche 178
- Milbertshofen, St. Lantpert 86
- Mittersendling, Gethsemanekirche 80
- Mittersendling, Patrona Bavariae 297
- Mittersendling, St. Pius 112
- Mittersendling, St. Thomas Morus 185
- Moosach, Heilig-Geist-Kirche 88
- Moosach, Magdalenenkirche 302
- Moosach, St. Mauritius 190
- Neuaubing, St. Konrad von Parzham 70
- Neuaubing, St. Lukas 236
- Neuaubing, St. Markus 247
- Neuhausen, Herz Jesu 24
- Neuhausen, St. Clemens 200
- Neuhausen, St. Vinzenz 21
- Neuperlach, Laetarekirche 226
- Neuperlach, Ökumenisches Zentrum: St. Stephan und Lätarekirche 266
- Neuperlach, St. Jakobus 251
- Neuperlach, St. Maximilian Kolbe 316
- Neuperlach, St. Monika 278
- Neuperlach, St. Philipp Neri 244
- Nymphenburg, Kapelle im Ordenshaus der Jesuiten 179
- Nymphenburg, Kapelle der Kommunität Venio OSB 31
- Nymphenburg, Zur heiligen Dreifaltigkeit 149
- Obergiesing, Zu den heiligen Engeln 50
- Obermenzing, Carolinenkirche 259
- Obersendling, Passionskirche 212
- Obersendling, St. Joachim 59
- Olympisches Dorf, Ökumenisches Zentrum: Frieden Christi und Olympiakirche 248
- Pasing, Emmauskirche 218
- Pasing, St. Hildegard 130
- Pasing, St. Leonhard 102
- Ramersdorf, Rogatekirche 171
- Ramersdorf, St. Bernhard 99
- Ramersdorf, Verklärung Christi 238
- Schwabing, Kreuzkirche 203
- Schwabing, Maria vom Guten Rat 73
- Schwabing, Nikodemuskirche 118
- Schwabing, St. Redemptor 23
- Solln, Apostelkirche 116
- Solln, Ökumenisches Gemeindezentrum: St. Ansgar und Petruskirche 252
- Trudering, St. Augustinus 49
- Trudering, St. Franz Xaver 196
- Untermenzing, Maria Trost 234
- Untersendling, St. Stephan 262
- Waldfriedhof, St. Hedwig 127
- Waldperlach, Jubilate 292
- Waldperlach, St. Bruder Klaus 210
- Westend, St. Philippus 280
- Zamdorf, St. Klara 60

Neubiberg, Evang.-Luth. Gemeindezentrum 286
Neufahrn, St. Franziskus von Assisi 139
Neufahrn, Auferstehungskirche 117
Neukeferloh, St. Christophorus 295
Neukeferloh, Stephanuskapelle 269

Oberhaching, Zum guten Hirten 311
Oberpfaffenhofen, Maria-Magdalena-Haus 301
Oberschleißheim, St. Franziskus 143
Oberschleißheim, St. Wilhelm 231
Oberschleißheim, Trinitatiskirche 155
Olching, Johannes-Kirche 254
Ottobrunn, Michaelskirche 146
Ottobrunn, St. Albertus Magnus 261
Ottobrunn, St. Magdalena 111

Pentenried, St. Benedikt 93
Percha/Starnberg, St. Christophorus 90
Planegg, Maria Eich 94
Planegg, St. Elisabeth 240
Pöcking, Heilig-Geist-Kirche 202
Pöcking, St. Pius X. 79
Poing, St. Michael 42
Poing-Bergfeld, Evang.-Luth. Kirchenzentrum 271
Puchheim, Auferstehungskirche 288

Puchheim, St. Josef 183
Pullach, Heilig Geist 69
Pullach, Jakobuskirche 272
Pulling/Freising, St. Ulrich 172
Putzbrunn, Ökumenisches Zentrum:
    St. Stephan und St. Martin 312

Sauerlach, Zachäuskirche 142
Söcking/Starnberg, St. Ulrich 87
Steinebach/Wörthsee, Zum Heiligen Abendmahl 164
Stockdorf, Evang.-Luth. Gemeindezentrum 98
Stockdorf, St. Vitus 36

Taufkirchen, Jerusalemkirche 274
Taufkirchen, St. Georg 256
Türkenfeld, Evang.-Luth. Gemeindezentrum 232

Unterföhring, Evang.-Luth. Gemeindestützpunkt 283
Unterhaching, St. Alto 113
Unterhaching, St. Birgitta 227
Unterschleißheim, St. Korbinian 26
Unterschleißheim, St. Ulrich 290
Unterschleißheim, Genezarethkirche 134
Utting/Ammersee, Mariae Heimsuchung 298

Vaterstetten, Zum kostbaren Blut Christi 29

Windach, Maria am Wege 224
Wolfratshausen, St. Josef der Arbeiter 75

Zorneding, Christophoruskirche 303

Register der Architekten und Künstler

Adam, Dieter 281, 285
Adlhart, Jakob 77
Ahola, Eira 222
Albert, Gottfried 32
Altmann, Franz 284
Altmann, Herbert 47, 62, 73, 150, 158
Amann, Helmut 83, 281
Aschauer, Alfred 198
Auer, Michael 306

Bachmann, Erhard 286, 314
Backmund, Klaus 29, 70, 219, 235, 261, 280
Bader, Tobias 58
Baier, Manfred 259
Baier, Otto 205
Baldhuber, Josef 90
Balke, Klaus 235
Barnert, Georg W. 174
Barth, Fritz 241, 269
Bartning, Otto 9, 16, 153, 201, 203
Bastian, Claus 236
Bauer, Ludwig J. N. 108, 117, 126, 142, 154, 161, 187, 188, 213, 216, 263, 270, 274, 287
Bauer, Oskar 162
Baumgartner, Fritz 183
Bäumler, Heinrich 226
Bayer, Karl Helmut 156
Bayer, Matthäus 29, 181, 193, 260
Bayer, Matthias 100
Bayer-Wech, Heidi 307
Becheir, Ebtehag 262, 313
Beck, Karin 93
Becker, Wilhelm 44, 63, 78, 81, 114, 118, 134, 148, 154, 272
Berberich, Franz 59, 156, 159
Berchtenbreiter, Hans 191, 214, 251
Bergmann, Josef 216
Bergmann, Manfred 89
Bergmeister, Manfred 82, 83, 94, 102, 108, 126, 141, 142, 154, 157, 160, 163, 167, 177, 181, 183, 196, 200, 209, 216, 236, 238, 240, 242, 260, 287, 308
Berlinger, Georg 28, 49, 94, 119, 196, 239
Berndl, Richard 40
Bernhard, Georg 305
Berthold, Richard 75
Bestelmeyer, German 9, 56, 82, 216

Betsch, Wilhelm 198
Bieber, Oswald 48
Bieber, Peter 48, 74
Biedermann, Peter 260, 280
Bierl, Willibald 113, 193
Bierling, Hans 40, 197
Bittl, Agape 276
Blaschke, Josef 71
Bleeker, Bernhard 68
Blum, Konstantin 93
Blüm, Konstantin 110
Bünnage, Udo 77
Böhm, Dominikus 9, 12, 99
Böninger, Werner 260
Branca, Alexander Freiherr von 14, 46, 58, 101, 112, 176, 262, 308
Braun, Erik 176
Braun, Michael 182
Braun, Wilhelm 41, 89
Braun-Stansky, Edeltraud 89
Braunmiller, Wilfrid 41
Brechensbauer, Georg 314
Breitsameter, Wilhelm 70, 71, 284, 294, 307
Brenninger, Georg 87, 107
Bresgen, August 25
Breu, Jörg 27
Breukel, Uwe 87
Brosig, Fritz 113, 124, 215, 221, 230, 249
Brunhuber, Franz 60
Büch, Roland 137
Buchner, Georg W. 52, 69, 230
Büder, Rudolf 161, 211
Bünnage, Udo 77
Bunge-Wargau, Elisabeth 59, 107
Burger, Ludwig 22
Burkart, Albert 28, 51, 70, 92
Burkart, Peter 251
Busch, Albrecht 111
Busse, Hans Busso von 8, 137, 310

Caspari, Hubert 261, 300, 316
Caspari, Michael 300, 316
Christ, Bernhard 248
Christen, Fridolin 210, 264
Clarenbach, Dietrich 198
Claus, Reinhold 288
Claus, Wilfried 75, 302
Coracolla, Paul 69

Danco, Günther 212, 254
Daub, Manfred 254
Dauscher, Hans 72

Dering, Josef 28, 67, 94, 107, 111, 159
Dieninghoff, W. 64
Diepolder, Irmgard 52
Dietrich, Armin 102
Dierig, Nikolaus 297
Dietz, Elmar 214
Dilling 127
Disse, Rainer 264
Distler, Hubert 108, 114, 133, 135, 142, 147, 154, 161, 169, 189, 203, 213, 216, 220, 250, 255, 270, 271, 273, 274, 279, 281, 287, 288, 301, 308, 311
Dobler, Gertrud 157
Döllgast, Hans 49, 68, 225
Drees, Heinz 301
Dreisch, Eugen 37
Dumanski, Johannes 36, 101, 131, 164
Dumler, Hans 82, 141, 152
Duwenhögger, Erhard 200

Eckert, Wolfgang 313
Edenhofer, Peter 298, 304
Eggemann, Fritz 139
Eggendorfer, Peter 221, 225, 230, 231, 240, 242
Ehm, Walter 67, 106
Ehrenfeld, Siegfried 292
Ehrmann, Rudolf 149, 167, 224, 278
Eichberg, Werner 171
Eisele, Guenter 183, 215, 251, 256
Elsässer, Hubert 36, 51, 74, 205, 227, 257, 280, 313
Elsässer, Josef 74
Elsässer, Julia 313
Elsner, Josef 74
Engelhardt, Johannes 177
Esra, Franz 97

Faller, Max 23, 51, 55, 86, 92, 102, 141, 178, 214, 223, 227, 245, 258, 260
Fauser, Werner 184
Fersch, Albert 232
Fichtner, Gisela 92, 181
Fick, Roderich 68
Fick-Büscher, Catharina 68
Fiegl, Herbert 218
Filler, Ferdinand 60
Finkenzeller, Anton 74
Fischer, Erhard 228
Fischer, Ernst 168
Fischer, Johann Michael 275
Fischer, Theodor 9, 14
Fischer, Werner 170
Först, Reinhold 251

Forster, Günter 75, 302
Forster, Josef 239
Frank, Klaus-Peter 136
Franz, Gabriele 87
Frick, Konstantin 143
Frick, Max 141
Friedrichsen, Roland 32, 51, 55, 152, 157, 177
Fritz, Reinhold 72
Fromm, Josef 253
Fuchs, Paul 101
Fürst, Bärbel 309

Gaertner, Wilhelm 86, 115
Gais, Hubert 198
Gärtner, Franz Xaver 227
Gebauer, Wolfgang 30, 200, 257
Gebhard, Helmut 295
Gehr, Ferdinand 163
Geipel, Baldur 205
Geiger, Rupprecht 98
Gerg, Blasius 47, 58, 69, 98, 131, 150, 164, 167, 170, 177, 191, 199, 210, 224, 229, 246, 253, 256, 265, 275, 278, 282, 291, 296, 297, 305, 310, 315
Gerum, Robert 237, 268
Gier, Renate 265
Gitzinger, Peter 30, 74, 76, 145
Götze, Johannes 125
Graefe, Udo 288
Grassl, Otto 64
Gries, Karl 30
Griessmeyer, Hans 33, 95, 246
Grimm, Paul 243
Groethuysen, Herbert 46, 58, 170, 190, 246, 262, 315
Gröner, Benedikt 32
Grossmann, Günter 266
Grübl, Reinhold A. 90, 97, 137, 237, 268, 299
Gsaenger, Angela 57, 80, 116, 120, 134, 144, 208
Gsaenger, Gustav 11, 12, 34, 56, 80, 116, 120, 144, 178, 208, 220
Gulbransson, Olaf Andreas 15, 16, 117, 137, 187
Gunetzrheiner, Johann Baptist 58
Gürtner, Franz 72, 135

Haarth, Susanne 292
Habdank, Walter 63, 175, 218
Haberer, Sigfried 138

Hackelsberger, Christoph 94
Hager, Luitpold 175, 288
Hahn, Leopold 79
Haider, Jakob 98
Haindl, Friedrich F. 12, 15, 23, 24, 30, 32, 39, 42, 48, 64, 65, 84, 96, 99, 108, 143, 151, 160, 217
Haisch, Gerhard 262
Hamberger, Josef 38, 131, 181, 234, 291
Hammer, Hans 95
Handel, Peter 135, 254
Hänsch, Wolfram 214
Hartl, Peter 48, 62
Hartle, August 25, 31, 81, 88, 134, 148, 166, 208
Hasslauer, Oskar 59
Haubold, Dirk 165
Heigl, Georg 196
Heintz, Mauritius 179
Heinzeller, Hans 94
Hemmeter, Els 208
Henselmann, Josef 66, 97, 105, 225
Henzler, Theodor 15, 17, 134, 209, 277, 289
Heps, Hans 36, 173, 233
Herbert, Eduard 9
Hermann, O. 113
Herpich, Hans 276
Hessel, Hans 153, 279
Hesselberger, Wolfgang 182
Hetzel, Eberhard 288, 301
Heuschneider, Erich 182
Heym, Erich 108
Hien, Josef 74
Hillerbrand, Josef 97
Hirsch, Friedrich 39
Hoefer-Purkhold 76
Hoffmann, Frank 124
Hoffmann, Karlheinz 83, 98, 122, 133, 147, 161, 163, 183, 187, 189, 202, 203, 204, 211, 212, 220, 222, 250, 254, 255, 263, 271, 274, 277, 283, 287, 288, 292, 311
Hoffmann-Lacher, Elisabeth 73, 150
Hofmann, Hans 172, 236, 284
Hofner, Klaus 100
Hoh, Josef 70, 159, 182, 200, 235
Hoh, Roswitha 182
Hohenleitner, Ernst 79
Holzfurtner, Stefan 304
Holzhauser, Regina 239
Horn, Carl Theodor 15, 221, 225, 230, 231, 240, 258
Hößle, Erhard 25, 64, 131, 163, 193, 199, 200, 265
Huber, Richard 64
Hübner, Paul 170
Huf, Franz Xaver 23, 29
Hugues, Theodor 45, 114
Hünerkopf, Rudolf 117

Iffert, Hans 85

Jähnke, Gerd 78, 126, 153, 187, 204, 263
Jantsch, Karl 76, 145, 185
Jechart, Josef Ferdinand 234, 247
Joppien, R. 148, 155
Jünger, Hermann 117, 136, 138, 203, 204, 212, 308, 310

Karg, Josef 248
Karg, Patricia 280
Kaspar, Hermann 77, 88
Kästl, Helmut 97, 159, 193
Kastler, Hans 267
Kastner, Klaus G. 303
Keiner, Lothar Maria 276
Kergl, Karl 77
Kiess, Emil 195, 227
Kirchner, Fritz 101
Kirchner, Heinrich 47, 58, 101, 105
Kittsteiner, Theo 84
Kleemann, Adolf 133
Klessinger, Heinz 275, 278, 297
Klessinger, Helmut 275, 297
Knapp-Schachleiter, Hans 223
Knappe, Karl 25, 38, 47, 55, 58, 79, 105, 124, 214
Kneulman, Carel 195
Knidlberger, Alois 45
Koellmann, Gero 48
Koenig, Fritz 47, 58, 195, 198
Kögler 178
Köhlein, Fritz 146
Köhler, Karl 25, 231, 233, 245, 308
Köhler, Rainer 276
Köhler, Tobias 273
Köhler, Urs 273
Kohler, Ruth 143
Koller, Friedrich 172, 225, 230, 231, 244, 247, 270
Koller, Hanna 111
Kotzebue, Otto von 283
Kraus, Ulrich 88
Krautmann, Josef 255
Kreuz, Hans 36, 101
Kriens, Adolf 196
Kronenbitter, Georg Maria 70
Kronenbitter, Josef Maria 26
Krug, Karlheinz 141
Kuffner, Jakob 38
Kuhnt, Günter 282
Kurz, Otho Orlando 9
Küttinger, Georg 60, 83, 116, 272, 273, 279
Küttinger, Ingrid 60, 83, 116, 272, 273, 279

Ladner, Hans 262
Lang, Andreas 48
Lang, Ernst Maria 40, 252, 264
Lang, Georg 41
Lang, Richard 159
Lankes, Paul 131
Larasser, German 42
Laut, Alfred 102
Lechner, Florian 310
Le Corbusier 11
Leismüller, Johannes 152, 217
Leitenstorfer, Hermann 11, 79
Lenz, Heinrich 87
Lichtblau, Franz 108, 117, 126, 140, 142, 154, 161, 187, 188, 213, 216, 263, 270, 274, 287
Lill, Fritz 238
Lill, Hansjakob 12, 14, 22, 50, 54, 91, 140, 162, 238
Lindemann, Gerd 266
Lindner, Alfons 221
Lindner, Veit 261
Lippl, Robert 43, 62, 73
Listl, Josef 113
Loibl, Franz 22
Lorch, Franz Xaver 64, 159
Lorenz, Sonja 174
Ludwig, Johannes 43, 61, 158, 282

Maier, Ludwig 33
Mannheims, Ingrid 149
Manninger, Karl 59, 71, 79
Marx, Michel 286, 314
Maurer, Hans 290, 306
Maurer, Martin 300, 316
Mayer-Lauingen, J. 33
Mayerle, Manfred 314
Meistermann, Georg 131
Meixner, Hans-Dieter 141
Menke, Franz Hubert 174
Merten, Wolfhard 211, 250
Metzger, Georg 44, 155
Mikorey, Franz 25, 41, 77
Möller, Rüdiger 241
Mora, José Rincón 256, 302
Moroder, Siegfried 21, 49, 67, 86, 163
Moser, Georg 69
Moshack, Eva 128, 147
Moskopf-Horst, Eva 107
Müller, Horst 132
Müller, Wilhelm 102, 230
Münch 184
Munz, Thomas Otto 124, 163, 182, 196, 215
Munz-Natterer, Maria 92, 101, 124, 163, 182, 196, 215
Musil, Heinz A. 283

Nagel, Franz 66, 87, 100, 152, 173
Nerut, Josef Karl 124
Neuhäusler, Franz 49
Neukamp, Ernst 198
Nida-Rümelin, Rolf 108, 126, 154
Norkauer, Fritz 136

Oberberger, Josef 105
Oloffs, Max 49, 101
Oppenrieder, Karl 21, 181
Oppermann, Alexander 254, 288
Orzessek, Johanna 316
Östreicher, Siegfried 13, 31, 53, 130, 164, 199
Ott, J. 27
Ottow, Johann Christoph 82, 83, 121, 128, 132, 205, 286, 314

Pagenstecher, Alexander 259
Pecher, Franz 198
Peetz, Christoph von 88
Peithner, Oswald 149, 167
Persy, Werner 70, 198, 215, 256
Pilgrim, Hubertus von 195
Pircher, Erich 124
Pogadl, Sepp 235
Pongratz, Michael 26, 36, 38, 192, 221, 233
Pongratz, Peter 70
Porschet, Herbert 36
Potzler, Karl 141, 179, 210
Prechtl, Christine 249
Probst, Georg 22, 55, 163
Puluj-Hohenthal, Alpheda 43, 158, 282

Raab 39
Raffler, Max 224
Rampl, Josef 90, 182
Ranke, Götz von 81, 203, 222
Rasp, Hans-Peter 76
Rath 229
Raue, Carl F. 245, 266
Rehm, Max 304
Reidel, Karl 47, 199, 267
Reidel, Marlene 223, 267
Reisacher, Philipp 280
Reissl, Josef 157
Remshard, Wolfgang 169, 232
Rickert, Franz 105
Ried, Franz 207
Riemerschmid, Leonhard 298, 304
Riemerschmid, Reinhard 204
Riemerschmid, Thomas 298, 304
Rollenhagen, Eike 266
Roth, Franz 102
Roth, Rudolf 102
Rother, Dagmar 302
Rotter, Rudolf 69
Rückel, Anton 66
Rückel, Toni 100
Ruf, Franz 123, 214
Ruf, Sep 9, 11, 12, 13, 15, 37, 103
Ruhstorfer, Ludwig 261

Sachsse, Gernot 190
Sattler, Erwin 204
Sauerbruch, Horst 210
Schaible, Ivo 94
Schedl, Hans 75, 160, 239
Scheidel, Helmut 303
Schellinger, Hans 139
Scherer, K.-P. 272
Scherrer, Karl Heinz 224
Schickling, Erich 36
Schilcher, Hermann 74, 89, 127, 197
Schindhelm, Adolf 120
Schingnitz, Gunther 241
Schmid, Karl 210
Schmidt, Bodo 232
Schmidt, Horst 215
Schmitz, Benedikt 113, 182, 238
Schneck-Steidl, Anemone 247
Schneider-Esleben, Paul 179
Schnierle, Adolf 48, 205, 257, 293, 312
Schnierle, Helga 48, 205, 257, 293, 312

Schober, Lexi 76
Schoepffe, Alfred 60, 181
Schöpp, Emma 232
Schormiller, Michael 49
Schorr, Willi 197
Schreiber, Detlef 190, 246
Schröder, Franz 242
Schröter, Adolf 149
Schröter, Christamaria 202
Schumann, Heiner 44, 45, 72, 81, 133, 134, 166, 269
Schurr, Hans 180, 257
Schuster, Joachim 303
Schuster, Roland 302
Schwalbach, Karl J. 227
Schwarz, Christoph 125
Schwarz, Rudolf 9, 12
Schwarzkopf, Andreas 35, 57, 120
Schwarzmeier 240
Schwerdt, Fritz 55
Sedlmayr, Ingeborg 77, 221
Seeger, Edzard 26, 228, 231
Seemüller 119
Seewald, Richard 25
Segieth, Johannes 51, 92
Seibold, Sonja 160
Seidel, Kurt 261, 300, 316
Seifert, Adolf 202, 243
Seitz, Max 217
Semmler, Jakob 98
Senf, Walter 254
Seunig, Waldemar 232
Sieber, Elisabeth 309
Smolka, Christoph 246
Smolka, Peter 79
Sobek, Andreas 276
Sommerer, Roland 199
Sommersberger, Franz 21
Sonanini, Guido 74
Spaenle, Ludwig 238
Span, Anton 60
Speidel, Ruth 122, 166
Stadler, Christine 20, 26, 90, 124, 173, 193, 200, 233, 249
Stadler, H. 113
Stammberger, Richard 51
Stanglmayr, Rudolf 61
Steffann, Emil 12, 53
Steidle, Albrecht 48
Steidle, Otto 244
Steinbrecher, Michael 89, 94, 127, 180, 315
Steiner, Hans 200
Steinhauser, Theo 125, 146, 203, 211, 222, 250, 255, 281, 285, 292, 311
Steinicken, Christian 33
Stierhof, Hans 281

Stork, Karl-Georg 306
Stoka 64
Strack, Max 174
Striffler, Helmut 194
Strom, Ernst 296
Strunz, Fritz 219
Sunder-Plassmann, Alfred 255
Sütfels, Jochen 276
Schwarz, Rudolf 9, 12

Tafelmaier, Walter 193
Theimann, Siegried 23
Thoma, Raimund 60, 77

Unglehrt, Max 68, 311

Veit, Michael 145, 164, 198, 239
Verburg, Peter 267
Victoratos, Panayotis 298
Viet, Michael 198
Vogl, Hans 60, 77, 139
Voglsamer, Günther 172
Vorhoelzer, Robert 9

Wachter, Emil 280
Wagmann, Günter 295
Wagner, Anton 246
Wagner, Christian 81, 236
Wahls, Christiane 316
Walberer, Richard 39
Weber, Anton 20
Weber, G. H. 199
Weber, Martin 309
Weber, M. Bernhardine 105, 150, 182
Weber, Robert M. 112
Weiers, Ernst 86
Weinert, Egino 247
Weinert, Otto 71
Weingartner, Michael 32, 110
Weise, Peter 61
Weissenfeldt, Klaus 228
Weißhaar, Franz Bernhard 272, 284
Wendl, Max 52
Wendnagel, Bruno 223
Wendt, Marianne 108
Werner, Georg 11, 87
Werz, Helmut von 82, 83, 121, 128, 132, 205, 286
Westermayer, Volker 264, 275, 278, 282
Wiedemann, Josef 15, 73, 75, 149, 167, 210, 224, 264, 265, 275, 278
Wieland, Theo 229
Wilkens, Marie Luise 122

Wilm, Johann Michael 51
Wimmer, Eberhard 80
Winter, Fritz 229
Wirth, Nikolaus 76, 145, 186
Wissmeier, Georg 238
Wolf, Christian 186
Wunderlich, Ernst 87

Zech, Dorothea 48
Zeitler, Elisabeth 212
Zeitler, Friedrich 212
Zeitler, Fritz 27
Zeitler, Hansjürg 212
Ziebland, Georg Friedrich 225
Ziegelmaier, Ernst 202, 243
Zimmermann, Johann Baptist 65
Zipf, Fritz 92, 102
Zmarsly, Erich 92

Verzeichnis der Kirchennamen
ohne Berücksichtigung von »St.«

Agnes 74
Albertus Magnus 261
Allerheiligen 77
Alto 113
Andreas 40, 217
Andreaskirche 144
Anna 32
Ansgar 252
Apostelkirche 116
Auferstehungskirche 117, 187, 216, 288
Augustinus 49
Bartholomäus 192
Bartimäus 175
Benedikt 93, 173, 225
Bernhard 99, 159
Bethanienkirche 158
Bethlehemskirche 120
Birgitta 227
Bonifatius 260
Bonifatius, Kapelle St. Benedikt 225
Bruder Klaus 210
Bruder Konrad 156
Cäcilia 106
Cantate-Kirche 287
Carolinenkirche 259
Christi Himmelfahrt 27
Christoph 228
Christophorus 90, 295
Christophorus-Kapelle 310
Christophoruskirche 303
Christuskirche 209
Clemens 200
Dankeskirche 178
Dietrich-Bonhoeffer-Haus 285
Dietrich-Bonhoeffer-Kirche 243
Elisabeth 240, 276, 315
Emmaus-Kirche 161, 218, 282
Epiphanias-Zentrum 309
Erlöserkirche 68, 137, 242
Erscheinung des Herrn 215
Evang.-Luth. Betsaal 82
Evang.-Luth. Gemeindezentrum 98, 232, 241, 255, 271, 273, 279, 283, 286, 300
Evangeliumskirche 132
Franz Xaver 196
Franziska Romana 223
Franziskus 139, 143
Frieden Christi 248
Friedenskapelle 207
Friedenskirche 34, 220, 222
Fronleichnam 76
Fürstenried, Kapelle im Schloß 258
Genezarethkirche 134

Georg 256
Gertrud 71
Gethsemanekirche 80
Gnadenkirche 153, 250
Golgathakirche 201
Hedwig 127
Heilig Geist 69, 83, 88, 202
Heilig Kreuz 33, 151, 174
Heilige Dreifaltigkeit 28
Heilige Familie 246
Helena 162
Herz Jesu 22, 24, 46, 110
Herzogspitalkirche 58
Hildegard 130
Hoffnungskirche 314
Ignatius 264
Immanuelkirche 188
Jakob am Anger 65
Jakobus 251
Jakobuskirche 272
Jerusalemkirche 274
Jesaja-Kirche 289
Jesuiten, Kapelle im Ordenshaus 179
Jesus-Christus-Kirche 81
Jesuskirche 125
Joachim 59
Johann Baptist 257
Johann Nepomuk 115
Johann von Capistran 103
Johannes Bosco 67
Johannes der Täufer 52
Johannes Evangelist 20, 205
Johanneskirche 43, 126, 135, 211, 254
Josef 39, 183, 197
Josef der Arbeiter 75, 123
Jubilate 292
Kapernaumkirche 204
Karl Borromäus 170
Karmel Heilig Blut 167
Katharina von Siena 306
Klara 60
Koloman 30
Konrad von Parzham 70
Korbinian 26
Korneliuskirche 148
Kreuz-Christi-Kirche 114
Kreuzkirche 203
Laetarekirche 226, 266
Lantpert 86, 284
Laudate-Kirche 277
Laurentius 53
Leonhard 102
Lukas 236
Magdalena 111
Magdalenenkirche 302
Maria am Wege 224
Maria Eich 94
Maria Hilf 160
Maria Himmelfahrt 48, 84

Maria Immaculata 96, 101
Maria Königin 89, 268
Maria Trost 234
Maria vom Guten Rat 73
Maria-Magdalena-Haus 301
Mariae Heimsuchung 298
Mariä Himmelfahrt 64
Mariä Sieben Schmerzen 214
Markus 247
Martin 198, 312
Martins-Kapelle 136
Matthäus 56, 235
Matthias 176
Mauritius 190
Maximilian Kolbe 316
Michael 42, 85
Michael-Kirche 168
Michaelskirche 78, 146, 281
Monika 278
Name Jesu 239
Nazarethkirche 121
Nikodemuskirche 118
Nikolaus 140, 304
Offenbarungskirche 128
Olympiakirche 248
Passionskirche 212
Patrona Bavariae 297
Paul-Gerhardt-Haus 184
Paul-Gerhardt-Kirche 61
Peter 233, 308
Peter und Paul 95
Petrikirche 44
Petruskirche 108, 252
Philipp Neri 244
Philippus 280
Philippuskirche 45, 154
Pius 112
Pius X. 79
Redemptor 23
Reformations-Gedächtnis-Kirche 208
Rita 293
Rogatekirche 171
Roncalli-Kolleg, Kapelle 221
Samariterkirche 263
Sebastian 145
Severin von Noricum 199
Simeonskirche 165
Stefan 230
Stephan 262, 266, 275, 312
Stephanuskapelle 269
Thomas 245
Thomas Morus 185
Trinitatiskirche 155
Ulrich 87, 172, 290
Vaterunserkirche 270
Venio, Kapelle der Kommunität 31
Verklärung Christi 238
Versöhnungskirche 72, 194, 213

Vinzenz 21, 182
Vitus 36
Wiederkunft des Herrn 237
Wilhelm 231
Willibald 91
Wolfgang 180
Zachäuskirche 63, 142
Zu den heiligen Engeln 50, 219
Zu den heiligen zwölf Aposteln 37
Zum Allerheiligsten Welterlöser 119
Zum guten Hirten 311
Zum Heiligen Abendmahl 164
Zum Heiligen Geist 229
Zum kostbaren Blut Christi 29
Zur heiligen Dreifaltigkeit 149

Die Zahlen auf den Übersichtsplänen der folgenden Seiten verweisen auf die Seitenzahlen, unter denen die Kirchen zu finden sind.

Geisel-
bullach
Gröbenried
Olching
Karlsfeld
201 115
158
Feldmoching
228 205
204
48
Allach
Gröben-
zell
Puchheim-
bahnhof
Langwied
Untermenzing 302
234
Moosach
120
88
Lochhausen
175
190
Obermenzing
53
259 Nymphenburg
Neu-
hausen
149
Aubing
31 24
102
179
200
Puchheim
70
Neu- 236
aubing
247
21 221
Germering
218
Pasing
130
91
61
37
Laim
Westend
215
76
239
280
Unter-
pfaffen-
hofen
Gräfelfing
165
264
262
208
80
127
297 185
Planegg
Gross-
hadern
112
Krailling
258
Obersendling 212
59
176 144 170
Neuried
Solln
Pentenried
237
252
Gauting
207
116

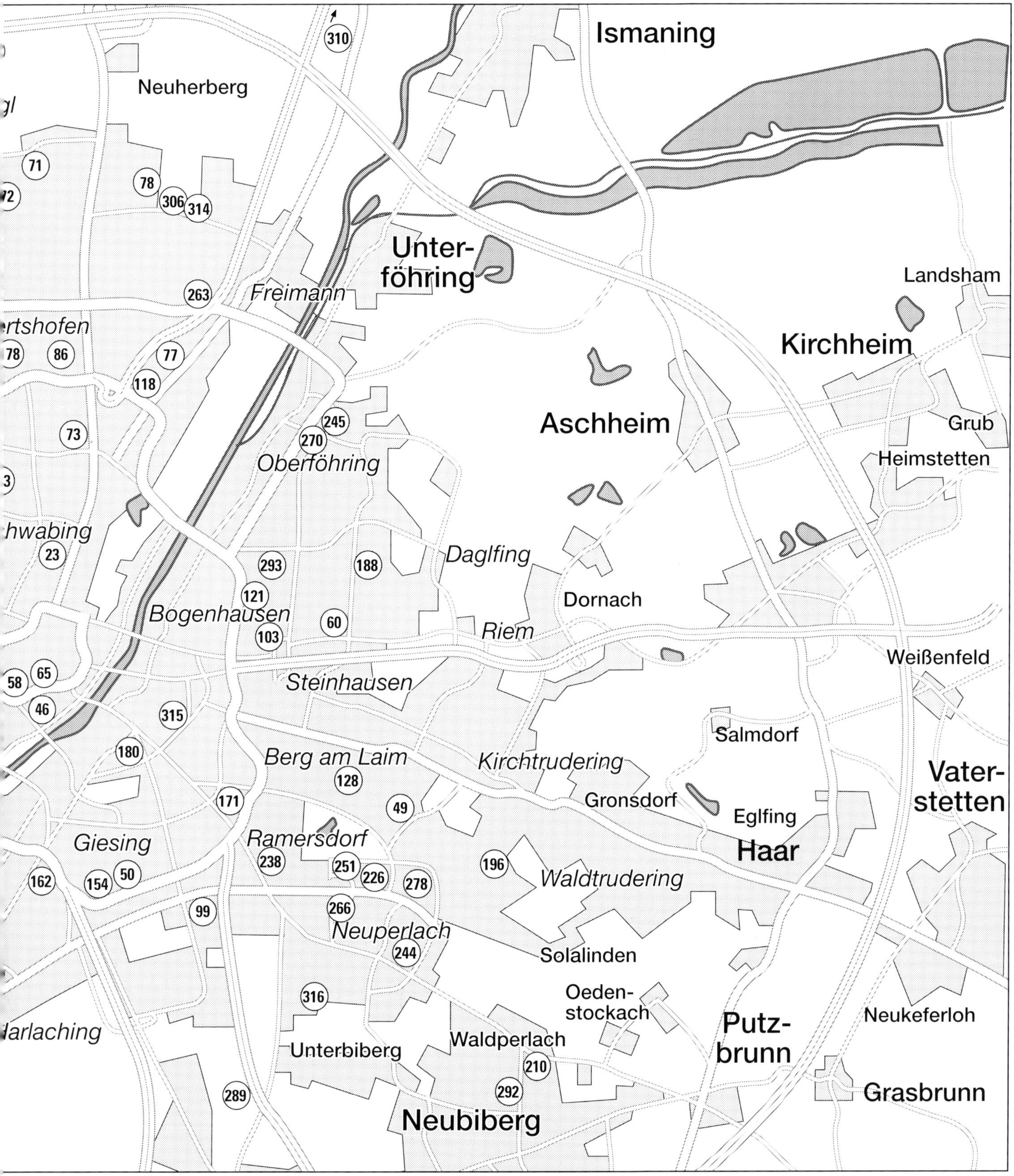
Ismaning
310
Neuherberg
71
78
306
314
Unter-
föhring
Landsham
263
Freimann
Kirchheim
77
86
118
245
Aschheim
Grub
73
270
Oberföhring
Heimstetten
23
293
188
Daglfing
121
Dornach
Bogenhausen
60
103
Riem
58
65
Weißenfeld
46
Steinhausen
315
Salmdorf
180
Berg am Laim
Kirchtrudering
Vater-
stetten
128
171
49
Gronsdorf
Eglfing
Giesing
Ramersdorf
Haar
238
251
226
196
162
154
50
278
Waldtrudering
99
266
Neuperlach
244
Solalinden
Oeden-
stockach
316
Neukeferloh
Putz-
brunn
Unterbiberg
Waldperlach
210
289
292
Grasbrunn
Neubiberg

AUGSBURG

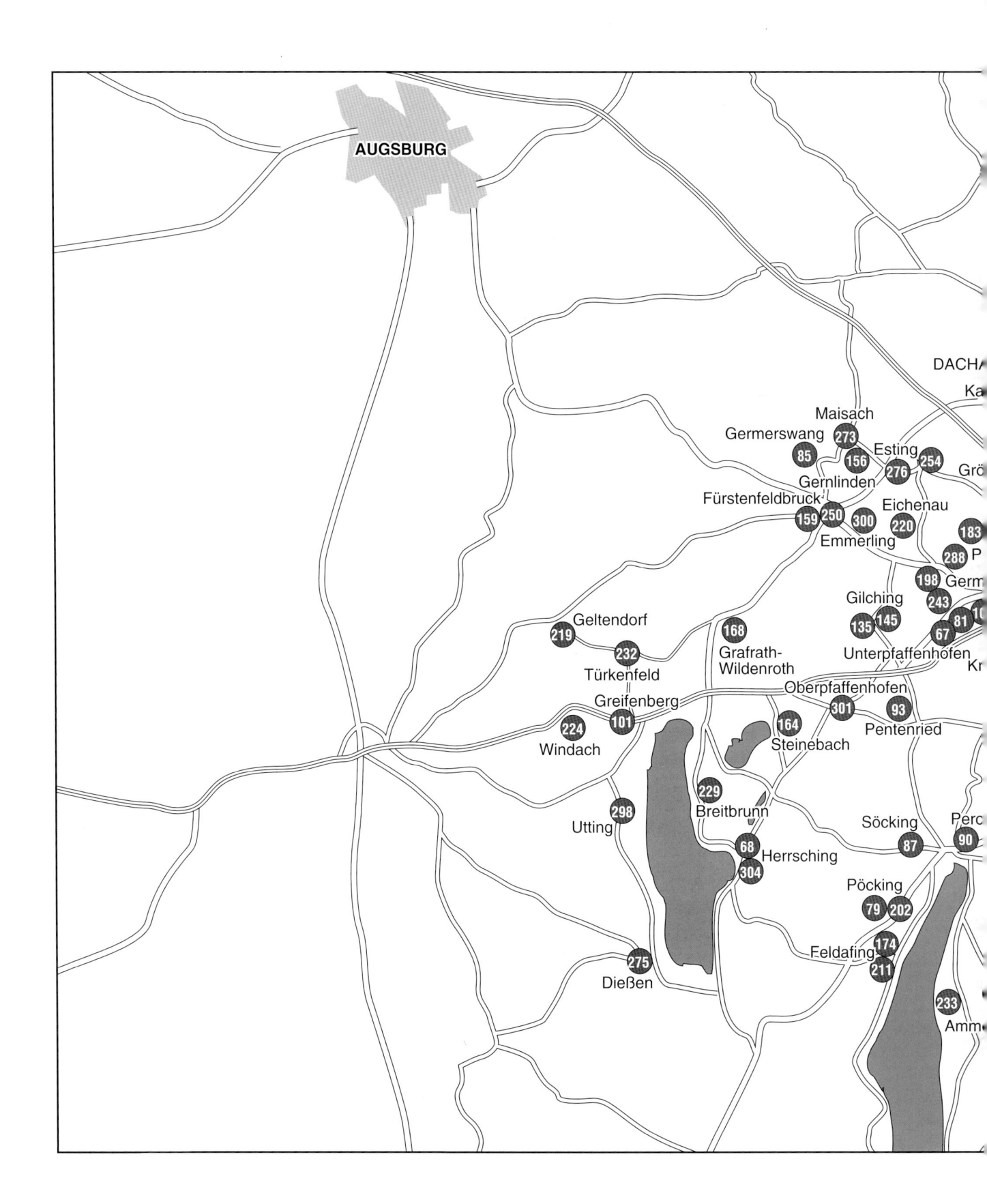

DACHA
Ka

Maisach
Germerswang (273)
(85) (156) Esting (254) Grö
(276)
Gernlinden
Fürstenfeldbruck Eichenau
(159)(250)(300)(220) (183)
Emmerling (288) P
(198) Germ
Gilching (243)
(135)(145)(81)
Geltendorf (168) (67)
(219) Grafrath- Unterpfaffenhofen
(232) Wildenroth Kr
Türkenfeld Oberpfaffenhofen
Greifenberg (301)(93)
(224)(101) (164) Pentenried
Windach Steinebach

(229)
(298) Breitbrunn Söcking Perc
Utting (87)(90)
(68)
Herrsching
(304)
Pöcking
(79)(202)

Feldafing (174)
(275) (211)
Dießen
(233)
Amm

München

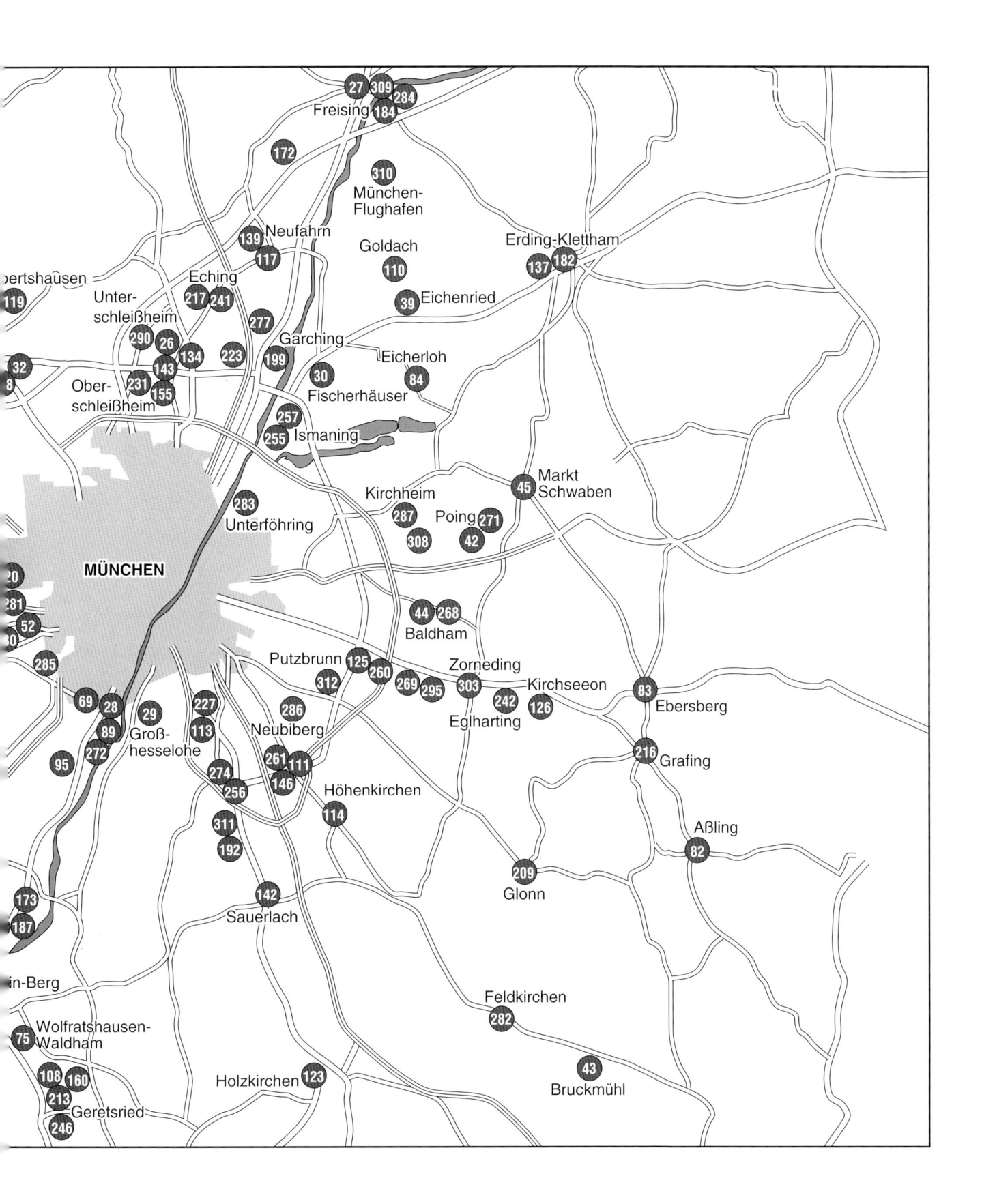

- 27, 309, 284, 184 Freising
- 172
- 310 München-Flughafen
- 139, 117 Neufahrn
- 217, 241 Eching
- 119 ...ertshausen
- Unterschleißheim
- 290, 26, 134, 223
- 277
- 231, 143, 155 Oberschleißheim
- 32
- 199 Garching
- 110 Goldach
- 137, 182 Erding-Klettham
- 39 Eichenried
- 30 Fischerhäuser
- 84 Eicherloh
- 257, 255 Ismaning
- 283 Unterföhring
- MÜNCHEN
- 287 Kirchheim
- 45 Markt Schwaben
- 271 Poing
- 308, 42
- 20
- 281
- 52
- 285
- 44, 268 Baldham
- 69, 28
- 29
- 227
- 286
- 125, 260 Putzbrunn
- 269, 295, 303 Zorneding
- 242, 126 Kirchseeon
- 83 Ebersberg
- 89, 272 Großhesselohe
- 113
- 312
- 95
- 261, 111 Neubiberg
- 216 Grafing
- 274, 256, 146
- 114 Höhenkirchen
- 82 Aßling
- 311, 192
- 209 Glonn
- 173, 187
- 142 Sauerlach
- ...in-Berg
- 282 Feldkirchen
- 75 Wolfratshausen-Waldham
- 123 Holzkirchen
- 43 Bruckmühl
- 108, 160, 213, 246 Geretsried

327

Bildnachweis

Autorin: 20, 21, 23o, 26o, 27, 28o, 29, 30, 31, 32, 33, 35, 36, 37, 39u, 41, 42u, 43, 44r, 45, 48l, 49r, 52, 53, 54, 55, 57, 58, 59, 60, 62, 63, 64u, 67, 68, 69l, 70, 71, 74, 75, 76l, 77, 78, 79, 81, 82, 83, 85, 86u, 87, 88u, 89u, 90, 92, 93, 94o, 95, 97, 100, 101, 102o, 103, 105, 106, 107, 111u, 112u, 113, 114, 115, 117, 118, 119u, 120, 121, 123, 124, 125o, 126, 127l, 129, 131, 132, 133, 134, 136, 139, 142u, 143u, 144u, 145, 146, 147, 148, 149, 150, 151, 152, 153, 154, 155, 156, 158, 159, 160, 161, 163, 164, 165, 166, 167, 169, 170, 171, 173r, 174, 175, 176, 177, 178, 179, 180, 181, 182u, 184, 187, 190, 193, 194, 195, 198, 199, 201, 202l, 203, 204, 205, 207, 208, 210l, 211o, 212, 213, 214r, 216, 217l, 218, 219, 220, 221, 223, 227, 228, 229, 230, 231, 232, 233, 234, 235u, 236, 237, 238, 239, 240, 241, 242, 243, 244o, 245, 246l, 247, 248, 249, 250, 251, 252, 253, 254, 255, 256o, 257, 258, 259, 260r, 261o, 262, 263, 264, 266, 267, 268, 269, 270u, 271, 272l, 273r, 274, 275l, 276, 277, 279, 280o, 281, 282, 283, 284r, 286, 287, 288, 289, 294, 295, 296, 297, 301, 302, 303, 308r, 309, 310, 311, 312, 314,
Ingrid Voth-Amslinger, München: 298, 299
Michael Caspari, München: 300
Pfarramt Friedenskirche, Gräfelfing: 285
Pfarramt St. Lantpert, Freising: 284l
G. und I. Küttinger, München: 272r, 273l
W. Böninger/P. Biedermann, München: 260l
Pfarramt St. Philipp Neri, München: 244u
Christa Brand, Ismaning: 235o
Arch. Mus. TU München, Bestand F. Haindl: 23u, 24, 25, 39o, 42o, 64o, 65, 66, 84, 96, 97, 99, 143o
Arch. Mus. TU München, Nachlaß G. Gsaenger: 34, 80, 116
F. Lichtblau, München: 108, 270o,
Pfarramt Petruskirche, Geretsried: 109
Sigrid Neubert, München: 88o, 98, 122, 128, 188, 189, 222, 261u, 290, 291
Knut Kerchen, Ingolstadt: 292
Pfarramt St. Rita, München: 293
Gretl Vogler, München: 111o
Erzbischöfliches Ordinariat, Kunstreferat; Fotograf Alberto Luisa: 38, 69r, 76r, 102u, 280u
Hannes Oefele Verlag, Ottobeuren 127r
KNA-Bild, Frankfurt 47
Georg Heigl, München: 49l, 119o, 196r
Photo Witzig, München: 56
Luftbildverlag H. Bertram, München: 61, 86o, 104, 144o 162
Amalienburg Verlag M. Rückerl, München: 72o
Rudof Ehrmann, München: 73, 224, 265, 275r, 278
Pfarramt Erlöserkirche, Erding-Klettham: 137, 138
Verlag Schnell & Steiner, München-Zürich: 91, 140, 141
Pfarramt Bruder Konrad, Gernlinden: 157
EK-Service Porth, Saarbrücken: 159, 200r
Hans Melchert, Buch/Ammersee: 168
Pfarramt St. Benedikt, Ebenhausen: 173l
Franz Gürtner, Seefeld: 135
Foto Sessner, Dachau: 197
Pfarramt Heilig Geist, Pöcking 202r
Aero-Express München: 22
Josef Rampl, München: 182o
Wilhelm Krach, München: 183, 215, 256u
Karl Jantsch, München: 185, 186
Pfarramt St. Clemens, München: 200l
Pfarramt Auferstehungskirche, Grafing: 209
Pfarramt Johanneskirche, Feldafing: 211
Pfarramt St. Andreas, Eching: 217r
P. Dr. Benedikt Probst OSB, München: 225
Karl Kroupa, München: 226
Jens Weber, München: 304, 305, 306, 307
Werner Krampfl, Heimstetten: 308l
Foto Körber, Freising: 172
Pfarramt Maria Himmelfahrt, München: 48r
Pfarramt Versöhnungskirche, München: 72u
Pfarramt Maria Königin, Grünwald: 89o
Gebrüder Metz, Tübingen: 94u
Pfarramt Jesuskirche, Haar: 125
Pfarramt Herz Jesu, Goldach: 110
St. Pius Kolleg, München: 112o
Pfarramt Nazarethkirche, München: 120
Pfarramt St. Franz Xaver, München: 196l
Pfarramt Mariä Sieben Schmerzen, München: 214l
Pfarramt Hl. Familie, Geretsried: 246r
Herbert Groethuysen, München 191
Pfarramt St. Bartholomäus, Deisenhofen: 192
Pfarramt Bruder Klaus, München: 210r
Pfarramt Vaterunserkirche, München: 270o
Pfarramt St. Peter, Heimstetten: 208r
Verlag Keller & Burkardt, München: 40o
Pfarramt Hl Dreifaltigkeit, Großhesselohe: 28
Pfarramt Petrikirche, Baldham: 44l
Max Prugger, München: 40
Sigrid Bühring, Murnau: 130
Pfarramt St. Korbinian, Unterschleißheim: 26

Das Münster 9. 1956, S. 335, 337: 50, 51
Das Münster 9. 1956, S. 332, 329: 46, 47
Kunst und Kirche 29. 1966, S. 170: 142o

Pläne:
SZ-Graphik, David Jenning 324/325
Ivica Schlandt 326/327